Arzneimittelpreise in Deutschland unter AMNOG

Thomas Ecker

Arzneimittelpreise in Deutschland unter AMNOG

Frühe Nutzenbewertung,
Dossiererstellung und Verhandlung
von Erstattungsbeträgen

Springer Gabler

Thomas Ecker
Ecker + Ecker GmbH
Hamburg, Deutschland

ISBN 978-3-658-30507-9   ISBN 978-3-658-30508-6   (eBook)
https://doi.org/10.1007/978-3-658-30508-6

Die Deutsche Nationalbibliothek verzeichnet diese Publikation in der Deutschen Nationalbibliografie; detaillierte bibliografische Daten sind im Internet über http://dnb.d-nb.de abrufbar.

Planung/Lektorat: Margit Schlomski
Springer Gabler ist ein Imprint der eingetragenen Gesellschaft Springer Fachmedien Wiesbaden GmbH und ist ein Teil von Springer Nature.
Die Anschrift der Gesellschaft ist: Abraham-Lincoln-Str. 46, 65189 Wiesbaden, Germany

Vorwort

Das am 01.01.2011 in Kraft getretene Gesetz zur Neuordnung des Arzneimittelmarktes in der gesetzlichen Krankenversicherung (Arzneimittelmarktneuordnungsgesetz – AMNOG) hat die Rahmenbedingungen für den Marktzugang von neuen Arzneimitteln in Deutschland grundlegend verändert.

Zwar gab es schon zuvor vielerlei Zugangsbeschränkungen, z. B. über Erstattungshöchstgrenzen, Richtgrößen bzw. Quoten, Wirtschaftlichkeitsprüfungen, Preismoratorien, mehr oder weniger freiwillige Rabatte bis hin zu Erstattungsausschlüssen. Dennoch galt das Grundprinzip der freien Preisbildung, das heißt, war ein Arzneimittel von der zuständigen Behörde zugelassen, durfte der pharmazeutische Unternehmer den Preis seines Arzneimittels grundsätzlich frei bestimmen.

Dieses Grundprinzip wurde mit dem AMNOG außer Kraft gesetzt. Seitdem müssen sich der pharmazeutische Unternehmer und der Spitzenverband Bund der gesetzlichen Krankenkassen (GKV-SV) bei neuen Wirkstoffen im Rahmen von Erstattungsbetragsverhandlungen auf einen Preis einigen, eben den Erstattungsbetrag. Dieser Erstattungsbetrag ist dann in Deutschland für alle verbindlich, nicht nur für Versicherte der gesetzlichen Krankenversicherung (GKV).

Aus Sicht des Gesetzgebers ging es bei der Neuordnung darum, den Versicherten die bestmögliche medizinische Versorgung zu ermöglichen, dabei aber die finanzielle Belastung für die Krankenkassen zu regulieren. In diesem Sinne sollen sich Erstattungspreise für Arzneimittel an deren (Zusatz-)Nutzen für Patienten orientieren. Der Verhandlung des Erstattungsbetrags voraus geht daher die frühe Nutzenbewertung durch den Gemeinsamen Bundesausschuss (G-BA). Grundlage hierfür ist das Nutzendossier, das vom pharmazeutischen Unternehmer im Vorfeld zu erstellen ist.

Mit diesen drei Schritten:

- Erstellung eines Nutzendossiers durch den pharmazeutischen Unternehmer,
- frühe Nutzenbewertung durch den G-BA sowie
- Erstattungsbetragsverhandlung mit dem GKV-SV,

die alle drei mit dem AMNOG in Deutschland eingeführt wurden, ist das Verfahren der Preisbildung also komplett neu strukturiert worden. Sie sind Gegenstand des vorliegenden Buches.

Das vorliegende Buch beschreibt das Verfahren der frühen Nutzenbewertung aus Sicht der pharmazeutischen Industrie. Für Einsteiger liefert es einen Überblick, für Praktiker (hoffentlich) noch weitere Anregungen.

Hamburg   Dr. Thomas Ecker
im April 2020

Inhaltsverzeichnis

Abbildungsverzeichnis

Tabellenverzeichnis

Einleitung

Dieses Buch folgt der Perspektive des pharmazeutischen Unternehmers. Es baut auf den rechtlichen Rahmenbedingungen auf und zeigt insbesondere,

- wie man sich auf die Nutzenbewertung vorbereiten kann,
- was bei der Dossiererstellung zu beachten ist,
- wie die eigentliche Nutzenbewertung durch das Institut für Qualität und Wirtschaftlichkeit im Gesundheitswesen (IQWiG) und den G-BA erfolgt und
- welche Besonderheiten bei der Bestimmung des Erstattungsbetrages gelten.

Das Buch gliedert sich in zwei Teile (I/II). Teil I beschreibt den Hintergrund der frühen Nutzenbewertung. Zum einen die rechtlichen Vorgaben (Kap. 2) und zum anderen die beteiligten Institutionen (Kap. 3). Wem beides schon vertraut ist, kann auch direkt mit Teil II beginnen.

Teil II erläutert das Verfahren der frühen Nutzenbewertung. Um die Prozesse möglichst gut nachvollziehbar werden zu lassen, orientiert sich die Darstellung an einer Unterteilung des Verfahrens der frühen Nutzenbewertung in vier bis sechs Phasen (Abb. 1.1):

- Vorbereitung
- Dossiererstellung
- Nutzenbewertung und Beschluss
- Erstattungsbetragsverhandlung
- Optional im Falle des Scheiterns der Verhandlungen: Festsetzung durch die Schiedsstelle
- Optional im Falle einer Festsetzung durch die Schiedsstelle: Klage

© Der/die Herausgeber bzw. der/die Autor(en), exklusiv lizenziert durch Springer Fachmedien Wiesbaden GmbH, ein Teil von Springer Nature 2020
T. Ecker, *Arzneimittelpreise in Deutschland unter AMNOG*,
https://doi.org/10.1007/978-3-658-30508-6_1

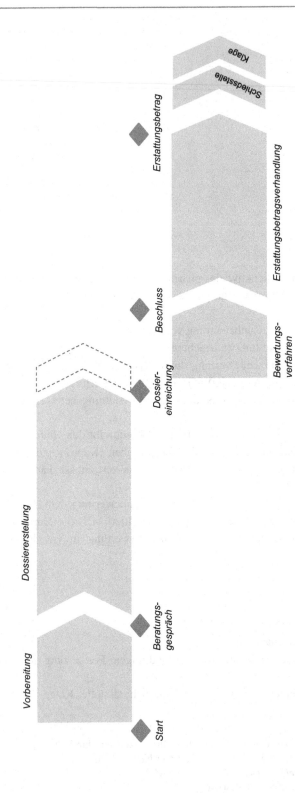

Abb. 1.1 Phasen der frühen Nutzenbewertung

Die jeweiligen Phasen der frühen Nutzenbewertung umfassen dann wiederum eine Vielzahl einzelner Aktivitäten (Abb. 1.2).

Kap. 4 beschreibt die erste Prozessphase, also die Vorbereitung. Sie umfasst alle Aktivitäten, Überlegungen etc., die vor der eigentlichen Erstellung des Nutzendossiers anstehen. Insbesondere zählt hierzu das sogenannte Beratungsgespräch, in dem der G-BA den pharmazeutischen Unternehmer zu grundlegenden Fragen der konkreten Dossiererstellung berät, aber auch die gesamte Strategieentwicklung.

Kap. 5 handelt dann von der Erstellung des Dossiers selbst, also der Erarbeitung des zentralen Dokuments bestehend aus fünf Modulen, mit dem der pharmazeutische Unternehmer den Nutzen seines Produkts erläutert, um später den von ihm ins Auge gefassten Preis zu rechtfertigen. Im Einzelnen geht das Kapitel darauf ein, wie die Module 1 bis 5 ausgefüllt werden sollen. Ein eigener Abschnitt widmet sich den Möglichkeiten zur Qualitätssicherung dieses Dossiers, also den diversen Aspekten, die dessen Argumentation für die spätere Nutzenbewertung plausibel machen.

Die eigentliche Nutzenbewertung durch das Institut für Qualität und Wirtschaftlichkeit im Gesundheitswesen (IQWiG) und der Beschluss des G-BA hierzu sind Inhalt von Kap. 6. Hierzu zählen auch die Stellungnahmestrategie, das schriftliche Stellungnahmeverfahren, die mündliche Anhörung, sowie begleitende Kommunikationsmaßnahmen.

In Kap. 7 geht es schließlich um den entscheidenden Schritt, nämlich die Erstattungsbetragsverhandlung zwischen pharmazeutischem Unternehmer und GKV-SV oder – im Falle einer Nichteinigung – die Entscheidung durch die Gemeinsame Schiedsstelle und ggf. einer Klage.

Die frühe Nutzenbewertung baut auf Entscheidungen der Zulassung auf. Wie sich Sonderfälle im Zulassungsverfahren auf die Nutzenbewertung auswirken (bzw. nicht auswirken), beschreibt Kap. 8.

Schließlich: Neben der erstmaligen Bewertung eines neuen Wirkstoffs gibt es noch weitere Anlässe der frühen Nutzenbewertung. Wie das ablaufen kann und welche Erfahrungen hierzu bislang bestehen, wird in Kap. 9 erläutert.

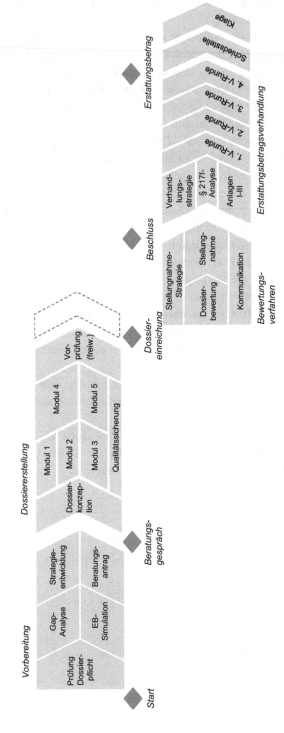

Abb. 1.2 Überblick über die Aktivitäten innerhalb der Phasen der frühen Nutzenbewertung

Teil I
Hintergrund der frühen Nutzenbewertung

Konstitutive Rahmenbedingungen

Den rechtlichen Rahmen zur frühen Nutzenbewertung von Arzneimitteln bilden nur zwei Paragraphen aus dem Fünften Buch des Sozialgesetzbuches (SGB V): § 35a und § 130b. Die „Verordnung über die Nutzenbewertung von Arzneimitteln nach § 35a Absatz 1 SGB V für Erstattungsbetragsvereinbarungen nach § 130b SGB V" (AM-NutzenV) konkretisiert die Vorgaben aus dem § 35a SGB V. Hinzu kommen noch institutionenbezogene Regelwerke einzelner Stakeholder: die Verfahrensordnung des G-BA, das Methodenpapier des IQWiG, die Rahmenvereinbarung zur Erstattungsbetragsverhandlung sowie die Geschäftsordnung der Gemeinsamen Schiedsstelle. Gemeinsam bilden sie die konstitutiven Rahmenbedingungen der frühen Nutzenbewertung, die im Folgenden zusammenfassend dargestellt werden. Dabei beschränken sich die oben genannten, einzelnen Rechtsquellen bzw. Regelwerke jeweils auf einzelne Phasen der frühen Nutzenbewertung (Abb. 2.1), überlappen sich aber teilweise. Für das Gesamtverständnis der Rahmenbedingungen ist es daher unerlässlich, sich mit allen für die frühe Nutzenbewertung spezifischen Rechtsquellen zu beschäftigen.

2.1 Rechtlicher Rahmen

Die gesetzlichen Regelungen für die frühe Nutzenbewertung und die damit verbundene Erstattungsbetragsverhandlung sind ursprünglich 2011 mit dem AMNOG geschaffen worden. Dabei handelt es sich um ein Artikelgesetz, das heißt, dieses Gesetz ändert verschiedene andere, schon bestehende Gesetze – insbesondere im SGB V. Zudem wurden diese Paragraphen im SGB V seit seinem Inkrafttreten am 01.01.2011 durch verschiedene Gesetze weiterentwickelt.

Phase Institution	Vorbereitung	Dossier- erstellung	Nutzenbe- wertung	Erstattungsbetrags- verhandlung
Gesetz		§ 35 a SGB V		§ 130 b SGB V
Rechtsverordung		AM-NutzenV		AM-NutzenV
G-BA		5. Kapitel der VerfO		5. Kap. VerfO
IQWiG			Methodenpap.	
Erstattungsbetragsverhandlung				Rahmenver.
Schiedsstelle				GeschäftsO

Abb. 2.1 Konstitutive Rahmenbedingungen und Phasen der frühen Nutzenbewertung. (Methodenpap. – Methodenpapier (IQWiG); Rahmenver. – Rahmenvereinbarung (Industrieverbände, GKV-SV); GeschäftsO – Geschäftordnung (Schiedsstelle))

Die AM-NutzenV konkretisiert die gesetzlichen Vorgaben und erlässt Bestimmungen zu ihrer Umsetzung. Die entsprechenden Paragraphen aus dem SGB V und die AM-NutzenV sind dabei parallel zu betrachten und bilden gemeinsam den rechtlichen Rahmen für die frühe Nutzenbewertung.

Die folgenden Abschnitte erläutern den rechtlichen Rahmen, also die entsprechenden Paragraphen aus dem SGB V (Abschn. 2.1.1) und die AM-NutzenV (Abschn. 2.1.2) sowie – in chronologischer Reihenfolge – die späteren Änderungsgesetze.

Beide Faktoren – die unterschiedlichen rechtlichen Regelungsebenen (Gesetz und AM-NutzenV) und die inzwischen sehr zahlreichen Änderungen im Zeitablauf – führen dazu, dass der rechtliche Rahmen kein starres Gebilde darstellt. Er lässt sich umso besser verstehen, je näher man sich mit ihrer Entstehung beschäftigt.

Welche Vorgaben macht der Gesetzgeber heute für die frühe Nutzenbewertung?

2.1.1 Das Fünfte Buch des Sozialgesetzes (SGB V)

Die für die frühe Nutzenbewertung relevanten gesetzlichen Regelungen finden sich in den §§ 35a und 130b SGB V.

§ 35a SGB V beschreibt das eigentliche Bewertungsverfahren und regelt konkret

- den Bewertungsgegenstand und das Beratungsgespräch (1. Phase der frühen Nutzenbewertung),
- die Dossiererstellung (2. Phase) sowie
- das Bewertungsverfahren (3. Phase).

Alles weitere regelt § 130b SGB V, d. h.

- die Verhandlung des Erstattungsbetrages (4. Phase),
- das Schiedsverfahren (4. Phase)
- sowie die Möglichkeit der gerichtlichen Überprüfung (4. Phase).

Daneben gibt es noch nach § 130c SGB V die Möglichkeit, nach Bestimmung des Erstattungsbetrags diesen durch kassenindividuelle Regelungen abzulösen, genauso wie die in § 35b SGB V geregelte Kosten-Nutzen-Bewertung. Beides spielt in der Praxis praktisch keine Rolle und wird daher im Folgenden auch nicht näher beleuchtet.

Nicht weiter dargestellt werden auch die im Gesetz (ursprünglich) enthaltenen Übergangsregelungen, die nur in den ersten Monaten des Jahres 2011 galten und nun längst nicht mehr anwendbar sind.

2.1.1.1 Vorbereitung

Die Phase der Vorbereitung (Abb. 2.2) umfasst: Prüfung der Dossierpflicht, Gap-Analyse, Erstattungsbetragssimulation, Strategieentwicklung, Beratungsantrag/– gespräch.

Für die Phase der Vorbereitung regelt § 35a SGB V zwei Aspekte: die Dossierpflicht und das Beratungsgespräch.

So gelten die Regelungen für die Nutzenbewertung nur für erstattungsfähige Arzneimittel mit neuen Wirkstoffen. Damit wird die Dossierpflicht festgelegt.

Nähere Angaben dazu, was unter „neu" im Zusammenhang mit einem Arzneimittelwirkstoff zu verstehen ist, macht das Gesetz nicht. Die beiden weiteren Schlüsselbegriffe – „erstattungsfähig" und „Arzneimittel" – sind an anderer Stelle im SGB V (bzw. im Arzneimittelgesetz (AMG)) festgelegt. Kurz gesagt sind dies apothekenpflichtige Stoffe zur Krankenbehandlung, die nicht durch das Gesetz oder den G-BA von der Erstattung ausgeschlossen wurden.

Im Umkehrschluss folgt daraus: ist etwas kein apothekenpflichtiges Arzneimittel, nicht neu, vom G-BA von der Erstattung ausgeschlossen oder dient nicht der Krankenbehandlung, dann gibt es dafür auch keine frühe Nutzenbewertung.

Für neu zugelassene Arzneimittel ohne neuen Wirkstoff kann der G-BA nur dann eine Bewertung veranlassen, wenn die neue Zulassung mit neuem Unterlagenschutz erteilt wird.

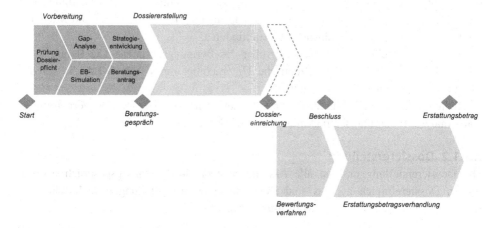

Abb. 2.2 Die Phase der Vorbereitung auf die Nutzenbewertung

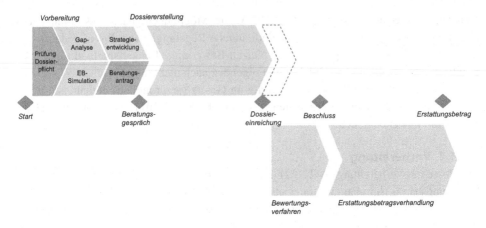

Abb. 2.3 Gesetzliche Regelungen zur Phase der Vorbereitung auf die Nutzenbewertung

In jedem Fall fordert der G-BA den pharmazeutischen Unternehmer bei Vorliegen der Kriterien zur Einreichung des Nutzendossiers auf. Eine Klage gegen die Aufforderung ist nicht möglich.

Das Gesetz eröffnet pharmazeutischen Unternehmern die Möglichkeit, sich von dem Verfahren der frühen Nutzenbewertung wegen Geringfügigkeit freistellen zu lassen: Ist zu erwarten, dass gesetzlichen Krankenkassen nur geringfügige Ausgaben für das Arzneimittel entstehen werden, dann kann der pharmazeutische Unternehmer eine Freistellung beantragen und ist durch den G-BA von der Pflicht zur frühen Nutzenbewertung (und damit auch von der Erstattungsbetragsverhandlung) freizustellen.

Das Gesetz regelt auch die Beratung des pharmazeutischen Unternehmers durch den G-BA näher. Die Beratung erstreckt sich insbesondere auf die vorzulegenden Unterlagen und Studien sowie auf die Vergleichstherapie. Die Beratung kann schon vor Beginn der 3. Phase der klinischen Prüfung erfolgen. Zudem kann sie unter Beteiligung der nationalen Zulassungsbehörden (also des Bundesinstituts für Arzneimittel und Medizinprodukte oder des Paul-Ehrlich-Instituts) stattfinden.

Der G-BA erstellt eine Niederschrift über das Beratungsgespräch. Die Beratung ist kostenpflichtig, d. h. der pharmazeutische Unternehmer muss dem G-BA die für die Beratung entstandenen Kosten erstatten.

Nicht direkt gesetzlich geregelt sind die anderen drei Aspekte der Vorbereitung: Gap-Analyse, Erstattlungsbetragssimulation und Strategieentwicklung (Abb. 2.3).

2.1.1.2 Dossiererstellung

Die Dossiererstellung umfasst alle Aktivitäten nach dem Beratungsgespräch bis zur finalen Dossiereinreichung, das sind Dossierkonzeption, Erstellung der Module 1–5, Qualitätssicherung, (freiwillige) Vorprüfung (Abb. 2.4).

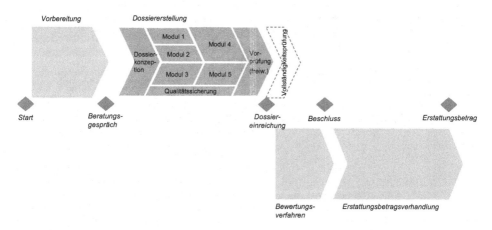

Abb. 2.4 Die Phase der Dossiererstellung

Das Gesetz gibt vor, dass die frühe Nutzenbewertung aufgrund von Nachweisen des pharmazeutischen Unternehmers erfolgt, die er einschließlich aller von ihm durchgeführten oder in Auftrag gegebenen klinischen Studien zu übermitteln hat. Es besteht also eine Nachweispflicht des pharmazeutischen Unternehmers und keine Amtsermittlungspflicht des G-BA.

Zum Nachweis erstellt der pharmazeutische Unternehmer ein Nutzendossier. Hierfür sieht das Gesetz für das Nutzendossier folgende Inhalte verpflichtend vor:

- zugelassene Anwendungsgebiete
- medizinischer Nutzen
- medizinischer Zusatznutzen im Verhältnis zur zweckmäßigen Vergleichstherapie
- Anzahl der Patienten und Patientengruppen, für die ein therapeutisch bedeutsamer Zusatznutzen besteht
- Kosten der Therapie für die GKV
- Anforderung an eine qualitätsgesicherte Anwendung

Die näheren Details sollen dann nach dem Willen des Gesetzgebers durch den G-BA in der Verfahrensordnung geregelt werden.

Damit beschränken sich die gesetzlichen Vorgaben zur Phase der Dossiererstellung auf die Dossierinhalte, also Module 1–5. Dossierkonzeption, Qualitätssicherung und freiwillige Vorprüfung sind nicht gesetzlich geregelt (Abb. 2.5).

2.1.1.3 Bewertung und Beschluss

Die nächste Phase deckt alle Aktivitäten zwischen Dossiereinreichung und Beschluss ab. Aus Sicht des pharmazeutischen Unternehmers sind das die Stellungnahmestrategie, die Nutzenbewertung durch das IQWiG, die schriftliche und mündliche Stellungnahme sowie die begleitene Kommunikation (Abb. 2.6).

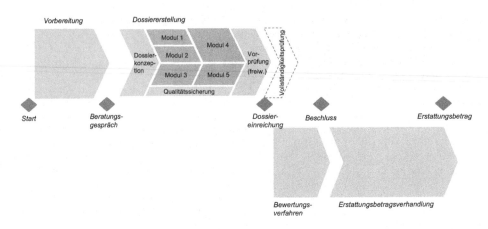

Abb. 2.5 Gesetzliche Regelungen zur Phase der Dossiererstellung

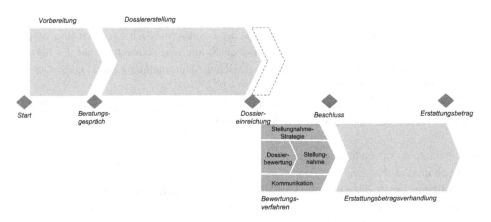

Abb. 2.6 Stellung der Phase des Bewertungsverfahrens im Prozess der Nutzenbewertung

Die meisten Vorgaben macht das Gesetz zur eigentlichen Nutzenbewertung. Diese beginnt laut Gesetz mit der Aufnahme des Arzneimittels (mit neuem Wirkstoff) in die Lauer-Taxe („maßgeblicher Zeitpunkt"). Wird für einen neuen Wirkstoff ein neues Anwendungsgebiet zugelassen, dann liegt der „maßgebliche Zeitpunkt" für die Dossier-vorlage vier Wochen nach Zulassungserteilung. Ist eine weitere Anwendungsgebiets-erweiterung in den nächsten sechs Monaten ab dem bisher maßgeblichen Zeitpunkt für dasselbe Arzneimittel zu erwarten, kann der G-BA die Frist für das erste Verfahren ent-sprechend verlängern und die beiden Verfahren somit faktisch „zusammenlegen".

Bewertungsverfahren können auch wiederholt werden. Hierzu kann der pharmazeutische Unternehmer frühestens nach Veröffentlichung des Beschlusses über eine Nutzenbewertung eine erneute Bewertung beantragen. Dazu muss er nachweisen, dass dies aufgrund neuer wissenschaftlicher Erkenntnisse notwendig ist. Wird der Antrag durch den G-BA angenommen, muss der pharmazeutische Unternehmer dem G-BA das neue Nutzendossier innerhalb von drei Monaten übermitteln. Der G-BA kann aber auch selber (d. h. ohne Antrag eines pharmazeutischen Unternehmens) eine Neubewertung anordnen.

Zum jeweiligen Fristbeginn muss das Dossier durch den pharmazeutischen Unternehmer beim G-BA eingereicht sein. Der G-BA ist für die daran anschließende Nutzenbewertung verantwortlich. Er kann die Bewertung selbst durchführen oder das IQWiG oder Dritte beauftragen. Die Bewertung erfolgt auf der Grundlage der vom pharmazeutischen Unternehmer vorgelegten Nachweise.

Die Nutzenbewertung ist spätestens innerhalb von drei Monaten nach dem maßgeblichen Zeitpunkt für die Einreichung des Dossiers abzuschließen und im Internet zu veröffentlichen.

Darauf müssen eine schriftliche Stellungnahme und eine mündliche Anhörung folgen. Nähere Details werden hierzu aber nicht im Gesetz geregelt.

Mit dem Beschluss wird insbesondere der Zusatznutzen des Arzneimittels festgestellt. Der Beschluss ist im Internet zu veröffentlichen, einschließlich einer maschinenlesbaren Fassung und einer englischsprachigen Version. Der Beschluss ist Teil der Arzneimittel-richtlinie und somit für alle Vertragsärzte verbindlich.

Neben diesen allgemeinen Vorgaben regelt das Gesetz noch einige Spezialfragen:

- So kann der G-BA die Geltung des Beschlusses über die Nutzenbewertung befristen.
- Legt der pharmazeutische Unternehmer das Dossier trotz Aufforderung durch den G-BA nicht rechtzeitig oder nicht vollständig vor, gilt ein Zusatznutzen automatisch als nicht belegt.
- Stellt der G-BA in seinem Beschluss keinen Zusatznutzen fest, kann der pharmazeutische Unternehmer vom G-BA eine Kosten-Nutzen-Bewertung verlangen, muss dafür aber die Kosten tragen.
- Eine gesonderte Klage gegen die Nutzenbewertung oder den Beschluss ist unzulässig.

Schließlich definiert das Gesetz noch Sonderregeln für die Nutzenbewertung von Orphan Drugs (siehe Abschn. 8.1) und solchen Arzneimitteln, die pharmakologisch-therapeutisch vergleichbar mit Festbetragsarzneimitteln sind (Abschn. 8.1.6).

Stellungnahmestrategie und begleitende Kommunikation bleiben vom Gesetz damit unberührt (Abb. 2.7).

2.1.1.4 Erstattungsbetragsverhandlung

Schließlich noch die Phase der Erstattungsbetragsverhandlung mit Verhandlungs-strategie, § 217f-Analyse, Anlagen I–III, 1.–4. Verhandlungsrunde, Schiedsstelle und Klage (Abb. 2.8).

Der GKV-SV vereinbart mit dem pharmazeutischen Unternehmer des zu bewertenden Arzneimittels auf Grundlage des Beschlusses des G-BA über die Nutzenbewertung den Erstattungsbetrag für das Arzneimittel als neuen Abgabepreis des pharmazeutischen

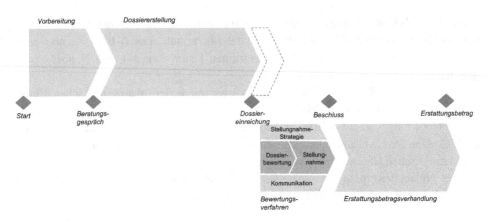

Abb. 2.7 Gesetzliche Regelungen zur Phase der Nutzenbewertung

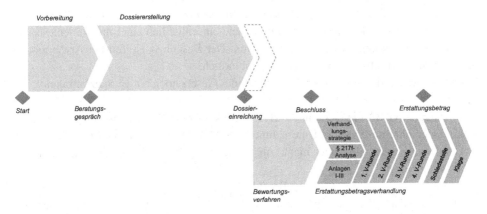

Abb. 2.8 Stellung der Phase der Erstattungsbetragsverhandlung im Prozess der Nutzenbewertung

Unternehmers, soweit es nicht mit dem Beschluss des G-BA in eine Festbetragsgruppe zugeordnet wurde.

Für alle Erstattungsbetragsverhandlungen gibt das Gesetz folgende Punkte vor:

- Der Erstattungsbetrag gilt immer für alle Arzneimittel mit diesem Wirkstoff. Lediglich dann, wenn der Erstattungsbetrag für ein anderes Arzneimittel mit demselben Wirkstoff nicht sachgerecht ist oder eine unbillige Härte darstellt, kann ein arzneimittelspezifischer Erstattungsbetrag vereinbart werden.
- Der Erstattungsbetrag kann auch als jährliches Gesamtausgabenvolumen oder als mengenbezogene Staffelung vereinbart werden.
- Die Vereinbarung über den Erstattungsbetrag soll auch Anforderungen an die Zweckmäßigkeit, Qualität und Wirtschaftlichkeit einer Verordnung beinhalten, also dem Vertragsarzt gewissermaßen Empfehlungen über den Einsatz des Produktes geben.

- Für die Verhandlung soll der pharmazeutische Unternehmer dem GKV-SV Angaben zur Höhe der tatsächlichen Abgabepreise in anderen europäischen Ländern übermitteln (Anlage III!).
- Die Verhandlungen zur Vereinbarung des Erstattungsbetrages sind vertraulich.
- Der Erstattungsbetrag gilt ab dem 13. Monat nach dem erstmaligen Inverkehrbringen eines Arzneimittels mit dem Wirkstoff.
- Eine Erstattungsbetragsvereinbarung kann frühestens nach einem Jahr gekündigt werden. Die gekündigte Vereinbarung gilt bis zum Wirksamwerden einer neuen Vereinbarung fort.
- Soweit nichts anderes vereinbart wird, kann der GKV-SV zur Festsetzung eines Festbetrags die Vereinbarung über den Erstattungsbetrag außerordentlich kündigen. Zudem ist eine Kündigung bei Vorliegen der Voraussetzungen für die Bildung einer Festbetragsgruppe auch vor Ablauf eines Jahres möglich.
- Bei Veröffentlichung eines neuen Beschlusses zur Nutzenbewertung eines Arzneimittels ist eine Kündigung auch vor Ablauf eines Jahres möglich.
- Bei Arzneimitteln mit Zusatznutzen soll die Erstattungsbetragsvereinbarung vorsehen, dass die Verordnung des Arzneimittels als Praxisbesonderheit anerkannt wird.
- Bei Arzneimitteln ohne Zusatznutzen soll ein Erstattungsbetrag vereinbart werden, der nicht zu höheren Jahrestherapiekosten führt als die vom G-BA bestimmte zweckmäßige Vergleichstherapie. Sind mehrere Alternativen als zweckmäßige Vergleichstherapie bestimmt, folgt der Erstattungsbetrag der wirtschaftlichsten Alternative.
- Hat das Arzneimittel aufgrund eines unvollständigen oder nicht eingereichten Dossiers keinen Zusatznutzen, dann ist der Erstattungsbetrag unterhalb der Jahrestherapiekosten der wirtschaftlichsten zweckmäßigen Vergleichstherapie festzulegen.

Die weitere Konkretisierung der Vorgaben für die Erstattungsbetragsvereinbarung überträgt das Gesetz dem GKV-SV und den maßgeblichen Spitzenorganisationen der pharmazeutischen Industrie. Sie schließen eine sogenannte „Rahmenvereinbarung". Darin sind insbesondere die Kriterien festzulegen, die für die Vereinbarung des Erstattungsbetrags heranzuziehen sind. Das betrifft ausdrücklich auch die Hinzuziehung von Auswertungen der Daten nach § 217f Absatz 7 SGB V.

Ein Schiedsverfahren über die Erstattungsbetragsvereinbarung ist im Gesetz für den Fall vorgesehen, dass die Vertragsparteien – also GKV-SV und pharmazeutischer Unternehmer – sich nicht innerhalb von sechs Monaten ab Beschluss einigen. Das Schiedsverfahren ersetzt also die fehlende Einigung der Vertragsparteien.

Für das Schiedsverfahren bestimmt das Gesetz folgende Regeln:

- Die Schiedsstelle legt den Vertragsinhalt innerhalb von drei Monaten fest.
- Die Schiedsstelle entscheidet unter freier Würdigung aller Umstände des Einzelfalls und berücksichtigt dabei die Besonderheiten des jeweiligen Therapiegebietes.
- Das Schiedsverfahren ist ebenfalls vertraulich.

- Der im Schiedsspruch festgelegte Erstattungsbetrag gilt rückwirkend ab dem 13. Monat nach dem maßgeblichen Zeitpunkt (Beginn des Nutzenbewertungsverfahrens); Differenzen zwischen dem festgesetzten Erstattungsbetrag und dem tatsächlichen bisherigen Abgabepreis sind auszugleichen.
- Klagen gegen Entscheidungen der Schiedsstelle sind möglich, haben aber keine aufschiebende Wirkung, d. h. der geschiedste Erstattungsbetrag gilt so lange, bis ein rechtskräftiges Urteil ggf. dessen Ungültigkeit feststellt.
- Eine durch die Schiedsstelle festgesetzte Erstattungsbetragsvereinbarung kann frühestens nach einem Jahr gekündigt werden. Die gekündigte Vereinbarung gilt bis zum Wirksamwerden einer neuen Vereinbarung fort.
- Nach dem Schiedsspruch kann jede Vertragspartei beim G-BA eine Kosten-Nutzen-Bewertung beantragen; die Geltung des Schiedsspruchs ist davon unberührt.

Zudem gibt das Gesetz der Schiedsstelle bestimmte Regeln:

- Die Schiedsstelle wird vom GKV-SV und den maßgeblichen Spitzenorganisationen der pharmazeutischen Industrie gebildet.
- Sie besteht aus insgesamt sieben Personen: dem unparteiischen Vorsitzenden, zwei weiteren unparteiischen Mitgliedern sowie jeweils zwei Vertreter der jeweiligen Vertragsparteien. Die Patientenorganisationen können beratend an den Sitzungen der Schiedsstelle teilnehmen; das Bundesministerium für Gesundheit (BMG) kann an der Beratung und der Beschlussfassung der Schiedsstelle teilnehmen.
- Die Schiedsstelle gibt sich eine Geschäftsordnung; diese bedarf der Genehmigung durch das BMG.

Die Klagemöglichkeiten sind in den hier betrachteten Paragraphen des SGB V nicht detailliert beschrieben. Geregelt ist nur Folgendes:

- Eine Klage gegen den Aufruf zur Nutzenbewertung ist nicht zulässig.
- Eine Klage gegen den Beschluss des G-BA über die Nutzenbewertung ist nicht zulässig.
- Und eine Klage gegen den Beschluss der Schiedsstelle hat keine aufschiebende Wirkung.

Somit gibt es gesetzliche Regelungen zu allen Aspekten der Erstattungsbetragsverhandlung, ausgenommen die Verhandlungsstrategie (Abb. 2.9).

2.1.1.5 Fazit

Damit ergibt sich folgendes Gesamtbild (Abb. 2.10): Die §§ 35a und 130b SGB V machen Vorgaben zur Dossierpflicht, zur Beratung, zu den Inhalten des Dossiers, zur Nutzenbewertung, zur Stellungnahme, zum Rahmen der Erstattungsbetragsverhandlung und zu Schiedsstelle sowie Klage.

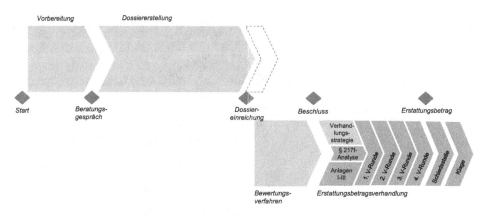

Abb. 2.9 Gesetzliche Regelungen zur Phase der Erstattungsbetragsverhandlung

2.1.2 Arzneimittel-Nutzenbewertungsverordnung (AM-NutzenV)

Entsprechend des gesetzlichen Auftrags konkretisiert die AM-NutzenV die Regelungen
in § 35a SGB V, nicht aber die Regelung in § 130b SGB V. Somit bezieht sich die
AM-NutzenV auch nur auf die ersten drei Phasen der frühen Nutzenbewertung, also Vorbereitung, Dossiererstellung sowie Bewertungsverfahren.

Die AM-NutzenV wurde durch das BMG im Dezember 2010 erlassenund trat ebenfalls am 01.01.2020 in Kraft. Sie ist ebenso wie die Regelungen im SGB V verpflichtend
für die Nutzenbewertung in Deutschland zu beachten.

2.1.2.1 Vorbereitung
Auch die AM-NutzenV regelt hinsichtlich der Vorbereitungsphase „nur" die Dossierpflicht und das Beratungsgespräch.

Zunächst liefert die AM-NutzenV eine Begriffsbestimmung, die insbesondere für die
Frage der Dossierpflicht relevant ist: Arzneimittel mit neuen Wirkstoffen sind demnach
solche, die Wirkstoffe enthalten, deren Wirkungen bei der erstmaligen Zulassung in
der medizinischen Wissenschaft nicht allgemein bekannt sind. Als neu gilt ein Arzneimittel dabei so lange, wie für das erstmalig zugelassene Arzneimittel mit dem Wirkstoff
sogenannter Unterlagenschutz besteht.

Unklar ist der Fall, in dem sich Bekanntheit und Unterlagenschutz widersprechen,
also der Wirkstoff in der medizinischen Wissenschaft allgemein bekannt ist, aber jetzt
erstmals als Arzneimittel zugelassen wird.

Sehr viel deutlicher wird die AM-NutzenV in der Frage, für welche Produkte im
Einzelnen eine Nutzenbewertung durchzuführen ist, nämlich für erstattungsfähige
Arzneimittel mit neuen Wirkstoffen und neuen Wirkstoffkombinationen in sechs Fällen:

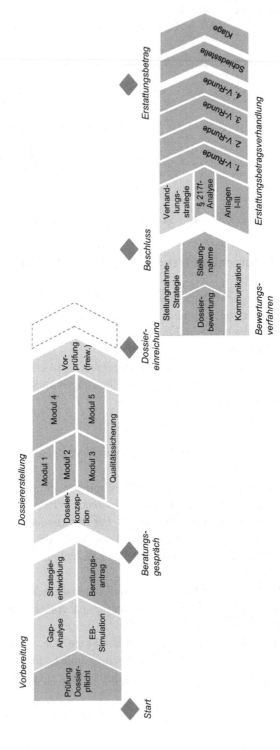

Abb. 2.10 Gesetzliche Regelungen zur Einzelaktivitäten der frühen Nutzenbewertung

1. die ab dem 01.01.2011 erstmals in den Verkehr gebracht werden, sofern erstmals ein Arzneimittel mit diesem Wirkstoff in den Verkehr gebracht wird
2. die ab dem 01.01.2011 erstmals in den Verkehr gebracht worden sind und die nach dem 01.01.2011 ein neues Anwendungsgebiet erhalten
3. frühestens ein Jahr nach dem Beschluss über die Nutzenbewertung auf Antrag des pharmazeutischen Unternehmers
4. frühestens ein Jahr nach dem Beschluss über die Nutzenbewertung bei Vorliegen neuer Erkenntnisse auf Veranlassung des G-BA
5. für die der G-BA über eine Nutzenbewertung mit Befristung beschlossen hat, wenn die Frist abgelaufen ist

Interessant ist hierbei, dass das Gesetz zwar eine Neubewertung auf Antrag des pharmazeutischen Unternehmers (Nr. 3) explizit nennt, nicht aber eine auf Veranlassung des G-BA (Nr. 4). Auch kann laut Gesetz nur bei „Aberkennung eines Zusatznutzens" eine neue Nutzenbewertung beantragt werden, während die AM-NutzenV hierfür keine Einschränkung nennt.

Schließlich noch der sechste Fall: Arzneimittel mit einem bekannten Wirkstoff (genau genommen: Wirkstoffe, die keine neuen Wirkstoffe im Sinne der AM-NutzenV sind), können vom G-BA der Nutzenbewertung unterzogen werden, sofern für diese Arzneimittel eine neue Zulassung mit einem neuen Unterlagenschutz erteilt wurde („Bewertung nach § 35a, Absatz 6, SGB V").

Nicht in der AM-NutzenV aufgeführt ist die Bewertung von Orphan Drugs, wenn der Umsatz mit ihnen zulasten der GKV in den letzten 12 Monaten 50 Mio. EUR überschreitet („Bewertung nach § 35a, Absatz 1, Satz 12, SGB V"), auch wenn der maßgebliche Zeitpunkt hierfür sehr wohl in der AM-NutzenV definiert ist (Abschn. 2.1.2.3).

Zur Freistellung von der Dossierpflicht macht die AM-NutzenV keine Angaben. Die entsprechenden Regelungen hierzu im Gesetz werden offenbar als nicht weiter erklärungsbedürftig angesehen.

Gegenstand der Beratung sind insbesondere die für die Nutzenbewertung vorzulegenden Unterlagen und Studien sowie die zweckmäßige Vergleichstherapie. Bei Nutzenbewertungen von Produkten mit bekannten Wirkstoffen ist eine Beratung anzubieten, bevor der G-BA den pharmazeutischen Unternehmer zur Einreichung eines Dossiers auffordert.

Die Frist für die Einreichung eines Dossiers gilt unabhängig von der Beratung, kann also nicht durch einen Beratungsantrag verzögert werden. Der Anspruch auf Beratung erlischt mit Beginn des Nutzenbewertungsverfahrens oder mit der Einreichung des Dossiers.

Nicht weiter überraschend macht auch die AM-NutzenV zu Gap-Analyse, Erstattungsbetragssimulation und Strategieentwicklung keine Ausführungen.

2.1.2.2 Dossiererstellung

Die AM-NutzenV wiederholt die schon im Gesetz genannten Anforderungen an das Dossier, das Auskunft geben soll über:

- zugelassene Anwendungsgebiete,
- den medizinischen Nutzen,
- den medizinischen Zusatznutzen im Verhältnis zur zweckmäßigen Vergleichstherapie,
- die Anzahl der Patienten und Patientengruppen, für die ein therapeutisch bedeutsamer Zusatznutzen besteht,
- die Kosten der Therapie für die GKV und
- die Anforderung an eine qualitätsgesicherte Anwendung

Für Orphan Drugs sind keine Angaben zu medizinischem Nutzen und Zusatznutzen erforderlich, solange diese die Umsatzschwelle von 50 Mio. EUR noch nicht überschritten haben.

Diese Vorgaben zur Dossiererstellung entsprechen fast wortgleich den gesetzlichen Regelungen. Die nun folgenden Vorgaben der AM-NutzenV finden sich hingegen nicht im Gesetz.

Im Dossier ist unter Angabe der Aussagekraft der Nachweise darzulegen, mit welcher Wahrscheinlichkeit und in welchem Ausmaß ein Zusatznutzen vorliegt. Die Angaben im Dossier sollen sowohl bezogen auf die Anzahl der Patienten als auch bezogen auf das Ausmaß des Zusatznutzens erfolgen.

Der pharmazeutische Unternehmer übermittelt dem G-BA das Dossier mit den Nachweisen für die Nutzenbewertung elektronisch in den vom G-BA im Internet bereitgestellten Dokumentvorlagen. Der G-BA soll sich dabei an den Standards der Zulassung (Common Technical Document – CTD) orientieren.

Für das zu bewertende Arzneimittel mit neuem Wirkstoff legt der pharmazeutische Unternehmer im Dossier den Ergebnisbericht der Zulassungsstudien (Clinical Study Reports – CSR) einschließlich der Studienprotokolle und des Bewertungsberichtes der Zulassungsbehörde ((European) Public Assessment Report – (E)PAR) vor sowie alle Studien, die der Zulassungsbehörde übermittelt worden sind. Darüber hinaus werden alle Ergebnisse, Studienberichte und Studienprotokolle von Studien zum Arzneimittel übermittelt, für die der pharmazeutische Unternehmer Sponsor war, sowie alle verfügbaren Angaben über laufende oder abgebrochene Studien mit dem Arzneimittel, für die der pharmazeutische Unternehmer Sponsor ist oder an denen er auf andere Weise finanziell beteiligt ist, und entsprechende Angaben über Studien von Dritten, soweit diese verfügbar sind. Liegen keine klinischen Studien zum direkten Vergleich mit der zweckmäßigen Vergleichstherapie vor oder lassen diese keine ausreichenden Aussagen über einen Zusatznutzen zu, können im Dossier indirekte Vergleiche vorgelegt werden – müssen aber nicht.

Im Dossier sind die Kosten für die GKV gemessen am Apothekenverkaufspreis und den die Krankenkassen tatsächlich entstehenden Kosten anzugeben. Die Kosten sind sowohl für das zu bewertende Arzneimittel als auch für die zweckmäßige Vergleichstherapie zu berechnen. Maßgeblich sind die direkten Kosten für die GKV über einen (nicht näher) bestimmten Zeitraum.

Bestehen bei Anwendung von zu bewertendem Arzneimittel und zweckmäßiger Vergleichstherapie entsprechend der Fach- oder Gebrauchsinformation regelhaft Unterschiede bei der notwendigen Inanspruchnahme ärztlicher Behandlung oder bei der Verordnung sonstiger Leistungen, gibt der pharmazeutische Unternehmer die damit verbundenen Kostenunterschiede ebenfalls an.

Eine weitere Regelung der AM-NutzenV ist zwar nicht im Gesetz enthalten, vereinfacht das Verfahren aber für alle Beteiligten: Der pharmazeutische Unternehmer kann das Dossier dem G-BA auch schon vor den oben genannten Zeitpunkten übermitteln. Legt der pharmazeutische Unternehmer das Dossier drei Wochen vor dem jeweiligen Zeitpunkt beim G-BA vor, führt die Geschäftsstelle des G-BA eine formale Vorprüfung auf Vollständigkeit des Dossiers durch. Ist das Dossier unvollständig, teilt die Geschäftsstelle dem pharmazeutischen Unternehmer in der Regel innerhalb von zwei Wochen mit, welche zusätzlichen Angaben erforderlich sind. Auch wenn damit keine Fristverlängerung verbunden ist, so weiß der pharmazeutische Unternehmer nun immerhin, was nach Ansicht des G-BA fehlt und kann nun immerhin versuchen, Abhilfe zu schaffen.

Zu Dossierkonzeption und Qualitätssicherung macht die AM-NutzenV keine Aussagen.

2.1.2.3 Bewertungsverfahren

Die Vorgaben der AM-NutzenV zu der Phase des Bewertungsverfahrens beziehen sich auf die Nutzenbewertung und den Beschluss.

Wichtig für die Nutzenbewertung sind erst einmal die Fristen für den Verfahrensbeginn. Diese ergeben sich aus den Fristen für die Übermittlung des Nutzendossiers, dem sogenannten „maßgeblichen Zeitpunkt":

- für Arzneimittel mit neuen Wirkstoffen, die ab dem 01.01.2011 erstmals in den Verkehr gebracht werden, zum Zeitpunkt des erstmaligen Inverkehrbringens, also der Listung in der Lauer-Taxe
- für schon einmal bewertete Arzneimittel, die ein neues Anwendungsgebiet erhalten, innerhalb von vier Wochen nach Zulassung bzw. Genehmigung des neuen Anwendungsgebietes
- für Arzneimittel, für die der pharmazeutische Unternehmer eine Zusammenlegung der Bewertungsverfahren beantragt hat, entsprechend dem vom G-BA mit Blick auf die Zusammenlegung festgelegten Zeitpunkt
- für Arzneimittel, für die der pharmazeutische Unternehmer eine erneute Nutzenbewertung beantragt hat oder für die der G-BA eine erneute Nutzenbewertung veranlasst, innerhalb von drei Monaten nach Aufforderung des G-BA
- für Arzneimittel, für die ein befristeter Beschluss über die Nutzenbewertung vorliegt, am Tag des Fristablaufs

- für Arzneimittel für seltene Erkrankungen mit einem Umsatz zulasten der GKV in den letzten 12 Monaten von mehr als 50 Mio. EUR (Nutzenbewertung nach § 35a Absatz 1 Satz 11 SGB V), drei Monate nach Aufforderung des G-BA
- für Arzneimittel mit bekannten Wirkstoffen mit neuer Zulassung und neuem Unterlagenschutz, für die der G-BA eine Nutzenbewertung beschließt, drei Monate nach Aufforderung des G-BA

Die Nutzenbewertung wird vom G-BA durchgeführt, der das IQWiG oder Dritte mit der Nutzenbewertung beauftragen kann.

Maßstab für die Beurteilung im Rahmen der Nutzenbewertung sind der allgemein anerkannte Stand der medizinischen Erkenntnisse gemäß den internationalen Standards der evidenzbasierten Medizin und der Gesundheitsökonomie sowie die Feststellungen der Zulassungsbehörde über Qualität, Wirksamkeit und Unbedenklichkeit des Arzneimittels.

Im Kern geht es bei der Bewertung um die Frage, ob für das Arzneimittel ein Zusatznutzen gegenüber der zweckmäßigen Vergleichstherapie belegt ist, welcher Zusatznutzen für welche Patientengruppen in welchem Ausmaß belegt ist, wie die vorliegende Evidenz zu bewerten ist und mit welcher Wahrscheinlichkeit der Beleg jeweils erbracht wird.

Als Nutzen eines Arzneimittels wird der patientenrelevante therapeutische Effekt angesehen, insbesondere hinsichtlich der (nicht abschließenden) Dimensionen:

- Verbesserung des Gesundheitszustands
- Verkürzung der Krankheitsdauer
- Verlängerung des Überlebens
- Verringerung von Nebenwirkungen
- Verbesserung der Lebensqualität

Dementsprechend ist der Zusatznutzen des zu bewertenden Arzneimittels der Nutzenunterschied des zu bewertenden Arzneimittels gegenüber der zweckmäßigen Vergleichstherapie.

Die AM-NutzenV macht ebenso detaillierte Vorgaben zur zweckmäßigen Vergleichstherapie. Sie ist regelhaft zu bestimmen nach den Maßstäben der internationalen Standards der evidenzbasierten Medizin. Sie muss zudem eine nach dem allgemein anerkannten Stand der medizinischen Erkenntnisse zweckmäßige Therapie im Anwendungsgebiet sein, vorzugsweise eine Therapie, für die Endpunktstudien vorliegen und die sich in der praktischen Anwendung bewährt hat, soweit nicht Richtlinien des G-BA oder das Wirtschaftlichkeitsgebot dagegen sprechen. Und: Für Arzneimittel einer Wirkstoffklasse ist für die Nutzenbewertung dieselbe zweckmäßige Vergleichstherapie heranzuziehen, um eine einheitliche Bewertung zu gewährleisten. Aber: Wer die zweckmäßige Vergleichstherapie festlegt, regelt die AM-NutzenV nicht.

Für die erstmalige Bewertung zum Zeitpunkt der Markteinführung sind grundsätzlich die Zulassungsstudien zugrundezulegen. Reichen die Zulassungsstudien nicht aus, kann der G-BA weitere Nachweise verlangen. Sofern es unmöglich oder unangemessen ist, Studien höchster Evidenzstufe durchzuführen oder zu fordern, sind Nachweise der besten verfügbaren Evidenzstufe einzureichen. Damit kann auch – zumindest prinzipiell – mit einer anderen Studie als einer randomisierten kontrollierten Studie (RCT: randomized controlled trial) ein Zusatznutzen nachgewiesen werden. Es gelten die aus der evidenzbasierten Medizin bekannten Evidenzstufen:

- I a: Systematische Übersichtsarbeiten von Studien der Evidenzstufe I b
- I b: Randomisierte klinische Studien
- II a: Systematische Übersichtsarbeiten der Evidenzstufe II b
- II b: Prospektiv vergleichende Kohortenstudien
- III: Retrospektiv vergleichende Studien
- IV: Fallserien und andere nicht vergleichende Studien
- V: Einzelfallberichte, Meinungen anerkannter Experten, etc.

Für die Bemessung des Zusatznutzens unterscheidet die AM-NutzenV erheblich, beträchtlich, gering, nicht quantifizierbar, kein Zusatznutzen belegt und Nutzen geringer als der der zweckmäßigen Vergleichstherapie. Wann welches Ausmaß des Zusatznutzens vorliegt, bemisst sich nicht anhand eines quantitativen Algorithmus, sondern anhand qualitativer Kriterien (Abb. 2.11). Dabei sind aber nicht für jede Ausprägung des Zusatznutzens entsprechende Kriterien definiert. Zudem fehlt eine Aussage in der AM-NutzenV, bei welcher Verkürzung der Krankheitsdauer und Verbesserung der Lebensqualität welcher Zusatznutzen zuerkannt wird.

Die Nutzenbewertung ist spätestens drei Monate nach dem maßgeblichen Zeitpunkt abzuschließen und auf der Internetseite des G-BA zu veröffentlichen, gleichzeitig mit dem Dossier. Zu schriftlicher Stellungnahme und mündlicher Anhörung heißt es in der AM-NutzenV lediglich, dass der G-BA diese durchzuführen hat, bevor er seinen Beschluss trifft.

Ausmaß Zusatznutzen / Zielgrößenkategorien	erheblicher Zusatznutzen	beträchtlicher Zusatznutzen	geringer Zusatznutzen	Zusatznutzen nicht quantifizierbar	kein Zusatznutzen belegt	Nutzen geringer
Therapierelevanter Nutzen	große Verbesserung	deutliche Verbesserung	moderate, nicht nur geringfügige Verbesserung	Wissenschaftliche Datenlage lässt eine Quantifizierung nicht zu	k.A.	k.A
Verbesserung Gesundheitszustand	Heilung der Erkrankung; Freiheit von schwerwiegenden Symptomen	Spürbare Linderung der Erkrankung; Abschwächung schwerwiegender Symptome	Verringerung nicht schwerwiegender Symptome		k.A.	k.A
Verkürzung Krankheitsdauer	k.A.	k.A.	k.A.		k.A.	k.A
Verlängerung Überleben	erhebliche Verlängerung	moderate Verlängerung	k.A.		k.A.	k.A
Verringerung Nebenwirkungen	Weitgehende Vermeidung schwerwiegender NW	Relevante Vermeidung schwerwiegender NW, bedeutsame Vermeidung anderer NW	Relevante Vermeidung von NW		k.A.	k.A
Verbesserung Lebensqualität	k.A.	k.A.	k.A.		k.A.	k.A.

Abb. 2.11 Kriterien nach AM-NutzenV für die Ableitung des Zusatznutzens

Der Beschluss enthält die wesentlichen Ergebnisse der Nutzenbewertung und ist innerhalb von drei Monaten nach Veröffentlichung der Nutzenbewertung zu fassen. Der Beschluss ist für alle Arzneimittel mit diesem Wirkstoff Grundlage für Vereinbarungen über Erstattungsbeträge und für die Bestimmung von Anforderungen an die Zweckmäßigkeit, Qualität und Wirtschaftlichkeit der Verordnung sowie für die Anerkennung als Praxisbesonderheit oder für die Zuordnung von Arzneimitteln ohne Zusatznutzen zu einer Festbetragsgruppe.

2.1.2.4 Erstattungsbetragsverhandlung
Zur Erstattungsbetragsverhandlung und anschließender Schiedsstelle und Klage macht die AM-NutzenV keine Aussagen.

2.1.2.5 Fazit
In der Zusammenschau ergibt sich, dass sich die Regelungen der AM-NutzenV auf Dossierpflicht, Beratungsantrag, Dossierinhalte, Vorprüfung, Nutzenbewertung und Stellungnahmeverfahren erstrecken (Abb. 2.12).

2.2   Überblick über gesetzliche Änderungen seit Januar 2011

Die mit dem AMNOG und in der zugehörigen AM-NutzenV geschaffenen Regelungen wurden schon mehrfach modifiziert. Konkret geht es bislang um folgende neun Änderungen:

- Gesetz zur Verbesserung der Versorgungsstrukturen in der gesetzlichen Krankenversicherung (GKV-Versorgungsstrukturgesetz – GKV-VStG, vom 22.12.2011)
- Zweites Gesetz zur Änderung arzneimittelrechtlicher und anderer Vorschriften (vom 19.10.2012)
- Drittes Gesetz zur Änderung arzneimittelrechtlicher und anderer Vorschriften (vom 07.08.2013)
- Vierzehntes Gesetz zur Änderung des SGB V (vom 27.03.2014)
- Gesetz zur Stärkung der Versorgung in der GKV (GKV-Versorgungsstärkungsgesetz – GKV-VSG; vom 16.07.2015)
- Gesetz für sichere digitale Kommunikation und Anwendungen im Gesundheitswesen sowie Änderung weiterer Gesetze (vom 21.12.2015)
- Gesetz zur Stärkung der Arzneimittelversorgung in der GKV (GKV-Arzneimittelversorgungsstärkungsgesetz – AMVSG; vom 04.05.2017)
- Gesetz für schnellere Termine und bessere Versorgung (Terminservice- und Versorgungsgesetz – TSVG; vom 06.05.2019)
- Gesetz für mehr Sicherheit in der Arzneimittelversorgung (GSAV; vom 09.8.2019)

Im Folgenden werden diese neun relevanten Änderungsgesetze näher erläutert.

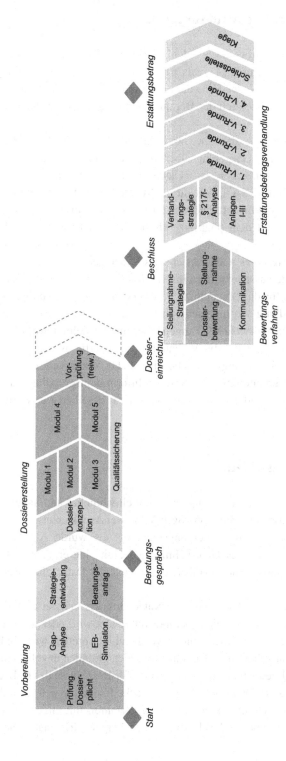

Abb. 2.12   Regelungen der AM-Nutzen V zu Einzelaktivitäten der frühen Nutzenbewertung

2.2.1 GKV-Versorgungsstrukturgesetz

Mit dem Gesetz zur Verbesserung der Versorgungsstrukturen in der GKV vom 22.12.2011 (GKV-VStG) wurden Details zur Erstattungsbetragsverhandlung modifiziert. So wurde in § 130b SGB V der Hinweis aufgenommen, dass die gesamte Erstattungsbetragsverhandlung einschließlich der Beratungsunterlagen und der Niederschriften vertraulich sind.

Zudem wurde festgelegt, dass in die Rahmenvereinbarung über die Erstattungsbetragsverhandlungen eine Regelung über die Auswertung der Daten nach § 217f Absatz 7 SGB V aufzunehmen ist (Datensatz des morbiditätsorientierten Risikostrukturausgleichs (Morbi-RSA)). Mit dieser Regelung erhält der GKV-SV die Befugnis, die RSA-Daten anonymisiert und ohne Krankenkassenbezug für die Verhandlung des Erstattungsbetrags mit dem pharmazeutischen Unternehmer zu verarbeiten und zu nutzen.

Ziel dieser Regelung ist es nach Ansicht des Gesetzgebers, für die Vereinbarung der Erstattungsbeträge eine aussagekräftige Informationsgrundlage zur Verfügung zu stellen, damit die Kosten, die für die Behandlung von Versicherten im jeweiligen Anwendungsgebiet bei der Behandlung mit unterschiedlichen Arzneimitteln, aber auch unterschiedlichen Behandlungspfaden entstehen, angemessen berücksichtigt werden können. Dies ist eine wichtige Grundlage für die Verhandlungen. Hierfür ist es erforderlich, Daten über das tatsächliche Versorgungsgeschehen in der GKV zugrundezulegen. Damit sich beide Seiten in der Verhandlung auf dieselbe Informationsgrundlage stützen können, wird sichergestellt, dass beiden Verhandlungspartnern dieselben Auswertungen zur Verfügung stehen.

2.2.2 2. Änderungsgesetz

Mit dem Zweiten Gesetz zur Änderung arzneimittelrechtlicher und anderer Vorschriften vom 19.10.2012 (2. ÄndG) wurde § 35a SGB V in zwei Aspekten ergänzt.

Die erste Regelung ist eine Übergangsregelung: Es wurde Absatz 5b eingefügt, nach dem ein pharmazeutisches Unternehmen jederzeit eine erneute Nutzenbewertung beantragen kann, wenn aufgrund unvollständig vorgelegter Daten ein Zusatznutzen nicht festgestellt werden konnte.

Hintergrund ist das Problem, dass in Nutzendossiers teilweise eine vom G-BA abweichende zweckmäßige Vergleichstherapie verwendet wird oder die vom G-BA festgesetzte zweckmäßige Vergleichstherapie abweichend interpretiert wird. In beiden Fällen ist damit das Dossier aus Sicht des G-BA aus formalen Gründen unvollständig.

Diese Regelung gilt jedoch nur übergangsweise für Beschlüsse des G-BA, die bis zum 31.12.2012 ergangen sind. Damit wurde der Tatsache Rechnung getragen, dass die frühe Nutzenbewertung für alle Beteiligten ein neues Verfahren mit engen Fristen darstellte, das sich noch einspielen musste. Nach Ablauf der Übergangsfrist lagen nach Ansicht des

Gesetzgebers ausreichend Erfahrungen vor, sodass danach erwartet werden konnte, dass pharmazeutische Unternehmer ab dann vollständige Unterlagen für die Nutzenbewertung einreichen.

Zudem wurde in Absatz 7 klargestellt, dass eine Beratung durch den G-BA zu Zulassungsstudien unter Beteiligung des Bundesinstituts für Arzneimittel und Medizinprodukte oder des Paul-Ehrlich-Instituts erfolgen soll. Auf diese Weise sollen nach dem Willen des Gesetzgebers für die Studienplanung Synergien genutzt werden, damit das Studienprogramm des pharmazeutischen Unternehmers sowohl im Hinblick auf die Anforderungen der Zulassungsbehörden als auch im Hinblick auf die Anforderungen des G-BA optimiert werden kann.

Eine weitere Änderung betrifft § 130 b SGB V: Hier wird in Absatz 9 klargestellt, dass die Jahrestherapiekosten vergleichbarer Arzneimittel sowie die tatsächlichen Abgabepreise in anderen europäischen Ländern gewichtet nach den jeweiligen Um-sätzen und Kaufkraftparitäten berücksichtigt werden sollen. Begründung des Gesetzgebers für diese Maßnahmen ist, dass damit die Vergleichbarkeit der jeweiligen Preise gewährleistet werden soll.

2.2.3 3. Änderungsgesetz

Das Dritte Gesetz zur Änderung arzneimittelrechtlicher und anderer Vorschriften vom 07.08.2013 (3. ÄndG) führte zu den bislang weitreichendsten Änderungen in der frühen Nutzenbewertung.

Ausgangspunkt war die Streichung der Vorgabe in der AM-NutzenV, nach der bei mehreren Alternativen für eine zweckmäßige Vergleichstherapie die wirtschaftlichste Therapie zu wählen war, vorzugsweise eine Therapie, für die ein Festbetrag gilt. Mit dem 3. Änderungsgesetz wurde festgelegt, dass zukünftig der G-BA unabhängig von der Wirtschaftlichkeit zweckmäßige Vergleichstherapien festlegen und der Zusatznutzen gegenüber jeder dieser Therapien nachgewiesen werden kann. Gleichzeitig wird aber die Regel eingeführt, wonach in den Fällen, in denen vom G-BA mehrere Alternativen für die zweckmäßige Vergleichstherapie bestimmt sind, der Erstattungsbetrag nicht zu höheren Jahrestherapiekosten führen darf als die wirtschaftlichste Alternative.

Zweck der Flexibilisierung der Auswahl der zweckmäßigen Vergleichstherapie ist aus Sicht des Gesetzgebers, bei vorhandener Evidenz anhand abweichender Vergleichstherapien den Nachweis des Zusatznutzens nicht lediglich aus formalen Gründen scheitern zu lassen. Zweck ist es jedoch nicht, bei nicht vorhandener Evidenz dem pharmazeutischen Unternehmer die Wahl einer hochpreisigen Vergleichstherapie zu ermöglichen, um ohne Nachweis eines Zusatznutzens einen entsprechend hohen Erstattungsbetrag vereinbaren zu können.

Eine weitere Gesetzesänderung bezieht sich auf die Feststellung, dass die Schiedsstelle ihre Entscheidung unter der Würdigung aller Umstände des Einzelfalls trifft, also aus einer Schiedsstellenentscheidung keine zwingende Schlussfolgerung für andere

Entscheidungen abgeleitet werden kann. Hintergrund für diese Regelung ist für den Gesetzgeber, dass die Schiedsstelle den Vertragsinhalt in dem Umfang festsetzt, in dem er durch das Nichtzustandekommen einer Vereinbarung zwischen den Vertragsparteien offen ist. Sie hat dabei die gleiche Vertragsgestaltungsfreiheit wie sie die Vertragsparteien im Falle gütlicher Einigung haben.

Mit der Regelung wird klargestellt, dass der Schiedsstelle dabei, ebenso wie den Vertragsparteien, ein eigener Entscheidungsspielraum zusteht. Die Rahmenvereinbarung stellt für die Vertragspartner und die Schiedsstelle einen Orientierungsrahmen dar, determiniert die Entscheidung jedoch nicht im Sinne eines konkret vorgegebenen Entscheidungsalgorithmus.

Weitere Änderungen im 3. Änderungsgesetz sind:

- die Klarstellung in Absatz 1 Satz 3 § 35a SGB V, dass ein Nutzendossier aufgrund einer Indikationserweiterung erst vier Wochen nach entsprechender Zulassungserteilung einzureichen ist,
- die Einführung eines Verbots gegen gesonderte Klagen gegen den Aufruf zu einer Bestandsmarktbewertung (Bewertung eines bereits vor dem 01.01.2011 in Verkehr gebrachten Arzneimittels);
- die Einführung eines Verbots gegen eine gesonderte Klage gegen die Aufforderung zur Dossiereinreichung.

2.2.4   14. SGB V-Änderungsgesetz

Das Vierzehnte Gesetz zur Änderung des SGB V (14. SGB V-ÄndG) ist am 01.04.2014 in Kraft getreten. Es umfasst folgende für die frühe Nutzenbewertung relevante Änderungen:

- Die Möglichkeit eines Bestandsmarktaufrufes wird ersatzlos gestrichen.
- An den Verhandlungen über Erstattungsbeträge soll zukünftig jeweils ein Vertreter einer Krankenkasse teilnehmen.
- Der vereinbarte Erstattungsbetrag ist automatisch auch der Abgabepreis des pharmazeutischen Unternehmers und dieser ist dann ebenfalls automatisch Berechnungsgrundlage für die Großhandelszuschläge. Ist das Arzneimittel nur direkt vom pharmazeutischen Unternehmer zu beziehen, ist der Erstattungsbetrag Grundlage für die Berechnung des Apothekenzuschlags, nicht der Apothekeneinkaufspreis. Der Großhandelszuschlag entfällt in diesem Fall.
- Der vereinbarte Erstattungsbetrag gilt für alle Arzneimittel mit diesem neuen Wirkstoff. Bei Zulassung eines neuen Anwendungsgebietes gilt der Erstattungsbetrag hierfür ab dem 13. Monat nach Zulassung des neuen Anwendungsgebietes. Entstehen durch die Zulassung eines weiteren Arzneimittels mit dem gleichen Wirkstoff in einem anderen Anwendungsgebiet „unbillige Härten", dann können hierfür getrennte Erstattungsbeträge vereinbart werden.

Zur Einordnung dieser Änderungen: Amtliche Begründung des Gesetzgebers für das Streichen der Bestandsmarktregelung sind die bisherigen Erfahrungen der Nutzenbewertung im Bestandsmarkt, nach denen diese Bewertungen mit hohem methodischen und administrativem Aufwand verbunden sind, der denjenigen für die Nutzenbewertung von neuen Arzneimitteln mit neuem Wirkstoff deutlich überschreitet.

Laufende Verfahren, bei denen die Nutzenbewertung bereits veranlasst wurde, für die aber noch kein Beschluss über die Nutzenbewertung vorliegt, werden eingestellt (2. und 3. Welle des Bestandsmarktaufrufs). Mit Streichung der Rechtsgrundlage für die Veranlassung der Bestandsmarktbewertung entfallen auch die nachfolgenden Verfahrensschritte (= Bewertungsverfahren, Erstattungsbetragsverhandlung). Die vor dem 01.01.2014 gefassten Beschlüsse des G-BA über die Feststellung des Zusatznutzens bleiben davon unberührt und Grundlage der Erstattungsbetragsverhandlungen (1. Welle; konkret sind die Gliptine). Die gesetzliche Änderung erfasst also nur diejenigen laufenden Verfahren, in denen noch kein Beschluss des G-BA über den Zusatznutzen gefasst wurde.

Die Teilnahme eines Vertreters einer Krankenkasse an den Erstattungsbetragsverhandlungen begründet der Gesetzgeber damit, dass dieser Einzelkassenvertreter praktische Erfahrungen und Einschätzungen aus dem operativen Geschäft der Krankenkasse in die Verhandlungen einbringen kann. Details hierzu regelt die Satzung des GKV-SV.

Die Festlegung des Gesetzgebers zur Gleichsetzung von Erstattungsbetrag und Abgabepreis des pharmazeutischen Unternehmers führt dazu, dass die entsprechenden Verhandlungs- und Gestaltungsspielräume in der Erstattungsbetragsverhandlung entfallen. Der Erstattungsbetrag wird danach zum einheitlichen Abgabepreis und somit zur Grundlage der Berechnung der Preisspannen. Dies wirkt sich auch auf die Berechnung des Arzneimittelabgabepreises aus sowie auf die Berechnung der Zuzahlung der Versicherten.

Die Regelungen zum Erstattungsbetrag legen weiter fest, dass der vereinbarte Erstattungsbetrag für alle pharmazeutischen Produkte mit demselben Wirkstoff gilt, also beispielsweise für Re- und Parallelimporte sowie für den Fall des Mitvertriebs. Zugleich wird für die Fälle, in denen es in Hinblick auf die Versorgung nicht sachgerecht wäre oder eine unbillige Härte darstellen würde, wenn der für ein anderes Arzneimittel mit dem gleichen Wirkstoff vereinbarte Erstattungsbetrag gültig würde, die Möglichkeit geschaffen, dass GKV-SV und pharmazeutischer Unternehmer eigene Vereinbarungen treffen, insbesondere zu einem eigenen Erstattungsbetrag. Darin sind gegebenenfalls auch abweichende Praxisbesonderheiten sowie die übrigen Vertragsbestandteile neu zu bestimmen. Dies kann beispielsweise der Fall sein, wenn zwei Arzneimittel mit dem gleichen Wirkstoff für zwei unterschiedliche Anwendungsgebiete zugelassen sind, in unterschiedlichen Dosierungen und Darreichungsformen verfügbar sind, die beiden Arzneimittel nicht ohne weiteres austauschbar sind und das Preisniveau vergleichbarer Arzneimittel in beiden Anwendungsgebieten sich deutlich unterscheidet. Das Nähere ist in den jeweiligen Erstattungsbetragsvereinbarungen zu regeln.

2.2.5 Gesetz zur Stärkung der Versorgung in der gesetzlichen Krankenversicherung (GKV-Versorgungsstärkungsgesetz – GKV-VSG)

Auch das GKV-Versorgungsstärkungsgesetz – GKV-VSG vom 16.07.2015 ändert nur ein gesetzliches Detail, hier konkret die Regelung zur Praxisbesonderheit in § 130b SGB V: Es wird klargestellt, dass sich eine vereinbarte Praxisbesonderheit auf alle Wirtschaftlichkeitsprüfungen nach den §§ 106 bis 106c SGB V bezieht.

2.2.6 Gesetz für sichere digitale Kommunikation und Anwendungen im Gesundheitswesen sowie Änderung weiterer Gesetze

Mit dem Gesetz für sichere digitale Kommunikation und Anwendungen im Gesundheitswesen sowie Änderung weiterer Gesetze vom 21.12.2015 wird mit einer Änderung in § 130b Absatz 9 SGB V geregelt, wie die Schiedsstelle die Rahmenvereinbarung für die Erstattungsbetragsverhandlung festsetzen kann, wenn sich die Vertragsparteien nicht fristgemäß hierauf einigen können.

2.2.7 Gesetz zur Stärkung der Arzneimittelversorgung in der GKV (GKV-Arzneimittelversorgungsstärkungsgesetz – AMVSG)

Die Änderungen durch das GKV-Arzneimittelversorgungsstärkungsgesetz – AMVSG vom 04.05.2017 sind hingegen deutlich umfangreicher.

Neben einigen Klarstellungen umfasst das AMVSG folgende wesentliche Änderungen:

- Der G-BA wird dazu verpflichtet, seine Beschlüsse zukünftig in maschinenlesbarer Form bereitzustellen, damit diese im Arzneimittelinformationssystem der Vertragsärzte dargestellt werden können.
- Gleichzeitig erhält der G-BA die Möglichkeit, Nutzenbewertungsverfahren zusammenzulegen, wenn innerhalb von 6 Monaten vom maßgeblichen Zeitpunkt einer Dossiereinreichung eine weitere Nutzenbewertung für ein neues Anwendungsgebiet beginnen würde. In diesem Fall darf der G-BA beide Verfahren auf den späteren Zeitpunkt zusammenlegen, damit also praktisch das frühere Verfahren erst später beginnen.
- Zudem erhält der G-BA das Recht zur Nutzenbewertung von neu zugelassenen Arzneimitteln mit bekannten Wirkstoffen, sofern die neue Zulassung mit einem neuen Unterlagenschutz verbunden ist.

- Hinsichtlich der Vereinbarung des Erstattungsbetrags erlaubt das Gesetz nun ausdrücklich die mengenbezogene Staffelung des Preises und die Vereinbarung von Gesamtausgabevolumen.
- Bei Arzneimitteln ohne Zusatznutzen relativiert der Gesetzgeber die bislang obligatorische Kostenobergrenze. Durfte sie bislang nicht überschritten werden, so ist nun nur noch von „soll" die Rede. Und wird der fehlende Zusatznutzen wegen Unvollständigkeit fingiert, ist zukünftig ein Abschlag gegenüber den Jahrestherapiekosten der zweckmäßigen Vergleichstherapie zu vereinbaren – also ein Strafabschlag.

Zudem gibt es noch drei kleinere Klarstellungen:

- Der Gesetzgeber legt fest, dass der G-BA in seiner Verfahrensordnung bestimmt, wann ein Dossier als unvollständig angesehen wird und demnach ein Zusatznutzen aus gesetzlichen Gründen als nicht belegt gilt.
- Zudem wird bestimmt, dass eine Freistellung wegen Geringfügigkeit nur möglich ist vor einer ersten Verpflichtung eines Produktes (Wirkstoffes?) zur Nutzenbewertung; es gibt also keine Möglichkeit, sich wegen einer Indikationserweiterung freistellen zu lassen.
- Ebenso wird geregelt, dass nicht verschreibungspflichtige Arzneimittel nicht der Nutzenbewertung unterliegen, auch wenn sie für Kinder bzw. Jugendliche erstattungsfähig sind. Gleiches gilt für verschreibungspflichtige Arzneimittel, die nicht erstattungsfähig sind.

Schließlich ändert das AMVSG auch die AM-NutzenV. Neben einigen Änderungen in § 35a SGB V, die in der AM-NutzenV wiederholt werden, gibt es noch zwei bemerkenswerte Modifikationen:

- Bei der Bewertung des Zusatznutzens von Antibiotika soll zukünftig die Resistenzsituation berücksichtigt werden.
- Bei der Nutzenbewertung von pädiatrischen Indikationserweiterungen wird der G-BA dazu verpflichtet zu prüfen, ob im Falle eines Evidenztransfers in der Zulassung ein solcher Evidenztransfer in der Nutzenbewertung auch möglich ist.

2.2.8 Terminservice- und Versorgungsgesetz – TSVG

Anders als der Titel als Gesetz für schnellere Termine und bessere Versorgung (Terminservice- und Versorgungsgesetz) vom 06.05.2019 suggeriert, umfasst es auch Änderungen in der frühen Nutzenbewertung.

Zu § 35a SGB V gibt es im Wesentlichen eine Änderung, nach der die Beschlüsse und tragenden Gründe durch den G-BA jeweils auch in englischer Sprache zu veröffentlichen sind.

Und § 130b SGB V wird so modifiziert, dass nun das BMG nicht nur an der Beratung der Schiedsstelle teilnehmen kann, sondern auch an der Beschlussfassung – also dem Teil des Verfahrens, in dem die Mitglieder der Schiedsstelle in vertraulicher Sitzung zu ihrem Ergebnis kommen.

2.2.9   Gesetz für mehr Sicherheit in der Arzneimittelversorgung – GSAV

Auch das Gesetz für mehr Sicherheit in der Arzneimittelversorgung (GSAV) vom 09.08.2019 hat ausweislich seines Namens ein anderes Ziel, obwohl es dennoch in das Verfahren der frühen Nutzenbewertung eingreift. Konkret geht es um die Regeln zur Nutzenbewertung von Orphan Drugs.

Die wichtigste Regelung ist die Möglichkeit für den G-BA, den pharmazeutischen Unternehmer zu einer anwendungsbegleitenden Datenerhebung und Datenauswertung bei Orphan Drugs sowie unter außergewöhnlichen Umständen zugelassenen Arzneimitteln zu verpflichten. Im Gegenzug ist der G-BA verpflichtet, die so gewonnenen Daten bei der zukünftigen Bewertung zu berücksichtigen. Und der pharmazeutische Unternehmer muss erst dann einen Abschlag beim Erstattungsbetrag hinnehmen, wenn auch die so gewonnenen Daten weiterhin keine Quantifizierung des Zusatznutzens erlauben.

Speziell für sogenannte ATMPs hat der G-BA mit dem GSAV die Aufgabe erhalten, Mindestanforderungen an die Struktur-, Prozess- und Ergebnisqualität für derartige Wirkstoffe über sogenannte Qualitätssicherungsrichtlinien regeln. Geregelt werden können die notwendige Qualifikation der Leistungserbringer, strukturelle Anforderungen und Anforderungen an sonstige Maßnahmen der Qualitätssicherung.

Zudem gibt es die Möglichkeit für pharmazeutische Unternehmer, bei Orphan Drugs auch schon vor Erreichen der Umsatzgrenzen von 50 Mio. EUR eine „normale" Nutzenbewertung zu wählen. Und in die Umsatzgrenze gehen auch die Arzneimittelumsätze mit der Gesetzlichen Krankenversicherung außerhalb der vertragsärztlichen Versorgung (insbesondere die stationären Umsätze) mit ein. Hierzu kann der G-BA den pharmazeutischen Unternehmer um entsprechende Angaben bitten.

Ebenso stellt der Gesetzgeber klar,

- dass der G-BA hinsichtlich des Ausmaßes des Zusatznutzens an die im Gesetz genannten Kategorien gebunden ist und Ergänzungen oder Abweichungen („fingierter Zusatznutzen") hiervon nicht zulässig sind,
- dass der G-BA in seinem Beschluss zu Orphan Drugs auch eine Aussage zur Aussagekraft der Nachweise treffen muss,
- dass der G-BA bei einem nicht quantifizierbaren Zusatznutzen bei Orphan Drugs erläutern muss, inwieweit dieser durch die Datenlage bedingt ist oder die (Un-)Vollständigkeit der Nachweise im Dossier.

Weiterhin wird festgelegt, dass ATMPs nur von solchen Leistungserbringern angewendet werden dürfen, die entsprechende, vom G-BA erlassene Qualitätssicherungsrichtlinien erfüllen. Diese Qualitätssicherungsrichtlinien können sich auch auf einzelne Produktgruppen oder Indikationen beziehen und insbesondere die notwendige Qualifikation der Leistungserbringer sowie strukturelle Anforderungen regeln.

Schließlich enthält das GSAV für das Verfahren der frühen Nutzenbewertung noch eine Folgeänderung aus der Neuregelung der Therapie von Gerinnungsstörungen: Mit Geltung der neuen Arzneimittelpreise in der Hämophilie ab dem 01.09.2020 können die vorhandenen Erstattungsbetragsvereinbarungen in dieser Indikation innerhalb von 3 Monaten gekündigt werden.

2.2.10 Fazit

Die gesetzlichen Änderungen zu den Regeln der frühen Nutzenbewertung deuten an, wo der Gesetzgeber Probleme und damit Verbesserungsbedarf gesehen hat. In der Gesamtschau betrifft dies die Dossierpflicht, das Beratungsgespräch, die Nutzenbewertung, die Unterlagen für die Erstattungsbetragsverhandlung sowie die Regeln zur Erstattungsbetragsverhandlung und die Schiedsstelle (Abb. 2.13).

2.3 Wichtige Gerichtsurteile

Das AMNOG lässt eine gerichtliche Kontrolle im Verfahren der frühen Nutzenbewertung nur in ganz bestimmten Fällen zu (siehe im Detail Abschn. 7.5). Um so wichtiger sind deshalb die inzwischen ergangenen Gerichtsurteile des Landessozialgerichts Berlin Brandenburg (LSG BRB) und die des Bundessozialgerichts (BSG):

- LSG BRB Urteil L 9 KR 213/16 KL (Albiglutid – 28.06.2017) und BSG Urteil B 3 KR 20/17 R (Albiglutid – 04.07.2018)
- LSG BRB Urteil L 9 KR 72/16 KL (Idealisib – 28.06.2017) und BSG Urteil B 3 KR 21/17 R (Idealisib – 04.07.2018)
- LSG BRB Urteil L 7 KA 112/12 KL (Vildagliptin nAWG – 15.05.2013)
- LSG BRB Urteil L 7 KA 105/12 KL (Vildagliptin – 15.05.2013)
- LSG BRB Urteil L 1 KR 376/14 KL (Stribild – 22.02.2018)
- LSG BRB Urteil L 1 KR 295/14 KL (Linaclotid – 25.01.2018) und BSG Urteil 3 KR 2/18 R (Linaclotid – 25.01.2018)
- LSG BRB Urteil L 1 KR 558/15 KL (Ivermectin – 19.10.2018)
- LSG BRB Urteil L 9 KR 263/14 KL (Lixisenatid – 27.03.2019)
- LSG BRB Urteil L 1 KR 77/15 KL (Perampanel – 25.01.2018)

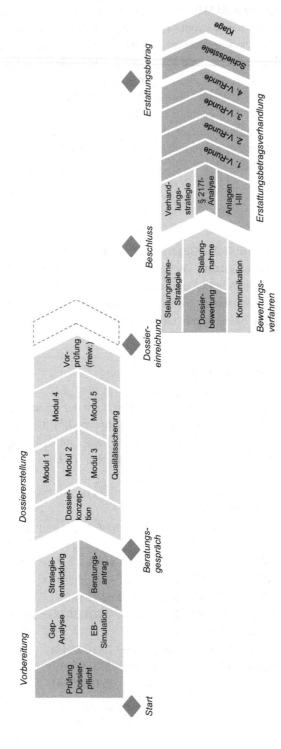

Abb. 2.13 Gesetzliche Änderungen zu Einzelaktivitäten der frühen Nutzenbewertung

Aufgabe der Gerichte ist es jeweils zu überprüfen, ob die geltenden Gesetze korrekt abgewendet werden. Formal geht es in allen Urteilen um Entscheidungen der Schiedsstelle; die Urteilsgründe wirken sich aber auf alle Erstattungsbetragsverhandlungen aus, teilweise aber auch auf die Arbeit des G-BA.

Das BSG trifft in seinen Urteilen zu Albiglutid und Idealisib folgende zentrale Aussagen:

- Differenziert der G-BA in seinem Beschluss zwischen unterschiedlichen Patientengruppen und kommt der G-BA zu unterschiedlichen Bewertungen hinsichtlich zweckmäßiger Vergleichstherapien oder Zusatznutzen, dann ist ein Mischpreis unumgänglich und auch rechtlich zulässig. Dabei darf der Mischpreis zumindest in den Fällen, in denen mindestens für eine Population ein Zusatznutzen festgestellt wurde, die Kosten der zweckmäßigen Vergleichstherapie überschreiten. Dem steht auch das Wirtschaftlichkeitsgebot nicht grundsätzlich entgegen, d. h. ein solcher Erstattungsbetrag ist nicht per se unwirtschaftlich. Und auf Ebene des Arztes ist das Wirtschaftlichkeitsgebot in jedem Einzelfall zu beachten.
- Der Schiedsstelle kommt bei ihrer Entscheidung ein weiterer Gestaltungsspielraum zu, vergleichbar mit dem der Vertragspartner, würden sich die Vertragspartner einigen. Dabei kommt es primär auf zwei Aspekte an:
  - faires Verfahren unter Wahrung des rechtlichen Gehörs
  - freie Würdigung aller Umstände des Einzelfalls und Berücksichtigung der Besonderheiten des Therapiegebiets
- Der G-BA berichtet in seinem Beschluss die epidemiologisch ermittelten Patientenzahlen. In der Versorgungsrealität kann sich aber eine davon abweichende Verteilung der relativen Patientenzahlen ergeben. Das BSG hält es vor diesem Hintergrund für sachgerecht, nicht allein die epidemiologisch ermittelten Patientenzahlen aus dem Beschluss, sondern an der (prognostischen) Verteilung des Arzneimittels auf die verschiedenen Patientengruppen und damit an der tatsächlichen Patientenversorgung heranzuziehen und so rechnerisch Erstattungsbeträge für Teilpopulationen zu gewichten.

Die Frage, wie mit Beschlüssen zu verfahren ist, in denen der G-BA zwar zwischen unterschiedlichen Patientenpopulationen mit unterschiedlichen zweckmäßigen Vergleichstherapien differenziert, aber für keine Population ein Zusatznutzen festgestellt wurde, behandelt das BSG nicht in seinem Beschluss, da dies in dem zugrunde liegenden Fall nicht relevant war. Aufgrund der gemachten Ausführungen erscheint es aber eher unwahrscheinlich, dass beide Aussagen (Mischpreisbildung und versorgungsgewichtete Populationsgröße) in diesem Fall keine Geltung haben sollten.

In beiden Beschlüssen widerspricht das BSG dem LSG als zuständiger Vorinstanz. Das LSG hat in beiden Fällen den Schiedsspruch für unrechtmäßig erklärt, u. a. aufgrund der Mischpreisbildung, die das BSG inzwischen höchstrichterlich ausdrücklich als zulässig ansieht.

In seinem Beschluss zu Linaclotid stellt das BSG insbesondere fest, dass die Darlegungspflicht alleine dem pharmazeutischen Unternehmer und seinem Nutzendossier obliegt. Der G-BA hat hingegen keine Amtsermittlungspflicht. Daher ist ein Beschluss des G-BA auch nicht deshalb fehlerhaft, wenn der G-BA bestimmte zusätzliche Kosten der zweckmäßigen Vergleichstherapie nicht berücksichtigt, die auch der pharmazeutische Unternehmer in seinem Dossier nicht aufgeführt hat. Und infolgedessen ist es auch nicht Aufgabe der Schiedsstelle, dies zu korrigieren. Somit ist ein Schiedsspruch, der diese Korrektur versäumt, nicht deshalb rechtsfehlerhaft. Daher hat das BSG das Urteil des LSG BRB zu Linaclotid aufgehoben.

Die spannende Frage, inwieweit die Schiedsstelle einen aus ihrer Sicht fehlerhaften Beschluss des G-BA korrigieren kann, hat das BSG nicht weiter untersucht.

Für die Dossierstellung hat das BSG-Urteil zu Linaclotid zur Folge, dass der pharmazeutische Unternehmer unbedingt darauf achten muss, alle Argumente zu allen Dimensionen eines Beschlusses des G-BA unbedingt schon im Dossier vorzubringen. Was nicht im Dossier steht, kann später nicht als Mangel am Beschluss des G-ba geltend gemacht werden.

In anderen Fällen gibt es bislang nur Urteile des LSG, und (noch) keine höchstrichterlichen Entscheidungen. Daher sind die folgenden Aussagen des LSG mit gebotenem Abstand zu sehen. Dennoch eine kurze Zusammenfassung der fünf (bislang) nicht aufgehobenen Urteile:

- Bei den beiden Urteilen zu Vildagliptin geht es um den Aufruf eines Produktes im Bestandsmarkt. Das LSG führt aus, dass ein Bestandsmarktaufruf keinen Verwaltungsakt darstellt, sondern erst die darauf aufbauende Preisentscheidung, konkret der Schiedsspruch. Insofern ist eine gesonderte Klage gegen einen Bestandsmarktaufruf unzulässig und auch gesetzlich ausgeschlossen.
- In seinem Urteil zu Stribild hat das LSG den Schiedsspruch aufgehoben, da den Verfahrensbeteiligten nicht ausreichend Gehör gewährt wurde, was aber für ein faires und willkürfreies Verfahren erforderlich gewesen wäre. Für einen Schiedsspruch bedeutet das, dass der von der Schiedsstelle für die Entscheidung als wesentlich angesehene Tatsachenstoff zum Gegenstand des Schiedsverfahrens gemacht werden muss und keine überraschenden Entscheidungen getroffen werden dürfen. Konkret hat die beklagte Schiedsstelle in ihrem Schiedsspruch Daten aus dem Risikostrukturausgleich verwendet, ohne dass diese mit den Parteien vorher erörtert wurden. Und eine entsprechende Regelung zur Nutzung dieser Daten ist erst 2015 in die Rahmenvereinbarung aufgenommen worden. Auch kann der Verfahrensmangel nicht durch eine nachträgliche Anhörung der Parteien behoben werden; hierzu müsste das gesamte Schiedsverfahren neu aufgerollt werden.
- In dem Verfahren zu Ivermectin beklagt der pharmazeutische Unternehmer, dass die Nutzenbewertung zu Unrecht erfolgt. Das LSG hat sich mit dieser inhaltlichen Frage nicht weiter beschäftigt, sondern festgestellt, dass nur eine Klage gegen den Schiedsspruch zulässig sei; da der pharmazeutische Unternehmer aber eine Erstattungs-

betragsvereinbarung mit dem GKV-SV geschlossen hat, kommt es nicht zu einem Schiedsverfahren und mithin auch nicht zu einem Schiedsspruch, der beklagt werden kann. Folglich wird die Klage als unzulässig zurückgewiesen.

- In dem LSG-Urteil zu Perampanel vom 25.01.2018 ging es schließlich um die Frage, ob die Schiedsstelle auch für ein parallel importiertes Arzneimittel einen Erstattungsbetrag festsetzen darf; dem ist so. Zudem hat das LSG einige verfahrensrechtlichen Aspekte hinsichtlich der Schiedsstelle geklärt.

- Das Urteil des LSG BRB zu Lixisenatid vom 27.03.2019 ist das erste Urteil zur frühen Nutzenbewertung nach den BSG-Urteilen zu Albiglutid und Idealisib und schon deshalb besonders interessant. Konkret hat das LSG bestätigt, dass die Schiedsstelle auch bei Lixisenatid einen Mischpreis bilden konnte, obwohl der G-BA in seinem Beschluss für keine Teilpopulation einen Zusatznutzen festgestellt hat. Diese Frage ist beim BSG noch offen geblieben.
  Zudem hat das LSG festgestellt, dass der von der Schiedsstelle festgestellte Erstattungsbetrag nicht schon deshalb unzulässig ist, weil bestimmte Rechenschritte nicht nachvollziehbar sind; vielmehr ist der Schiedsspruch als Kompromissentscheidung zu sehen.

Fasst man die rechtskräftigen Urteile zusammen, so zeigt sich, dass sich diese im Kern mit Fragen der Dossierpflicht, dem Dossierinhalt sowie der Erstattungsbetragsverhandlng beschäftigen (Abb. 2.14).

2.4   Institutionenbezogener Rahmen

In das Verfahren der frühen Nutzenbewertung sind verschiedene Institutionen des Gesundheitswesens einbezogen. Diese Institutionen handeln jeweils innerhalb des gerade vorgestellten rechtlichen Rahmens. Verschiedene Institutionen verfügen darüber hinaus auch über selbstgesetzte Regeln, an die sie gebunden sind. Im Folgenden werden diese selbstgesetzten Regeln für die wichtigsten Institutionen (G-BA, IQWiG, pharmazeutischer Unternehmer und GKV-SV, Gemeinsame Schiedsstelle) erläutert.

2.4.1   Verfahrensordnung des Gemeinsamen Bundesausschusses (G-BA)

Die Vorgaben aus Gesetz (SGB V) und AM-NutzenV werden in der Verfahrensordnung des G-BA nochmals aus dessen Sicht konkretisiert und operationalisiert. Der G-BA gibt sich die Verfahrensordnung selber, ihre Änderungen müssen aber vom BMG jeweils bestätigt werden, bevor sie wirksam werden.
   Für die frühe Nutzenbewertung nimmt der G-BA ein neues Kapitel in die Verfahrensordnung (Kap. 5) auf. In Kap. 5 wird u. a. geregelt:

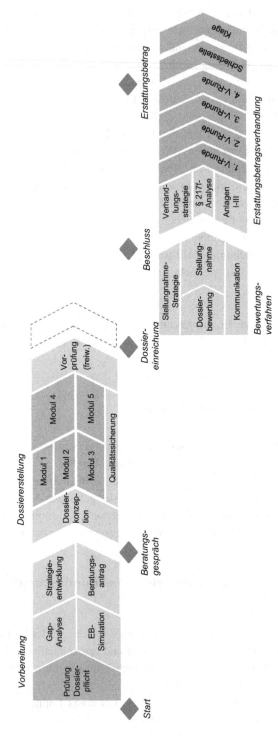

Abb. 2.14 Rechtskräftige Urteile zu Einzelaktivitäten der frühen Nutzenbewertung

- wann ein Arzneimittel unter die frühe Nutzenbewertung fällt,
- was unter Nutzen und Zusatznutzen zu verstehen ist,
- welche Aufgaben der Unterausschuss Arzneimittel im G-BA im Verfahren der frühen Nutzenbewertung hat,
- welche Kategorien für einen Zusatznutzen bestehen und wann diese jeweils erfüllt sind,
- wie die zweckmäßige Vergleichstherapie bestimmt wird,
- was Gegenstand des Beratungsgesprächs ist,
- wann die Fristen für das Verfahren der Nutzenbewertung beginnen,
- welche Anforderungen an das Dossier des pharmazeutischen Unternehmers gestellt werden,
- welche Teile des Dossiers offengelegt werden,
- wann ein Dossier als fristgemäß vorgelegt gilt,
- welche Sonderregelungen bei Orphan Drugs gelten,
- wann der G-BA aufgrund neuer wissenschaftlicher Erkenntnisse eine Neubewertung veranlassen kann,
- wie ein pharmazeutischer Unternehmer auf eigenen Antrag aufgrund neuer wissenschaftlicher Erkenntnisse eine Neubewertung veranlassen kann,
- unter welchen Umständen sich ein pharmazeutischer Unternehmer von der Pflicht zur Vorlage eines Nutzendossiers befreien kann,
- welche Anforderungen an eine Nutzenbewertung von Arzneimitteln bei bekanntem Wirkstoff mit neuer Zulassung gelten,
- wie der G-BA die formale Vollständigkeit überprüft, ggf. Nachforderungen an den pharmazeutischen Unternehmer stellt und wie er Dritte (faktisch: das IQWiG) mit der Nutzenbewertung beauftragen kann,
- was Gegenstand der Nutzenbewertung ist,
- was bei dem schriftlichen Stellungnahmeverfahren und der mündlichen Anhörung zu beachten ist,
- welche Anforderungen an die Beschlussfassung über die Nutzenbewertung gelten,
- wie Arzneimittel ohne Zusatznutzen einer Festbetragsgruppe zugeordnet werden können und
- wie der Zusatznutzen eines Arzneimittels verbindlich festgestellt wird

Ebenfalls im 5. Kapitel der Verfahrensordnung ist inzwischen auch die Kosten-Nutzen-Bewertung nach § 35b SGB V geregelt. Diese Form der Bewertung ist nicht Gegenstand dieses Buches und wird daher hier nicht näher erläutert. Sie hat auch bislang keine praktische Bedeutung.

Im Umgang mit der Verfahrensordnung ist zu beachten, dass sie nicht immer den gesetzlichen Vorgaben entspricht. So wurden die Änderungen aus dem 2. und 3. Änderungsgesetz vom Oktober 2012 bzw. August 2013 erst im Herbst 2014 in der Verfahrensordnung umgesetzt und vom BMG genehmigt. Gesetz und AM-NutzenV stehen aber über der Verfahrensordnung – insofern ist das Gesetz für den G-BA auch dann verbindlich, wenn die Verfahrensordnung davon abweicht.

Wichtig für die Nutzenbewertung sind auch die Anlagen zu Kap. 5, d. h.[1]:

- Anlage I: Anforderungsformular für eine Beratung
- Anlage II.1: Erstellung und Einreichung eines Dossiers zur Nutzenbewertung
- Anlage II.2: Modul 1 – Zusammenfassung der Aussagen im Dossier
- Anlage II.3: Modul 1 Anhang – Checkliste zur Prüfung der formalen Vollständigkeit des Dossiers
- Anlage II.4: Modul 2 – Allgemeine Angaben zum Arzneimittel, zugelassene Anwendungsgebiete
- Anlage II.5: Modul 3 – Zweckmäßige Vergleichstherapie, Anzahl der Patienten mit therapeutisch bedeutsamem Zusatznutzen, Kosten der Therapie für die GKV, Anforderungen an eine qualitätsgesicherte Anwendung
- Anlage II.6: Modul 4 – Medizinischer Nutzen und medizinischer Zusatznutzen, Patientengruppen mit therapeutisch bedeutsamem Zusatznutzen
- Anlage III: Vorlage zur Abgabe einer schriftlichen Stellungnahme zur Nutzenbewertung
- Anlage IV: Gebührenordnung für Beratungen nach § 35a Absatz 7 Satz 5 SGB V i. V. m. 5. Kapitel § 7 VerfO
- Anlage V: Antrag auf Freistellung von der Nutzenbewertung wegen Geringfügigkeit für Fertigarzneimittel
- Anlage VI: Dokumentvorlage für Nutzendossiers für festbetragsfähige Arzneimittel

Das Verfahren der frühen Nutzenbewertung regelt der G-BA für sich in seinem 5. Kapitel der Verfahrensordnung. Diese Verfahrensordnung wurde über die Jahre seit 2011 immer wieder modifiziert. Tab. 2.1 gibt eine Übersicht über die wichtigsten Änderungen.

Insgesamt erstrecken sich die Regelungen in der Verfahrensordnung auf alle Einzelaktivitäten der frühen Nutzenbewertung, die auch schon durch die AM-NutzenV geregelt werden (Abb. 2.15). Zur Erstattungsbetragsverhandlung macht die Verfahrensordnung keine Aussagen.

2.4.2 Entscheidungshistorie des G-BA

Last but not least sind die Entscheidungen des G-BA aus zurückliegenden Nutzenbewertungsverfahren ebenfalls von großer Bedeutung. Da die Nutzenbewertung des

---

[1]Hinzu kommen noch drei Anlagen, die aber ausschließlich für die Kosten-Nutzen-Bewertung relevant sind:
- Anlage VII: Antragsformular Kosten-Nutzen-Bewertung,
- Anlage VIII: Modulvorlagen Kosten-Nutzen-Bewertung,
- Anlage IX: Gebührenordnung Kosten-Nutzen-Bewertung.

Tab. 2.1 Wichtige Änderungen im 5. Kapitel der Verfahrensordnung des G-BA

Beschluss-datum	Wichtige Änderungen
20.01.2011	• Ein Kapitel zur Nutzenbewertung von Arzneimitteln nach § 35a Abs. 1 SGB V in die Verfahrensordnung („5. Kapitel") wird geschaffen, einschließlich Anlagen I, II, III
20.01.2011	• Eine Gebührenordnung zur Erhebung von Gebühren für Beratungen nach § 35a Absatz 7 Satz 4 SGB V (Anlage IV) wird eingeführt
20.10.2011	• Nach den Artikeln 5 bis 15 der Verordnung (EG) Nr. 726/2004 zugelassene Kinderarzneimittel (sog. PUMA-Arzneimittel) werden neuen Wirkstoffen gleichgesetzt und unterliegen damit der Dossierpflicht • Anpassung der Regelungen zur Freistellung wegen Geringfügigkeit; ein entsprechendes Antragsformular („Anlage V") wird veröffentlicht
06.12.2012	• Anpassung der Regelungen zur freiwilligen Vollständigkeitsprüfung • Definition eines Verfahrens zur Nachreichung von Unterlagen nach dem maßgeblichen Zeitpunkt
18.04.2013	• Anpassung von Anlage I, Aktualisierung von Anlage II • Klarstellung, dass Beratungen zur Planung klinischer Prüfungen unter Beteiligung der Deutschen Zulassungsbehörden stattfinden sollen
18.04.2013	• Einfügung einer Anlage VI für die Nutzenbewertung von neuen Wirkstoffen, die pharmakologisch-therapeutisch vergleichbar mit Festbetragsarzneimitteln sind • Klarstellung, dass auch Festbetragsgruppen der Stufe 3 pharmakologisch-therapeutisch vergleichbar sein können
19.09.2013	• Verlängerung der Übergangsfrist für die Nutzen der ursprünglichen Anlage II bis einschließlich 28.02.2014
14.11.2013	• Ergänzung des 5. Kapitels der Verfahrensordnung um einen Abschnitt zur Kosten-Nutzen-Bewertung (§§ 23–40), einschließlich der Anlagen VII (Antrag auf Kosten-Nutzen-Bewertung), VIII (Modulvorlagen für die Kosten-Nutzen-Bewertung) und IX (Gebührenordnung)
19.06.2014	• Streichung der Regelung zum Bestandsmarktaufruf • Anpassung bzw. Klarstellung der Dossierpflicht (nicht erstattungsfähige Arzneimittel, erstmals erstattungsfähige Arzneimittel), Einschränkung bei Wirkstoffkombinationen, *Dossierpflicht für Orphan Drugs*[a]
16.10.2014	• Klarstellung zur Dossierpflicht bei Arzneimitteln mit Wirkstoffkombinationen
16.10.2016	• Klarstellung, dass eine Freistellung nur vor dem erstmaligen Inverkehrbringen beantragt werden kann
17.11.2017	• Anpassung an gesetzliche Änderungen (u. a. Regelung zur Dossierpflicht bekannter Wirkstoffe und neuer Zulassung in einem Anwendungsgebiet, Bündelung von Verfahren, Frist bei Neueinreichung auf Antrag des pharmazeutischen Unternehmers, Berücksichtigung der Resistenzsituation bei Antibiotika) • Klarstellung zur Unvollständigkeit von Dossiers • Regelung, dass auch der Unterausschuss Arzneimittelfehler im Beschluss zu Patientenzahlen und Therapiekosten richtigstellen kann

(Fortsetzung)

Tab. 2.1 (Fortsetzung)

Beschluss-datum	Wichtige Änderungen
16.03.2018	• Änderung zur Regelung der Freistellung wegen Geringfügigkeit: Auch die Abgabe auf dem stationären Vertriebsweg werden als Kosten der GKV angesehen und sind daher auf die Geringfügigkeitsgrenze anzurechnen; ein Vertriebsweg ausschließlich außerhalb der Apotheke begründet per se keine Geringfügigkeit. Wird ein Arzneimittel nicht in der Lauer-Taxe gelistet, ist der maßgebliche Zeitpunkt die Meldung des Inverkehrbringens an die deutschen Zulassungsbehörden. Für das Monitoring der Einhaltung der Umsatzgrenze muss der pharmazeutische Unternehmer entsprechend mitwirken • Anpassung der Anlage V entsprechend der Änderungen, einschließlich der Angabe zu den erwarteten Versorgungsanteilen
16.03.2018	• *Änderung der Anlagen I und II* • *Übergangsregelung zur Nutzung der bisherigen Anlage II bis 31.12.2018*
16.08.2018	• Ergänzung der Anlage II (Fassungen vom 18.04.2013 und Fassung vom 16.03.2018) um Abschn. 3.5 zur Prüfung der Erforderlichkeit einer Anpassung des einheitlichen Bewertungsmaßstabs für ärztliche Leistungen sowie Regelung zum Umgang mit dem Bewertungsausschuss
20.09.2018	• Nochmaliger Beschluss zur Änderung nur der Anlage I
21.02.2019	• Nochmaliger Beschluss zur Änderung nur der Anlage II • *Übergangsregelung zur Nutzung der bisherigen Anlage II vom 18.04.2013 bis zum 31.12.2019*
20.06.2019	• Anpassung des Beschlusses zur Änderung der Anlage II vom 21.02.2019 • Übergangsregelung zur Nutzung der bisherigen Anlage II vom 18.04.2013 bis zum 31.03.2020
22.11.2019	• Anpassungen im 5. Kapitel zur Veröffentlichung der maschinenlesbaren Fassung zu Nutzenbewertungsbeschlüssen nach § 35a Absatz 3a SGB V i. V. m. Elektronische Arzneimittelinformationen-Verordnung (EAMIV) [Genehmigung durch das BMG steht noch aus]

[a]Kursiv gesetzer Teil wurde nicht durch das BMG genehmigt

G-BA auf einer nachvollziehbaren, transparenten und konsistenten Anwendung der bestehenden Regeln basiert, lassen sich aus den bisherigen Entscheidungen wichtige Hinweise für zukünftige Verfahren gewinnen. Hierbei sind drei Dokumente des G-BA von besonderer Bedeutung, die zu jedem Bewertungsverfahren erstellt werden:

- Beschluss,
- Darstellung der tragenden Gründe für den Beschluss sowie
- die Zusammenfassende Dokumentation.

Alle diese Dokumente können auf den Internetseiten des G-BA eingesehen werden.

Aber Achtung: Manche Regeln haben sich über die Zeit verändert, und nicht alle Indikationen sind miteinander vergleichbar.

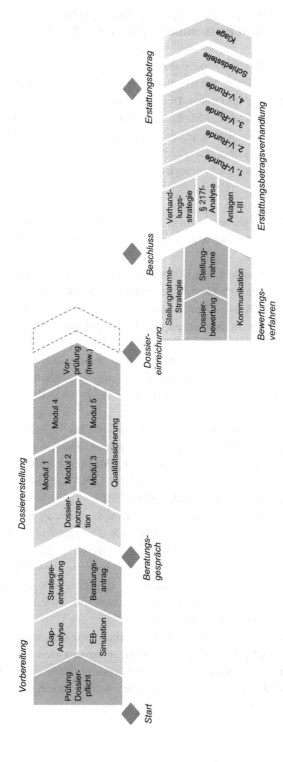

Abb. 2.15 Regelungen der Verfahrensordnung des G-BA zu Einzelaktivitäten der frühen Nutzenbewertung

2.4.3 Allgemeine Methoden des Instituts für Qualität und Wirtschaftlichkeit im Gesundheitswesen (IQWiG)

Grundsätzlich ist der G-BA für die Nutzenbewertung verantwortlich. Er kann das IQWiG jedoch mi der Durchführung der Nutzenbewertung beauftragen – und hat dies mit Ausnahme der Nutzenbewertung für Orphan Drugs – auch getan.

Das IQWiG hat sich mit seinem Methodenpapier („Allgemeine Methoden", Version 5.0) eigene methodische Vorgaben gegeben. Indem es im Auftrag des G-BA Aufgaben der frühen Nutzenbewertung übernimmt, ist es an die Vorgaben des G-BA aus der Verfahrensordnung sowie an dessen bisherigen Entscheidungen gebunden. Damit ist das Methodenpapier nur insoweit relevant, wie sie SGB V und AM-NutzenV nicht widerspricht.

Die Arbeit des IQWiG gliedert sich in Produkte. Im Rahmen der frühen Nutzenbewertung erstellt das IQWiG im Auftrag des G-BA primär das Produkt der Dossierbewertung.

Grundlage für die Bewertung des (Zusatz-)Nutzens eines Arzneimittels durch das IQWiG ist das vom pharmazeutischen Unternehmer an den G-BA und dann weiter an das IQWiG übermittelte Dossier. Den Abschluss des Prozesses bildet die Erstellung einer Dossierbewertung. Im Methodenpapier ist der Ablauf der Dossierbewertung genau geregelt. Alle Arbeitsschritte werden in Verantwortung des IQWiG getätigt. Regelhaft werden dazu externe medizinische Sachverständige und Patienten bzw. Patientenorganisationen einbezogen. Zudem kann das IQWiG auf vertrauliche Daten aus Modul 5 des Nutzendossiers zurückgreifen und auch eigene Recherchen durchführen, muss es aber nicht.

Die Bewertung muss spätestens drei Monate nach dem für die Einreichung des Dossiers maßgeblichen Zeitpunkt abgeschlossen werden. Die Dossierbewertung wird nach ihrer Fertigstellung vom G-BA wie auch vom IQWiG veröffentlicht.

Die Dossierbewertung bereitet den Beschluss des G-BA vor. Sie sollte daher alle sieben beschlussrelevanten Aspekte abdecken (Abb. 2.16).

Das Methodenpapier des IQWiG deckt aber nur methodische Fragen zu Endpunkten und der Ableitung eines Zusatznutzens ab, nicht andere Fragen wie die Bewertung von Epidemiologie, Kostendarstellung und ähnlichen Aspekten (Abb. 2.17).

Der G-BA hat das IQWIG nun mit der Durchführung der Dossierbewertung beauftragt. Dies gilt aber nur, soweit es sich nicht um eine Nutzenbewertung nach § 35a Absatz 1, Satz 11 SGB V (= für Orphan Drugs) handelt. Für Orphan Drugs teilen sich G-BA und IQWiG die Dossierbewertung (Abb. 2.18).

Das IQWIG muss sich im Rahmen der Dossierbewertung also auch mit Aspekten der frühen Nutzenbewertung beschäftigen, die nicht in seinem Methodenpapier geregelt sind (Abb. 2.19). Für diese Aspekte stehen dann ausschließlich die rechtlichen Vorgaben (Gesetz, AM-NutzenV, Verfahrensordnung, sowie Entscheidungshistorie) als methodischer Rahmen zur Verfügung.

AWG	*In welchem Anwendungsgebiet wird das vorliegende Produkt nutzenbewertet?*
zVT *	*Welche zweckmäßige Vergleichstherapie hat der G-BA festgesetzt (ggf. je Teilanwendungsgebiet)?*
ZN	*Was sind die Ergebnisse je patientenrelevantem Endpunkt?* *Wie hoch ist der Zusatznutzen (ggf. je Teilanwendungsgebiet)?*
Epi	*Wie groß ist die Zielpopulation im Anwendungsgebiet (ggf. je Teilanwendungsgebiet)?*
qgA	*Was sind die Anforderungen an die qualitätsgesicherte Anwendung?*
JTK	*Wie hoch sind die Jahrestherapiekosten für das zu bewertende Arzneimittel und für die zweckmäßige Vergleichstherapie (ggf. je Teilwandungsgebiet)?*
Dauer	*Ist der Beschluss befristet und gibt es ggf. Anforderungen an die weitere Evidenzgenerierung?*

Abb. 2.16 Beschlussrelevante Aspekte der frühen Nutzenbewertung. (AWG – Anwendungsgebiet; zVT – zweckmäßige Vergleichstherapie (nicht relevant bei Orphan Drugs); ZN – Zusatznutzen; Epi – Epidemiologie; qgA – qualitätsgesicherte Anwendung; JTK – Jahrestherapiekosten; Dauer – Befristung der geltungsdauer des Beschlusses)

AWG	*In welchem Anwendungsgebiet wird das vorliegende Produkt nutzenbewertet?*	✖
zVT *	*Welche zweckmäßige Vergleichstherapie hat der G-BA festgesetzt (ggf. je Teilanwendungsgebiet)?*	✖
ZN	*Was sind die Ergebnisse je patientenrelevantem Endpunkt?* *Wie hoch ist der Zusatznutzen (ggf. je Teilanwendungsgebiet)?*	✔
Epi	*Wie groß ist die Zielpopulation im Anwendungsgebiet (ggf. je Teilanwendungsgebiet)?*	✖
qgA	*Was sind die Anforderungen an die qualitätsgesicherte Anwendung?*	✖
JTK	*Wie hoch sind die Jahrestherapiekosten für das zu bewertende Arzneimittel und für die zweckmäßige Vergleichstherapie (ggf. je Teilwandungsgebiet)?*	✖
Dauer	*Ist der Beschluss befristet und gibt es ggf. Anforderungen an die weitere Evidenzgenerierung?*	✖

*) Nicht für Orphan Drugs

Abb. 2.17 Regelungsumfang des IQWiG Methodenpapiers

Abb. 2.18 Arbeitsteilung
zwischen IQWiG und G-BA
bei der Dossierbewertung

		Dossierbewertung Orphan Drug	Dossierbewertung andere Arzneim.
AWG		G-BA	IQWiG
zVT		n.v.	IQWiG
ZN		G-BA	IQWiG
Epi		IQWiG	IQWiG
qgA		G-BA	IQWiG
JTK		IQWiG	IQWiG
Dauer		G-BA	IQWiG

Bei der Bewertung des Zusatznutzens schlägt das IQWiG in seinen Methoden ein Vorgehen in folgenden vier Schritten vor:

- Im ersten Schritt legt das IQWiG fest, welche Endpunkte als patientenrelevant anerkannt werden und was zumindest als validiertes Surrogat gelten kann. Eine Legaldefinition dessen, was als patientenrelevanter Endpunkt anzusehen ist, findet sich in dem Methodenpapier des IQWiG ebenso wenig wie in einem der anderen für die Nutzenbewertung relevanten Dokumente. Vermutlich sollen aber damit Merkmale bezeichnet werden, deren Veränderung der Patient selber wahrnehmen kann.
- Im zweiten Schritt gilt es, für jeden Endpunkt einzeln die Wahrscheinlichkeit für das Vorliegen eines durch das zu bewertende Arzneimittel bewirkten Effekts zu prüfen. Je nach Güte der Evidenz werden die vom pharmazeutischen Unternehmer gelieferten Studiendaten bzw. Argumente für diese Wahrscheinlichkeit als Beleg (höchste Aussagesicherheit), als Hinweis (mittlere Aussagesicherheit) oder als Anhaltspunkt (schwächste Aussagesicherheit) eingestuft.
- Im dritten Schritt ist für die Endpunkte, für die im zweiten Schritt zumindest ein Anhaltspunkt für das Vorliegen eines Effekts attestiert wurde, jeweils separat das Ausmaß der Effektstärke festzustellen. Folgende Graduierungen sind möglich: erheblich, beträchtlich, gering, nicht quantifizierbar. Hierbei bedient sich das IQWiG nicht der Kriterien aus der AM-NutzenV, sondern selbst entwickelter Schwellenwerte, bezogen auf die Obergrenze des zweiseitigen 95 %-Konfidenzintervalls des

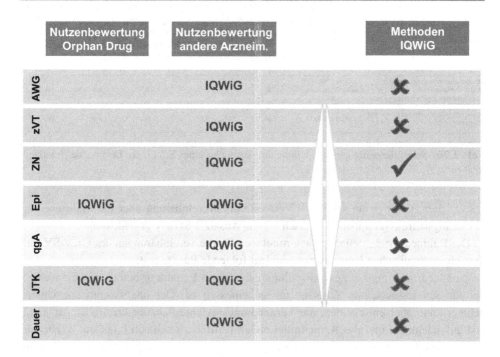

Abb. 2.19 Arbeitsteilung zwischen IQWiG und G-BA bei der Dossierbewertung

relativen Risikos bzw. des Hazard Ratios (Abb. 2.20). Auf potenzielle Widersprüche zur AM-NutzenV (andere Kriterien; quantitative statt qualitative Kriterien) geht das IQWIG in seinem Methodenpapier dabei nicht ein.

- Im vierten und letzten Schritt gilt es, anhand aller Endpunkte unter Würdigung der Wahrscheinlichkeit und des Ausmaßes auf Endpunktebene im Rahmen einer Gesamtschau die Gesamtaussage zum Zusatznutzen entsprechend den sechs in der AM-NutzenV vorgegebenen Kategorien festzustellen: nicht quantifizierbarer Zusatznutzen, erheblicher, beträchtlicher, geringer, kein Zusatznutzen belegt, Nutzen des zu bewertenden Arzneimittels geringer als Nutzen der zweckmäßigen Vergleichstherapie.

Im Ergebnis beschränkt sich das Methodenpapier des IQWiG darauf, Ausführungen zur Dossierbewertung zu machen (Abb. 2.21).

2.4.4 Rahmenvereinbarung über die Verhandlung des Erstattungsbetrags

Der GKV-SV und die Verbände der pharmazeutischen Industrie (Bundesverband der Arzneimittelhersteller e. V., Bundesverband der pharmazeutischen Industrie e. V., Pro Generika e. V., Verband forschender Arzneimittelhersteller e. V.) haben entsprechend des

Ausmaß Zusatznutzen Kriterien	erheblicher Zusatznutzen	beträchtlicher Zusatznutzen	geringer Zusatznutzen	Zusatznutzen nicht quantifizierbar	kein Zusatz- nutzen belegt	Nutzen geringer
Gesamtmortalität	0,85	0,95	1,00	k.A.	k.A.	k.A.
Schwerwiegende Symptome und Nebenwirkungen und gesundheitsbezogene Lebensqualität	0,75 und Risiko in einer Gruppe min. 5%	0,90	1,00	k.A.	k.A.	k.A.
Nicht schwerwiegende Symptome und Nebenwirkungen	nicht möglich	0,80	0,90	k.A.	k.A.	k.A.

Abb. 2.20 Schwellenwerte zur Feststellung des Ausmaßes eines Effekts am Beispiel des relativen Risikos

gesetzlichen Auftrags am 19.03.2012 eine Rahmenvereinbarung über die Maßstäbe für Erstattungsbetragsvereinbarungen nach § 130b Absatz 1 SGB V geschlossen.

Der Rahmenvertrag definiert die Grundlagen für die Vereinbarungen des GKV-SV mit dem pharmazeutischen Unternehmer und legt folgende Punkte fest:

Ziel der Erstattungsbetragsverhandlung ist es einen Erstattungsbetrag zu vereinbaren, der für den festgestellten Zusatznutzen angemessen ist. Der pharmazeutische Unternehmer kann aber entscheiden, das Verhandlungsverfahren abzubrechen oder gar nicht erst aufzunehmen, und das Arzneimittel außer Vertrieb zu nehmen („opt out"). Hierfür gibt es eine Frist von vierzehn Tagen nach dem ersten Verhandlungstermin. In diesem Fall wird kein Erstattungsbetrag vereinbart oder von der Schiedsstelle festgesetzt.

Die Verhandlungen erfolgen zwischen dem pharmazeutischen Unternehmen des bewerteten Arzneimittels und dem GKV-SV. Die Verhandlungen sind grundsätzlich auf vier Verhandlungstermine pro Arzneimittel angelegt. Der GKV-SV setzt die Termine fest und die jeweiligen Verhandlungen finden beim GKV-SV in Berlin statt. Ein Verhandlungstermin dauert maximal vier Zeitstunden. Und an dem Verhandlungstermin können für jede Vertragspartei maximal fünf Personen teilnehmen, zusätzlich noch ein Vertreter des Verbandes der privaten Krankenversicherung als Gast. Die Verhandlungssprache ist Deutsch.

Für die Verhandlungen stehen folgende Dokumente zur Verfügung:

- auf der Internetseite des G-BA veröffentlichte Dokumente (Dossier des pharmazeutischen Unternehmers, Nutzenbewertung und Beschluss über die Nutzenbewertung)
- vom pharmazeutischen Unternehmer übermittelte Dokumente (europäische Preise des zu bewertenden Arzneimittels, erwarteten Mengen und Jahrestherapiekosten vergleichbarer Arzneimittel)

„Europäische Preise" meint die tatsächlichen Abgabepreise in anderen europäischen Ländern, soweit das betreffende Arzneimittel dort ausgeboten wird. Hilfsweise können hierfür auch Informationen geliefert werden, um die Preise abzuschätzen. In jedem Fall sind die tatsächlichen Abgabepreise um Kaufkraftunterschiede zu bereinigen und nach

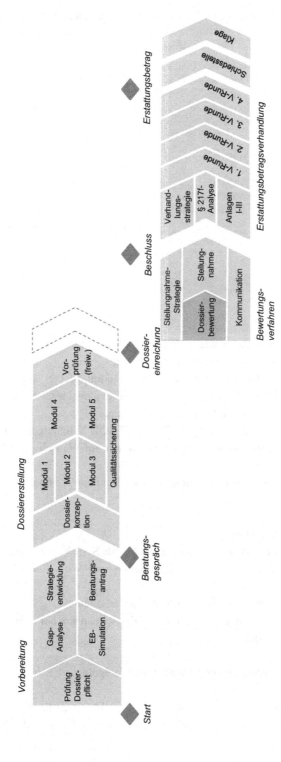

Abb. 2.21 Ausführungen im Methodenpapier des IQWIG Einzelaktivitäten der frühen Nutzenbewertung

Umsatz im jeweiligen Land bzw. der Einwohnerzahl zu gewichten. Folgende Länder sind relevant:

- Belgien
- Dänemark
- Finnland
- Frankreich
- Griechenland
- Großbritannien
- Irland
- Italien
- Niederlande
- Österreich
- Portugal
- Schweden
- Slowakei
- Spanien
- Tschechien

„Erwartete Mengen" sind die erwarteten jährlichen Absatzmengen, differenziert nach den im Beschluss abgegrenzten Anwendungsgebieten.

„Vergleichbare Arzneimittel" sind für das Anwendungsgebiet zugelassene Arzneimittel, die nach den internationalen Standards der evidenzbasierten Medizin in dem Anwendungsgebiet als zweckmäßig angesehen werden.

Optional können auch Daten nach § 217f Abs. 7 SGB V hinzugezogen werden, entweder als gemeinsame Datenauswertung oder auch nur auf Wunsch einer Verhandlungspartei.

In der Erstattungsbetragsvereinbarung ist laut Rahmenvereinbarung Folgendes zu regeln:

- die Höhe des Erstattungsbetrags
- die Anwendung von Herstellerabschläge nach § 130a SGB V (Zwangsabschlag)
- Anforderungen an die Zweckmäßigkeit, Qualität und Wirtschaftlichkeit einer Verordnung
- Anerkennung von Verordnungen als Praxisbesonderheiten
- erwartete Verordnungsmenge einschließlich Konsequenzen bei Abweichungen von der festgelegten Verordnungsmenge

Für die Höhe des Erstattungsbetrags gelten folgende Regeln:

- Ist für ein Arzneimittel nach dem Beschluss des G-BA ein Zusatznutzen nicht belegt, darf nur ein Erstattungsbetrag festgelegt werden, der auf Ebene der GKV nicht zu höheren Jahrestherapiekosten führt als die zugrundegelegte zweckmäßige Vergleichstherapie.[2]

- Bei einem Arzneimittel, das einen Zusatznutzen gegenüber der zweckmäßigen Vergleichstherapie aufweist, wird der Erstattungsbetrag durch einen Zuschlag auf die Jahrestherapiekosten der zweckmäßigen Vergleichstherapie vereinbart. Kriterien sind hierbei der Beschluss des G-BA die Dossierbewertung durch das IQWiG, die europäischen Preise und die vergleichbaren Arzneimittel.

- Bei einem Arzneimittel, dessen Nutzen geringer ist als der Nutzen der zweckmäßigen Vergleichstherapie, wird der Erstattungsbetrag durch einen Abschlag auf die Jahrestherapiekosten der zweckmäßigen Vergleichstherapie vereinbart.

- Würde ein Erstattungsbetrag für unterschiedliche Arzneimittel desselben Wirkstoffs zu einer unbilligen Härte führen, kann der pharmazeutische Unternehmer den GKV-SV zur Vereinbarung getrennter Erstattungsbeträge auffordern.[3]

Vor Abschluss der Vereinbarung stellt GKV-SV über die Höhe des Erstattungsbetrages Benehmen mit dem Verband der privaten Krankenversicherung her, d. h. er informiert ihn über das Verhandlungsergebnis.

Den geschlossenen Vertrag können die Vertragsparteien frühestens nach einem Jahr kündigen, soweit nichts anderes vereinbart ist. Die gesetzlichen Sonderkündigungsrechte bleiben aber davon unberührt. Die Kündigungsfrist beträgt drei Monate.

Schließlich noch die Kosten der Verhandlung: Jede Partei trägt ihre eigenen Kosten. Für Protokollführung, Verpflegung, Raummiete und die Datenabfrage nach § 217f Abs. 7 SGB V muss der pharmazeutische Unternehmer dem GKV-SV festgelegte Pauschalen zahlen.

2.4.5 Geschäftsordnung der Gemeinsamen Schiedsstelle nach § 130b SGB V

Können sich GKV-SV und pharmazeutischer Unternehmer nicht auf alle Inhalte eines Vertrages über den Erstattungsbetrag einigen, setzt die Gemeinsame Schiedsstelle nach § 130b SGB V (kurz: „Schiedsstelle") die strittigen Inhalte selber fest. Die Geschäftsordnung der Schiedsstelle regelt:

---

[2]Diese Regelung der Rahmenvereinbarung entspricht nicht der durch das AMVSG eingeführten „Soll"-Regelung.

[3]Einzelheiten zur Abgrenzung der Härtefälle sollten bis 30.06.2017 vereinbart werden, sind aber bislang nicht bekannt.

Tab. 2.2 Entscheidungen der Schiedsstelle zu § 130b SGB V

Verfahrensnummer	Wirkstoff, Handelsname	Datum
130b-SSt. 1–12	Bromfenac (Yellox®)	30.08.2012
130b-SSt. 3–12	Retigabin (Trobalt®) [Importeur]	26.02.2013
130b-SSt. 4–12	Extrakt aus Cannabis Sativa (Sativex®)	14.03.2013
130b-SSt. 1–13	Vemurafenib (Zelboraf®)	29.05.2013
130b-SSt. 2–13	Perampanel (Fycompa®)	28.11.2013
130b-SSt. 1–14	Lixisenatid (Lyxumia®)	18.06.2014
130b-SSt. 3–14	Vildagliptin/Metformin (Eucrast®)	25.08.2014
130b-SSt. 4–14	Vildagliptin (Galvus®)	20.08.2014
130b-SSt. 5–14	Linaclotid (Constella®)	10.07.2014
130b-SSt. 6–14	Elvitegravir/Cobicistat/Emtricitabin/Tenofovir (Stribild®)	08.09.2014
130b-SSt.7-14	Pomalidomid (Imnovid®)	26.11.2014
130b-SSt. 8–14	Perampanel (Fycompa®) [Importeur]	04.02.2015
130b-SSt. 11–14	Perampanel (Fycompa®) [Importeur]	02.02.2015
130b-SSt. 4–15	Insulin degludec (Tresiba®)	02.09.2015
130b-SSt. 7–15	Mirabegron (Betmiga®)	03.11.2015
130b-SSt. 8–15	Lebende Larven von Lucilia sericata (BioBag/BioMonde Freie Larven)	19.09.2015
130b-SSt. 9–15	Siltuximab (Sylvant®)	19.09.2015
130b-SSt. 13–15	Daclatasvir (Daklinza®)	11.11.2015
130b-SSt. 14–15	Idelalisib (Zydelig®)	20.01.2016
130b-SSt. 15–15	Albiglutid (Eperzan®)	14.04.2016
130b-SSt. 16–15	Ataluren (Translarna®)	25.02.2016
130b-SSt. 17–15	Insulin degludec (Tresiba®)	11.03.2016
130b-SSt. 1–16	Dulaglutid (Trulicity®)	15.04.2016
130b-SSt. 4–16	Vortioxetin (Brintellix®)	29.062016
130b-SSt. 5–16	Insulin degludec/Liraglutid (Xultophy®)	04.07.2016
130b-SSt. 9–16	Nivolumab (Opdivo®)	07.11.2016
130b-SSt. 11–16	Netupitant/Palonosetron (Akynzeo®)	19.10.2016
130b-SSt. 12–16	Idebenon (Raxone®)	05.12.2016
130b-SSt. 13–16	Empagliflozin (Jardiance®)	30.01.2017
130b-SSt. 14–16	Fingolimod (Gilenya®)	08.02.2017
130b-SSt. 15–16	Blinatumomab (Blincyto®)	06.03.2017
130b-SSt. 17–16	Sacubitril/Valsartan (Entresto®)	17.03.2017
130b-SSt. 1–17	Afamelanotid (Scenesse®)	03.04.2017
130b-SSt. 2–17	Mepolizumab (Nucala®)	25.04.2017

(Fortsetzung)

Tab. 2.2 (Fortsetzung)

Verfahrensnummer	Wirkstoff, Handelsname	Datum
130b-SSt. 6–17	Daratumumab (Darzalex®)	28.06.2017
130b-SSt. 9–17	Ataluren (Translarna®)	30.08.2017
130b-SSt. 11–17	Talimogen laher-parepvec (Imlygic®)	22.09.2017
130b-SSt. 13–17	Vortioxetin (Brintellix®)	27.09.2017
130b-SSt. 14–17	Tasimelteon (Hetlioz®)	23.10.2017
130b-SSt. 16–17	Opicapon (Ongentys®)	12.01.2018
3 P 10–18	Teriflunomid (Aubagio®)	08.06.2018
4 P 12–18	Dimethylfumarat (Tecfidera®)	29.03.2018
8 P 16–18	Rolapitant (Varuby®)	19.09.2018
11 P 12–19	Hydrocortison (Alkindi®)	06.06.2019

- Zusammensetzung der Schiedsstelle
- Aufgaben der Schiedsstelle
- Auswahl der unparteiischen Mitglieder
- Auswahl der benannten Mitglieder
- Patientenvertretung
- Amtszeit und Abberufung
- Offenlegungspflichten, Ausschluss und Befangenheit
- Anwesenheitspflicht
- Einleitung eines Schiedsverfahrens
- Mündliche Verhandlung, Einberufung, Sitzungsleitung
- Beratungsunterlagen
- Vertraulichkeit
- Beschlussfähigkeit
- Abstimmung
- Niederschrift
- Entscheidung der Schiedsstelle
- Information des BMG und der Öffentlichkeit
- Entschädigung und Kosten
- Aufsicht

2.4.6 Entscheidungshistorie der Schiedsstelle

Auch wenn die Schiedsstelle unter freier Würdigung der Umstände des Einzelfalls entscheidet und dabei dasselbe Ermessen ausüben kann wie die Vertragsparteien, so sind dennoch die jeweiligen Schiedssprüche von besonderem Interesse, da sich aus diesen eine gewisse Spruchpraxis herauslesen lässt (vgl. Tab. 2.2).

Beteiligte Institutionen

3

In das Verfahren der frühen Nutzenbewertung sind unterschiedliche Institutionen involviert (Abb. 3.1).

In einem ersten Schritt führt der pharmazeutische Unternehmer mit dem G-BA ein Beratungsgespräch. Auf der Grundlage des Beratungsergebnisses und der Zulassung durch EMA bzw. BfArM oder PEI erstellt das pharmazeutische Unternehmen ein Nutzendossier, das dann beim G-BA zum Zeitpunkt des Vermarktungsbeginns in Deutschland eingereicht wird. Der G-BA lässt das Nutzendossier durch Dritte (konkret: vom IQWiG) bewerten und veröffentlicht dann das Nutzendossier und die Bewertung. Nun gibt es Gelegenheit zur Stellungnahme, insbesondere vom pharmazeutischen Unternehmen, aber auch von der (medizinischen) Fachöffentlichkeit, insbesondere der AkdÄ. Auf Grundlage der Nutzenbewertung und des Stellungnahmeverfahrens beschließt der G-BA über die Nutzenbewertung. Auf dieser Grundlage verhandelt der pharmazeutische Unternehmer mit dem GKV-SV über den Erstattungsbetrag. Insoweit sich diese beiden Parteien nicht auf Vertragsinhalte einigen können, beschließt die Gemeinsame Schiedsstelle über die strittigen Inhalte. Dabei führt das BMG die Rechtsaufsicht über die Gemeinsame Schiedsstelle, den G-BA, den GKV-SV und die KBV. Der Nutzenbewertung liegen die Methoden der evidenzbasierten Medizin zugrunde, die auf Europäischer Ebene von der EUnetHTA (weiter-)entwickelt werden.

Für das Verfahren der frühen Nutzenbewertung in Deutschland sind also insbesondere folgende Institutionen von besonderem Interesse:

- Gemeinsamer Bundesausschuss (G-BA)
- Institut für Qualität und Wirtschaftlichkeit im Gesundheitswesen (IQWiG)
- Spitzenverband Bund der gesetzlichen Krankenversicherung (GKV-SV)
- Kassenärztliche Bundesvereinigung (KBV)
- Arzneimittelkommission der deutschen Ärzteschaft (AkdÄ)

© Der/die Herausgeber bzw. der/die Autor(en), exklusiv lizenziert durch Springer Fachmedien Wiesbaden GmbH, ein Teil von Springer Nature 2020
T. Ecker, *Arzneimittelpreise in Deutschland unter AMNOG*, https://doi.org/10.1007/978-3-658-30508-6_3

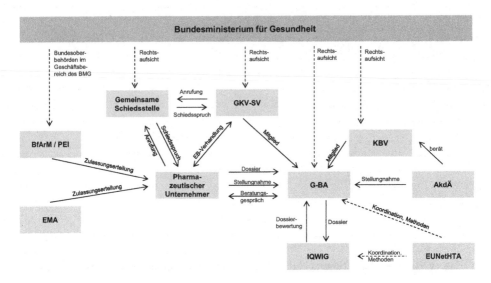

Abb. 3.1 Institutionelles Zusammenspiel bei der frühen Nutzenbewertung

- Gemeinsame Schiedsstelle nach § 130b SGB V
- European Medicines Agency (EMA)
- Bundesinstitut für Arzneimittel und Medizinprodukte (BfArM)
- Paul-Ehrlich-Institut (PEI)
- Bundesministerium für Gesundheit (BMG)
- European Network for Health Technology Assessment (EUNetHTA)

Zeit, diese Institutionen hinsichtlich ihrer Rolle in der frühen Nutzenbewertung jeweils einzeln kurz vorzustellen.

3.1   Gemeinsamer Bundesausschuss (G-BA)

Der Gemeinsame Bundesausschuss ist der zentrale Akteur im Verfahren der frühen Nutzenbewertung. Es gibt ihn seit 2004. Als juristische Person des öffentlichen Rechts wird er von den vier großen Spitzenorganisationen der Selbstverwaltung im deutschen Gesundheitswesen gebildet: der Kassenärztlichen und Kassenzahnärztlichen[1] Bundesvereinigung, der Deutschen Krankenhausgesellschaft[2] und dem GKV-SV.

---

[1]Die Kassenzahnärztliche Vereinigung ist im folgenden nicht weiter dargestellt, da die wenigsten Arzneimittel in der zahnmedizinischen Versorgung eingesetzt werden.

[2]Die Deutsche Krankenhausgesellschaft ist im folgenden nicht weiter dargestellt, da die Entscheidungen über Arzneimittelrichtlinien primär deren ambulanten Einsatz zu Lasten der GKV betreffen, nicht deren stationären Einsatz.

Die Spitzenorganisationen der pharmazeutischen Unternehmen sind hingegen nicht Mitglied im G-BA.

Geführt wird der G-BA durch den unabhängigen Vorsitzenden sowie zwei weitere unabhängige Mitglieder. Rechtsgrundlage ist das SGB V. Der Gesetzgeber hat hier u. a. die Rahmenvorgaben zu den Strukturen und der Arbeitsweise des G-BA festgelegt.

Idee hinter der Gründung des G-BA war die Überlegung, nicht alle Entscheidungen über die GKV durch das BMG oder das Parlament zu treffen, sondern diese Aufgabe den relevanten Spitzenorganisationen zu übertragen.

Deshalb beschließt der G-BA über die zur Sicherung der Versorgung von GKV-Versicherten erforderlichen medizinischen Leistungen. Hierfür erlässt er Richtlinien zu allen erdenklichen Leistungsbereichen. Diese Richtlinien sind dann für die Versorgung der Gesetzlich Krankenversicherten verbindlich.

Für die Versorgung mit Arzneimitteln heißen die relevanten Richtlinien Arzneimittelrichtlinien. Diese beschäftigen sich mit vielfältigen Fragen rund um die Erstattungsfähigkeit von Arzneimitteln. Einen ersten Eindruck zur Komplexität erlaubt die Liste der Anlagen zur Arzneimittelrichtlinie, die folgende Themen umfasst:

- freiverkäufliche, nicht erstattungsfähige Arzneimittel (OTC-Übersicht)
- Lifestyle-Arzneimittel
- Verordnungseinschränkungen und -ausschlüsse
- Therapiehinweise
- verordnungsfähige Medizinprodukte
- Off-Label-Use von Arzneimitteln
- Aut-idem-Regelungen
- Hinweise zu Analogpräparaten
- Festbetragsgruppenbildung/Aktualisierung von Vergleichsgrößen
- Nutzenbewertung von Arzneimitteln

Die Beschlüsse des G-BA zur frühen Nutzenbewertung sind ein Teil der Arzneimittelrichtlinien und damit nur ein ganz kleiner Aspekt in der Arbeit des G-BA (Abb. 3.2).

Entscheidungen trifft im G-BA das Plenum. Dieses setzt sich zusammen aus Mitgliedern der vier genannten Spitzenorganisationen. Die Spitzenorganisationen entscheiden mit Mehrheit; bei Stimmengleichheit entscheiden die drei unabhängigen Mitglieder des G-BA als „Zünglein an der Waage".

Zur Vorbereitung seiner Entscheidungen und Beschlussfassungen setzt das Plenum des G-BA Unterausschüsse ein. Insgesamt gibt es neun Unterausschüsse, darunter einen für Arzneimittel. Die Arbeit der Unterausschüsse wird unterstützt durch die Geschäftsstelle des G-BA, die in ähnlicher Weise in Fachabteilungen gegliedert ist und den jeweiligen Unterausschüssen zuarbeitet. Für die frühe Nutzenbewertung ist die Fachabteilung „Arzneimittel" der Geschäftsstelle des G-BA zuständig.

Neben den Mitgliedern der jeweiligen Spitzenorganisationen nehmen Patientenvertreter mitberatend an den Sitzungen der Unterausschüsse teil. Darüber hinaus werden

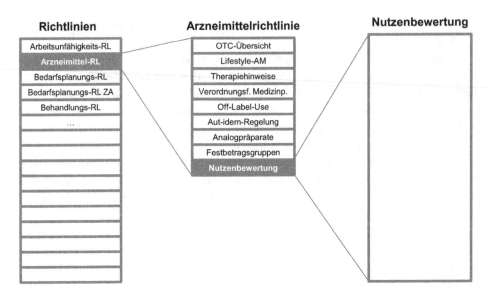

Abb. 3.2 Nutzenbewertung als eine Aufgabe innerhalb des G-BA

Vertreter weiterer Organisationen und Verbände fallweise beteiligt. Vertreter des BMG sind ebenfalls in die Arbeit der Unterausschüsse involviert.

Anders als das Plenum beraten die Unterausschüsse ausschließlich in nichtöffentlichen Sitzungen. Die Unterausschüsse fassen das Ergebnis ihrer Beratungen als Beschlussempfehlung an das Plenum zusammen. Im Rahmen der frühen Nutzenbewertung ist der Unterausschuss auch schon früher im Nutzenbewertungsverfahren beteiligt, wenn es um Beratungsgespräche, die Einleitung von Nutzenbewertungsverfahren und die Durchführung von Anhörungen geht.

Die eigentliche Facharbeit im Rahmen der frühen Nutzenbewertung wird aber auf Ebene der sogenannten Arbeitsgruppen geleistet. Für jedes Verfahren der frühen Nutzenbewertung bildet der G-BA eine eigene Arbeitsgruppe, die jeweilige *AG § 35a*.

Die wesentlichen Aufgaben im Rahmen der frühen Nutzenbewertung – Beratung, Vollständigkeitsprüfung, Nutzenbewertung und Stellungnahmeverfahren – werden in engem Austausch zwischen Geschäftsstelle, Arbeitsgruppe, Unterausschuss, Plenum und IQWiG durchgeführt (Abb. 3.3, 3.4 und 3.5).

Die Strukturen, Fristen und Schritte, mit denen der G-BA zu seinen Entscheidungen kommt, sind in seiner Geschäftsordnung und Verfahrensordnung festgelegt (vgl. hierzu auch Abschn. 2.4.1).

Die Verfahrensordnung regelt u. a.:

- die Einleitung eines Beratungsprozesses,
- die einzuhaltenden Arbeitsschritte,

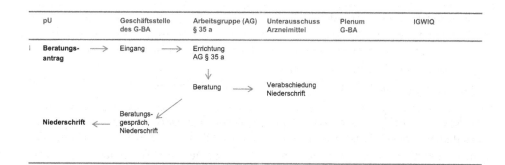

Abb. 3.3 Arbeitsteilung innerhalb des G-BA beim Beratungsantrag

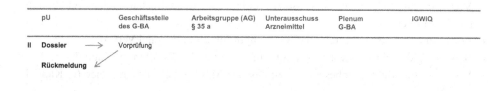

Abb. 3.4 Arbeitsteilung innerhalb des G-BA bei der Vorprüfung

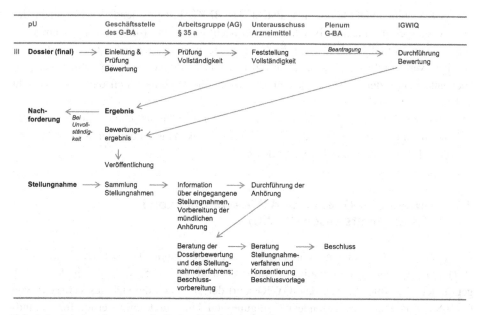

Abb. 3.5 Arbeitsteilung innerhalb des G-BA bei der Nutzenbewertung und dem Stellungnahmeverfahren

- die Rolle der evidenzbasierten Medizin,
- die Stellungnahmeverfahren,
- die Einbeziehung externen wissenschaftlichen Sachverstandes,
- die Bürokratiekostenermittlung und
- die Beendigung und Dokumentation eines Beratungsverfahrens

Bei den vom G-BA bearbeiteten Themen können die konkreten Regelungen, die im Einzelfall anzuwenden sind, zum Teil sehr unterschiedlich aussehen. Daher sieht die Verfahrensordnung neben einem allgemeinen Teil (1. Kapitel VerfO) für sieben Aufgabenbereiche gesonderte Kapitel vor:

- Bewertung medizinischer Methoden (2. Kapitel VerfO)
- Verfahren für Richtlinienbeschlüsse zur ambulanten spezialfachärztlichen Versorgung (3. Kapitel VerfO)
- Bewertung von Arzneimitteln und Medizinprodukten (4. Kapitel VerfO)
- Bewertung des Nutzens von Arzneimitteln mit neuen Wirkstoffen (5. Kapitel VerfO)
- Verfahren für Richtlinienbeschlüsse zu Disease-Management-Programmen (6. Kapitel VerfO)
- Verfahren für Richtlinienbeschlüsse zu Schutzimpfungen (7. Kapitel VerfO)
- Verfahren für Richtlinienbeschlüsse sowie sonstige Beschlüsse und Aufgaben zur Qualitätssicherung (8. Kapitel VerfO)

Der G-BA steht unter der Rechtsaufsicht des BMG. Entsprechend den Vorgaben des SGB V müssen die meisten Beschlüsse und Richtlinien des G-BA zunächst vom BMG geprüft werden und werden, wenn dieses keine Beanstandungen formuliert, im Bundesanzeiger veröffentlicht. Für Nutzenbewertungsentscheidungen gilt dies übrigens nicht. Hier entscheidet der G-BA direkt, eine vorbehaltene Prüfung durch das BMG besteht nicht.

Finanziert wird der G-BA über einen Zuschlag für jeden ambulanten und stationären Behandlungsfall und damit von den gesetzlichen Krankenkassen und deren Versicherten.

Der G-BA ist ein Partner bei EUNetHTA.

3.2 Institut für Qualität und Wirtschaftlichkeit im Gesundheitswesen (IQWiG)

Das Institut für Qualität und Wirtschaftlichkeit im Gesundheitswesen (IQWiG) wurde 2004 entsprechend des gesetzlichen Auftrags nach § 139a SGB V durch den G-BA gegründet. Die Aufsicht über das IQWIG führt der Vorstand, der sich aus Vertretern von GKV-SV, Kassenärztlicher Bundesvereinigung und dem Bundesministerium für Gesundheit zusammensetzen.

Die gesetzlichen Aufgaben des IQWiG sind insbesondere wissenschaftliche Aus-
arbeitungen zu medizinischen Fragestellungen, z. B. zur Bewertung des aktuellen
medizinischen Wissensstandes, zu Empfehlungen zu Disease-Management-Programmen,
zur Bewertung des Nutzens und der Kosten von Arzneimitteln und zur Gesundheits-
information der allgemeinen Öffentlichkeit.

Nur der G-BA und das BMG können das IQWiG beauftragen. Es ist also ein Auf-
tragsinstitut und folglich nur insoweit an der frühen Nutzenbewertung beteiligt, wenn
und soweit dies vom G-BA ausdrücklich so aufgegeben wird. Hierzu besteht ein
Generalauftrag des G-BA vom 01.08.2011.

Das IQWiG ist dazu verpflichtet, die Bewertung des medizinischen Nutzens nach den
international anerkannten Standards der evidenzbasierten Medizin und die ökonomische
Bewertung nach den hierfür maßgeblichen international anerkannten Standards insbesondere der Gesundheitsökonomie durchzuführen. Details hierzu hat das Institut in
seinem Methodenpapier festgelegt (siehe hierzu Abschn. 2.4.3).

Finanziert wird das IQWiG genauso wie der G-BA über einen Zuschlag für jeden
ambulanten und stationären Behandlungsfall und damit von den gesetzlichen Krankenkassen und deren Versicherten.

Das IQWiG ist ein Partner beim EUNetHTA.

3.3　Spitzenverband Bund der Krankenkassen (GKV-SV)

Der Spitzenverband Bund der Krankenkassen (kurz: GKV-SV) ist der Spitzenverband aller gesetzlichen Krankenkassen in Deutschland. Er wurde als Körperschaft des
öffentlichen Rechts 2008 gegründet.

Die Mitglieder des GKV-SV sind Zwangsmitglieder. Er ist die zentrale Interessenver-
tretung aller gesetzlichen Krankenkassen in Deutschland, zudem hat der GKV-SV auch
gesetzlich festgelegte Aufgaben.

Eine wichtige Aufgabe des GKV-SV ist der Abschluss von Verträgen mit den
jeweiligen Leistungserbringern. In diesen Verträgen werden die Vorgaben des Gesetzgebers und des G-BA umgesetzt. Diese Verträge gelten für alle Krankenkassen, deren
Landesverbände und damit für alle gesetzlich Versicherten in Deutschland. Zu diesen
Verträgen zählen auch die Erstattungsbetragsvereinbarungen mit pharmazeutischen
Unternehmen. Der GKV-SV ist also der Verhandlungspartner für alle Erstattungsbetragsverhandlung.

Eine weitere gesetzliche Aufgabe des GKV-SV ist die Mitgliedschaft im G-BA.
Hier ist der GKV-SV, neben den gesetzlichen Vertretern der Leistungserbringer, stimmberechtigtes Mitglied und entscheidet so im Plenum über die Nutzenbewertungsbeschlüsse. Gleichzeitig ist der GKV-SV auch Mitglied im Unterausschuss Arzneimittel
des G-BA und bereitet dort Nutzenbewertungsbeschlüsse vor.

Der GKV-SV finanziert sich durch Beiträge seiner Mitgliedskassen und damit deren
Versicherten. Er steht unter der Rechtsaufsicht des BMG.

3.4   Kassenärztliche Bundesvereinigung (KBV)

Die Kassenärztlichen Vereinigungen wurden schon im Jahr 1931 als Körperschaften des öffentlichen Rechts geschaffen. Ihre Aufgaben waren damals wie heute die Vertretung der Interessen der niedergelassenen Vertragsärzte und -psychotherapeuten in Deutschland. Die Mitglieder der Kassenärztlichen Bundesvereinigung (KBV) sind die 17 regionalen Kassenärztlichen Vereinigungen. Deren (Zwangs-)Mitglieder sind die einzelnen niedergelassenen Ärzte und Psychotherapeuten sowie angestellte Mediziner, die in der vertragsärztlichen Versorgung tätig sind, also GKV-Versicherte behandeln.

Die KBV und ihre regionalen Kassenärztlichen Vereinigungen verhandeln mit den Krankenkassen über das Honorar, Arzneimittelbudgets und Versorgungsverträge. Sie prüfen die Abrechnungen und verteilen das zur Verfügung stehende Honorar. Gleichzeitig garantiert die KBV und ihre Mitglieds-KVen den gesetzlich krankenversicherten Patienten eine qualifizierte ambulante medizinische Versorgung (sogenannter Sicherstellungsauftrag).

Eine weitere gesetzliche Aufgabe der KBV (genauso wie des GKV-SV) ist die Mitgliedschaft im G-BA. Hier ist sie ebenso stimmberechtigtes Mitglied und entscheidet so im Plenum über die Nutzenbewertungsbeschlüsse. Gleichzeitig ist die KBV auch Mitglied im Unterausschuss Arzneimittel des G-BA und bereitet dort Nutzenbewertungsbeschlüsse vor.

Die KBV finanziert sich über Beiträge der einzelnen Kassenärztlichen Vereinigungen, die wiederum von ihnen Mitgliedsgebühren bezogen auf das Honorarvolumen erheben.

Die KBV steht ebenfalls unter der Aufsicht des BMG.

3.5   Arzneimittelkommission der deutschen Ärzteschaft (AkdÄ)

Die Arzneimittelkommission der deutschen Ärzteschaft ist ein wissenschaftlicher Fachausschuss der Bundesärztekammer (BÄK). Die BÄK ist die Arbeitsgemeinschaft aller Landesärztekammern in Deutschland, in denen wiederum alle Ärzte Deutschlands (nicht nur Vertragsärzte) Zwangsmitglied sind. Sie finanziert sich über eine Kostenumlage auf die einzelnen Landesärztekammern, die wiederum Mitgliedsgebühren erheben.

Die Aufgabe der AkdÄ besteht darin, die BÄK in den die Arzneimitteltherapie betreffenden wissenschaftlichen Fragen unabhängig zu beraten. Hierzu zählt auch, im Auftrag der BÄK im Rahmen der Nutzenbewertung von Arzneimitteln, zu allgemeinen Fragen der evidenzbasierten Bewertung von Arzneimitteln und zur Arzneimitteltherapie allgemeine wissenschaftliche Stellungnahmen abzugeben. Als faktisch höchste wissenschaftliche Autorität innerhalb der Deutschen Ärzteschaft hinsichtlich der Arzneimitteltherapie kommt ihren Stellungnahmen hohes Gewicht beim G-BA zu.

Die AkdÄ wurde vom G-BA als Sachverständige der medizinischen Wissenschaft und Praxis als stellungnahmeberechtigte Organisation bestimmt und macht regelmäßig u. a. im Rahmen der frühen Nutzenbewertung von ihrem Stellungnahmerecht Gebrauch.

3.6 Gemeinsame Schiedsstelle nach § 130b SGB V

Das Verfahren der frühen Nutzenbewertung endet in der Regel mit dem Abschluss der Erstattungsbetragsvereinbarung. Damit es auf jeden Fall auch bei Nichteinigung eine Vereinbarung gibt, hat der Gesetzgeber ein Schiedsverfahren definiert, das die Inhalte regelt, über die sich die Vertragspartner nicht einigen können. Hiermit beauftragt ist die Gemeinsame Schiedsstelle nach § 130b SGB V (kurz: Schiedsstelle).

Träger der Schiedsstelle sind zum einen der GKV-SV und zum anderen die Spitzenorganisationen der pharmazeutischen Industrie (vfa, BPI, BAH, progenerika).

Die Schiedsstelle besteht aus insgesamt sieben Mitgliedern:

- einem unparteiischen Vorsitzenden,
- zwei weiteren unparteiischen Mitgliedern,
- zwei Mitgliedern, die für das jeweilige Verfahren vom GKV-SV benannt werden und
- zwei Mitgliedern, die für das jeweilige Verfahren vom jeweiligen pharmazeutischen Unternehmer benannt werden.

Die von den Parteien benannten Mitglieder stehen natürlich den Interessen ihrer jeweiligen Partei nahe. Daher kommt es bei Beschlüssen auf die unparteiischen Mitglieder an: Sie werden jeweils für 4 Jahre durch den GKV-SV und die Spitzenorganisationen der pharmazeutischen Unternehmer gemeinsam festgelegt. Gibt es keine Einigung, entscheidet bislang das Los; zukünftig ersetzt die Entscheidung des Ministeriums als Aufsichtsbehörde das Losverfahren.

Die 7 Mitglieder (3 unabhängige, je 2 benannte Mitglieder) der Schiedsstelle entscheiden mit einfacher Mehrheit. Stimmenthaltung ist nicht zulässig. Dabei ist die Zahl der Mitglieder so gewählt, dass die 3 unparteiischen Mitglieder keinen Beschluss gegen die benannten Mitglieder der Vertragsparteien treffen können, sondern immer zumindest einen benannten Vertreter der Vertragsparteien von ihrer Position überzeugen müssen (Abb. 3.6).

Die Kosten der Geschäftsführung der Schiedsstelle und die Aufwendungen für die unparteiischen Mitglieder tragen zur Hälfte der GKV-SV und zur Hälfte die an der Schiedsstelle beteiligten Verbände der pharmazeutischen Industrie.

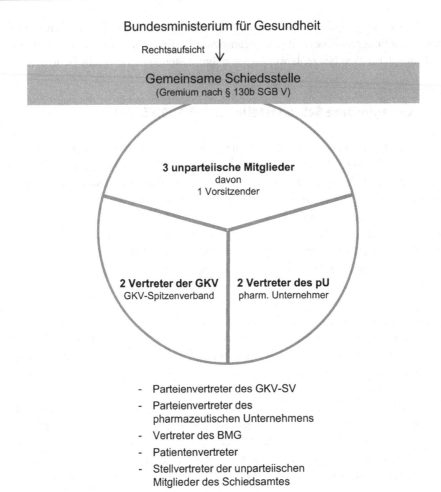

- Parteienvertreter des GKV-SV
- Parteienvertreter des pharmazeutischen Unternehmens
- Vertreter des BMG
- Patientenvertreter
- Stellvertreter der unparteiischen Mitglieder des Schiedsamtes

Abb. 3.6 Stimmberechtigte Mitglieder der Schiedsstelle nach § 130b SGB V

3.7 European Network for Health Technology Assessment (EUNetHTA)

Das European Network for Health Technology Assessment wurde 2009 gegründet und besteht derzeit aus insgesamt 81 Organisationen aus allen 28 EU Mitgliedsstaaten sowie aus Norwegen, der Schweiz und der Ukraine. Grundidee von EUNetHTA ist die Überlegung, dass in vielen europäischen Ländern gewisse Gemeinsamkeiten bei der Bewertung von Arzneimitteln und anderen Methoden im Gesundheitswesen bestehen. Daher erscheint es grundsätzlich naheliegend, nationale Bewertungsverfahren zu standardisieren und zu vereinfachen sowie die Ergebnisse der Bewertungsverfahren allen beteiligten Ländern und Organisationen zugänglich zu machen. Inzwischen gibt es auch erste Vorschläge der EU-Kommission gleich ein Bewertungsverfahren für alle Europäischen Länder einmal und für alle Länder verbindlich durchzuführen, das sogenannte EU HTA.

Die Arbeit der EUNetHTA wird von der Europäischen Union finanziert. Seine Aktivitäten werden koordiniert vom Danish Centre for HTA (DACEHTA) in Kopenhagen.

Vorbild hierfür ist offensichtlich die Vereinheitlichung des Zulassungsverfahrens von Arzneimitteln, das inzwischen auch entweder direkt durch Institutionen der Europäischen Union durchgeführt wird oder zumindest von ihr erlassenen Regeln folgt.

Ergebnis der bisherigen Arbeit von EUNetHTA ist u. a. die Erarbeitung einer gemeinsamen Nutzenbewertungsmethodik („HTA Core Model for Rapid Assessment") sowie die Durchführung beispielhafter Bewertungsprojekte. Bis Ende 2018 sind neun Bewertungsprojekte bei Arzneimitteln durchgeführt worden:

- Zostavax: Prävention von Herpes zoster (Zoster oder Gürtelrose) und durch Herpes zoster verursachter postherpetischer Neuralgie
- Sorafenib: Behandlung des refraktären Schilddrüsenkarzinoms
- neue Pharmakotherapien zur Behandlung von Hepatitis C
- Ramucirumab in Kombination mit Paclitaxel: Behandlung des Adenokarzinoms
- Vorapaxar: Reduktion atherothrombotischer Ereignisse bei Erwachsenen mit Myokardinfarkt
- Canagliflozin: Therapie von Diabetes mellitus Typ 2
- Alectinib: Behandlung des ALK-positiven, fortgeschrittenen nicht-kleinzelligen Lungenkarzinoms bei erwachsenen Patienten
- Regorafenib: Behandlung von erwachsenen Patienten mit hepatozellulärem Karzinom (HCC)
- Midostaurin: Behandlung von Erwachsenen mit neu diagnostizierter akuter myeloischer Leukämie (AML), die eine FLT3-Mutation aufweisen
- Sotagliflozin: Behandlung von Erwachsenen mit Typ-1-Diabetes mellitus, die trotz optimaler Insulintherapie keine adäquate Blutzuckereinstellung erreichen
- Ustekinumab: Behandlung erwachsener Patienten mit mittelschwerer bis schwerer aktiver Colitis ulcerosa, die entweder auf eine konventionelle Therapie oder auf ein Biologikum unzureichend angesprochen haben, nicht mehr darauf ansprechen oder eine Unverträglichkeit oder eine Kontraindikation gegen eine entsprechende Behandlung aufweisen

Es gibt aber noch eine weitere Aktivität der EUNetHTA, die schon heute für die frühe Nutzenbewertung relevant ist: Im Rahmen des Early Dialogue werden Beratungen mit unterschiedlichen HTA-Agenturen innerhalb Europas – unter Beteiligung des G-BA – durchgeführt, ggf. auch mit Beteiligung der Europäischen Zulassungsbehörde EMA (siehe Abschn. 4.5.7).

Formal betrachtet ist EUNetHTA nicht in die deutsche Nutzenbewertung eingebunden. Die Organisation führt weder Bewertungen in Deutschland durch noch trifft
sie Bewertungsentscheidungen oder hat Kontroll- oder Aufsichtsfunktion. Daher scheint
EUNetHTA auf den ersten Blick keinen Einfluss auf die Nutzenbewertung in Deutschland zu haben. Dennoch sind Auswirkungen sowohl hinsichtlich der Bewertungsmethodik als auch hinsichtlich der konkreten Einschätzung zu einzelnen Wirkstoffen zu
erwarten, da sich beide auf dieselbe evidenzbasierte Medizin als methodische Grundlage
berufen.

3.8 Bundesministerium für Gesundheit (BMG)

Das Bundesministerium wurde 1961 als Bundesministerium für Gesundheitswesen
gegründet. 1991 wurde daraus das Bundesministerium für Gesundheit (BMG).
Dabei konzentriert sich die Tätigkeit auf die Erarbeitung von Gesetzesentwürfen,
AM-NutzenVen und Verwaltungsvorschriften sowie auf aufsichtsrechtliche Aufgaben.
Als Aufsichtsbehörde ist das BMG für eine Vielzahl von Institutionen verantwortlich, die
für die Nutzenbewertung bedeutsam sind:

- G-BA
- GKV-SV
- Gemeinsame Schiedsstelle

Die deutschen Zulassungsbehörden (Bundesinstitut für Arzneimittel und Medizinprodukte, Paul-Ehrlich-Institut) sind nachgeordnete Geschäftsbereiche des BMG, also
dem BMG direkt untergeordnet.

Viele Entscheidungen über die Gesundheitsversorgung werden direkt durch die
relevanten Spitzenorganisationen getroffen. Insoweit beschränkt sich die Aufgabe des
BMG darauf, dies beobachtend zu begleiten und nur fallweise durch Gesetzgebungsver-
fahren oder im Rahmen seiner Genehmigung von Änderungen in der Verfahrensordnung
des G-BA Einfluss zu nehmen. Das gilt auch für die frühe Nutzenbewertung.

Die Finanzierung des BMG erfolgt durch den Bundeshaushalt.

3.9 European Medicines Agency (EMA)

Die Europäische Arzneimittel-Agentur (European Medicines Agency, EMA) wurde 1995
von der Europäischen Union gegründet. Sie führt u. a. die Bewertung von Arzneimitteln
im Rahmen des zentralen Zulassungsverfahrens durch.

Die zentrale Zulassung ist bei Humanarzneimitteln verpflichtend für:

- Arzneimittel zur Behandlung von HIV/AIDS, Krebs, Diabetes mellitus, neuro-degenerativen Erkrankungen, Autoimmunerkrankungen und anderen Immundefekten sowie viralen Erkrankungen,
- biotechnologisch hergestellte Arzneimittel,
- sogenannte advanced therapies (ATMP), also Gentherapien, Therapien mit somatischen Zellen sowie Arzneimitteln mit künstlichen Körpergeweben sowie
- Arzneimittel für die Behandlung seltener Erkrankungen *(Orphan Drugs)*

Für alle anderen Arzneimittel haben pharmazeutische Unternehmer die Wahl, entweder eine Zulassung in einzelnen Europäischen Ländern (über die jeweiligen nationalen Zulassungsbehörden) oder über die EMA eine zentrale Zulassung zu beantragen. Letzteres ist inzwischen der Standard für neue Wirkstoffe.

Die Bewertung des Zulassungsantrags erfolgt bei der EMA durch das Committee for Medicinal Products for Human Use (CHMP). Dieses prüft, inwieweit ein Antragsteller die Anforderungen hinsichtlich Qualität, Sicherheit und Wirksamkeit mit wissenschaftlich belegter Sicherheit erfüllt. Es spricht dann eine Zulassungsempfehlung *(positive opinion)* aus, wenn das Arzneimittel ein positives Nutzen-Risiko-Verhältnis aufweist. Die eigentliche Zulassung erteilt dann die Europäische Kommission. Eine solche Zulassung gilt unmittelbar in allen europäischen Ländern, auch in Deutschland.

Daneben ist mit Blick auf die frühe Nutzenbewertung noch das Committee for Orphan Medicinal Products (COMP) relevant. Es ist dafür verantwortlich, Arzneimittel als *Orphan Drugs* anzuerkennen bzw. diese Anerkennung nach einer positiven Empfehlung des CHMP nochmals zu bestätigen. Und das Paediatric Committee (PDCO) verantwortet die Durchführung und Bewertung klinischer Studien an Kindern.

Für die frühe Nutzenbewertung sind folgende Punkte von besonderer Bedeutung:

- Zu den Anforderungen hinsichtlich Qualität, Sicherheit und Wirksamkeit setzt das CHMP wissenschaftliche Empfehlungen (sog. *scientific guidelines*) fest, die bei Zulassungsanträgen zu beachten sind.
- Zudem gibt das CHMP im Rahmen der wissenschaftlichen Beratung *(scientific advice)* weitere Empfehlungen, beispielsweise zu Studiendauer, möglichen Vergleichsarmen oder Endpunkten – also alles Punkte, die der G-BA im Rahmen der frühen Nutzenbewertung auch prüft. Hat ein pharmazeutischer Unternehmer wissenschaftliche Beratung durch das CHMP in Anspruch genommen, so sind die Protokolle aus diesen Beratungen für eine Beratung durch den G-BA zur zweckmäßigen Vergleichstherapie vorzulegen. Zudem gibt es die auch Möglichkeit für eine gemeinsame Beratung durch EMA und (nationale) HTA-Behörden, sprich: dem G-BA (siehe Abschn. 4.5.7).

- Nach der AM-NutzenV bilden die arzneimittelrechtliche Zulassung, die behördlich genehmigten Produktinformationen sowie Bekanntmachungen der zuständigen Zulassungsbehörde – neben der Bewertung von klinischen Studien nach den internationalen Standards der evidenzbasierten Medizin – die Basis der Bewertung.
- Im Rahmen der Bewertung für die Zulassungsempfehlung erstellt das CHMP eine Reihe von Dokumenten, z. B. den Tag-150- und den Tag-180-Report sowie den Bewertungsbericht (European Public Assessment Report), die jeweils in Modul 5 für die Nutzenbewertung vollständig einzureichen sind.
- Bei der Zulassung kann die EMA besondere Anforderungen formulieren, z. B. die Zulassung unter den Vorbehalt weiterer Studiendaten stellen oder die Zulassung unter besonderen Auflagen („conditional approval") oder unter besonderen Umständen („exceptional circumstances") erteilen. Zudem legt die EMA fest, ob ein Arzneimittel den Status zur Behandlung seltener Erkrankungen hat („orphan drug status") und damit gewisse Sonderregelungen bei der frühen Nutzenbewertung gelten. Zu den Sonderformen der Zulassung und ihrer Auswirkung auf die frühe Nutzenbewertung siehe Kap. 8.
- Auch nach Zulassungserteilung überwacht die EMA die Arzneimittelsicherheit und kann so beispielsweise Zulassungsbeschränkungen erteilen, über Änderungen in der Fachinformation verfügen oder Informationen an Anwender veranlassen.

Die EMA ist kein Mitglied des EUNetHTA, arbeitet aber eng mit ihm zusammen.

Die EMA steht unter der Aufsicht der EU. Sie finanziert sich über den EU-Haushalt und über Gebühren der pharmazeutischen Unternehmer.

3.10 Bundesinstitut für Arzneimittel und Medizinprodukte (BfArM) und Paul-Ehrlich-Institut (PEI)

Das Bundesinstitut für Arzneimittel und Medizinprodukte wie auch das Paul-Ehrlich-Institut (PEI) sind selbstständige Bundesoberbehörden im Geschäftsbereich des BMG. Ihre Finanzierung erfolgt aus dem Bundeshaushalt sowie durch Gebühren der pharmazeutischen Unternehmer.

Das PEI prüft und bewertet folgende Humanarzneimittel: Impfstoffe, Antikörper und Immunglobuline, Allergene für die Allergie-Diagnostik und -therapie, Arzneimittel für neuartige Therapien (*Advanced Therapy Medicinal Products, ATMP*), Blutprodukte und Stammzellzubereitungen sowie Gewebezubereitungen. Das BfArM ist für alle anderen Humanarzneimittel in Deutschland zuständig.

Ein Schwerpunkt der Arbeit von BfArM und PEI ist die Zulassung von Fertigarzneimitteln auf der Grundlage des Arzneimittelgesetzes. Im Unterschied zu der Zulassung durch die Europäische Union sind BfArM und PEI für das dezentrale Zulassungsverfahren allein in Deutschland verantwortlich, also für alle Arzneimittel, die nicht über die

EMA zentral zugelassen werden. Zudem wirken sie an zentralen Zulassungen über die EMA mit.

Von besonderer Bedeutung ist dabei ebenfalls die Beratung im Zusammenhang mit der Entwicklung und Zulassung von Arzneimitteln *(scientific advice)*, die nicht nur durch die EMA sondern auch durch die nationalen Zulassungsbehörden wie eben BfArM bzw. PEI erbracht werden können. Antragsteller können pharmazeutische Unternehmer oder Sponsoren klinischer Prüfungen sein. Beispiele für diese Beratungen sind die Planung eines klinischen Studienprogramms für ein spezifisches Arzneimittel oder Erläuterungen zu den rechtlichen Rahmenbedingungen für einen konkret anstehenden Zulassungsantrag.

Für die frühe Nutzenbewertung sind BfArM und PEI in vier Aspekten relevant:

- Eine Beratung vor Beginn von Zulassungsstudien der Phase drei oder zur Planung klinischer Prüfungen soll unter Beteiligung des BfArM oder des PEI stattfinden.
- Hat ein pharmazeutischer Unternehmer wissenschaftliche Beratung durch das BfArM oder das PEI in Anspruch genommen, so sind die Protokolle aus diesen Beratungen für eine Beratung durch den G-BA zur zweckmäßigen Vergleichstherapie vorzulegen.
- Bestehen Unklarheiten zum Zulassungsstatus, kann der G-BA beim BfArM bzw. PEI um eine Stellungnahme bitten.
- Der pharmazeutische Unternehmer kann beim BfArM bzw. PEI prüfen lassen, inwieweit die vom G-BA geforderte Evidenz den Anforderungen des AMG an die Durchführung einer klinischen Studie entspricht. Dies ist beispielsweise bei den Nutzenbewertungen von Cabazitaxel, Trastuzumab Emtansin und Dabrafenib vorgekommen.

Weder BfArM noch PEI sind formal in die Arbeit des EUNetHTA eingebunden.

Teil II

Das Verfahren der frühen Nutzenbewertung aus Sicht des pharmazeutischen Unternehmers

Dossiervorbereitung: Die Strategie klären

Die Phase der (strategischen) Vorbereitung umfasst notwendige Maßnahmen noch vor der Dossiererstellung, also dem eigentlichen Ausfüllen der Vorlagen für die Nutzenbewertung. In ihrem Zentrum stehen fünf Aktivitäten (Abb. 4.1): die Prüfung der Dossierpflicht, die Gap-Analyse und die Erstattungsbetragssimulation, die Entwicklung der Strategie sowie der Beratungsantrag.

Wichtig: Diese fünf Maßnahmen folgen einer inneren Logik, d. h. sie bauen aufeinander auf. So ist die Entwicklung einer Dossierstrategie nur dann sinnvoll, wenn das betreffende Arzneimittel der Dossierpflicht unterliegt. Die Erstattungsbetragsanalyse zeigt die preislichen Implikationen der bestehenden Evidenz und möglicher Lücken auf. Und ein Beratungsantrag muss – egal ob als Frühberatung zum Design von Zulassungsstudien oder als normale Beratung vor der Dossiererstellung – der Dossierstrategie entsprechen.

Während in der Frühphase der frühen Nutzenbewertung, also ab dem Jahr 2011, die Dossiererstellung im Mittelpunkt stand, verlagert sich inzwischen das Augenmerk der Aktivitäten immer stärker in Richtung der (strategischen) Vorbereitung, um schon im Vorfeld die Weichen bestmöglich zu stellen.

4.1 Prüfung der Dossierpflicht

Das Verfahren der frühen Nutzenbewertung und der damit verbundenen Erstattungsbetragsverhandlung ist eine Pflicht für den pharmazeutischen Unternehmer. Wie jede Pflicht gilt sie nicht unbegrenzt – und da das Verfahren der frühen Nutzenbewertung für den pharmazeutischen Unternehmer mit erheblichen Lasten verbunden ist, sollte unbedingt geprüft werden, ob nicht eine Ausnahme relevant sein könnte (Abb. 4.2).

T. Ecker, *Arzneimittelpreise in Deutschland unter AMNOG*, https://doi.org/10.1007/978-3-658-30508-6_4

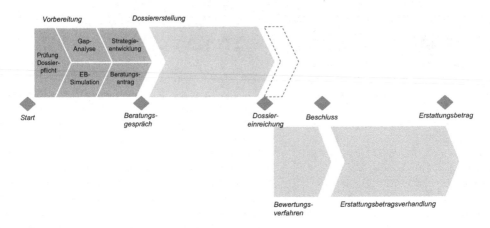

Abb. 4.1   Aktivitäten zur Vorbereitung auf die Nutzenbewertung

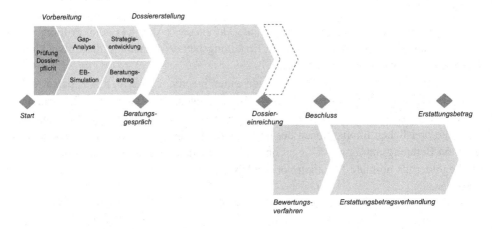

Abb. 4.2   Kontext der Prüfung der Dossierpflicht

4.1.1   Grundsatz

Unter die frühe Nutzenbewertung fallen grundsätzlich nur erstattungsfähige Arzneimittel zur Krankenbehandlung mit neuen Wirkstoffen, die ab dem 01.01.2011 erstmals in den Verkehr gebracht werden und die nicht Teil einer Methode sind. Zudem können Arzneimittel vom Verfahren der frühen Nutzenbewertung befreit werden, wenn sie unter der Geringfügigkeitsschwelle bleiben. Es müssen also fünf Voraussetzungen erfüllt sein:

- Erstattungsfähigkeit
- Krankenbehandlung
- Neuigkeit

- nicht Teil einer neuen Methode
- nicht geringfügig

4.1.2 Erstattungsfähigkeit

Grundsätzlich sind in Deutschland alle verschreibungspflichtigen Arzneimittel in der GKV erstattungsfähig, es sei denn, sie sind von der Erstattung ausdrücklich ausgeschlossen. Dieser Ausschluss betrifft insbesondere Arzneimittel, deren Einsatz im Wesentlichen durch die private Lebensführung bedingt ist. Ausgeschlossen sind damit beispielsweise

- Arzneimittel zur Abmagerung oder Zügelung des Appetits oder zur Regulierung des Körpergewichts,
- Arzneimittel zur Raucherentwöhnung,
- Arzneimittel zur Verbesserung des Haarwuchses,
- Arzneimittel zur Behandlung der erektilen Dysfunktion und
- Arzneimittel zur Steigerung der sexuellen Potenz.

So wurde beispielsweise das Produkt Spedra® mit dem Wirkstoff Avanafil 2013 als neuer Wirkstoff in der EU zugelassen. Am 01.03.2014 wurde Spedra® in der Lauer-Taxe gelistet und damit in den Deutschen Markt eingeführt. Dennoch wurde Spedra® nicht nutzenbewertet, da Spedra® bislang ausschließlich in der Indikation „erektile Dysfunktion bei Männern" zugelassen und damit automatisch von der Erstattung ausgeschlossen ist.

4.1.3 Krankenbehandlung

Die gesetzliche Regelung zur frühen Nutzenbewertung ist Teil des 5. Abschnitts im 3. Kapitel des SGB V. Der Titel des Abschnitts (§§ 27–52a SGB V) lautet „Leistungen bei Krankheit". Leistungen, die in anderen Abschnitten des 3. Kapitels geregelt sind, fallen somit nicht unter die frühe Nutzenbewertung. Zu diesen anderen Leistungen zählen Leistungen

a) zur Verhütung von Krankheiten und von deren Verschlimmerung sowie zur Empfängnisverhütung, bei Sterilisation und bei Schwangerschaftsabbruch (§§ 20 bis 24b SGB V),
b) bei Schwangerschaft und Mutterschaft (§§ 24c bis 24i SGB V),
c) zur Früherkennung von Krankheiten (§§ 25 und 26 SGB V).

Hintergrund hierfür ist, dass für derartige Arzneimittel andere Erstattungsregeln bestehen.

4.1.4 Neuigkeit

Was neu ist, regelt die AM-NutzenV sowie die Verfahrensordnung. Danach gilt ein Wirkstoff dann als neu, wenn seine Wirkung bei seiner erstmaligen Zulassung in der medizinischen Wissenschaft nicht allgemein bekannt ist. Und ein Arzneimittel gilt so lange als ein Arzneimittel mit einem neuen Wirkstoff im Sinne der AM-NutzenV, solange für das erstmalig zugelassene Arzneimittel mit dem Wirkstoff Unterlagenschutz besteht.

Damit gibt es drei Voraussetzungen dafür, dass ein Wirkstoff als neu angesehen wird:

a) Eine erstmalige Zulassung liegt immer dann vor, wenn ein Wirkstoff vorher noch nicht zugelassen wurde.

Das ist immer dann eindeutig, wenn die Zulassungsbehörde diesen Wirkstoff ausdrücklich als neuen Wirkstoff (*new active substance*, NAS) anerkannt hat. Aber auch dann ist noch nicht jeder aus Sicht der Zulassung neue Wirkstoff auch aus Sicht des G-BA als neu anzusehen. So gelten verschiedene Salze, Ester, Ether, Isomere, Mischungen von Isomeren, Komplexe oder Derivate eines Wirkstoffes aus Sicht des G-BA grundsätzlich als gleicher Wirkstoff, während die Zulassungsbehörde dies nur dann als gleich ansieht, wenn sich die beiden Varianten dieses Wirkstoffs nicht hinsichtlich Wirksamkeit und Sicherheit (relevant) unterscheiden.

Und umgekehrt gibt es bei Zulassungen durch die EMA den Sonderfall, dass Wirkstoffe schon in einzelnen Europäischen Ländern außerhalb Deutschlands (beispielsweise in Frankreich) zugelassen waren. Wird ein solcher Wirkstoff nun durch die EMA zugelassen, dann gilt er aus Sicht der EMA nicht mehr als neu, da er schon in einem anderen Land zugelassen war, obwohl er erst jetzt in Deutschland zugelassen wird.

b) Andererseits gibt es Wirkstoffe, die erstmals zugelassen werden, obwohl sie schon vorher in der medizinischen Wissenschaft bekannt waren. Das gilt beispielsweise für Produkte, die vorher nur außerhalb der EMA zugelassen waren, aber zur Verwendung in Deutschland importiert wurden. Oder Wirkstoffe von Produkten, die bislang nur bei der Zulassungsbehörde registriert waren und erst jetzt erstmals zugelassen werden.

c) Schließlich muss das Arzneimittel mit dem erstmals zugelassenen Wirkstoff über Unterlagenschutz verfügen, d. h. dass auf dessen Zulassungsunterlagen noch nicht bei der Zulassung eines neuen Produktes durch einen Wettbewerber Bezug genommen werden darf. Dies ist beispielsweise relevant, wenn ein Arzneimittel bislang nur in einem anderen Europäischen Land zugelassen war und jetzt ein pharmazeutischer Unternehmer unter Bezugnahme auf diese Zulassung im Ausland für Deutschland eine Zulassung erwirkt. Ein solches Produkt ist dann nicht dossierpflichtig, wenn der Unterlagenschutz für das in dem anderen Europäischen Land zugelassene Produkt mit demselben Wirkstoff nicht mehr besteht.

Die Frage, ob Unterlagenschutz besteht, ist dabei gar nicht so einfach zu beantworten, da es sich hierbei nur um ein implizites Schutzrecht handelt; man erfährt eigentlich erst dann, ob dieses Schutzrecht noch besteht, wenn man versucht sich auf diese Zulassungsunterlagen zu beziehen und die Zulassungsbehörde dies ablehnt. Daher fragt der G-BA in Zweifelsfällen bei der Zulassungsbehörde nach, ob ein neues Arzneimittel Unterlagenschutz hat oder nicht.

Wichtig: es gibt weder für den pharmazeutischen Unternehmer noch für den G-BA ein Wahlrecht eine frühe Nutzenbewertung durchzuführen. Sind die gesetzlichen Voraussetzungen erfüllt, dann muss bewertet werden.

Schließlich gibt es noch drei Sonderfälle, in denen der G-BA Arzneimittel mit bekanntem Wirkstoff solchen mit einem neuen Wirkstoff gleichsetzt:

- Arzneimittel, die mittels Paediatric-use marketing authorisation (PUMA) zugelassen wurden (unabhängig vom Unterlagenschutz!)
- Arzneimittel mit einer neuen fixen Kombination von Wirkstoffen, die als Fixkombination Unterlagenschutz genießen
- Arzneimittel mit bekanntem Wirkstoff, die mit neuem Unterlagenschutz neu zugelassen werden

4.1.4.1 1. Sonderfall: Zulassung mittels Paediatric-use marketing authorisation (PUMA)

Um die Entwicklung von Arzneimitteln mit bekannten Wirkstoffen für Kinder zu fördern, hat die EMA einen besonderen Zulassungsstatus hierfür geschaffen. Diese Form der Zulassung wird als Paediatric-use marketing authorisation (PUMA) bezeichnet. Werden Wirkstoffe, die an sich keinen Unterlagenschutz mehr besitzen, in einer speziell für Kinder entwickelten Handelsform für diese geprüft und zugelassen, dann bekommen sie – ähnlich wie Arzneimittel für Seltene Erkrankungen – eine Marktexklusivität zugesprochen.

Die Regelung, dass PUMA-Arzneimittel unter die frühe Nutzenbewertung fallen, galt nicht schon seit Beginn des AMNOG, sondern trat erst 2012 in Kraft. Daher wurde das erste – schon 2011 zugelassene und in den deutschen Markt eingeführte – PUMA Buccolam auch nicht nutzenbewertet.

Bislang wurden sechs Produkte als PUMA zugelassen:

- Buccolam® (Wirkstoff: Midazolam) wurde im September 2011 für die Behandlung akuter Krampfanfälle zugelassen und am 15.11.2011 ausgeboten; nicht nutzenbewertet.
- Hemangiol® (Wirkstoff: Propranolol) wurde im April 2014 zur Behandlung von Kindern mit proliferativen infantilen Hämangiomen zugelassen und am 01.09.2014 in Deutschland eingeführt. Es ist das erste nutzenbewertete PUMA.

- Sialanar® (Wirkstoff: Glycopyrroniumbromid) wurde im September 2016 zur Behandlung von chronisch krankhaft gesteigertem Speichelfluss zugelassen und ab dem 01.04.2018 vermarktet.
- Alkindi® (Wirkstoff: Hydrocortison) wurde im Februar 2018 als Ersatztherapie bei Nebenniereninsuffizienz bei Neugeborenen, Kindern und Jugendlichen zugelassen und am 15.05.2018 gelauncht.
- Slenyto® (Wirkstoff: Melatonin) wurde im September 2018 zur Behandlung von Schlafstörungen bei Kindern und Jugendlichen mit Autismus-Spektrum-Störung und/ oder Smith-Magenis-Syndrom zugelassen und am 15.01.2019 ausgeboten.
- Kigabeq® (Wirkstoff: Vigabatrin) wurde am September 2018 zur Monotherapie bei infantilen Spasmen (West-Syndrom) sowie in Kombination mit anderen Antiepileptika für Patienten mit therapieresistenter partieller Epilepsie zugelassen und am 01.07.2019 in den deutschen Markt eingeführt.

Die Nutzenbewertung von Kinderarzneimitteln ist insofern besonders herausfordernd, als zum einen aus politischer Sicht ein großer Bedarf an Kinderarzneimitteln besteht, zum anderen aber nicht alle Studien an Kindern ethisch akzeptabel sind.

Interessanterweise gilt die Dossierpflicht bei bekannten Wirkstoffen und Marktexklusivität nur für PUMA-Arzneimittel. Arzneimittel zur Behandlung seltener Erkrankungen, die sich ja ebenfalls auf bekannte Wirkstoffe erstrecken können, wollte der G-BA mit der Änderung der Verfahrensordnung vom Juni 2014 ebenso der Dossierpflicht unterziehen. Diese genehmigungspflichtige Änderung wurde vom BMG jedoch untersagt (Abschn. 2.4.1).

4.1.4.2 2. Sonderfall: Fixkombinationen

Der zweite Sonderfall sind neue Arzneimittel mit Fixkombinationen von bekannten Wirkstoffen. Diese benötigen eine eigenständige Zulassung als Fixkombination. Entsteht hierdurch Unterlagenschutz, dann ist dieses neue Arzneimittel grundsätzlich dossierpflichtig; die einzige Ausnahme sind solche Fixkombinationen, in denen die zugelassenen Anwendungsgebiete des neuen Arzneimittels von den Anwendungsgebieten der einzelnen Wirkstoffe jeweils schon vollständig abgedeckt werden – die Fixkombination also nicht für andere Patienten zugelassen ist also für diejenigen, die schon durch die Zulassung der Einzelwirkstoffe abgedeckt sind.

Achtung: Diese Regelung zur Dossierpflicht von Fixkombinationen besteht in dieser Form erst seit 2014. Urspünglich galten andere Regelungen, welche Fixkombinationen der Dossierpflicht unterliegen. So waren früher alle Fixkombinationen mit neuen Wirkstoffen (also mindestens einem Wirkstoff, der noch in der Erstzulassung über Unterlagenschutz verfügt) dossierpflichtig, unabhängig davon, ob die neue Fixkombination Unterlagenschutz genießt oder für welches Anwendungsgebiet die Fixkombination zugelassen ist. So wurden im Laufe der Jahre schon viele Arzneimittel nutzenbewertet, wovon aber nicht alle die derzeitigen Voraussetzungen der Verfahrensordnung erfüllen, während vermutlich andere Fixkombinationen nicht bewertet wurden, obwohl sie nach heutigen Maßstäben dossierpflichtig wären.

Bis Ende 2019 wurden in 56 abgeschlossenen Verfahren Fixkombinationen nutzenbewertet (bzw. das Verfahren hierzu begonnen).

4.1.4.3 3. Sonderfall: Arzneimittel mit bekanntem Wirkstoff, die mit neuem Unterlagenschutz neu zugelassen werden

Es gibt Arzneimittel mit einem erstmals zugelassenen Wirkstoff, bei denen die Zulassung schon so weit zurück liegt, dass für dieses Arzneimittel kein Unterlagenschutz mehr besteht. Grundsätzlich ist es unter bestimmten Umständen möglich, denselben Wirkstoff als neues Arzneimittel neu zuzulassen und dafür neuen Unterlagenschutz zu erhalten. Für solche Arzneimittel kann der G-BA eine Nutzenbewertung veranlassen, d. h. entscheiden, dass der pharmazeutische Unternehmer ein Nutzendossier vorlegen muss. Hierbei sind aus Sicht des G-BA insbesondere diejenigen neuen Arzneimittel interessant, die mit bekanntem Wirkstoff in einer neuen Indikation zugelassen werden (siehe Abschn. 9.2).

Für diese Form der Nutzenbewertung (Bewertung nach § 16, 5. Kapitel der Verfahrensordnung) gibt es bislang drei Beispiele:

- Nonacog beta pegol
- Cladribin
- Rurioctocog alfa pegol

4.1.4.4 Exkurs über Unterlagenschutz

Wie aus den Ausführungen der letzten Seiten deutlich wurde, hat der Unterlagenschutz zentrale Bedeutung für die Pflicht zur Nutzenbewertung. Wann entsteht aber überhaupt Unterlagenschutz *(data exclusivity)*?

Der Unterlagenschutz ist bei der Zulassung von Generika relevant, also Arzneimitteln, die unter Bezugnahme auf ein anderes Arzneimittel zugelassen werden. In diesem Zusammenhang bedeutet Unterlagenschutz, dass die Zulassungsbehörde während der Dauer des Unterlagenschutzes von 10 bzw. 11 Jahren kein anderes Arzneimittel bezugnehmend auf die Unterlagen des Originalarzneimittels zulassen darf. Ob Unterlagenschutz also besteht oder nicht, wird erst geprüft, wenn ein anderer pharmazeutischer Unternehmer eine bezugnehmende Zulassung beantragt. Das erklärt, wieso es häufig so schwierig ist schon zum Zeitpunkt der Zulassung des Originalproduktes „von außen" festzustellen, ob Unterlagenschutz besteht.

4.1.5 Nicht Teil einer neuen Methode

Arzneimittel werden in der Erwartung verordnet und eingesetzt, dass sie im Körper die erwünschte Wirkung entfalten. Hierzu bedarf es grundsätzlich, über die eigentliche Verabreichung des Arzneimittels hinaus, keines weiteren ärztlichen Zutuns.

Nun gibt es aber auch Arzneimittel, bei denen die Handhabung durch den Arzt für den Therapieerfolg ein mindestens ebenso großes Gewicht hat wie das pharmakologische Wirkprinzip des Arzneimittels. In solchen Fällen ist das Arzneimittel gewissermaßen Teil einer umfangreicheren Methode. Ambulant erbrachte ärztliche Methoden unterliegen für ihre Erstattungsfähigkeit einer Überprüfung durch den G-BA, insbesondere hinsichtlich der Anforderungen an die Behandlungsqualität. Daher wird die Erstattungsfähigkeit solcher Arzneimittel, die als Teil einer Methode angesehen werden, über die Erstattung der Methode geregelt. Handelt es sich um eine neue Untersuchungs- oder Behandlungsmethode, muss die Erstattungsfähigkeit der Methode noch geprüft werden und das Arzneimittel ist folglich noch nicht unmittelbar erstattungsfähig.

Dies hat einen nicht unwichtigen Nebeneffekt auf den Marktzugang: Eine neue ambulante Methode ist erst dann erstattungsfähig, wenn der G-BA das in einem Verfahren nach § 135 Abs. 1 SGB V beschlossen hat. Fehlt ein solcher Beschluss des G-BA, ist die Methode und damit auch der Einsatz des Arzneimittels als Teil der Methode nicht erstattungsfähig. Und: Ein Bewertungsverfahren nach § 135 Abs. 1 SGB V kann lange dauern und beginnt auch nur dann, wenn ein Unparteiischer im G-BA, die Kassenärztliche Bundesvereinigung, eine Kassenärztliche Vereinigung oder der Spitzenverband Bund der Krankenkassen einen entsprechenden Antrag gestellt haben – der pharmazeutische Unternehmer selber hat kein Antragsrecht. Es kann also passieren, dass man als pharmazeutischer Unternehmer zwar ein zugelassenes Arzneimittel hat, das aber Teil einer Methode nach § 135 Abs. 1 SGB V ist und daher nicht erstattet wird.

Beispiele für neue Wirkstoffe, die vom G-BA als Teil einer Methode angesehen werden, sind:

- Autologe humane Hornhautepithelzellen (Holoclar®)
- C3BS-CQR-1 (C Cure®)
- Flutemetamol (F18)
- Florbetaben (^{18}F)
- Fluorethylcholin (^{18}F)
- Matrixassoziierte autologe kultivierte Chondrozyten (MACI®)

4.1.6 Nicht geringfügig

Unabhängig von den vier oben beschriebenen Ausnahmen von der Dossierpflicht hat der pharmazeutische Unternehmer auch die Möglichkeit, sich in einem förmlichen Verfahren von der Dossierpflicht befreien zu lassen, sofern die mit dem Arzneimittel erwarteten Umsätze als geringfügig angesehen werden. Die Grenze für die Geringfügigkeit besteht bei 1 Mio. EUR dauerhaft zu erwartendem Umsatz zu Apothekenverkaufspreisen einschließlich Umsatzsteuer. Dabei sind aufgrund der in 2018 beschlossenen Änderungen in der Verfahrensordnung nun alle Formen der Abgabe zu berücksichtigen, also auch beispielsweise die Abgabe für die stationäre Versorgung im Krankenhaus, soweit hieraus der GKV Ausgaben entstehen.

Der Grundgedanke hinsichtlich der Geringfügigkeitsregelung ist eine Wirtschaftlichkeitsüberlegung, nach der der nicht unerhebliche Aufwand eines Nutzenbewertungsverfahrens mit den damit verbundenen Einsparungen abzuwägen ist, und bei Umsätzen unterhalb dieser Schwelle rechtfertigen nicht die Kosten des Verfahrens möglicherweise erzielbare Einsparungen offensichtlich.

Einen Freistellungsantrag muss der pharmazeutische Unternehmer spätestens drei Monate vor der geplanten Produkteinführung beim G-BA beantragen. Ein entsprechender Nachweis ist im Freistellungsantrag detailliert herzuleiten. Wie ein solcher Nachweis zu führen ist, beschreibt der nächste Abschnitt.

Der G-BA beschließt innerhalb von acht Wochen über den Antrag auf Freistellung. Erfolgte Freistellungen publiziert der G-BA auf seiner Internetseite, sofern der pharmazeutische Unternehmer dem nicht widerspricht. Abgelehnte Anträge werden nicht veröffentlicht.

Bislang gibt es neun positive Freistellungsentscheidungen, die vom G-BA veröffentlicht wurden:[1]

- Dexmedetomidin (Dexdor®) im Anwendungsgebiet „Sedierung erwachsener, intensivmedizinisch behandelter Patienten"
- Ceftarolinfosamil (Zinforo®) in den Anwendungsgebieten „Komplizierte Haut- und Weichgewebeinfektionen sowie Ambulant erworbene Pneumonie"
- Piperaquintetraphosphat + Dihydroartemisinin (Eurartesim®) im Anwendungsgebiet „Behandlung der unkomplizierten Plasmodium falciparum-Malaria"
- Chloroprocain (Ampres®) im Anwendungsgebiet „Spinalanästhesie bei Erwachsenen"
- Defibrotid (Defitelio®) im Anwendungsgebiet „Behandlung von schwerer hepatischer venookklusiver Erkrankung (VOD) bei hämatopoetischer Stammzelltransplantation (HSCT)"
- Delamanid (Deltyba®) im Anwendungsgebiet „Behandlung pulmonaler multiresistenter Tuberkulose (OD-Status)"
- Landiolol (Rapibloc®) im Anwendungsgebiet „Supraventrikuläre Tachykardie, Vorhofflimmern oder Vorhofflattern, Nicht-kompensatorische Sinustachykardie"
- Lutetium-(177Lu)-Oxodotreotid (Luthathera®) im Anwendungsgebiet „Gastroenteropankreatischen neuroendokrinen Tumore"
- Dinutuximab beta (Qarziba®) im Anwendungsgebiet „Hochrisiko-Neuroblastom oder rezidiviertem oder refraktärem Neuroblastom"

---

[1]Bedaquilin (Sirturo®) wurde vom G-BA nicht als „freigestellt" geführt, am 15.01.2019 aber aufgrund der Überschreitung der 1 Mio. EUR-Umsatzgrenze der Nutzenbewertung unterzogen. Hieraus folgt, dass die Liste der vom als freigestellten Arzneimittel nicht alle freigestellten Arzneimittel umfassen kann.

Eine erfolgreiche Freistellung hat ebenso wie die Ausnahmen von der Dossierpflicht zwei Konsequenzen:

- Eine Nutzenbewertung durch das IQWiG und ein anschließender Beschluss durch den G-BA findet nicht statt.
- Ein Erstattungsbetrag wird nicht vereinbart oder festgesetzt. Es gilt stattdessen der alleine durch den pharmazeutischen Unternehmer festgelegte Preis.

Die Freistellung wegen Geringfügigkeit ist jedoch nur vorläufig: Übersteigt der Umsatz des Arzneimittels bei Erstattung durch die GKV zu Apothekenverkaufspreisen einschließlich Umsatzsteuer innerhalb von zwölf Kalendermonaten einen Betrag von 1 Mio. EUR, so fordert der G-BA den pharmazeutischen Unternehmer zur Erstellung eines Nutzendossiers auf. Dieses muss dann innerhalb von drei Monaten nach Aufforderung (Aufforderung zur Nutzenbewertung nach 5. Kapitel § 15 Abs. 4 VerfO) übermittelt werden. Und in dem Betrag von 1 Mio. EUR sind sowohl die Umsätze aufgrund der Daten nach § 84 Absatz 5 Satz 4 SGB V (öffentliche Apotheken) als auch Ausgaben im Rahmen der stationären Versorgung enthalten. Letztere (die stationären Umsätze) darf der G-BA auch vom pharmazeutischen Unternehmer erfragen.

Dasselbe gilt bei Erhöhung des Abgabepreises des pharmazeutischen Unternehmers oder wenn der pharmazeutische Unternehmer für das freigestellte Arzneimittel eine neue Handelsform (Darreichungsform, Wirkstärke, Dosierung oder Packungsgröße) in den Verkehr bringt, solange er keinen erneuten Antrag auf eine Freistellung stellt.

Bislang ist ein Fall (Bedaquilin) bekannt, in dem für ein einmal freigestelltes Produkt doch ein Nutzenbewertungsverfahren durchgeführt wurde, weil der Umsatz die Geringfügigkeitsgrenze von 1 Mio. EUR überstiegen hat.

4.1.7   Freistellungsantrag

Im Kern geht es bei dem Antrag auf Freistellung wegen Geringfügigkeit darum, nachzuweisen, dass der zu erwartende jährliche Umsatz mit sehr hoher Sicherheit unter 1 Mio. EUR liegen wird. Dieser Nachweis erfolgt mittels Anlage V zum 5. Kapitel der Verfahrensordnung („Antrag auf Freistellung") in drei wesentlichen Teilen:

- Prävalenz und Inzidenz der Erkrankung in Deutschland (Kap. 3 der Anlage V),
- Anzahl der Patienten, die ambulant und stationär behandelt werden (Kap. 4 der Anlage V) und
- erwartete Kosten für die GKV (Kap. 5 der Anlage V)

Die Kap. 1 und 2 der Anlage V umfassen Angaben zum Antragsteller und allgemeine Angaben zum Arzneimittel, Kap. 6 der Anlage V beinhaltet Angaben zur Informationsbeschaffung.

Die Angaben, die in den Kap. 3 bis 5 der Anlage V zu machen sind, um die Geringfügigkeit der Aufwendungen für die Krankenkassen zu belegen, entsprechen in ihrer Struktur weitgehend denjenigen in Modul 3 der Dossiervorlage des Nutzendossiers (Anlage II zum 5. Kapitel der Verfahrensordnung des G-BA), auch wenn es im Detail relevante Abweichungen gibt.

Einen Abschnitt entsprechend Abschn. 3.5 der Vorlage aus Anlage II zur Prüfung der Erforderlichkeit einer Anpassung des einheitlichen Bewertungsmaßstabes für ärztliche Leistungen (EBM) gemäß §87 Absatz 5b Satz 5 SGB V findet sich im Freistellungsantrag nicht. Sollte eine solche Fallkonstellation einmal auftreten (Freistellungsantrag bei gleichzeitiger Notwendigkeit einer Anpassung des EBM), kann dies zur Sicherheit im Freistellungsantrag ergänzt werden.

4.1.7.1 Prävalenz und Inzidenz der Erkrankung in Deutschland

In Kap. 3 des Freistellungsantrags wird die Epidemiologie der Erkrankung in Deutschland beschrieben. Relevante alters- oder geschlechtsspezifische Unterschiede oder Unterschiede in anderen Gruppen sind entsprechend darzustellen. Zudem ist, analog zu den Angaben in Modul 3 der Dossiervorlage, eine Prognose bezüglich wesentlicher Änderungen hinsichtlich Prävalenz und Inzidenz der Erkrankung in Deutschland innerhalb der nächsten fünf Jahre gefordert, sofern diese zu erwarten sind. Für alle Aussagen sind die zugrundegelegten Quellen anzugeben; eine systematische Literaturrecherche ist aber, anders als in Modul 3 der Dossiervorlage, in der Dokumentvorlage zum Freistellungsantrag nicht vorgesehen.

Ausgehend von der Epidemiologie der Erkrankung in Deutschland interessiert den G-BA die Anzahl der Patienten in der GKV, für die eine Behandlung mit dem Arzneimittel in dem Anwendungsgebiet infrage kommt, also die Größe der Zielpopulation. Auch hierfür sind wieder die zugrundegelegten Quellen anzugeben. Im Unterschied zu Anlage II gibt es in Anlage V für die Verteilung GKV und PKV keine Vorgabe zu den zu benutzenden Quellen.

4.1.7.2 Anzahl der Patienten, die ambulant und stationär behandelt werden

Zu den Umsätzen, die auf die Höchstsumme jener 1 Mio. EUR angerechnet werden, zählen alle Umsätze zulasten der GKV. In diesem Punkt hat sich die Verfahrensordnung 2018 geändert; bis dato waren Arzneimittelpackungen, die im Rahmen eines stationären Krankenhausaufenthalts verwendet werden, nicht relevant.

In Kap. 4 des Freistellungsantrages wird daher die Epidemiologie weiter eingeengt. Hierzu ist anzugeben, wie viele GKV-Patienten voraussichtlich ambulant und stationär mit dem Arzneimittel behandelt werden. Mögliche Begründungsansätze sind:

- Angaben zu schon bisher behandelten Patienten, beispielsweise unter Verwendung von Arzneimittelverordnungsdaten aus der ambulanten Behandlung mit ähnlichen Arzneimitteln sowie geeigneter Zahlen der schon bisher stationär behandelten

Patienten, beispielsweise unter Verwendung der Krankenhausstatistik des Instituts für das Entgeltsystem im Krankenhaus (InEK) oder des Statistischen Bundesamtes
• Erwartete Versorgungsanteile, analog zum Abschn. 3.3.6 der Anlage II

Daraus wird deutlich, dass in der Anlage V nur wenige Vorgaben zur epidemiologischen Herleitung gemacht werden, der pharmazeutische Unternehmer also große Freiheit in der Darstellung hat. Wichtig ist, dass die gemachten Angaben unbedingt plausibel sind, da sie vom G-BA kritisch überprüft werden.

4.1.7.3 Erwartete Kosten für die Gesetzliche Krankenversicherung

In Kap. 5 des Freistellungsantrags nach Anlage V werden die erwarteten Kosten für die GKV abgeleitet.

Dieser Teil des Freistellungsantrags ähnelt in seinem Aufbau stark dem Abschn. 3.3 der Dossiervorlage nach Anlage II. Die gemachten Angaben sind ebenfalls zu begründen, beispielsweise mit der Fachinformation.

So werden in einem ersten Schritt Angaben zur Behandlungsdauer gefordert. Die Behandlungsdauer ist gekennzeichnet durch

• Behandlungsmodus (z. B. kontinuierlich, in Zyklen, je Episode, bei Bedarf),
• Anzahl der Behandlungen (z. B. Zyklen, Episoden) pro Patient pro Jahr,
• Behandlungsdauer je Behandlung in Tagen.

Im zweiten Schritt geht es um die Verbrauchsmengen des Arzneimittels. Diese sind als Jahresdurchschnittsverbrauch pro Patient für das Arzneimittel pro Anwendungsgebiet anzugeben. Zur Ermittlung sind gebräuchliche und möglichst in der Fachinformation angegebene Verbrauchsmaße (z. B. IE [Internationale Einheiten], Dosierung je Quadratmeter Körperoberfläche, Dosierung je Kilogramm Körpergewicht) zu verwenden. Angaben mit Bezug auf Defined Daily Doses (DDD) sind nicht gefordert. Stehen unterschiedliche Packungen zur Wahl, wird die kostenminimale Packung bzw. Packungskombination für die Gesamtbehandlung verwendet.

Im dritten Schritt sind die Kosten des Arzneimittels als Apothekenverkaufspreis in Euro nach Wirkstärke, Darreichungsform und Packungsgröße anzugeben. Hierbei ist zu beachten, dass mit jeder Erhöhung des Abgabepreises des pharmazeutischen Unternehmers oder jeder neuen Darreichungsform, Wirkstärke, Dosierung oder Packungsgröße die bestehende Freistellung automatisch endet und ein neuer Freistellungsantrag gestellt werden muss. Liegt der Apothekenverkaufspreis noch nicht final vor, so sollte der höchste bisher angedachte Preis verwendet werden, um nicht nochmals einen Antrag stellen zu müssen, wenn sich der Preis gegenüber dem initialen Antrag erhöht. Können keine Angaben zu den Apothekenverkaufspreisen gemacht werden (weil beispielsweise das Arzneimittel ausschließlich an das Krankenhaus zum stationären Einsatz abgegeben wird und kein Apothekenverkaufspreis in der Lauer-Taxe gemeldet wird), sind andere geeignete Angaben zu den Preisen zu machen.

Im vierten Schritt werden die Jahrestherapiekosten für die GKV dargestellt. Hierzu werden die Ergebnisse aus den drei vorherigen Schritten (Behandlungsdauer, Verbrauchsmengen, Kosten des Arzneimittels) miteinander verknüpft. Dazu sind die Jahrestherapiekosten für die GKV für das Arzneimittel pro Patient und Anwendungsgebiet darzustellen und diese für die Zielpopulation und über alle Anwendungsgebiete aufzusummieren.

Beschreibt das Ergebnis von Schritt vier das theoretische Umsatzpotenzial, so sind im fünften Schritt Angaben zum Umsatz entsprechend den erwarteten Versorgungsanteilen gefordert. Hierzu ist unter Bezugnahme auf die dargestellten Daten zur aktuellen Epidemiologie zu erläutern, welche Versorgungsanteile realistischerweise für das Arzneimittel zu erwarten sind. Hierzu ist es möglich,

- Bezug auf die derzeit gegebene Versorgungssituation unter Angabe der Therapiealternativen und deren Versorgungsanteilen zu nehmen,
- Patientengruppen mit Kontraindikationen für das freizustellende Arzneimittel zu quantifizieren,
- Therapieabbrüche zu berücksichtigen
- sowie auf den Versorgungskontext und Patientenpräferenzen einzugehen.

In jedem Fall sind die Angaben entsprechend zu begründen.

Zudem wird gefordert, auf der Basis der erwarteten Versorgungsanteile zu beschreiben, welche Jahrestherapiekosten für die GKV tatsächlich erwartet werden.

Diese Ausführungen lassen erkennen, dass einige Aspekte der Versorgungssituation, die angeführt werden müssen, um die Geringfügigkeit der Aufwendungen für ein Medikament zu begründen, durchaus schwanken können. Da mithin der reale, von den Krankenkassen erstattete Umsatz des Produkts doch leicht die Obergrenze von 1 Mio. innerhalb von zwölf aufeinanderfolgenden Kalendermonaten erreichen kann, sollte sehr kritisch geprüft werden, ob es strategisch sinnvoll ist, den Weg der Freistellung wegen Geringfügigkeit zu gehen.

4.1.7.4 Ablauf des Freistellungsverfahrens

Der pharmazeutische Unternehmer muss spätestens drei Monate vor der geplanten Produkteinführung beim G-BA unter der Verwendung von Anlage V des 5. Kapitels der Verfahrensordnung des G-BA („Antrag auf Freistellung") beantragen, ihn von der Nutzenbewertung freizustellen. Der G-BA prüft den Antrag, beschließt innerhalb von acht Wochen über den Antrag und informiert den pharmazeutischen Unternehmer innerhalb dieser Frist über die Entscheidung, und zwar in Form eines rechtsfähigen Bescheids. Gegen den Bescheid kann der pharmazeutische Unternehmer innerhalb eines Monats Widerspruch einlegen. Bleibt der Widerspruch erfolglos, kann er Klage (!) beim Landessozialgericht Berlin-Brandenburg einreichen.

Der G-BA weist in seinem Bescheid auch darauf hin, dass er das Ergebnis seiner Entscheidung einschließlich der tragenden Gründe im Internet veröffentlichen wird, sofern der pharmazeutische Unternehmer dem nicht widerspricht. Insofern ist nicht sicher, ob die Liste der auf der Homepage genannten Produkte alle freigestellten Arzneimittel umfasst.

Unklar ist, welche Bewertungskompetenz der G-BA hinsichtlich des Freistellungsantrags hat, insbesondere hinsichtlich des erwarteten Versorgungsanteils. Im Zweifelsfall steht gerade in diesem Punkt Einschätzung gegen Einschätzung.

4.1.7.5 Exkurs: Stationärer Vertriebsweg

Ursprünglich wurde die frühe Nutzenbewertung für Arzneimittel zur ambulanten Versorgung eingeführt. Dies zeigt sich an verschiedenen Regelungen:

So war erstens der Zweck des AMNOG, die Arzneimittelausgaben für die GKV zu steuern; und diese fallen nur in der ambulanten Versorgung direkt zulasten der GKV an, da die stationäre Versorgung über Fallpauschalen (Diagnostic Related Groups, DRGs) vergütet wird.

Zweitens gelten für die frühe Nutzenbewertung genau definierte Fristen, die mit der Aufnahme des Arzneimittels in die Lauer-Taxe beginnen.

Drittens bildet der Erstattungsbetrag als neuer Abgabepreis des pharmazeutischen Unternehmers das Ergebnis des Verfahrens der frühen Nutzenbewertung. Der Abgabepreis des pharmazeutischen Unternehmers ist aber ein Konstrukt der Arzneimittelpreisverordnung für die ambulante Arzneimittelversorgung.

Viertens gibt es im AMNOG zwei Umsatzgrenzen (Geringfügigkeitsgrenze von 1 Mio. EUR, Wegfall des Orphan Drug Privilegs bei 50 Mio. EUR). Zudem regelt die Erstattungsbetragsvereinbarung nicht nur den Erstattungsbetrag, sondern auch die Absatzgrenzen, innerhalb derer die Erstattungsbetragsvereinbarung gilt. Beide Umsatzgrenzen sowie die Absatzgrenze der Erstattungsbetragsvereinbarung werden mittels Daten nach § 84 Absatz 5 Satz 4 SGB V überwacht, also den ambulanten Arzneimittelverordnungen auf Muster 16. Ein vergleichbares Informationssystem für stationär eingesetzte Arzneimittel besteht nicht. Der G-BA hat für die stationären Umsätze festgelegt, dass der pharmazeutische Unternehmer die entsprechenden Angaben zu seinen stationären Umsätzen machen muss. Da der pharmazeutische Unternehmer aber nicht weiß, wie seine Produkte im Krankenhaus im konkreten Einzelfall verwendet wurden, ist diese Regelung methodisch angreifbar. So kann eine Packung für einen GKV-Patienten verwendet worden sein, sie kann aber auch für einen PKV-Patienten verwendet worden sein, noch auf dem Lager liegen, entsorgt oder auch weiterverkauft worden sein. Der pharmazeutische Unternehmer wird hierüber keine Informationen haben.

Fünftens werden nicht in den Fallpauschalen enthaltene neue Leistungen als neue Untersuchungs- und Behandlungsmethoden (NUB) über sogenannte Zusatzentgelte erstattet. Dabei beantragen Krankenhäuser die Vergütung neuer Untersuchungs- und Behandlungsmethoden über das NUB-Verfahren beim InEK. Erfüllt die beantragte Leistung nach Ansicht des InEK die Kriterien des NUB-Verfahrens, dann können Krankenhäuser mit den jeweiligen Krankenkassen ein spezifisches Zusatzentgelt für diese neue Methode – also beispielsweise das neue Arzneimittel – verhandeln. Insofern gibt es für neue Arzneimittel stationärer Leistungen einen bestehenden Weg zur Bestimmung der Erstattung. Mit der Einbeziehung stationär eingesetzter Arzneimittel in die frühe Nutzenbewertung würde es zu einer Doppelregelung (frühe Nutzenbewertung vs. Verfahren zur Erstattung von Neuen Untersuchungs- und Behandlungsmethoden (NUB-Verfahren)) kommen mit entsprechenden Widersprüchen.

Und sechstens sind regelhaft im Krankenhaus stationär eingesetzte Arzneimittel häufig Teil einer Methode, d. h. die Handhabung durch den Arzt hat für den Therapieerfolg ein mindestens ebenso großes Gewicht wie das pharmakologische Wirkprinzip des Arzneimittels (Abschn. 4.1.5).

Indem der G-BA nun entschieden hat, dass sich die frühe Nutzenbewertung auch auf die Arzneimittel zur stationären Versorgung erstreckt, werden für die hier beschrieben Herausforderungen Lösungen benötigt.

4.2   Gap-Analyse

Vor der Strategieentwicklung steht die Erfassung des Status Quo, also die Antwort auf die beiden Fragen: 1) Wie wird der G-BA im Rahmen der Frühen Nutzenbewertung über mein Produkt entscheiden? Und 2) welche Konsequenzen ergeben sich hieraus für den Erstattungsbetrag? (Abb. 4.3).

Ziel der Gap-Analyse (Abb. 4.3) ist es, die erste Frage zu beantworten, also den zu erwartenden Beschluss des G-BA möglichst gut zu antizipieren. Die Gap-Analyse ist also eine Simulation des zu erwartenden Beschlusses auf der Basis der vorhandenen Evidenz zum zu bewertenden Arzneimittel.

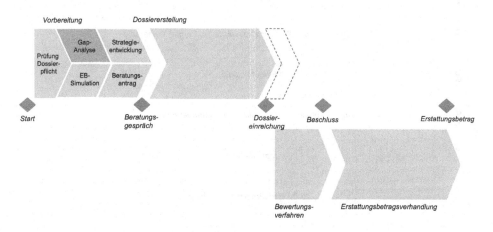

Abb. 4.3 Stellung der Gap-Analyse im Rahmen der strategischen Vorbereitung

4.2.1   Grundprinzip der Gap-Analyse

Jeder Beschluss des G-BA über die Nutzenbewertung gliedert sich in sieben relevante Abschnitte (Beschlussdimensionen; Abb. 4.4).

Aufgabe der Gap-Analyse ist es, auf Basis der vorhandenen Evidenz für jeden dieser Abschnitte die zu erwartende Beschlussinhalte abzuschätzen. Zur Orientierung können dabei entsprechende Leitfragen dienen (Abb. 4.5).

4.2.1.1 Zu bewertendes Anwendungsgebiet

In diesem Abschnitt des Beschlusses nennt der G-BA das zu bewertende Arzneimittel und das zugelassene Anwendungsgebiet, für das die Bewertung durchgeführt wird. Beschränkt sich die Bewertung nur auf einen Teil des zugelassenen Anwendungsgebietes (z. B. aufgrund einer Befristungsauflage oder einer Indikationserweiterung), so stellt dies der G-BA an dieser Stelle fest. Daher lautet die Leitfrage für die Gap-Analyse: In welchem Anwendungsgebiet wird das vorliegende Produkt nutzenbewertet?

Wichtig für die Gap-Analyse ist es, das zugelassene Anwendungsgebiet möglichst präzise (und natürlich auch möglichst nahe an der zu erwartenden Zulassung) zu formulieren, da sich der Beschluss des G-BA (und damit auch die Gap-Analyse) immer auf das zugelassene Anwendungsgebiet bezieht. Ist das Anwendungsgebiet aufgrund des noch laufenden Zulassungsverfahrens noch unsicher, können Szenarien gebildet werden.

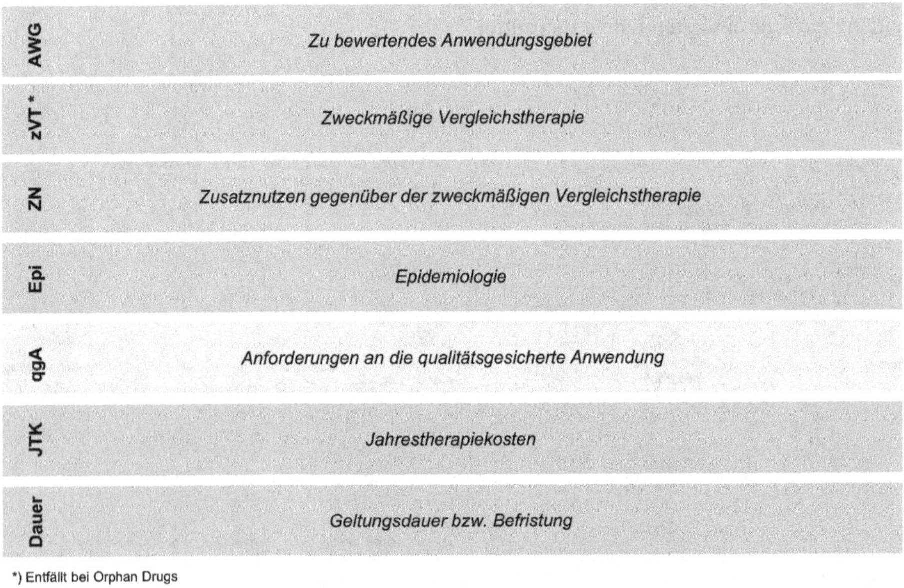

AWG	Zu bewertendes Anwendungsgebiet
zVT *	Zweckmäßige Vergleichstherapie
ZN	Zusatznutzen gegenüber der zweckmäßigen Vergleichstherapie
Epi	Epidemiologie
qgA	Anforderungen an die qualitätsgesicherte Anwendung
JTK	Jahrestherapiekosten
Dauer	Geltungsdauer bzw. Befristung

*) Entfällt bei Orphan Drugs

Abb. 4.4 Dimensionen eines Beschlusses des G-BA zur frühen Nutzenbewertung

AWG	*In welchem Anwendungsgebiet wird das vorliegende Produkt nutzenbewertet?*
zVT *	*Welche Vergleichstherapie wird der G-BA festsetzen (ggf. je Teilanwendungsgebiet)?*
ZN	*Was sind die Ergebnisse je patientenrelevantem Endpunkt?* *Wie hoch ist der Zusatznutzen (ggf. je Teilanwendungsgebiet)?*
Epi	*Wie groß ist die Zielpopulation im Anwendungsgebiet (ggf. je Teilanwendungsgebiet)?*
qgA	*Was sind die Anforderungen an die qualitätsgesicherte Anwendung?*
JTK	*Wie hoch sind die Jahrestherapiekosten für das zu bewertende Arzneimittel und für die zweckmäßige Vergleichstherapie (ggf. je Teilwandungsgebiet)?*
Dauer	*Ist der Beschluss befristet und gibt es ggf. Anforderungen an die weitere Evidenzgenerierung?*

*) Entfällt bei Orphan Drugs

Abb. 4.5 Leitfragen im Rahmen der Gap-Analyse

4.2.1.2 Zweckmäßige Vergleichstherapie

Zweckmäßige Vergleichstherapie ist die medizinische Intervention (beispielsweise eine bestimmte Arzneimitteltherapie), mit der das zu bewertende Arzneimittel im definierten Anwendungsgebiet verglichen wird. Häufig handelt es sich hierbei um die (zugelassene) Standardintervention im Anwendungsgebiet. Der G-BA setzt die zweckmäßige Vergleichstherapie im Beschluss fest. Leitfrage für die Gap-Analyse ist folglich: Welche zweckmäßige Vergleichstherapie wird der G-BA vermutlich festsetzen?

An dieser Stelle ist man bei der Gap-Analyse auf fundierte Überlegungen und Annahmen angewiesen, da die Festsetzung der zweckmäßigen Vergleichstherapie in der Hoheit des G-BA liegt. Ganz pragmatisch kann man sich aber an schon früher getroffenen Beschlüssen des G-BA orientieren, um die zweckmäßige Vergleichstherapie nach den Kriterien des G-BA abzuleiten und damit zu simulieren oder den G-BA ganz offiziell im Rahmen eines Beratungsgesprächs (siehe Abschn. 4.5) um eine Vorfestlegung bitten. Bestehen Unklarheiten, lassen sich natürlich unterschiedliche Szenarien für die Festlegung der zweckmäßigen Vergleichstherapie definieren, die dann als Grundlage für die Bewertung des Zusatznutzens dienen.

Es ist aber auch möglich, dass in einem Anwendungsgebiet je nach Therapiesituation unterschiedliche Standardinterventionen definiert sind, z. B. in Abhängigkeit von schon erfolgten Vortherapien oder unterschiedlicher Krankheitsschwere. Eine solche Aufteilung der zweckmäßigen Vergleichstherapie ist auch im Rahmen der Gap-Analyse zu untersuchen.

4.2.1.3 Zusatznutzen des Arzneimittels

In diesem Abschnitt des Beschlusses stellt der G-BA fest, welchen Zusatznutzen das zu bewertende Arzneimittel gegenüber der zweckmäßigen Vergleichstherapie hat. Hierbei geht es um das Ausmaß des Zusatznutzens (also nicht quantifizierbar, erheblich, beträchtlich, gering, keiner oder geringer) und die Sicherheit, mit der die Aussage zum Zusatznutzen erfolgt (Beleg, Hinweis, Anhaltspunkt).

Zudem berichtet der G-BA alle Studiendaten des zu bewertenden Arzneimittels gegenüber der zweckmäßigen Vergleichstherapie für alle patientenrelevanten Endpunkte. Natürlich aber nur, wenn die vorgelegten Daten den formalen Anforderungen genügen!

Daraus folgen zwei Leitfrage für die Gap-Analyse: Was sind die Ergebnisse je patientenrelevantem Endpunkt? Und wie hoch ist der Zusatznutzen (ggf. je Teilanwendungsgebiet)?

Diese Ergebnisse je patientenrelevantem Endpunkt ermitteln sich nach dem PICOS-Schema wie folgt:

- **P**opulation: Sind die Patienten in der Studie eingeschlossen, auf die das festgelegte Anwendungsgebiet zutrifft? Haben die Patienten also tatsächlich die hier interessierende Erkrankung?
- **I**ntervention: Sind die dem Interventionsarm zugeordneten Patienten tatsächlich mit dem zu bewertenden Arzneimittel unter den zugelassenen Anwendungsbedingungen (z. B. Dosierung) behandelt worden?
- **C**ontrol: Sind die dem Kontrollarm zugeordneten Patienten tatsächlich mit der zweckmäßigen Vergleichstherapie unter den zugelassenen Anwendungsbedingungen (z. B. Dosierung) behandelt worden?
- **O**utcomes: Wurden patientenrelevante Endpunkte erhoben, die einen klinisch relevanten und statistisch signifikanten Vorteil für das zu bewertende Arzneimittel zeigen?
- **S**tudy: Erfüllt die Studie hinsichtlich weiterer Designaspekte (Studiendauer, Randomisierung, etc.) die Anforderungen des G-BA?

Für jeden dieser Punkte ist im Rahmen der Gap-Analyse zu ermitteln, was die Anforderungen des G-BA sein könnten. Hierbei helfen natürlich – soweit verfügbar – frühere Nutzenbewertungsbeschlüsse des G-BA aus vergleichbaren Fällen. Wo es diese nicht gibt oder die früheren Beschlüsse nicht alle Fragen beantworten, hilft ein Blick in relevante Leitlinien (medizinische Standards), die Anforderungen der zuständigen Zulassungsbehörde oder HTA-Berichte in anderen Ländern.

Hat man die Anforderungen des G-BA geklärt, dann sind die vorhandenen Studien für das zu bewertende Arzneimittel daraufhin zu überprüfen, ob sie die so ermittelten Anforderungen erfüllen. Tun sie das, so ist in einem zweiten Schritt zu überlegen, welchen Zusatznutzen der G-BA für die so identifizierten Vorteile des zu bewertenden Arzneimittels zugestehen wird. Hier hilft die in der § 5 Abs. 7 AM-NutzenV festgelegte Konkretisierung der Nutzenbewertungskategorien (Abb. 4.6).

Ausmaß Zusatznutzen / Zielgrößenkategorien	erheblicher Zusatznutzen	beträchtlicher Zusatznutzen	geringer Zusatznutzen	Zusatznutzen nicht quantifizierbar	kein Zusatznutzen belegt	Nutzen geringer
Therapierelevanter Nutzen	große Verbesserung	deutliche Verbesserung	moderate, nicht nur geringfügige Verbesserung	Wissenschaftliche Datenlage lässt eine Quantifizierung nicht zu	k.A.	k.A
Verbesserung Gesundheitszustand	Heilung der Erkrankung; Freiheit von schwerwiegenden Symptomen	Spürbare Linderung der Erkrankung; Abschwächung schwerwiegender Symptome	Verringerung nicht schwerwiegender Symptome		k.A.	k.A
Verkürzung Krankheitsdauer	k.A.	k.A.	k.A.		k.A.	k.A
Verlängerung Überleben	erhebliche Verlängerung	moderate Verlängerung	k.A.		k.A.	k.A
Verringerung Nebenwirkungen	Weitgehende Vermeidung schwerwiegender NW	Relevante Vermeidung schwerwiegender NW, bedeutsame Vermeidung anderer NW	Relevante Vermeidung von NW		k.A.	k.A
Verbesserung Lebensqualität	k.A.	k.A.	k.A.		k.A.	k.A

Abb. 4.6 Kriterien nach AM-NutzenV für die Ableitung des Zusatznutzens

Ausmaß Zusatznutzen / Kriterien	erheblicher Zusatznutzen	beträchtlicher Zusatznutzen	geringer Zusatznutzen	Zusatznutzen nicht quantifizierbar	kein Zusatznutzen belegt	Nutzen geringer
Gesamtmortalität	0,85	0,95	1,00	k.A.	k.A.	k.A.
Schwerwiegende Symptome und Nebenwirkungen und gesundheitsbezogene Lebensqualität	0,75 und Risiko in einer Gruppe min. 5%	0,90	1,00	k.A.	k.A.	k.A.
Nicht schwerwiegende Symptome und Nebenwirkungen	nicht möglich	0,80	0,90	k.A.	k.A.	k.A.

Abb. 4.7 Schwellenwerte zur Feststellung des Ausmaßes eines Effekts am Beispiel des relativen Risikos

Dabei kann zur Bewertung der Effekthöhe die Methodik des IQWiG herangezogen werden (Abb. 4.7). Auch wenn es sich bei dieser Methodik nur um einen Vorschlag des IQWiG für die Nutzenbewertung handelt, an den der G-BA im Beschluss nicht gebunden ist, bilden diese Schwellenwerte einen guten Anhaltspunkt im Rahmen der Gap-Analyse.

Schließlich sind die Effekte auf Endpunktebene zu einer Aussage über den Zusatznutzen zusammenzufassen. Hierzu gibt es keine feste Methodik; vielmehr wird in einer Gesamtabwägung erst der Gesamtnutzen aus den Nutzenkategorien Mortalität, Morbidität und Lebensqualität bestimmt. Diese wird dann dem Gesamtschaden wertend gegenübergestellt, also geprüft, ob der so ermittelte Gesamtnutzen möglicherweise aufgrund des Gesamtschadens auf- oder abgewertet werden sollte.

4.2.1.4 Anzahl Patienten

Die Anzahl der Patienten in der Zielpopulation ist eine wichtige Vorgabe für die Erstattungsvertragsvereinbarung, insbesondere, wenn im G-BA-Beschluss mehrere Teilpopulationen unterschieden werden. Leitfrage der Gap-Analyse ist daher: Wie groß ist die Zielpopulation im Anwendungsgebiet (ggf. je Teilanwendungsgebiet)?

Gibt es schon andere Nutzenbewertungsbeschlüsse des G-BA in derselben Indikation (oder einer sehr ähnlichen, wie z. B. einer anderen Therapielinie), dann besteht wenig Spielraum in der Bestimmung der Epidemiologie, da der G-BA in seinen zukünftigen Beschlüssen regelmäßig die einmal festgestellte Epidemiologie fortschreibt, sofern es nicht wichtige Gründe für eine Änderung gibt; andernfalls ist die Epidemiologie im Dossier herzuleiten.

Regelmäßig ist die tatsächliche Anzahl der Patienten in der Zielpopulation unbekannt und muss mittels einer geeigneten Modellrechnung abgeschätzt werden. Folglich wird in diesem Abschnitt der Gap-Analyse geprüft, inwieweit sich aus den schon vorliegenden Daten die Epidemiologie entsprechend der Anforderungen des G-BA herleiten lässt bzw. welche Lücken noch bestehen.

4.2.1.5 Anforderung an eine qualitätsgesicherte Anwendung

In diesem Abschnitt des Beschlusses fasst der G-BA zusammen, welche strukturellen oder prozessualen Anforderungen an die Anwendung des zu bewertenden Arzneimittels gestellt werden, z. B. hinsichtlich der Anforderungen an die Erfahrung des Behandlers oder besondere Maßnahmen zur Risikominimierung. Leitfrage ist daher: Was sind die Anforderungen an die qualitätsgesicherte Anwendung?

Grundlage für die Anforderungen an eine qualitätsgesicherte Anwendung sind entsprechende zulassungsrechtliche Vorgaben in Fach- und Gebrauchsinformation bzw. dem EPAR (Bedingungen der Genehmigung für das Inverkehrbringen; Bedingungen oder Einschränkungen für den sicheren und wirksamen Einsatz des Arzneimittels; Risk-Management-Plan).

Im Rahmen der Gap-Analyse ist abzuschätzen, welche Angaben zum Einsatz des zu bewertenden Arzneimittels in den genannten Dokumenten als Ergebnis des Zulassungsverfahrens gemacht werden.

4.2.1.6 Jahrestherapiekosten

Dieser Abschnitt ist für die Preisverhandlung von zentraler Bedeutung, da hier sowohl die Kosten des zu bewertenden Arzneimittels als auch der zweckmäßigen Vergleichstherapie festgelegt werden. Als Leitfrage dient: Wie hoch sind die Jahrestherapiekosten für das zu bewertende Arzneimittel und für die zweckmäßige Vergleichstherapie (ggf. je Teilwandungsgebiet)?

Wichtig ist hierbei die Methodik zur Bestimmung dieser Kosten, wie sie der G-BA festgelegt hat. Grundlage hierfür sind die Angaben zur Anwendung der Produkte in der jeweiligen Fachinformation. Im Rahmen der Gap-Analyse wird in diesem Schritt berechnet, welche Kosten sich sowohl für das zu bewertende Arzneimittel als auch für die zweckmäßige Vergleichstherapie ergeben.

4.2.1.7 Gültigkeit des Beschlusses

Grundsätzlich gilt der Beschluss des G-BA im Rahmen der Nutzenbewertung unbefristet – es sei denn, der G-BA hat explizit eine Befristung festgelegt. Dies erfolgt dann, wenn der G-BA entweder erwartet, dass zukünftig weitere Daten zu dem zu bewertenden Arzneimittel im Vergleich zur zweckmäßigen Vergleichstherapie verfügbar werden oder der G-BA die Erhebung weiterer Daten für eine fundierte Bewertung für erforderlich erachtet. Daher die Leitfrage: Ist der Beschluss befristet und – damit verbunden – gibt es ggf. Anforderungen an die weitere Evidenzgenerierung?

Als Methodik bietet sich Folgendes an: Eine Befristung ist nur dann sinnvoll, wenn überhaupt noch weitere Daten zu erwarten bzw. möglich sind und gleichzeitig noch Datenlücken bezüglich der Beleglage bestehen. Zudem bieten Präzedenzfälle vorhergehender Nutzenbewertungsverfahren wichtige Anhaltspunkte.

4.2.2 Simulation des zu erwartenden G-BA-Beschlusses

Im Rahmen der Gap-Analyse wird nun für jede Dimension des G-BA-Beschlusses die vorhandene Evidenz geprüft und überlegt, wie die Evidenz im Nutzendossier dargestellt werden kann, wie das IQWiG die im Dossier vorgestellte Evidenz bewerten wird und welcher Beschluss des G-BA auf dieser Grundlage zu erwarten ist (Abb. 4.8).

4.2.3 Ableitung der erforderlichen Evidenz

Die beschriebene Analysemethodik (Ableitung des zu erwartenden Beschlusses aus der vorhandenen Evidenz) lässt sich aber nicht nur zur Simulation des zu erwartenden Bewertungsergebnisses nutzen; sondern umgekehrt auch dazu, ausgehend von einem angestrebten G-BA-Beschluss abzuleiten, welche Evidenz hierfür im Nutzendossier

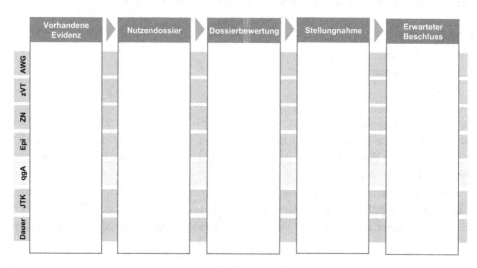

Abb. 4.8 Simulation des zu erwartenden G-BA-Beschlusses

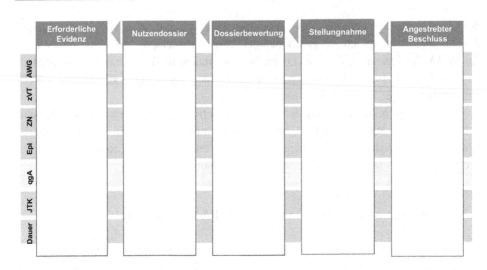

Abb. 4.9 Ableitung der erforderlichen Evidenz

erforderlich wäre (Abb. 4.9). Maßstab für die erforderliche Evidenz könnten wiederrum frühere Nutzenbewertungsbeschlüsse des G-BA, relevante Leitlinien (medizinische Standards), Anforderungen der zuständigen Zulassungsbehörde oder HTA-Berichte in anderen Ländern sein.

4.2.4 Bestimmung der Gaps

Die Gaps lassen sich nun dadurch bestimmen, dass auf allen Ebenen, also

- Evidenz,
- Nutzendossier,
- Dossierbewertung und
- Beschluss

Ist und Soll gegenübergestellt werden (Abb. 4.10). Das „Ist" ergibt sich aus der Simulation des zu erwartenden G-BA-Beschlusses; das „Soll" aus der Ableitung der erforderlichen Evidenz für den angestrebten Beschluss. Der Unterschied sind die vorhandenen Lücken, also die Gaps.

Dabei ist es wichtig, nicht nur die Gaps zu erkennen (d. h.: wo gibt es Lücken?), sondern auch zu prüfen, welche Auswirkungen bestimmte Lücken haben. Dies lässt sich am besten monetär ausdrücken, also im möglichen Erstattungsbetrag (siehe Abschn. 4.3).

Abb. 4.10 Bestimmung der vorhandenen Lücken

4.3   Erstattungsbetragssimulation

Letztendlich geht es bei der frühen Nutzenbewertung darum, einen angemessenen Erstattungsbetrag zu erzielen. Deshalb greift es zu kurz, nur auf den zu erwartenden Beschluss des G-BA abzustellen und die Gaps zu beschreiben. Damit liegt es nahe, die Gap-Analyse um das Element der Preissimulation zu erweitern, die Erstattungsbetragsanalyse (Abb. 4.11).

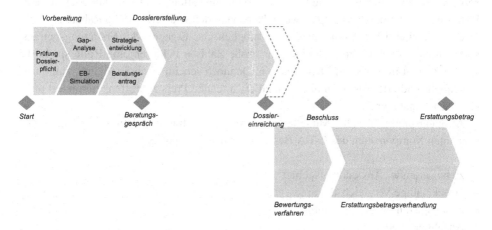

Abb. 4.11 Stellung der Erstattungsbetragssimulation im Rahmen der strategischen Vorbereitung

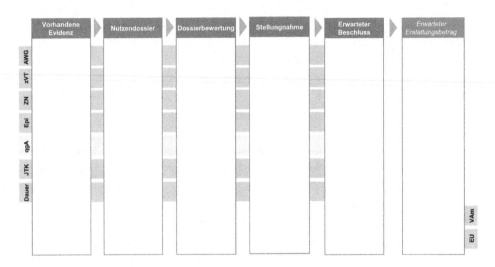

Abb. 4.12 Gap-Analyse und erwarteter Erstattungsbetrag

Hierzu werden die sieben Dimensionen des G-BA Beschlusses um die zwei Dimensionen Vergleichbare Arzneimittel und Europäische Preise erweitert (Abb. 4.12).

Was passiert nun konkret in der Erstattungsbetragssimulation? Wie in Kap. 7 näher erläutert, gibt es bestimmte gesetzliche Regeln sowie Vorgaben in der Rahmenvereinbarung zur Höhe des Erstattungsbetrags. Diese werden ergänzt durch die ganz praktischen Erfahrungen aus mehreren hundert Erstattungsbetragsverhandlungen (und den damit publizierten Preisen) sowie einer Vielzahl von öffentlichen Schiedsstellenentscheidungen und auch einigen Gerichtsurteilen. Einschränkend ist zu beachten, dass die Verhandlungen über den Erstattungsbetrag sowie die Sitzungen der Schiedsstelle vertraulich sind. Bekannt sind nur die rechtlichen Grundlagen, die veröffentlichten Erstattungsbeträge, die (öffentlichen) Schiedssprüche sowie die (öffentlichen) Sozialgerichtsurteile. Unbekannt sind hingegen beispielsweise Nebenabreden wie vertrauliche Rabatte.

Grundsätzlich ist es naturgemäß nicht möglich, das Ergebnis der Erstattungsbetragsverhandlung vorherzusagen, da eine sehr große Zahl an Faktoren eine Rolle spielt, die sich auch nicht immer kontrollieren lassen. Dennoch scheint es aber möglich, zumindest prinzipiell fundierte Aussagen über den zu erwartenden Preis zu treffen, zumindest unter gewissen Annahmen.

Ausgangspunkt für alle Modelle zur Erstattungsbetragssimulation sind die schon bekannten Komponenten des G-BA Beschlusses über die Nutzenbewertung:

- zu bewertendes Anwendungsgebiet
- zweckmäßige Vergleichstherapie
- Zusatznutzen des Arzneimittels
- Anzahl der Patienten

- Anforderungen an eine qualitätsgesicherte Anwendung
- Jahrestherapiekosten
- (optional) Gültigkeitsdauer des Beschlusses

Hinzu kommen die beiden in der Rahmenvereinbarung genannten Komponenten:

- Europäische Preise
- vergleichbare Arzneimittel

Je nach Annahmen unterscheidet man folgende Modelle für die Erstattungsbetragssimulation:

- Komponentenmodelle, d. h. Gewichtung der rahmenvertraglich definierten Preiskomponenten, Aufschlag auf zweckmäßige Vergleichstherapie, Preise vergleichbarer Arzneimittel, Europäische Preise
- Analog- und Plausibilisierungsmodelle, d. h. Erstattungsbeträge ähnlicher Indikationen, eines ähnlichen Zusatznutzens, ähnlicher Endpunkte bzw. Endpunkteffekte, der Epidemiologie, des regulatorischen Status, etc.
- sowie das Höchstpreismodell für Produkte ohne Zusatznutzen

Das Komponentenmodell setzt die rahmenvertraglichen Vorgaben zur Erstattungsbetragsverhandlung (§6 Rahmenvereinbarung) um. Danach wird für jede dieser drei Komponenten ein Referenzpreis für den Erstattungsbetrag ermittelt.

- Zur Monetarisierung des Zusatznutzens wird (wenn auch arbiträr) ein angemessener Zuschlag auf die Kosten der zweckmäßigen Vergleichstherapie bestimmt, der das Ausmaß des Zusatznutzens und die Schwere der Erkrankung widerspiegeln soll. Konkret: je schwerer die Erkrankung und je größer der Zusatznutzen, desto höher der Zuschlag.
- Aus den (medizinisch) vergleichbaren Arzneimitteln wird ebenso ein Durchschnittspreis erstellt.
- Die Absätze mit dem zu bewertenden Arzneimittel in den Ländern des Europäischen Länderkorbs werden mit ihrem jeweiligen Nettopreis bewertet und nach den relativen Mengen gewichtet – also: je mehr Packungen in einem Land abgesetzt werden, desto höher wird der jeweilige Preis gewichtet.

Schließlich ist noch festzulegen, wie diese drei Komponenten (Zusatznutzen [ZN], vergleichbare Arzneimittel [VAm], Europäischer Länderkorb [EU]) gewichtet werden (Abb. 4.13).

Damit lässt sich transparent ein Preis ermitteln.

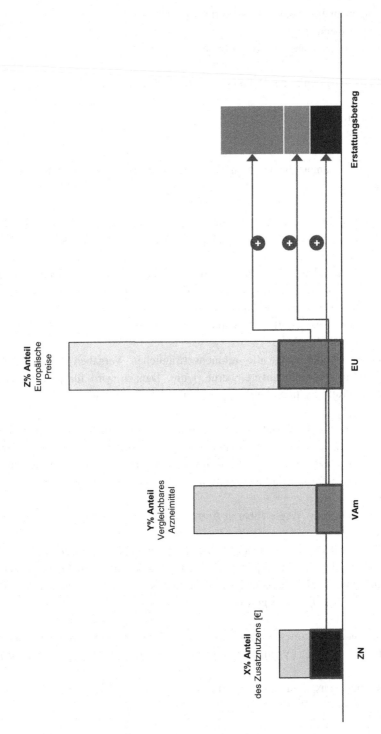

Abb. 4.13 Grundprinzip der Erstattungsbetragsermittlung nach dem Komponentenmodell

Bestehen hinsichtlich der drei Komponenten sowie der Gewichtung Unsicherheit, lassen sich mittels einer Sensitivitätsanalyse unterschiedliche Szenarien ableiten, beispielsweise als *base case, worst case* und *best case.*

Ganz anders bei Analog- und Plausibilisierungsmodellen. Hierfür gibt es unterschiedliche Beispiele. Liegen in einer Indikation schon verhandeltete Erstattungsbeträge vor, so gibt es guten Grund zu der Annahme, dass bei einer vergleichbaren Evidenz und unveränderter zweckmäßiger Vergleichstherapie ein Erstattungsbetrag in ähnlicher Höhe verhandelt werden wird. Analogien lassen sich in vielerlei Hinsicht bilden, z. B.

- Indikation
- Ausmaß Zusatznutzen
- Höhe des klinischen Effekts bezogen auf wesentliche Endpunkte
- Höhe des Launchpreises
- Aufschlag auf die Kosten der zweckmäßigen Vergleichstherapie
- …

Schließlich das Höchstpreismodell: Die gesetzliche Vorgabe bei Arzneimitteln ohne Zusatznutzen ist eindeutig: es wird ein Erstattungsbetrag vereinbart, der nicht zu höheren Jahrestherapiekosten führen soll als die zweckmäßige Vergleichstherapie. Sind alternative zweckmäßige Vergleichstherapien bestimmt, ist die wirtschaftlichste Alternative maßgeblich (§ 130b Absatz 3a SGB V). Eine eindeutige Formulierung. Die Schwierigkeiten beginnen dort, wo

- sich die Jahrestherapiekosten nicht eindeutig berechnen lassen, beispielsweise weil als zweckmäßige Vergleichstherapie „Best Supportive Care" definiert wurde,
- die Kosten der zweckmäßigen Vergleichstherapie als Spanne dargestellt werden, beispielsweise bei einer körpergewichtsabhängigen Dosierung,
- die Wirkstoffe der zweckmäßigen Vergleichstherapie nicht als echte Alternativen formuliert wurden oder
- es Gründe gibt, die „Soll"-Grenze zu überschreiten.

In diesen unklaren Fällen kann man versuchen, ebenfalls mittels Szenarien das mögliche Ergebnis einzugrenzen.

Wie schon beschrieben, basiert jedes Modell der Erstattungsbetragssimulation auf bestimmten Annahmen und geht damit auch mit entsprechenden Schwächen einher, sofern diese Annahmen nicht zutreffen. Deshalb ist es sinnvoll, unter Verwendung unterschiedlicher Modelle den möglichen Erstattungsbetrag zu simulieren und dann die Ergebnisse der jeweiligen Einzelsimulationen gegenüberzustellen, um auf diese Weise Rückschlüsse zum Ergebniskorridor und der Erwartungssicherheit zu bekommen. Diese steigt, je näher die Ergebnisse der unterschiedlichen Simulationsmodelle beieinander liegen.

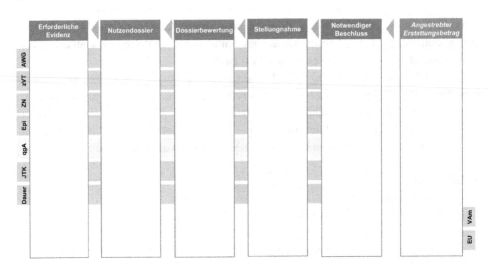

Abb. 4.14 Angestrebter Erstattungsbetrag und erforderliche Evidenz

Analog zum Vorgehen bei der Gap-Analyse beschränkt sich die Perspektive der Erstattungsbetragsanalyse nicht nur auf die Frage des möglichen Erstattungsbetrags. Auch die umgekehrte Frage ist möglich: Welche Evidenz ist notwendig, um einen angestrebten Erstattungsbetrag vermutlich realisieren zu können? (Abb. 4.14).

Im Ergebnis erhält man so einen ehrlichen Blick auf die erforderliche Evidenz, um den angestrebten Erstattungsbetrag zu realisieren.

Fasst man beide Blickrichtungen zusammen und betrachtet diese gleichermaßen, so werden die Unterschiede zwischen vorhandener und gewünschter Evidenz wirtschaftlich greifbar (Abb. 4.15).

Dies erlaubt nun zweierlei: Nicht nur eine realistische Diskussion über den möglichen Erstattungsbetrag, sondern auch die Quantifizierung der wirtschaftlichen Vorteile zusätzlicher Maßnahmen zur Verbesserung der Evidenz.

4.4 Strategieentwicklung

Es ist sicherlich schon ein wichtiger Schritt, die eigenen Lücken zu kennen. Hierzu helfen die Gap-Analyse und die Erstattungsbetragssimulation, da beide Methoden hierfür systematische Werkzeuge zur Verfügung stellen. Aber natürlich stellt sich auch gleichzeitig die Frage, wie sich einmal identifizierte Lücken schließen lassen. Das ist eine Aufgabe der Dossierstrategie (Abb. 4.16).

Ganz allgemein umfasst die Strategieentwicklung alle Überlegungen und Aktivitäten zur Erreichung eines bestmöglichen Ergebnisses. Und das ist in den meisten Fällen der bestmögliche Erstattungsbetrag. Ausgehend von dieser Zielsetzung zum

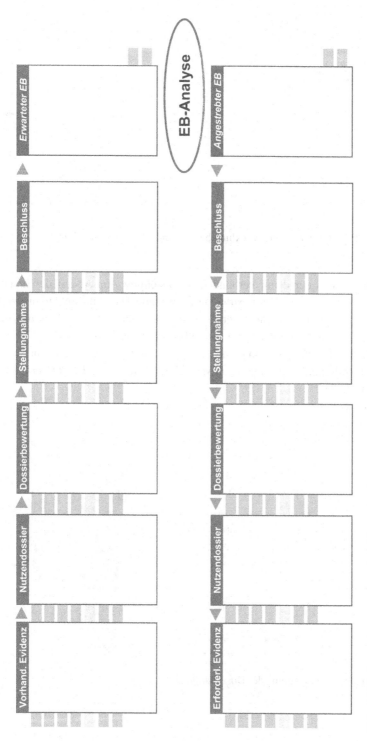

Abb. 4.15 Erwarteter vs. angestrebter Erstattungsbetrag

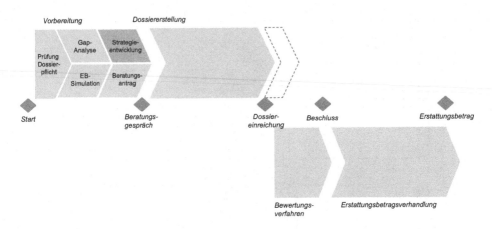

Abb. 4.16 Stellung der Strategieentwicklung bei der strategischen Vorbereitung

Erstattungsbetrag und der damit verbundenen Vorstellung zum Ablauf der Erstattungsbetragsverhandlung leitet sich die Strategie ab für alle Handlungsfelder in der frühen
Nutzenbewertung – und das sind in erster Linie die bekannten Beschlussdimensionen
sowie die vergleichbaren Arzneimittel und die Europäischen Preise (Abb. 4.17).

In zeitlicher Hinsicht kann man die Dossierstrategie in die vier Phasen – *Vorbereitung, Dossiererstellung, Bewertungsverfahren, Erstattungsbetragsverhandlung* –
gliedern (Abb. 4.18).

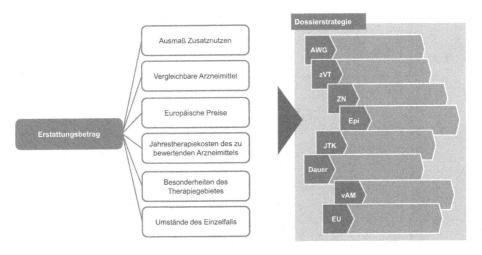

Abb. 4.17 Inhaltliche Gliederung der Dossierstrategie

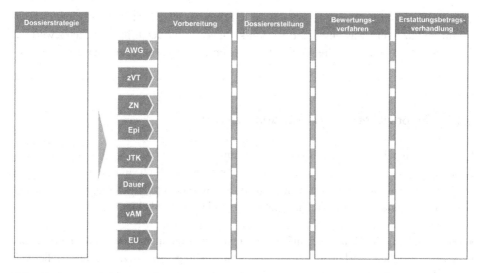

Abb. 4.18 Zeitliche Gliederung der Dossierstrategie

Am Beispiel der Epidemiologie lässt sich dies gut illustrieren:

- Gesamtstrategie: Ziel ist ein bestimmter Erstattungsbetrag.
- Strategie auf Ebene der Beschlussdimension: Für den gewünschten Erstattungsbetrag werden bestimmte Feststellungen hinsichtlich der Epidemiologie benötigt (z. B. hinsichtlich der relativen Bedeutung einzelner Teilpopulationen).
- Strategie bezogen auf die Vorbereitung: Im Rahmen eigener Datenanalysen werden entsprechende Analysen eingeplant.

So gegliedert gilt es, im Rahmen der Dossierstrategie konkret zu beschreiben, welche Maßnahmen zu welchem Zeitpunkt im AMNOG-Verfahren erforderlich sind, und in welchem Gesamtzusammenhang diese Maßnahmen mit Blick auf das übergeordnete Ziel (Erstattungsbetrag) stehen.

Mit Blick auf die Ergebnisse der Gap-Analyse soll nun noch gezeigt werden, welche Breite an Maßnahmen prinzipiell denkbar sind um die identifizierten Lücken möglichst zu schließen. Das Interessante dabei ist, dass sich für jede Dimension des G-BA-Beschlusses spezifische Maßnahmen formulieren lassen. Hintergrund dafür ist, dass der Beschluss des G-BA über die Nutzenbewertung sowie die weiteren Kriterien für die Erstattungsbetragsverhandlung auf Daten basieren. Ändern sich die Daten, dann ist auch ein anderer Beschluss möglich. Das ist der Dreh- und Angelpunkt für die Strategieentwicklung.

Vorab: Es gibt viele Maßnahmen zum Lückenschluss. Manche haben auch Nebenwirkungen auf andere Länder, beinhalten Risiken, sind zu teuer oder wirken sich in anderer Weise möglicherweise negativ aus. Dennoch ist es wichtig, in einem ersten Schritt aufzuzeigen, was aus Sicht des Marktzugangs und der frühen Nutzenbewertung für Deutschland sinnvoll wäre – ohne dabei schon eine übergeordnete Bewertung vorzunehmen.

4.4.1 Zu bewertendes Anwendungsgebiet

Viele Probleme in der frühen Nutzenbewertung resultieren aus der Formulierung des Anwendungsgebietes, insbesondere dann, wenn es deutlich umfangreicher gefasst wird als die zugrundeliegende Studie, also die Studienpopulation nur einen Teil der Zulassungspopulation abdeckt. Hier gibt es folgende Möglichkeiten:

- Beschränkung der Zulassung auf die Studienpopulation, also die vorhandene Evidenz.
- Sofern möglich darlegen, wieso eine Anwendung des Arzneimittels außerhalb der Studienpopulation zwar durch die Zulassung gedeckt ist, aber dem Stand des medizinischen Wissens widerspricht, beispielsweise weil bei der vorliegenden Fallschwere laut anerkannter Leitlinien noch keine Arzneimitteltherapie indiziert ist, und dies durch ein Beratungsgespräch mit dem G-BA absichern.
- Beantragung eines Verordnungsausschlusses für die Teile der Zulassungspopulation, die nicht von der Studienpopulation abgedeckt sind.
- Möglichst stichhaltige Begründung, wieso sich die Evidenz für die Studienpopulation auf die gesamte Zielpopulation übertragen lässt (Evidenztransfer).

Erscheint es wichtig, ein Anwendungsgebiet in einzelne Teilanwendungsgebiete zu unterteilen, dann gibt es auch entsprechende Möglichkeiten, z. B. in dem man auf die jeweiligen Aufzählungen in Abschn. 4.1. der Fachinformation achtet oder dies explizit mit dem G-BA vorab diskutiert.

Ein Hinweis zur Begrifflichkeit: Der G-BA spricht von dem *zugelassenen Anwendungsgebiet* als der Bewertungsebene, obwohl die Zulassungsbehörde den Abschn. 4.1 der Fachinformation mit dem Plural, also *zugelassene Anwendungsgebiete*, betitelt und nicht differenziert, wo das eine Anwendungsgebiet anfängt und das andere endet. Wenn der G-BA also Angaben zu *einem* Anwendungsgebiet fordert, besteht vermutlich Interpretationsspielraum. Zudem ist es möglich, dass der G-BA ein Anwendungsgebiet (im Sinne eines von der Zulassungsbehörde vorgegebenen Textes) durch unterschiedliche zweckmäßige Vergleichstherapien weiter unterteilt, also *Teil*anwendungsgebiete bildet.

Hierfür ein Beispiel:

- Aclidiniumbromid ist für die folgenden *Anwendungsgebiete* zugelassen: *Bretaris Genuair/Eklira Genuair wird als bronchodilatatorische Dauertherapie bei Erwachsenen mit chronisch-obstruktiver Lungenerkrankung (COPD) angewendet, um deren Symptome zu lindern.*

- IQWiG und G-BA beziehen sich in ihren Dokumenten hingegen auf zwei Anwendungsgebiete mit unterschiedlichen zweckmäßigen Vergleichstherapien:
  - *Erwachsene Patienten mit COPD ab einem mittleren Schweregrad (50 % ≤ FEV1 < 80 % Soll)*
  - *Erwachsene Patienten mit COPD mit darüber hinausgehenden Schweregraden (30 % ≤ FEV1 < 50 % Soll bzw. FEV1 < 30 % Soll oder respiratorische Insuffizienz) mit ≥ 2 Exazerbationen pro Jahr*
- Dementsprechend sollten in den Abschn. 1.3 und 2.2 der Dossiervorlage diese beiden Anwendungsgebiete getrennt aufgeführt werden. Zulassungstechnisch handelt es sich aber dann nicht um Anwendungsgebiet 1 und Anwendungsgebiet 2, sondern um Teile der zugelassenen Anwendungsgebiete.

Dieses Beispiel macht deutlich, dass die Begrifflichkeit an dieser Stelle nicht ganz einfach ist, bzw. man sich umgekehrt hiervon auch nicht verwirren lassen sollte.

4.4.2 Zweckmäßige Vergleichstherapie

Bei Lücken hinsichtlich der Umsetzung der zweckmäßigen Vergleichstherapie gibt es u. a. folgende Maßnahmen:

- Klärung der zweckmäßigen Vergleichstherapie bzw. Diskussion mit dem G-BA, inwieweit der Studienkomparator als adäquate Umsetzung anzusehen ist, zumindest für einen Teil der Zulassungspopulation bzw. der Studienpopulation
- Analysen von Subpopulationen, in denen die zweckmäßige Vergleichstherapie korrekt umgesetzt wurde
- medizinische Begründung, wieso die verwendete Kontrollgruppe in der Studie die geforderte zweckmäßige Vergleichstherapie adäquat umsetzt
- Nachweis, dass eine vom G-BA geforderte zweckmäßige Vergleichstherapie nicht praktikabel ist
- Durchführung einer entsprechenden, zusätzlichen Studie
- Durchführung eines indirekten Vergleichs

4.4.3 Zusatznutzen des Arzneimittels

Gibt es Lücken hinsichtlich des Zusatznutzens, kommen u. a. folgende Maßnahmen in betracht:

- Durchführung einer neuen Studie mit Frühberatung durch den G-BA zum Studiendesign
- Gezielte Auswertung weiterer Analysen zu Subgruppen, Sensitivitätsanalysen, etc.

- Validierung von Endpunkten und Relevanzgrenzen bzw. entsprechende Recherche
- Durchführung einer Surrogatvalidierung
- Generierung von Daten zur Übertragbarkeit der Studienergebnisse
- Generierung von weiteren Daten nach Zulassung (Register, etc.)

4.4.4 Anzahl der Patienten

Hinsichtlich möglicher Lücken in der Epidemiologie gibt es u. a. folgende Ansatzpunkte:

- Recherche publizierter epidemiologischer Daten
- Erschließung neuer epidemiologischer Daten
- Begründung, wieso Aufteilung von Zulassungspopulation und tatsächliche Produktanwendung voneinander abweichen

4.4.5 Anforderungen an eine qualitätsgesicherte Anwendung

Die Anforderungen an eine qualitätsgesicherte Anwendung werden aus entsprechenden Quellen der Zulassungsdokumente übernommen, die entsprechende Vereinbarungen zwischen Zulassungsbehörde und pharmazeutischem Unternehmer wiedergeben. Bestehen hier Lücken, so ist zu klären, inwieweit die entsprechenden regulatorischen Dokumente (Fachinformation, EPAR, Risk Management Plan) angepasst werden können.

4.4.6 Jahrestherapiekosten

Bei den Jahrestherapiekosten gibt es folgende Ansatzpunkte:

- Prüfung der Formulierung zur Anwendung und Dosierung in der eigenen Fachinformation
- Nutzung von Gestaltungsspielräumen hinsichtlich der Kostendarstellung (Spannen, etc.)
- Dokumentation von zusätzlichen GKV-Leistungen, ggf. sogar über die Vorgaben der Dossiervorlage hinaus (entsprechend des Urteils des LSG BB im Fall Constella)
- Bereitstellung von Routinedaten zu tatsächlichen Kosten, insbesondere bei schwierig zu quantifizierenden zweckmäßigen Vergleichstherapien (z. B. Best Supportive Care; patientenindividuelle Therapie)
- Abfrage entsprechender Daten nach § 217 f. SGB V

4.4.7 (optional) Gültigkeitsdauer des Beschlusses

Zur Gültigkeitsdauer des Beschlusses bzw. der möglichen Befristung gibt es folgende Möglichkeiten:

* proaktive Kommunikation noch laufender Studien
* aktive Kommunikation noch ausstehender Datenschnitte
* Festlegung eines weiteren (HTA-)Datenschnitts rechtzeitig vor Beschluss über die Nutzenbewertung

4.4.8 Vergleichbare Arzneimittel

Für die Klärung der Vergleichbarkeit von Arzneimitteln gibt es u. a. folgende Maßnahmen:

* Klärung der Zulassung durch die Zulassungsbehörde bzw. vergleichbarer Aussagen der Zulassungsbehörde, beispielsweise im Rahmen der Bestätigung des Orphan Drug Status oder eines Härtefallprogramms
* Klärung der Eignung/Vergleichbarkeit im Rahmen der Recherche zur zweckmäßigen Vergleichstherapie beim Beratungsgespräch
* Einholung von Expertisen von Klinikern
* Abfrage von Verordnungsdaten bzw. Daten nach § 217 f. SGB V zur Klärung der Verordnungsanteile

4.4.9 Europäische Preise

Hinsichtlich der Europäischen Preise hat sich im Laufe der Jahre die Methodik so weit geklärt, dass es kaum noch Gestaltungs- oder Interpretationsspielraum gibt. Als einzige Möglichkeit bleibt derzeit die internationale Launch-Sequenz, d. h. das Arzneimittel in einer solchen Reihenfolge in den einzelnen Europäischen Ländern einzuführen, dass hieraus möglichst aussagekräftige Vergleichspreise vorliegen, damit den Europäischen Preisen entsprechendes Gewicht zukommt, ohne schon in jenen Ländern das Arzneimittel einzuführen, in denen nur ein geringer Preis erzielbar scheint.

4.4.10 Umsetzung

Es gibt viele Möglichkeiten! Was also (zu erst) tun?

Nicht wenige Maßnahmen beinhalten eine entsprechende Beratung durch den G-BA. Dies ist Gegenstand des nächsten Abschnitts.

Und: Pharmazeutische Unternehmer durchlaufen das Verfahren der frühen Nutzenbewertung regelmäßig nicht nur einmal. Viele Bewertungen sind befristet, pharmazeutische Unternehmer beantragen eine Neubewertung oder erhalten eine Indikationserweiterung oder auch die Erstattungsbetragsvereinbarung wird gekündigt und muss neu verhandelt werden. Und irgendwann einmal steht ein neuer Wirkstoff zur Markteinführung an. In jedem Fall gibt es eine Historie, mit der man konfrontiert werden kann. Daher ist es zwingend erforderlich bei jedem Schritt zu überlegen, inwieweit man sich die jeweiligen Handlungen zukünftig vorhalten lassen will, oder ob man sie gleich in seinen Handlungen berücksichtigt. Genauso wie der pharmazeutiche Unternehmer vom G-BA und GKV-SV Verfahrenskonsistenz fordern kann, muss er sich diese auch selber vorhalten lassen.

Dies gilt auf vielen Ebenen: Erklärt man einen Endpunkt in einem Verfahren für nicht patientenrelevant, wird es umso schwieriger, diesen im nächsten Verfahren als patienten-relevant darzustellen. Oder Vertragsklauseln bei der Erstattungsbetragsvereinbarung lassen sich nur schwer in einer neuen Erstattungsbetragsvereinbarung wegverhandeln, weil auch die Schiedsstelle die bisher getroffene Klausel als Konsens zwischen den Ver-tragsparteien auslegt.

4.5 Beratungsgespräch

Gap-Analyse, Erstattungsbetragssimulation und Entwicklung der Dossierstrategie werfen normalerweise schon eine Reihe von Fragen auf, die mit dem G-BA zu klären sind. Hierzu dient das Beratungsgespräch, das die Nutzenbewertung weiter konzeptionell vorbereitet (Abb. 4.19).

4.5.1 Grundsätzlicher Ablauf

4.5.1.1 Rechtliche Vorgabe

Der G-BA berät den pharmazeutischen Unternehmer aufgrund seiner schrift-lichen Anforderung und auf der Grundlage der eingereichten Unterlagen. Hierzu dient das Formular nach Anlage I des 5. Kapitels der Verfahrensordnung des G-BA („Anforderungsformular").

Eine Vorprüfung von Studiendaten im Hinblick auf eine zukünftige Nutzenbewertung darf aber nicht stattfinden. Dies bezieht sich insbesondere darauf, welcher Zusatznutzen aus den Ergebnissen abgeleitet werden kann; Fragen des Studiendesigns können aber ausdrücklich Gegenstand der Beratung sein.

Eine Obergrenze bei der Anzahl an Fragen an den G-BA gibt es nicht. Der G-BA beantwortet jede (zulässige) Frage. Aber die Antwort hierzu wird in die Niederschrift aufgenommen. Und da die Niederschrift dem Dossier in Modul 5 beizufügen ist, wird sie damit Bestandteil des Nutzenbewertungsverfahrens. Daher ist genau zu überlegen,

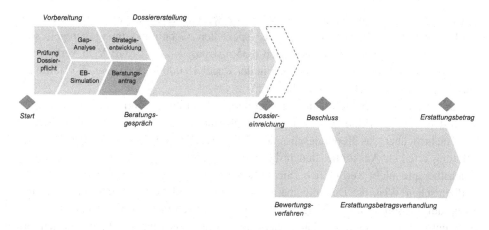

Abb. 4.19 Stellung des Beratungsantrags in der strategischen Vorbereitung

welche Fragen im Beratungsgespräch geklärt werden sollen und welche erst im eigentlichen Nutzenbewertungsverfahren, also unter Einbeziehung der Fachöffentlichkeit.

Die Beratung erfolgt theoretisch innerhalb von acht Wochen nach Einreichen der Unterlagen und wird durch die Geschäftsstelle des G-BA durchgeführt. Inzwischen hat der G-BA aber dem eigentlichen Start des achtwöchigen Beratungsverfahrens eine zweiwöchige Prüfung der Unterlagen vorgeschaltet, fixe Einreichungstermine alle zwei Wochen definiert und auch die Zahl der alle zwei Wochen angenommenen Anträge begrenzt. Hierzu dient eine Ampellogik, die anzeigt, welche Einreichungs- und damit Beratungstermine jeweils verfügbar sind:

- An grünen Terminen ist eine Einreichung möglich.
- An gelben Terminen sind bereits viele Beratungsanforderungen eingegangen. Deshalb wird der pharmazeutische Unternehmer aufgefordert zu prüfen, ob auch ein anderer Einreichungstermin möglich ist.
- An roten Terminen schließlich sind bereits sehr viele Beratungsanforderungen eingegangen. Der pharmazeutische Unternehmer wird wiederum aufgefordert zu prüfen, ob auch ein anderer Einreichungstermin möglich ist. Insbesondere Beratungsanforderungen zu einer Studienplanung (Phase 3, 3b, 4) sollten zu einem anderen Termin eingereicht werden. Sofern dennoch die Beratung in diesem Zeitraum zwingend benötigt wird, muss der pharmazeutische Unternehmer dies gut begründen.

Folgt man der Ampellogik, dann ist in der 3. KW 2020 der nächste „grüne" Einreichungstermin in KW 21 mit einem Beratungsgespräch in KW 31 2020. Das sind genau 28 Kalenderwochen. Es empfiehlt sich daher, möglichst frühzeitig einen Beratungstermin vorzureservieren.

Die Beratung wird mündlich und in deutscher Sprache durchgeführt. Für die Beratung werden Gebühren erhoben, die in einer speziellen Gebührenordnung geregelt sind („Gebührenordnung für Beratungen nach § 35a Absatz 7 Satz 4 SGB V in Verbindung mit 5. Kapitel § 7 VerfO"). Sie betragen in der Regel 10.000 EUR, wovon die Hälfte als Vorschuss sofort in Rechnung gestellt wird.

Die vorab und im Rahmen der Beratung übermittelten Informationen werden durch den G-BA vertraulich behandelt. Der pharmazeutische Unternehmer erhält eine Niederschrift über das Beratungsgespräch. Wichtig: Die vom G-BA im Rahmen einer Beratung erteilten Auskünfte sind insbesondere mit Bezug auf die zweckmäßige Vergleichstherapie nicht verbindlich. Sie basieren jeweils auf dem aktuellen Stand des medizinischen Wissens. Der allgemein anerkannte Stand der medizinischen Erkenntnisse, auf dessen Grundlage der G-BA seine Feststellungen trifft, kann sich aber weiterentwickeln. Hierdurch kann sich auch die zweckmäßige Vergleichstherapie ändern. Inwieweit sich dieses Problem durch eine Vereinbarung nach § 8 Abs. 2 Satz 4 AM-NutzenV vermeiden lässt, ist nicht bekannt.

4.5.1.2 Ablauf
Die Beratung durch den G-BA ist eine wichtige Etappe innerhalb des Nutzenbewertungsverfahrens. Das Geschehen lässt sich aufseiten des pharmazeutischen Unternehmers in folgende Schritte gliedern:

- Beratungsanforderung und Begründung der eigenen Positionen,
- Gesprächsvorbereitung,
- Gespräch,
- vorläufige Niederschrift einschließlich der Evidenzrecherche und der Kriterien für die Festsetzung der zweckmäßigen Vergleichstherapie sowie Kommentierung der Niederschrift,
- finale Niederschrift sowie
- eventuelle Änderungen im Nachgang

4.5.1.3 Beratungsanforderung ...
Grundlage der Beratungsanforderung sind die in der initialen Strategiefestlegung (siehe Abschn. 4.4) definierten Fragen.

Zu jeder im Anforderungsformular enthaltenen Frage ist die Position des pharmazeutischen Unternehmers zu erläutern sowie eine nachvollziehbare, möglichst evidenzbasierte Begründung für die Position vorzubringen. Die Positionen ergeben sich mit Blick auf das gewünschte Nutzenbewertungsergebnis. Der pharmazeutische Unternehmer übermittelt dem G-BA dazu die Unterlagen und Informationen, über die er zu diesem Zeitpunkt verfügt.

In der Beratungsanforderung sind in der derzeit gültigen Version (Beschluss vom 20.09.2018) folgende Angaben gefordert:

Im Abschn. 4.1 ist der genaue Name des antragstellenden pharmazeutischen Unternehmers sowie dessen Anschrift anzugeben.

Abschn. 4.2 enthält die Angaben zum konkreten Ansprechpartner beim Antragsteller sowie dessen Kontaktdaten. Zusätzlich kann eine abweichende Rechnungsadresse angegeben werden. Über den in Abschn. 4.2 genannten Ansprechpartner läuft die Kommunikation des G-BA im Zusammenhang mit dem Beratungsgespräch, also mögliche Rückfragen sowie die Terminvereinbarung und die Abstimmung der Niederschrift. Bei den Kontaktdaten ist besondere Aufmerksamkeit geboten, damit die Kommunikation mit dem G-BA nicht „untergeht" und so sich die Beratung verzögert.

In Kap. 3 wird das Arzneimittel näher bezeichnet, zu dem der pharmazeutische Unternehmer das Beratungsgespräch anfordert:

- Bezeichnung der Wirkstoffe und des Fertigarzneimittels
- Darreichungsform und Art der Anwendung
- Indikation, für die die Beratung durchgeführt wird, sowie Status der Indikation (geplant/zugelassen)

Dabei gilt der Formulierung der Indikation besondere Aufmerksamkeit: Der G-BA berät immer in Bezug zur eingereichten Indikation. Ändert sich diese im Zulassungsverfahren, kann das Beratungsergebnis schlimmstenfalls wertlos sein und muss wiederholt werden!

In Kap. 4 ist der derzeitige (zeitliche) Zulassungsstatus zu erläutern:

- Wo steht das Arzneimittel derzeit im Zulassungsprozess, d. h. ist die Zulassung geplant, beantragt oder schon erteilt?
- Wann soll das Arzneimittel in Deutschland eingeführt werden?

In Kap. 5 werden die Studien genannt, die für die Beratung relevant sind – getrennt nach pivotalen (d. h. die Zulassung begründenden) Studien und weiteren Studien (z. B. HTA-Studien).

Kap. 6 bietet die Möglichkeit, die Beteiligung der relevanten deutschen Zulassungsbehörde (BfArM oder PEI) zu beantragen, sofern es sich um eine Beratung zur Planung von klinischen Studien handelt.

Kap. 7 führt die Unterlagen auf, die dem Beratungsantrag beizufügen sind. Das sind:

- Quellenangaben (RIS-Datei) und Volltexte (PDF) zitierter Unterlagen
- Protokolle der Beratungsgespräche mit den Zulassungsbehörden (BfArM, PEI, EMA, FDA)
- bei Fragen zur Studienplanung auch Studienkurzdarstellung und ggf. Entwurf des Studienprotokolls

Kap. 8 enthält schließlich die konkreten Fragen für das Beratungsgespräch. Dabei sollten jeweils die Frage sowie die vom Antragsteller vertretene Position und eine (kurze)

Begründung hierfür formuliert werden. Insoweit ähnelt das Vorgehen dem bei Beratungsgesprächen mit Zulassungsbehörden.

4.5.1.3.1 Änderungen gegenüber der Vorlage vom 20.01.2011

Bei dem derzeit gültigen Anforderungsformular handelt es sich um die bislang dritte Version. Die ursprüngliche Fassung des Anforderungsformulars wurde als Anlage I des 5. Kapitels der Verfahrensordnung mit Beschluss vom 20.01.2011 vom G-BA festgelegt. Am 18.04.2013 hat der G-BA eine zweite Version der Vorlage beschlossen.

Wesentliche Änderung gegenüber der ersten Version ist die Klarstellung, dass für den Beratungsantrag die Protokolle von Beratungsgesprächen bei den Zulassungsbehörden beizulegen sind. Dies ist insofern bedeutsam, als Zulassungsbehörden häufig Vorgaben zum Vorgehen in Zulassungsstudien machen, z. B. zu Einschlusskriterien, Vergleichsarmen, der Extrapolation von Ergebnissen auf andere Teilpopulationen, etc.

4.5.1.3.2 Änderungen gegenüber der Vorlage vom 18.04.2013

Mit dem am 20.09.2018 beschlossenen Anforderungsformular entwickelt der G-BA die Vorlage für den Beratungsantrag weiter fort. So werden bisherige Freitextfelder durch Auswahlfelder ersetzt. Die Anpassungen verbessern damit die Übersichtlichkeit und stellen einige Anforderungen klar. So wurden insbesondere die Struktur der aufzubereitenden Informationen zum Entwicklungsstand des zu beratenden Wirkstoffes/Anwendungsgebietes und zu abgeschlossenen, laufenden oder geplanten Studien, die die Grundlage des Beratungsinhalts darstellen, überarbeitet.

Diese Eireichung ist dann verbindlich. Ein Feedback – verbunden mit der Möglichkeit Unterlagen nachzureichen oder bestehende Unterlagen anzupassen – ist nicht vorgesehen.

4.5.1.4 … und Begründung der eigenen Position

Für eine ausführliche, evidenzbasierte Begründung der eigenen Position hat es sich als praktisch erwiesen, diese Begründung in einem getrennten Dokument darzustellen, da andernfalls der Beratungsantrag leicht unübersichtlich und sehr lang wird. Dieses evidenzbasierte Dokument wird im Folgenden als Positionspapier bezeichnet. Es empfiehlt sich, diese Begründung so zu erarbeiten, dass die Darstellung den Dokumenten des G-BA (siehe Abschn. 4.5.1.7) möglichst entspricht.

Grundsätzlich gilt: Je überzeugender die evidenzbasierte Begründung der eigenen Position, desto überzeugender auch für den G-BA, der ja an dieselben Regeln der Evidenzbasierung gebunden ist.

4.5.1.5 Gesprächsvorbereitung

Das Beratungsgespräch ist der erste persönliche Kontakt des pharmazeutischen Unternehmers mit dem G-BA in dem Nutzenbewertungsverfahren. Von Verlauf und Ergebnis des Beratungsgesprächs wird eine Niederschrift durch den G-BA erstellt, die mit dem Dossier in Modul 5 einzureichen ist.

Es gibt meist nur ein einziges Beratungsgespräch und mit dem Gespräch werden wesentliche Fragen geklärt und damit wichtige Weichen verbindlich gestellt. Im Beratungsgespräch ist aber keine Zeit, zwischen den Vertretern des pharmazeutischen Unternehmers vertieft zu diskutieren. Um dennoch das Beratungsgespräch optimal nutzen zu können und spontan und richtig auch als Team auf die Beratung durch den G-BA zu reagieren, ist es wichtig, sich vorher systematisch auf das Gespräch vorbereiten. Hierzu wird der Ablauf des Gesprächs simuliert.

Zusätzlich helfen entsprechende Briefingunterlagen, die für jede Fragestellung folgende Punkte beschreiben:

- Fragestellung, Position und Begründung
- Antwortszenarien und Nachfragen
- weitere Hinweise

Wie bereits erwähnt wird das Beratungsgespräch in deutscher Sprache geführt. Die Teilnahme von Dolmetschern ist möglich, genauso wie die telefonische Zuschaltung von Gesprächsteilnehmern. Beides sollte aber unbedingt dem G-BA frühzeitig mitgeteilt und vorher geprobt werden.

4.5.1.6 Gespräch

Das Beratungsgespräch ist üblicherweise auf anderthalb Stunden Dauer angesetzt. Im Beratungsgespräch präsentieren die Mitarbeiter der Geschäftsstelle des G-BA die Antworten auf die vom pharmazeutischen Unternehmer gestellten Fragen. Diese Antworten wurden vorher in einer speziell für dieses Nutzenbewertungsverfahren gebildeten Arbeitsgruppe erarbeitet und dann im Unterausschuss Arzneimittel des G-BA konsentiert. Daher handelt es sich beim Beratungsgespräch weniger um einen wissenschaftlichen Dialog als um eine Erläuterung schon andernorts getroffener Entscheidungen. Eine Präsentation durch den pharmazeutischen Unternehmer ist nicht vorgesehen.

Das Beratungsgespräch beginnt mit einer Begrüßung durch die Mitarbeiter des G-BA, einer Rechtsbelehrung sowie einer Vorstellung der Teilnehmer. Die Rechtsbelehrung umfasst die folgenden Inhalte:

- Die Inhalte des Beratungsgesprächs sind unverbindlich.
- Es erfolgt keine Beratung über abgeschlossene oder rechtsanhängige Verfahren oder eine Vorprüfung von Daten in Hinblick auf Dossier und Zusatznutzen.
- Bewertungsrelevante Fragen des Beratungsgesprächs, insbesondere die Bestimmung der zweckmäßigen Vergleichstherapie oder patientenrelevante Endpunkte, unterliegen einer vorherigen Abstimmung im Unterausschuss des G-BA.
- Die Beratung ist kostenpflichtig.
- Der pharmazeutische Unternehmer wird hiermit aufgefordert, ein Nutzendossier zum Zeitpunkt der Einführung des Produktes in Deutschland einzureichen.

Danach beginnt der inhaltliche Teil des Beratungsgesprächs – meist mit Unterstützung einer Folienpräsentation durch den G-BA mit den wesentlichen Beratungsergebnissen. Als erstes erläutern die Mitarbeiter der Geschäftsstelle die durch den G-BA bestimmte zweckmäßige Vergleichstherapie (sofern durch den pharmazeutischen Unternehmer in der Beratungsanforderung beantragt). Im Anschluss beantworten sie weitere Fragen des pharmazeutischen Unternehmers. Danach gibt es Gelegenheit zur Klärung von Rückfragen seitens des Unternehmers, soweit sich der G-BA hierzu schon intern festgelegt hat.

Stellt der pharmazeutische Unternehmer im Beratungsgespräch Fehler oder Inkonsistenzen fest, ist es wichtig, diese zu erklären, damit die Mitarbeiter der Geschäftsstelle diese Punkte dann im Unterausschuss nochmals überprüfen (lassen) können.

4.5.1.7 Vorläufige Niederschrift, Evidenzrecherche und Kriterien
Etwa zwei Wochen nach dem Beratungsgespräch erhält der pharmazeutische Unternehmer die vorläufige Niederschrift hierüber. In Ergänzung zur Niederschrift übersendet der G-BA als Information zur zweckmäßigen Vergleichstherapie die Beratungsunterlagen bezüglich

- der Kriterien der Verfahrensordnung zur Bestimmung der zweckmäßigen Vergleichstherapie,
- der zugelassenen Arzneimittel im Anwendungsgebiet sowie
- der Evidenzrecherche.

Aus dem Dokument „Kriterien der Verfahrensordnung zur Bestimmung der zweckmäßigen Vergleichstherapie", das aufgrund der allgemein gültigen Kriterien speziell für das in Rede stehende Arzneimittel angefertigt wurde, geht idealerweise schon hervor, warum sich der G-BA für eine bestimmte zweckmäßige Vergleichstherapie entschieden hat.

Die Begründung des G-BA ist ein wichtiger Punkt: Auch wenn das Urteil des LSG BRB zu Linaclotid von BSG aufgehoben wurde, so hat die Feststellung des LSG vermutlich dennoch Bestand: der G-BA muss die zweckmäßige Vergleichstherapie nachvollziehbar und widerspruchsfrei festlegen. Und das gilt für die Beratung zur zweckmäßigen Vergleichstherapie und auch zu allen anderen Beratungsinhalten. Daher: Kann der pharmazeutische Unternehmer die Beratungsergebnisse nicht nachvollziehen, dann sollte er sicherstellen, dass dies auch in die Niederschrift aufgenommen wird.

Die Niederschrift ist ein sehr wichtiges Dokument. Daher ist die vorläufige Niederschrift genau zu prüfen. Innerhalb einer Woche kann der pharmazeutische Unternehmer dem G-BA Änderungsvorschläge zur Niederschrift mitteilen.

4.5.1.8 Finale Niederschrift

Die Niederschrift in der Endfassung wird dem pharmazeutischen Unternehmer anschließend zeitnah vom G-BA übermittelt. Im Anschreiben zur finalen Niederschrift erläutert der G-BA, welche Anmerkungen des pharmazeutischen Unternehmers der G-BA übernommen hat und welche nicht.

Das Beratungsgespräch und die Niederschrift sind zwar vertraulich. Dennoch ist die finale Niederschrift in Modul 3, Abschn. 3.1 der Dossiervorlage zu erwähnen und in Modul 5 beizufügen. In demselben Dossierabschnitt gibt der pharmazeutische Unternehmer auch an, ob er dem Beratungsergebnis des G-BA hinsichtlich der zweckmäßigen Vergleichstherapie folgt oder inwiefern und aus welchen Gründen er hiervon abweicht. Damit spielen das Beratungsergebnis und der Inhalt der finalen Niederschrift eine zentrale Rolle für das weitere Nutzenbewertungsverfahren.

4.5.1.9 Änderungen im Nachgang

Sofern sich im Nachgang nach dem Beratungsgespräch noch Änderungen ergeben, z. B. Änderungen in wichtigen Leitlinien, neue medizinische Erkenntnisse, Änderungen im tatsächlich zugelassenen Anwendungsgebiet o. ä., besteht die Möglichkeit, diese Änderungen dem G-BA mitzuteilen und zu klären, inwieweit hieraus Modifikationen am Beratungsergebnis resultieren. Hierdurch lassen sich Überraschungen im Bewertungsverfahren minimieren. Gegebenenfalls kann es sogar sinnvoll sein, ein neues Beratungsgespräch zu beantragen.

4.5.2 Themen

Mögliche Themen für ein Beratungsgespräch umfassen alle Dimensionen des G-BA-Beschlusses und der hierfür erforderlichen Nutzenbewertung (nicht aber der daran anschließenden Preisverhandlung), also:

- Zu bewertendes Anwendungsgebiet
  - Wie ist das zu bewertende Anwendungsgebiet zu interpretieren, z. B. hinsichtlich der Einschlusskriterien für die relevante Evidenz (Vorbehandlung, Studiendauer, etc.)?
  - Welche Teile des Anwendungsgebiets sind bewertungsrelevant?
  - Erfolgt die Bewertung getrennt in einzelne Teilanwendungsgebiete?
- Zweckmäßige Vergleichstherapie
  - Was ist die zweckmäßige Vergleichstherapie?
  - Welche Anforderungen an die Umsetzung der zweckmäßigen Vergleichstherapie bestehen?
  - Welche Arzneimittel sind im Anwendungsgebiet zu gelassen? Welche werden erstattet?

- Zusatznutzen des Arzneimittels
  - Welche Studien sind vorzulegen?
  - Welche Endpunkte sind patientenrelevant?
  - Welche Anforderungen werden an die Erhebung der Endpunkte gestellt? Welche an klinisch relevante Unterschiede?
  - Wie ist mit Protokolländerungen umzugehen?
- Anzahl der Patienten
  - Welche Quellen sind hierfür geeignet?
  - Ist eine Darstellung ausschließlich der Inzidenz in einem bestimmten Fall ausreichend?
  - Ist auf erkrankte oder auf diagnostizierte Patienten abzustellen?
  - Inwieweit lassen sich die epidemiologischen Daten auf Deutschland übertragen?
  - Welche Anforderungen bestehen daran, damit der G-BA bei einem neuen Beschluss von den bisherigen Beschlüssen in einer Indikation abweicht?
- Anforderungen an eine qualitätsgesicherte Anwendung
  - Welche Angaben aus dem Abschn. 3.4 der Dossiervorlage gehen in den Beschluss zu den Anforderungen an eine qualitätsgesicherte Anwendung ein?
- Jahrestherapiekosten
  - Welche zusätzlichen GKV-Leistungen sind erforderlich?
  - Wie lassen sich mehrjährige Therapiekosten darstellen?
- Gültigkeitsdauer des Beschlusses
  - Ist aufgrund der spezifischen Datenlage eine Befristung zu erwarten?
  - Welche Voraussetzungen sind zu erfüllen, um eine Befristung zu vermeiden?
  - Können weitere Daten noch zu einem späteren Zeitpunkt in das noch laufende Verfahren eingebracht werden? Wenn ja, unter welchen Voraussetzungen?

Hinzu kommen verfahrensbezogene Fragen, z. B. zur generellen Dossierpflicht oder zum Zeitpunkt der Dossiereinreichung.

4.5.3 Evidenzrecherche

Etwa zwei Wochen nach dem Beratungsgespräch übersendet der G-BA die vorläufige Niederschrift und auch die Evidenzrecherche. Die Evidenzrecherche soll aufzeigen, welche Quellen der G-BA bei der Feststellung der zweckmäßigen Vergleichstherapie und bei weiteren Beratungsinhalten hinzugezogen hat.

Es ist wichtig, die Evidenzrecherche genau zu prüfen. Deshalb ist es gut, schon im Beratungsantrag die eigene Begründung zur zweckmäßigen Vergleichstherapie analog zum Vorgehen des G-BA darzustellen. Denn hierfür gibt es klare Vorgaben. Folgende Kriterien sind in der AM-NutzenV vorgeschrieben:

- Kriterium 1: *Sofern als Vergleichstherapie eine Arzneimittelanwendung in Betracht kommt, muss das Arzneimittel grundsätzlich eine Zulassung für das Anwendungsgebiet haben.* Sofern es Arzneimittel gibt, die über eine Zulassung im Anwendungsgebiet verfügen, werden sie vom G-BA entsprechend aufgeführt. Nicht ganz klar ist in diesem Zusammenhang, wie mit nicht erstattungsfähigen Arzneimitteln umzugehen ist. Deren Kosten betragen für die GKV ggf. 0 EUR. Aufgrund der Regeln zur Erstattungsbetragsverhandlung im Fall von keinem Zusatznutzen (Sollregelung) sowie dem ausdrücklichen Hinweis bei Kriterium 2 dürften bei Kriterium 1 eigentlich nur erstattungsfähige Arzneimittel relevant sein.

- Kriterium 2: *Sofern als Vergleichstherapie eine nichtmedikamentöse Behandlung in Betracht kommt, muss diese im Rahmen der GKV erbringbar sein.* Sofern es im Anwendungsgebiet nichtmedikamentöse Behandlungen gibt, die im Rahmen der GKV erbringbar sind, werden sie vom G-BA entsprechend aufgeführt.

- Kriterium 3: *Beschlüsse, Bewertungen, Empfehlungen des G-BA zu im Anwendungsgebiet zugelassenen Arzneimitteln und nichtmedikamentösen Behandlungen* Sofern es Beschlüsse zur Nutzenbewertung im vorliegenden Anwendungsgebiet gibt, werden sie vom G-BA entsprechend aufgeführt. Das gilt auch für andere Beschlüsse, Bewertungen oder Empfehlungen des G-BA zu im Anwendungsgebiet zugelassenen Arzneimitteln und nichtmedikamentösen Behandlungen. Zudem listet der G-BA an dieser Stelle auch Nutzenbewertungen des IQWiG zu im Anwendungsgebiet zugelassenen Arzneimitteln/nichtmedikamentösen Behandlungen auf, auch wenn diese eigentlich nicht durch dieses Kriterium erfasst sind.

- Kriterium 4: *Die Vergleichstherapie soll nach dem allgemein anerkannten Stand der medizinischen Erkenntnisse zur zweckmäßigen Therapie im Anwendungsgebiet gehören.* Da die Evidenzrecherche meist sehr umfangreich ist, wird an dieser Stelle auf das Dokument „Recherche und Synopse der Evidenz" verwiesen.

- Ursprünglich gab es auch noch ein Kriterium 5: *Bei mehreren Alternativen ist die wirtschaftlichere Therapie zu wählen, vorzugsweise eine Therapie, für die ein Festbetrag gilt.* Dieses Kriterium wird vom G-BA mit Verweis auf das 3. Änderungsgesetz nicht mehr angewendet.

- Schließlich gibt es noch ein weiteres Kriterium (wenn auch ohne Nummerierung): *[…] vorzugsweise eine Therapie, […] die sich in der praktischen Anwendung bewährt hat.* Sofern zur praktischen Anwendung einer Therapie Angaben vorliegen (z. B. Verordnungszahlen), können diese hier zusätzlich aufgeführt werden. Dieses Kriterium wird seit dem 3. Änderungsgesetz aber nicht mehr einheitlich angewendet.

Die Unterlagen des G-BA zur Evidenzrecherche umfassen drei Dokumente:

Das erste Dokument „Zweckmäßige Vergleichstherapie: Kriterien gemäß 5. Kapitel § 6 VerfO G-BA" fasst die Ergebnisse zu den inzwischen vier Kriterien tabellarisch zusammen.

Das zweite Dokument „Zugelassene Arzneimittel im Anwendungsgebiet" gibt an, welche Wirkstoffe bzw. Handelsformen im Anwendungsgebiet des zu bewertenden

Arzneimittels zugelassen sind, und zitiert jeweils den relevanten Text(teil) zu dem zugelassenen Anwendungsgebiet. Grundlage für diese Liste ist eine Recherche in der AMIS-Datenbank des BfArM. Diese Datenbank umfasst alle in Deutschland zugelassenen Arzneimittel. Ergänzt wird diese Datenbank um die genauen Angaben der jeweiligen Anwendungsgebiete gemäß den Fachinformationen. Grundlage ist eine Recherche in Lauer-Fischer sowie in der AMIS-Datenbank.

Bei der Prüfung der Angaben des G-BA ist zu beachten, dass die jeweiligen Anwendungsgebiete eines als vergleichbar bezeichneten Produktes sich tatsächlich mit dem Anwendungsgebiet des zu bewertenden Arzneimittels zumindest überschneiden, möglichst aber decken müssen, andernfalls ist dieses Arzneimittel nicht als zweckmäßige Vergleichstherapie geeignet. Gibt es Unklarheiten oder unterschiedliche Ansichten zur Interpretation des zugelassenen Anwendungsgebietes, lassen sich diese nur mit den Zulassungsbehörden verbindlich klären. Insofern kann es sinnvoll sein, die Beteiligung von BfArM bzw. PEI am Beratungsgespräch zu beantragen.

Das dritte Dokument „Recherche und Synopse der Evidenz zur Bestimmung der zweckmäßigen Vergleichstherapie nach § 35a SGB V" ist schließlich das umfangreichste Dokument. Es beinhaltet die Suchstrategie und die Ergebnisse, mittels derer der G-BA die Evidenz zur Ermittlung der zweckmäßigen Vergleichstherapie gesucht hat. So führt der G-BA eine systematische Literaturrecherche nach systematischen Reviews, Metaanalysen, HTA-Berichten und evidenzbasierten systematischen Leitlinien im Anwendungsgebiet des zu bewertenden Arzneimittels durch. Suchzeitraum sind üblicherweise die letzten fünf Jahre. Die Suche erfolgt mindestens in folgenden Datenbanken bzw. Internetseiten folgender Organisationen: The Cochrane Library, MEDLINE (PubMed), AWMF, G-BA, GIN, NICE, TRIP, SIGN, WHO. Zudem erfolgt eine Suche in den Beschlüssen des G-BA sowie den Publikationen des IQWiG. Es werden meist keine Sprachrestriktionen vorgenommen, faktisch aber nur englische und deutschsprachige Quellen berücksichtigt.

Die Rechercheergebnisse werden zu folgenden Kategorien zusammengefasst und in ihren Kernaussagen überblickshaft aufgeführt:

- Cochrane Reviews
- systematische Reviews, Metaanalysen, HTA-Berichte
- Leitlinien
- ergänzende Dokumente anderer Organisationen zu möglichen Komparatoren

Eine Suche nach Evidenz zur Bestimmung der zweckmäßigen Vergleichstherapie in der Datenbank Embase erfolgt bisher nicht.

Auch wenn nicht explizit so definiert, stehen diese Kategorien vermutlich in einem hierarchischen Verhältnis zueinander: So geben die Leitlinien den Stand des medizinischen Wissens wieder, der zum Zeitpunkt der Erstellung der Leitlinie bestand.

Reviews – sei es von Cochrane oder von anderen Organisationen – können Hinweise darauf geben, inwieweit die aktuelle Evidenz von den Leitlinien abweicht, weil neue Studienergebnisse ggf. noch nicht in den Leitlinien enthalten sind. Ähnliches gilt für Metaanalysen und HTA-Berichte. Welche Rolle ergänzende Dokumente anderer Organisationen zu möglichen Komparatoren spielen, bleibt unklar.

Bei der Prüfung der vom G-BA vorgelegten Unterlagen ist zu beachten, dass diese zwar den Sachverhalt entsprechend den Kriterien der Verfahrensordnung beschreiben, eine eindeutige Schlussfolgerung wird jedoch weder auf Ebene von Kriterium 4 (anerkannter Stand der medizinischen Erkenntnisse) noch zur zweckmäßigen Vergleichstherapie insgesamt dargelegt. Das heißt, es bleibt in diesen drei Dokumenten letztendlich unklar,

- wie der G-BA die Kriterien untereinander abwägt, um die zweckmäßige Vergleichstherapien letztendlich zu bestimmen, und
- was der G-BA daher auf der Basis des allgemein anerkannten Stands der Erkenntnisse als zweckmäßige Vergleichstherapien im Anwendungsgebiet ansieht.

4.5.4 Empirie

In der frühen Nutzenbewertung ist der Zusatznutzen eines Arzneimittels gegenüber der zweckmäßigen Vergleichstherapie nachzuweisen. Damit hängt von der Wahl der zweckmäßigen Vergleichstherapie sehr viel ab und an die Festsetzung werden somit auch besondere Anforderungen gestellt. Neben den eigentlichen Kriterien für die Festsetzung der zweckmäßigen Vergleichstherapie sind drei allgemeine Verfahrensregeln wünschenswert:

- Konsistenz der zweckmäßigen Vergleichstherapie innerhalb eines Verfahrens: Eine einmal festgesetzte zweckmäßige Vergleichstherapie sollte innerhalb eines Verfahrens möglichst konstant bleiben; ausgenommen hiervon sind wesentliche Änderungen im Stand des medizinischen Wissens.
- Konsistenz der zweckmäßigen Vergleichstherapie zwischen unterschiedlichen Verfahren: Unterschiedliche Verfahren in derselben Indikation sollten dieselbe zweckmäßige Vergleichstherapie haben, schon um die Ergebnisse miteinander vergleichen zu können.
- Konsistenz der Anpassungen der zweckmäßigen Vergleichstherapie, d. h. dieselben Änderungen zu den Ergebnissen in den Kriterien der zweckmäßigen Vergleichstherapie müssen zu denselben Änderungen der zweckmäßigen Vergleichstherapie führen.

4.5.5 Einbindung der Zulassungsbehörde

Die Zulassung erfolgt zeitlich vor der frühen Nutzenbewertung, jedoch auf der Grundlage derselben Studien des pharmazeutischen Unternehmers. Die Vorgehensweise bei der Bewertung unterscheidet sich jedoch: Die Zulassungsbehörde beurteilt Wirksamkeit, Sicherheit und Qualität des Arzneimittels und orientiert sich bei der Zulassungsentscheidung am Nutzen-Risiko-Verhältnis. Der G-BA prüft hingegen den Zusatznutzen des neuen Arzneimittels gegenüber dem zur zweckmäßigen Vergleichstherapie erklärten Behandlungsstandard in der Indikation anhand patientenrelevanter Endpunkte. Vereinfacht gesagt, bestehen die Unterschiede somit in dem möglichen Vergleichspartner sowie in den für die Bewertung herangezogenen Endpunkten.

Trotz dieser Unterschiede dient häufig dieselbe Evidenz der Bewertung, sodass es Sinn macht, sich parallel von beiden Behörden beraten zu lassen. Zudem stellt der G-BA in seiner Dossierpflicht auf den Unterlagenschutz und in seinem 1. Kriterium zur Bestimmung der zweckmäßigen Vergleichstherapie auf die Zulassung möglicher Komparatoren im Anwendungsgebiet des zu bewertenden Arzneimittels ab – und in beiden Fällen hat die Zulassungsbehörde hierzu das letzte Wort.

Grundsätzlich besteht daher die Möglichkeit, auf Wunsch des pharmazeutischen Unternehmers Vertreter der zuständigen nationalen Zulassungsbehörden zum Beratungsgespräch beim G-BA hinzuzuziehen, bzw. auch umgekehrt Vertreter des G-BA bei Beratungsgesprächen mit den nationalen Zulassungsbehörden einzuladen. Im ersten Fall handelt es sich um eine Beratung zur frühen Nutzenbewertung, im zweiten Fall um einen „Joint Scientific Advice". In beiden Fällen erhält der pharmazeutische Unternehmer in einem Gespräch das Feedback beider Bewertungsbehörden. Wobei das Format der Teilnahme variiert. Sie kann schriftlich, per Telefon oder persönlich erfolgen.

Aber: Eine gemeinsame Beratung führt nicht unbedingt zu einer Harmonisierung der Anforderungen von Zulassung und Nutzenbewertung, nur zu einer Möglichkeit, die wechselseitigen Anforderungen zu identifizieren und zu diskutieren. Und: eine „verbindliche" Beratung durch den G-BA erfordert, dass die Ergebnisse durch den Unterausschuss des G-BA bestätigt werden. Daher ersetzt die Teilnahme von Mitarbeitern der Geschäftsstelle des G-BA an einem Beratungsgespräch mit den Zulassungsbehörden nicht ein „richtiges" Beratungsgespräch beim G-BA.

4.5.6 Frühberatung als Sonderform

Das Beratungsgespräch beim G-BA dient typischerweise der Vorbereitung einer frühen Nutzenbewertung und fokussiert auf die in Abschn. 4.5.2 beschriebenen Themen.

Eine besondere Variante der Beratung durch den G-BA bezieht sich auf die Beratung zum Design von Studien, sowohl von Zulassungsstudien (Phase 3) sowie weiterer Studien vor oder nach Zulassung (Phase 3b oder 4). Dieses Beratungsformat wird auch als Frühberatung bezeichnet. Hierfür hat der G-BA ein spezielles Formular entwickelt

(„Studienkurzdarstellung: (Geplante) Phase-II/III-Studie – Übersicht Studiendesign"). Dieses Formular ist verpflichtend für die Frühberatung. In dem Formular sind entsprechend der PICOS-Logik folgende Angaben zu machen:

- Population
  - Einschlusskriterien
  - Ausschlusskriterien
- Intervention
  - Prüfintervention
- Control
  - Vergleichsintervention(-en)
- Outcomes
  - Endpunkte
  - (Geplante) Interimsanalyse
- Study design
  - Zielsetzung der Studie
  - Studienzentren
  - Geplante Patientenzahl
  - Randomisierungsverhältnis
  - Stratifizierung
  - Verblindung
  - Beginn/Auswertungszeitpunkte
  - Studiendauer
  - weitere Designaspekte

Zudem kann eine Synopse des Studienprotokolls hilfreich sein.

Natürlich erfolgt eine Frühberatung in der Erwartung, dass die Beratungsergebnisse auch umgesetzt werden. Hier bedarf es also eines genauen Erwartungsmanagements.

4.5.7 Internationale Beratung

Erstattungsverfahren wie das AMNOG mit seiner frühen Nutzenbewertung fallen in die Zuständigkeit eines einzelnen Landes. Andererseits haben aber fast alle Europäischen Länder ähnlich gelagerte Verfahren, auf der Basis von klinischer Evidenz und Kostendaten Erstattungsentscheidungen zu treffen. Dennoch unterscheiden sich die Verfahren im Detail und haben auch unterschiedliche Anforderungen beispielsweise hinsichtlich Vergleichsmethodik, Vergleichsmaßstab, Endpunkten und Relevanz von Kosten-Effektivitätsbetrachtung. Pharmazeutische Unternehmer suchen daher regelmäßig Beratungsgespräche mit Erstattungsbehörden in ganz unterschiedlichen Ländern.

Nicht nur der G-BA und nationale Zulassungsbehörden bieten gemeinsame Beratungsgespräche an. Auch auf Europäischer Ebene gibt es die Möglichkeit für gemeinsame Beratungen durch die für Zulassung und Erstattung zuständigen Behörden. Alle diese Aktivitäten auf Europäischer Ebene werden von der EUnetHTA koordiniert und unter dem Begriff „Early Dialogues" zusammengefasst (Abb. 4.20).

Gemeinsam unterliegen alle internationalen Beratungsverfahren folgenden vier Merkmalen:

- Vertraulichkeit: Alle Beratungen und Beratungsergebnisse sind vertraulich, werden also nicht publiziert
- Unverbindlichkeit: Alle Beratungsergebnisse sind unverbindlich
- Freiwilligkeit: Eine Beratung ist für den pharmazeutischen Unternehmer freiwillig, d. h. sie kommt nur dann zustande, wenn er dies ausdrücklich beantragt
- Unabhängigkeit: Im Rahmen der Beratung stellt jede Bewertungsagentur ihre eigene Position dar, unabhängig von den Positionen der anderen. Dabei können sich die Positionen sehr wohl unterscheiden – d. h. es gibt nicht das eine Beratungsergebnis, das nur noch umgesetzt werden muss.

Derzeit gibt es drei unterschiedliche Beratungsformate:

- EMA/HTA Individual Parallel Consultation Procedure
- EMA/EUnetHTA Consolidated Parallel Consultation Procedure
- EUnetHTA Multi-HTA procedure

	Format	Organisation, Teilnehmer	Ergebnis
(Früh-)Beratung	G-BA mit BfArM bzw. PEI	• Antrag an G-BA, Organisation durch G-BA • BfArM bzw. PEI werden vom G-BA hinzugezogen (schriftlich / persönlich)	• Gespräch garantiert (G-BA) • Teilnahme durch BfArM bzw. PEI nicht garantiert • Keine Konsolidierung
(Früh-)Beratung	BfArM bzw. PEI mit G-BA	• Antrag an BfArM bzw. PEI, Organisation durch BfArM bzw. PEI • BfArM bzw. PEI ziehen G-BA hinzu (schriftlich / persönlich)	• Gespräch garantiert (BfArM bzw. PEI); Teilnahme durch G-BA nicht garantiert • Keine Konsolidierung
Early Dialogues	EMA-EUnetHTA Consolidated Parallel Consultation	• Antrag bei EUnetHTA ED Secretariat • Teilnahme der Early Dialogue Working Party (HTA), der EMA und bis zu 3 weiteren HTA-Organisationen	• Gespräch nach Priorisierung und Verfügbarkeit der HTA-Organisationen • Konsolidierung
Early Dialogues	EMA-EUnetHTA Individual Parallel Consultation	• Antrag bei EUnetHTA ED Secretariat • Teilnahme von EMA und einzelnen HTA-Organisationen (nach Verfügbarkeit)	• Gespräch nach Priorisierung und Verfügbarkeit der HTA-Organisationen • Keine Konsolidierung
Early Dialogues	Multi-HTA	• Antrag bei EUnetHTA ED Secretariat • Teilnahme der Early Dialogue Working Party (HTA) und weiteren HTA-Organisationen (nach Verfügbarkeit)	• Gespräch nach Priorisierung und Verfügbarkeit der HTA-Organisationen • Keine Konsolidierung

Ecker + Ecker/ Übersicht AMNOG/TE Folie 50

Abb. 4.20 Formate der Frühberatung bzw. des Early Dialogue

Der Unterschied zwischen Individual und Consolidated Parallel Consultation Procedure besteht in der Art der Einbeziehung von HTA-Agenturen. Bestimmte, besonders wichtigste HTA-Agenturen haben sich zu einer Arbeitsgruppe zusammengeschlossen, der Early Dialogue Working Party. Derzeit wird sie gebildet aus den Agenturen aus Frankreich, Deutschland, England, Italien, Ungarn, Niederlande, Belgien. An der Consolidated Parallel Consultation Procedure nehmen immer alle Agenturen der Early Dialogue Working Party teil und zusätzlich noch weitere auf besonderen Wunsch, während an der Individual Parallel Consultation Procedure alle Agenturen nach eigenem Ermessen teilnehmen.

Die Entscheidung zwischen Individual und Consolidated Parallel Consultation Procedure trifft die Early Dialogue Working Party auf Basis der Relevanz der eingegangenen Beratungsanfrage, d. h. der Bedeutung des jeweiligen Arzneimittels. Die Durchführung einer Beratung als Consolidate Parallel Consultation Procedure dokumentiert also die höhere Erwartung, die an das Arzneimittel gestellt wird.

Das Beratungsverfahren beginnt mit der verbindlichen Absichtserklärung durch den pharmazeutischen Unternehmer (Letter of Intent) und dauert rund 4 ½ Monate. Der Tag der Absichtserklärung wird als Tag −60 gezählt.

Grundlage für die Beratung ist ein entsprechender Beratungsantrag (Briefing Document) an Tag −30. Dieser Beratungsantrag wird erst als Entwurf an EMA und EUnetHTA übersendet. Hierauf erhält das antragstellende pharmazeutische Unternehmen innerhalb von 15 Tagen (also bis Tag −15) schriftliche Nachfragen bzw. Anmerkungen. Auf dieser Grundlage reicht er innerhalb von zwei weiteren Wochen den finalen Antrag ein (Tag 0). Nach 60 Tagen findet dann das eigentliche Beratungsgespräch statt (Tag 60), ggf. gibt es schon vorab schriftliche Hinweise der Bewertungsagenturen (List of Issues).

Das Format des eigentlichen Beratungsgesprächs ist dann interaktiv strukturiert: Der pharmazeutische Unternehmer präsentiert seine Fragen, die Bewertungsagenturen geben ihre Kommentare, sodass auf dieser Basis ein Meinungsaustausch erfolgt. Vertreter des pharmazeutischen Unternehmers erstellen dabei ein Sitzungsprotokoll, das dann von den Gremien der Beratungsagenturen bis Tag 75 geprüft und bestätigt wird.

Individual und Consolidated Parallel Consultation Procedure schließt immer die Teilnahme der EMA als Zulassungsbehörde ein. Im Unterschied dazu erfolgt die Multi-HTA procedure ausschließlich mit Erstattungs-(HTA-)Behörden ohne die Einbeziehung von Zulassungsbehörden. Das Beratungsangebot der Multi-HTA procedure gleicht in seinem Format der Consolidated Parallel Consultation Procedure, einschließlich Priorisierung der beantragten Verfahren, des Ablaufs und des Zeitplans.

Die Wahl des Beratungsformates (Parallel Consultation, d. h. mit Beteiligung der Zulassungsbehörde, bzw. Multi-HTA, d. h. ohne Beteiligung der Zulassungsbehörde) obliegt dem pharmazeutischen Unternehmer. Erfüllt das Arzneimittel nicht die Voraussetzung der Priorisierung, verbleibt dem pharmazeutischen Unternehmer nur eine Individual Parallel Consultation Procedure.

Die praktische Relevanz der gemeinsamen Beratungsgespräche, insbesondere auf Europäischer Ebene, erscheint ambivalent. Das grundsätzliche Ziel, möglichst viele relevante Bewertungsorganisationen zu versammeln und mit ihnen gemeinsam Ansätze der Bewertung eines bestimmten Produktes zu diskutieren, ist vielversprechend. Praktisch bleiben aber zwei Mängel bestehen: Aufgrund der Unabhängigkeit der beteiligten Behörden kann der pharmazeutische Unternehmer nicht darauf hoffen, divergente Anforderungen so zu harmonisieren, dass er mit einem gegebenen Datenpaket automatisch alle Anforderungen erfüllt. Aufgrund der Unverbindlichkeit der erteilten Beratung führen pharmazeutische Unternehmen aber nicht selten noch zusätzlich ein Beratungsgespräch auf nationaler Ebene direkt mit dem G-BA.

4.5.8 Überarbeitung der Dossierstrategie

Wie geht es weiter? Das Beratungsgespräch ist kein Selbstzweck, sondern bildet eine wichtige Maßnahme innerhalb der Dossieraktivitäten. Im Beratungsgespräch werden wesentliche Fragen für die anstehende Nutzenbewertung diskutiert. Das Ergebnis kann wiederum Auswirkungen für die Dossierstrategie haben und in der Dossierstrategie reflektiert werden. Das erfolgt auf zwei Ebenen:

Auf Ebene der Gap-Analyse wird geprüft, ob die hierbei getroffenen Annahmen weiterhin Gültigkeit haben und welche Änderungen sich folglich hinsichtlich Gaps ergeben. Das spiegelt sich dann auch auf der Ebene der Maßnahmen wider. So können bestimmte Maßnahmen überflüssig werden, da (befürchtete) Gaps beispielsweise entfallen oder andere Maßnahmen zusätzlich erforderlich werden, weil der G-BA hierzu zusätzliche Evidenz verlangt.

Und ganz konkret stellt sich die Frage, ob und inwieweit der pharmazeutische Unternehmer den Empfehlungen des G-BA folgt.

Mit dieser überarbeiteten Dossierstrategie liegen nun alle Voraussetzungen vor, um die Dossiererstellung zu beginnen.

Dossiererstellung

Die frühe Nutzenbewertung in Deutschland kennt drei Formen von Nutzendossiers:

- „normales" Nutzendossier
- „verkürztes" Nutzendossier für Orphan Drugs
- Festbetragsdossier

Die folgende Darstellung fokussiert auf „normale" Nutzendossiers. Die beiden anderen Formen der Nutzendossiers sind in Abschn. 8.1 (Orphan Drugs) und 8.1.6 (festbetragsfähige Arzneimittel) thematisiert.

Die Darstellung folgt dem Vorgehen bei der Dossiererstellung (Abb. 5.1) und unterscheidet folgende Aktivitäten:

- Dossierkonzeption
- Module 2, 3, 4
- Modul 1
- Module 5 und 1 Anhang
- optionale Vorprüfung
- Vollständigkeitsprüfung
- sowie (kontinuierliche) Qualitätssicherung

5.1 Dossierkonzeption

Die Vorbereitung auf die Dossiererstellung beginnt mit einer Überprüfung des bisher geleisteten, insbesondere der gerade abgeschlossenen Phase der Vorbereitung (Abb. 5.2). Hierzu dienen folgende Fragen:

T. Ecker, *Arzneimittelpreise in Deutschland unter AMNOG*, https://doi.org/10.1007/978-3-658-30508-6_5

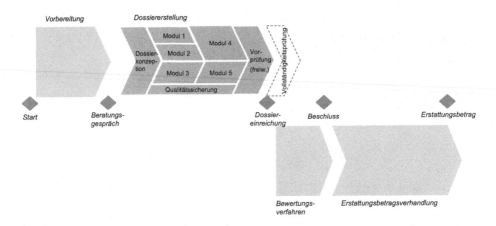

Abb. 5.1   Die Phase der Dossiererstellung im Prozess der Nutzenbewertung

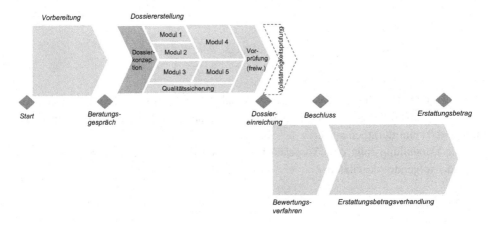

Abb. 5.2   Stellung der Dossierkonzeption im Rahmen der Dossiererstellung

- Was folgt aus dem Beratungsgespräch?
- Gilt die initial definierte Strategie weiterhin?

5.1.1   Dossier ja/nein

Der G-BA ist gesetzlich verpflichtet, bei allen erstattungsfähigen Arzneimitteln mit neuen Wirkstoffen eine Nutzenbewertung durchzuführen, sofern nicht eine der definierten Ausnahmen vorliegt (siehe Abschn. 4.1), egal ob ein Nutzendossier eingereicht wurde oder nicht.

Die Nutzenbewertung erfolgt aufgrund von Nachweisen in Form eines Dossiers des pharmazeutischen Unternehmers. Reicht dieser kein Dossier ein, gibt es dennoch ein Nutzenbewertungsverfahren – nur ohne Dossier, aber trotzdem mit Nutzenbewertung nach drei Monaten ab dem maßgeblichen Zeitpunkt, schriftlichem Stellungnahmeverfahren mit mündlicher Anhörung sowie Nutzenbewertungsbeschluss des G-BA und anschließender Erstattungsbetragsvereinbarung. Der Beschluss unterscheidet sich hinsichtlich des Formats nicht von einem, für den ein Dossier eingereicht wurde. Er umfasst alle siebe Beschlussdimensionen, nur mit der Besonderheit, dass das Ausmaß des Zusatznutzens in diesem Fall per Gesetz als nicht belegt gilt. Über alle anderen Aussagen im Beschluss muss der G-BA inhaltlich entscheiden. Hier hat der G-BA, wenn kein Dossier vorliegt, faktisch eine Amtsermittlungspflicht.

Tatsächlich gibt es bislang 19 Fälle, in denen kein vollständiges Dossier eingereicht wurde:

- Pitavastatin (Festbetragsverfahren)
- Bromfenac (Erstbewertung)
- Regadenoson (Erstbewertung)
- Azilsartan Medoxomil (Festbetragsverfahren)
- Tegafur, Gimeracil, Oteracil (Erstbewertung)
- Linagliptin (neues Anwendungsgebiet)
- Nepafenac (Erstbewertung)
- Lomitapid (Erstbewertung)
- Fluticasonfuroat/Vilanterol-Trifenatat (Festbetragsverfahren)
- Retigabin (erneute Nutzenbewertung)
- Cobicistat (Erstbewertung)
- Olodaterol (Festbetragsverfahren)
- lebende Larven von Lucilia sericata (Erstbewertung)
- Insulin degludec (neues Anwendungsgebiet)
- Regorafenib (Indikationserweiterung)
- Ivermectin (Erstbewertung)
- Gaxilose (Erstbewertung)
- Prasteron (Erstbewertung)
- Vigabatrin (Erstbewertung)

Diese Fälle belegen, dass die Option, kein Dossier einzureichen, offensichtlich besteht und die Nichteinreichung ein relevantes Szenario bildet.

Ursprünglich galt die Regel, dass bei einem nicht belegten Zusatznutzen aufgrund eines nicht eingereichten Dossiers der Erstattungsbetrag nicht höher als die Jahrestherapiekosten der zweckmäßigen Vergleichstherapie sein darf. Dies wurde mit dem AMVSG (siehe Abschn. 2.2.6) im Jahr 2017 so weit geändert, dass der in diesem Fall vereinbarte Erstattungsbetrag zu in angemessenem Umfang niedrigeren Jahrestherapiekosten führt als die zweckmäßige Vergleichstherapie – also ein obligatorischer Preisabschlag. Kein Dossier einzureichen macht also immer weniger Sinn.

5.1.2 Konkretisierung des Dossiers

Den Ausgangspunkt für die Konzeption des Dossiers bildet die im ersten Schritt dafür festgelegte Strategie (vgl. oben, Abschn. 4.4) und die Erkenntnisse aus dem Beratungsgespräch.

In der Phase der Dossierkonzeption geht es dann darum, auf der Grundlage der (überprüften) Dossierstrategie zu überlegen, wie die Evidenz in den einzelnen Abschnitten des Dossiers aufbereitet und dargestellt werden soll.

Damit stellt sich auch die Frage, welche Argumente zu welchem Zeitpunkt im AMNOG-Prozess Verwendung finden sollen? Denn nichts ist schlimmer, als sich im Verlauf eines solchen (langen) Verfahrens zu widersprechen.

Die Dossierstrategie gliedert sich, wie erläutert, in die Kategorien Anwendungsgebiet, zweckmäßige Vergleichstherapie, Endpunkte und Zusatznutzen, Epidemiologie, qualitätsgesicherte Anwendung, Jahrestherapiekosten, Geltungsdauer des Beschlusses, Vergleichbare Arzneimittel, Europäische Preise. Die Aktivitäten im Dossierprozess unterscheiden hingegen zwischen Nutzendossier (Module 1–5), Stellungnahme (schriftlich und mündlich) und Erstattungsbetragsverhandlung (Abb. 5.3). Somit besteht die Herausforderung bei der Konkretisierung darin,

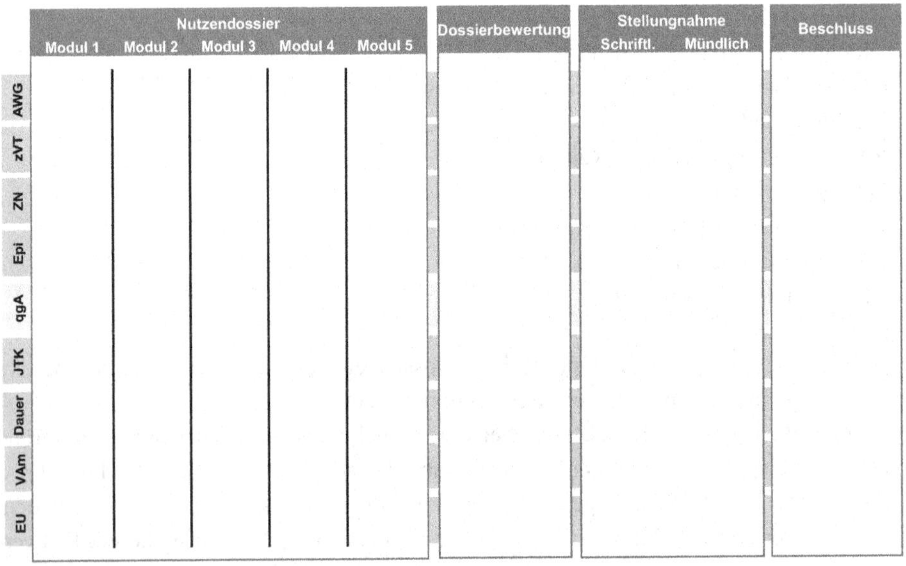

	Nutzendossier					Dossierbewertung	Stellungnahme		Beschluss
	Modul 1	Modul 2	Modul 3	Modul 4	Modul 5		Schriftl.	Mündlich	
AWG									
zVT									
ZN									
Epi									
qgA									
JTK									
Dauer									
VAm									
EU									

Abb. 5.3 Matrix zur Überprüfung der Umsetzung der Dossierstrategie im Dossierprozess

- festzulegen, welche Inhalte in den einzelnen Abschnitten des Dossiers aufgeführt werden,
- zu überprüfen, ob die so festgelegten Inhalte der Dossierstrategie entsprechen und
- zu klären, welche weiteren Aktivitäten erst im Stellungnahmeverfahren oder der Erstattungsbetragsverhandlung eingebracht werden.

Überprüfen, ob die Inhalte der Dossierstrategie entsprechen, lässt sich anhand einer Matrix, bei der die Elemente der Dossierstrategie auf der Ordinate aufgetragen sind und die Aktivitäten im Dossierprozess auf der Abszisse, darstellen.

Der G-BA fordert eine solche Dossierkonzeption nicht – sie bildet ein internes Dokument für den pharmazeutischen Unternehmer. Dennoch ist diese Konzeption aus drei Gründen wichtig:

- Erstens gewinnt man so einen Überblick, wie die Anforderungen im Dossier tatsächlich ausgefüllt werden und wo gegebenenfalls Lücken bestehen, beispielsweise hinsichtlich noch durchzuführender Analysen.
- Zweitens lässt sich so prüfen, inwieweit die beabsichtigten Aussagen in den einzelnen Abschnitten des Dossiers zueinander kompatibel sind und das Dossier einer erkennbaren „roten Linie" folgt.
- Und drittens erleichtert dies die Abstimmung im Projektteam – denn Dossiererstellung ist eigentlich immer Teamarbeit – sowie die Freigabeprozesse.

Wichtig: Erst wenn die Inhalte für das Dossier konkretisiert sind und die Inhalte sowie das Vorgehen abgestimmt sind, kann man die eigentliche Erstellung des Dossiers in Angriff nehmen.

Für das Dossier hat der G-BA ein ausführliches Formular entwickelt, die Anlage II. Die vorgegebene Struktur des Dossiers ist aus der nachfolgenden Abb. 5.4 ersichtlich.

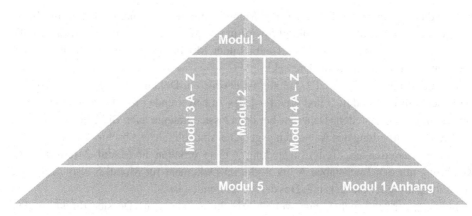

Abb. 5.4 Modularer Aufbau des Dossiers zur Nutzenbewertung nach § 35a SGB V

Hieraus ist zu erkennen, dass das Dossier modular aufgebaut ist. Für jedes Modul hat der G-BA eine Dokumentvorlage entwickelt und auf seiner Website bereitgestellt. Für die Erstellung des Dossiers sind diese Vorlagen zwingend zu verwenden.

Die dort beschriebenen formalen Anforderungen sind strikt einzuhalten. Abweichungen führen zu einer entsprechenden Mängelrüge durch den G-BA im Rahmen der formalen Vollständigkeitsprüfung (siehe Abschn. 5.9.2).

Welche Inhalte sind im Dossier gefordert? In den einzelnen Modulen sind folgende Angaben zu machen:

- Modul 1: Administrative Angaben sowie die Zusammenfassung der Aussagen aus den Modulen 2, 3 und 4.
- Modul 2: Beschreibung des zu bewertenden Arzneimittels und Angaben über die zugelassenen Anwendungsgebiete.
- Modul 3: Angaben zur zweckmäßigen Vergleichstherapie, Angaben zur Anzahl der Patienten, für die ein therapeutisch bedeutsamer Zusatznutzen besteht, Angaben zu den Kosten der Therapie für die gesetzliche Krankenversicherung (GKV), Angaben zu den Anforderungen an eine qualitätsgesicherte Anwendung – jeweils für jedes zu bewertende (Teil-)Anwendungsgebiet des Arzneimittels sowie Angaben zur Erforderlichkeit einer Anpassung des einheitlichen Bewertungsmaßstabes für ärztliche Leistungen (EBM) gemäß § 87 Absatz 5b Satz 5 SGB V.
- Modul 4: Angaben zum medizinischen Nutzen und zum medizinischen Zusatznutzen im Vergleich zur zweckmäßigen Vergleichstherapie sowie Angaben zu den Patientengruppen mit therapeutisch bedeutsamem Zusatznutzen – jeweils für jedes zu bewertende (Teil-)Anwendungsgebiet.
- Modul 5: Nachweis der Dokumente, die für die Aussagen in den Modulen 2 bis 4 herangezogen werden.
- Modul 1 Anhang: Ausgefüllte Checkliste für die Prüfung der formalen Vollständigkeit des Dossiers als Anlage zu Modul 1.

Die Module bauen also aufeinander auf: Modul 5 mit seinen Dokumenten ist die Basis des Dossiers. Die Evidenz aus Modul 5 wird in den Modulen 2–4 strukturiert dargestellt und in Modul 1 zusammengefasst. Damit bildet Modul 1 gewissermaßen die Spitze. Daher auch die Darstellung als Dreieck.

Für die Module 1, 2, 5 und 1 Anhang ist jeweils ein Dokument zu erstellen und einzureichen. Für die Module 3 und 4 ist für jedes zu bewertende (Teil-)Anwendungsgebiet ein Dokument zu erstellen. Daher ist bei der Dossierstrategie auch die Überlegung hinsichtlich der Aufteilung des Anwendungsgebietes sinnvoll (siehe Abschn. 4.4.1).

Die zu bewertenden (Teil-)Anwendungsgebiete erhalten in Modul 2 jeweils eine Kodierung mit den Buchstaben A bis Z, die im Dokument für Modul 2 festgelegt wird und durchgängig für das gesamte Dossier zu verwenden ist.

Interessanterweise gehen nur wenige Abschnitte aus dem Dossier direkt in den Nutzenbewertungsbeschluss ein (Abb. 5.5). Andere dienen der weiteren Begründung

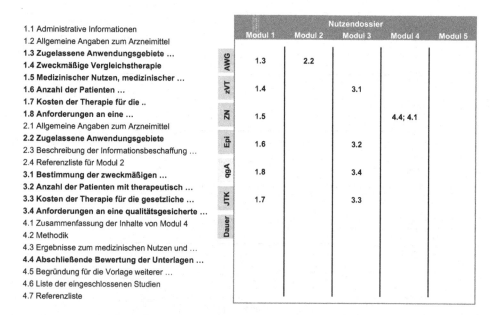

Abb. 5.5 Direkt bewertungsrelevante Dossierabschnitte

(Abschn. 2.3, 2.4, 4.2, 4.3, 4.5–4.7) bzw. haben andere Aufgaben (Abschn. 1.1, 1.2, 2.1 und 3.5). Auf diese direkt bewertungsrelevanten Abschnitte kommt es also an.

Für die Dossierkonzeption wird daher die Dossierstrategie – also Ergebnis der Gap-Analyse und definierte Maßnahmen – mit Blick auf diese bewertungsrelevanten Abschnitte konkretisiert (Abb. 5.6).

Für jeden bewertungsrelevanten Abschnitt stellt sich die Frage, welche Evidenz vorhanden ist, wie sie im Dossier präsentiert werden kann, wie das IQWiG in seiner Dossierbewertung damit umgeht und was der G-BA davon in seinem Beschluss aufgreifen wird (Abb. 5.7).

Andererseits ist alleine die Modulvorlage in leerem Zustand 135 Seiten lang. Und gefüllt meist 500 Seiten oder mehr. Die Dossierkonzeption dient dazu, zu überlegen, was die wesentlichen Kernbotschaften des Dossiers sein sollen und wie diese im Dossier umgesetzt werden, und zwar Abschnitt für Abschnitt.

Mit Blick auf die konkrete Dossiervorlage wird dies gleich deutlicher.

5.2 Allgemeines zum Dossier

Für die Gestaltung des Dossiers hat der G-BA eine Reihe von Regeln definiert, die genau einzuhalten sind. So sind die Module in deutscher Sprache zu erstellen. Und die Struktur der Module einschließlich der Benennung der Abschnitte und Tabellen darf nur

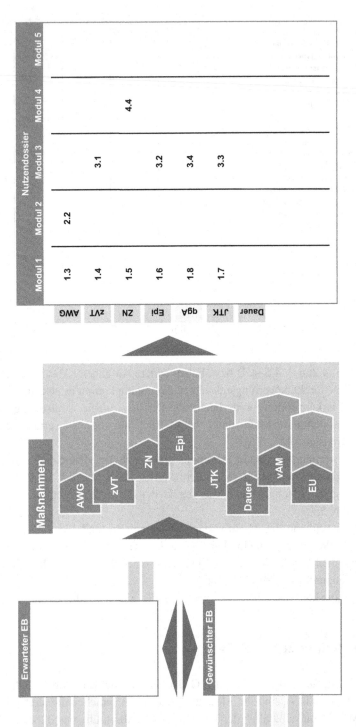

Abb. 5.6 Vorgehen bei der Dossierkonzeption

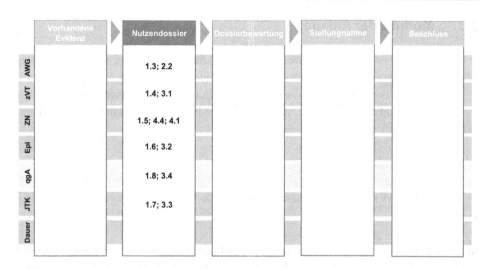

Abb. 5.7 Dossierkonzeption und Dossiererstellung auf der Grundlage der vorhandenen Evidenz

angepasst werden, wenn an der entsprechenden Stelle in der Dokumentvorlage ausdrücklich darauf hingewiesen wird.

Eingereicht werden dann PDF-Dateien. Diese müssen navigierbar sein, das heißt, Verweise auf Abschnitte, Abbildungen und Tabellen innerhalb des jeweiligen Dokuments müssen als Verlinkungen enthalten sein – ähnlich wie Hyperlinks in Internetdokumenten. Auch die Verweise in den Verzeichnissen (Abbildungs-, Inhalts- und Tabellenverzeichnis) müssen Verlinkungen zu den entsprechenden Abbildungen, Abschnitten bzw. Tabellen darstellen. Die Dateiinhalte dürfen auch nicht geschützt werden; die Dokumente müssen elektronisch kommentierbar und die Inhalte elektronisch kopierbar sein. Andernfalls kann der G-BA das Dokument nicht prüfen.

Die Einreichung des Dossiers erfolgt elektronisch. Als Datenträger ist eine DVD zu verwenden. Das Dossier ist in zweifacher Ausfertigung einzureichen, d. h. 2 identische DVDs. Alternativ ist inzwischen eine Einreichung auch über ein Internetportal (https://extern.portal.g-ba.de/) möglich. Nach einer Registrierung lassen sich so Dossiers auch direkt elektronisch versenden – vorausgesetzt die Daten sind insgesamt nicht größer als 5 GB. Nach erfolgtem Upload erhält der pharmazeutische Unternehmer das Upload-Protokoll als Bestätigung per E-Mail.

Die Modulvorlage findet sich in Anlage II.1 bis II.6 des Kap. 5 der Verfahrensordnung. Derzeit gültig ist die Modulvorlage vom 16.03.2018. Sie trat am 06.11.2019 in Kraft und gilt bis 31.03.2020 zunächst parallel zur (alten) Modulvorlage vom 18.04.2013. Die folgenden Ausführungen beziehen sich daher auf die derzeit gültige, dritte Version.

5.3   Modul 2 der Anlage II

In Modul 2 geht es um die allgemeinen Angaben zum Arzneimittel einschließlich des Wirkmechanismus sowie die zugelassenen Anwendungsgebiete (Abb. 5.8).

Es ist – neben dem zusammenfassenden Modul 1 und der Quellensammlung in Modul 5 – das einzige inhaltliche Modul, das selber nicht in einzelne Teilanwendungsgebiete unterteilt ist. Es gliedert sich in folgende Abschnitte:

- allgemeine (administrative) Angaben
- zugelassene Anwendungsgebiete
- Beschreibung der Informationsbeschaffung
- Referenzliste

Insgesamt ist Modul 2 von nicht ganz derselben Bedeutung wie die anderen Module mit Blick auf den Beschluss des G-BA. Lediglich Abschn. 2.2 ist direkt beschlussrelevant – und hier nur die konkrete Formulierung des Anwendungsgebietes (Abb. 5.9).

Den Ausgangspunkt bei der Erstellung von Modul 2 bildet die in Abschn. 5.1.2 erläuterte Konkretisierung des Dossiers. In ihr wurden für jeden Abschnitt die wesentlichen Aussagen zusammengefasst. Daher besteht die Aufgabe jetzt darin, diese wesentlichen Aussagen auszuformulieren.

5.3.1   Allgemeine Angaben zum Arzneimittel (Abschn. 2.1 der Vorlage aus Anlage II)

Die allgemeinen Angaben umfassen folgende administrative Informationen:

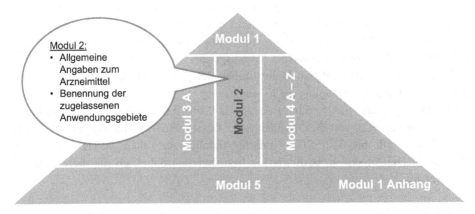

Abb. 5.8 Inhalte von Modul 2 des Dossiers zur Nutzenbewertung nach § 35a SGB V

| Nutzendossier | | | | |
Modul 1	**Modul 2**	Modul 3	Modul 4	Modul 5
AWG 1.3	**2.2**			
zVT 1.4		3.1		
ZN 1.5			4.4; 4.1	
Epi 1.6		3.2		
qgA 1.8		3.4		
JTK 1.7		3.3		
Dauer				

Abb. 5.9 Relevanz von Modul 2 für den Beschluss des G-BA

- Name des Wirkstoffs, Handelsname und ATC-Code für das zu bewertende Arzneimittel
- Pharmazentralnummer (PZN) und Zulassungsnummer des zu bewertenden Arzneimittels sowie Wirkstärke und Packungsgrößen

Hinzu kommen Angaben zum Wirkmechanismus des zu bewertenden Arzneimittels.

Die Darstellung des Wirkmechanismus ist der wichtigste Aspekt in Modul 2. Er biete die Gelegenheit herauszuarbeiten, wodurch sich das neue Arzneimittel von den bisherig zugelassenen Arzneimitteln (oder nicht-pharmakologischen Leistungen) unterscheidet. Damit wird die konzeptionelle Grundlage für die Zusatznutzenargumentation gelegt, indem man zeigt, dass bestimmte Effekte und damit Wirkunterschiede durch den Wirkmechanismus begründet sind und nicht auf Zufall beruhen. Zudem unterstützt der Abschnitt die Herleitung der vergleichbaren Arzneimittel im Rahmen der Vorbereitung der Erstattungsbetragsverhandlung (Abschn. 7.1.3.3).

5.3.2 Zugelassene Anwendungsgebiete (Abschn. 2.2 der Vorlage aus Anlage II)

In dem Abschn. 2.2 sind die Anwendungsgebiete zu benennen, auf die sich das vor-liegende Dossier bezieht. Hierzu ist der genaue Wortlaut der Fachinformation anzu-geben, also des gesamten Textes in Abschn. 4.1 der Fachinformation bzw. der SmPC. Sofern im Abschnitt „Anwendungsgebiete" der Fachinformation Verweise auf andere Abschnitte enthalten sind, sind diese ebenfalls im Wortlaut anzuführen.

Untergliedert die Fachinformation das Anwendungsgebiet in einzelne Teile, dann kann jedes Teilanwendungsgebiet getrennt aufgeführt und eine Kodierung (fortlaufende Bezeichnung mit A bis Z) vergeben werden. Diese Kodierung ist für die übrigen Module des Dossiers entsprechend zu verwenden. Bei Nutzendossiers mit Indikations-erweiterung bietet es sich an, eine fortlaufende Kennzeichnung zu verwenden, d. h. Dossiers für neue Indikationen mit dem nächstfolgenden Buchstaben zu benennen. Also: Das erste Dossier für ein Arzneimittel wird als 3A bzw. 4A bezeichnet, die Indikations-erweiterung (bzw. Neueinreichung nach Fristablauf) als 3B bzw. 4B, etc.

Darüber, wann ein eigenständiges Teilanwendungsgebiet vorliegt, gibt es weder in der Dossiervorlage noch in den gesetzlichen Bestimmungen und Verfahrensordnungen eindeutige Regelungen. Teilweise macht der G-BA hierzu aber Vorgaben im Beratungs-gespräch.

Für jedes Teilanwendungsgebiet ist anzugeben,

- ob eine Anerkennung als Orphan Drug vorliegt,
- wann die Zulassung erteilt wurde und
- wie das Anwendungsgebiet im Dossier kodiert wird.

Falls der pharmazeutische Unternehmer mit seinem Dossier den Nutzen seines bereits zugelassenen Arzneimittels für ein neues Angewendungsgebiet (neue Indikation) erläutern will, sind zusätzlich die weiteren Anwendungsgebiete, für die das Medika-ment bereits früher in Deutschland zugelassen wurde, sowie jeweils das Datum der ent-sprechenden Zulassungserteilung aufzuführen.

5.3.3 Beschreibung der Informationsbeschaffung für Modul 2 (Abschn. 2.3 der Vorlage aus Anlage II)

Die Abschn. 2.1 und 2.2 der Anlage II sind die beiden inhaltlichen Abschnitte von Modul 2. Sie werden vervollständigt durch die eher technischen Abschn. 2.3 und 2.4. So dient Abschn. 2.3 der Anlage II der Beschreibung der Informationsbeschaffung, beantwortet also die Frage, wie die Informationen, die man in den Abschn. 2.1 und 2.2 des Moduls (Wirkmechanismus und Anwendungsgebiete) wiedergegeben hat, beschafft wurden, d. h. die dort genannten Quellen identifiziert wurden. In der Regel sind das in diesem Modul hauptsächlich die Fachinformationen und andere Dokumente der Zulassungsbehörde, es können aber auch weitere Quellen hinzukommen, beispielsweise pharmakologische Studien oder entsprechende Standardwerke.

5.3.4   Referenzliste für Modul 2 (Abschn. 2.4 der Vorlage aus Anlage II)

In Ergänzung dazu enthält Abschn. 2.4 das Quellenverzeichnis für Modul 2. In der Referenzliste sind alle Quellen (z. B. Publikationen), die in den vorhergehenden Abschnitten angegeben wurden, als fortlaufend nummerierte Liste aufzuführen. Hierzu ist ein üblicher Zitierstil zu verwenden; die RIS-Datei des Literaturverzeichnisses ist auch in Modul 5 abzulegen. Daher sollte für die Dossiererstellung immer ein anerkanntes Literaturverwaltungsprogramm verwendet werden, mit dem Referenzen erstellt und Literaturverzeichnisse automatisch generiert und aktualisiert werden können.

5.3.5   Änderungen durch die Vorlage vom 18.04.2013 gegenüber der Vorlage vom 20.01.2011

Gegenüber der ersten Version der Modulvorlage entfällt mit der Vorlage vom 18.04.2013 der Abschn. 2.2.3 (Zulassungsstatus international). Diese Angabe ist vermutlich tatsächlich für die Bewertung eines Zusatznutzens von untergeordneter Bedeutung.

Neu eingeführt wurde dagegen in Tab. 2–3 (Zugelassene Anwendungsgebiete, auf die sich das Dossier bezieht) die Spalte „orphan (ja/nein)". Diese Angabe erhöht die Transparenz, auch wenn es schon bisher verschiedene weitere Stellen im Dossier gibt, in denen man diese Information vermerken sollte, beispielsweise der Abschn. 3.1 Zweckmäßige Vergleichstherapie.

5.3.6   Änderungen durch die Vorlage vom 18.08.2018 gegenüber der Vorlage vom 18.04.2013

Gegenüber der Vorlage vom 18.04.2013 entfällt in der Version vom 18.08.2019 im Abschn. 2.1.2, also den Angaben zum Wirkmechanismus, die Abgrenzung zwischen dem Wirkmechanismus des zu bewertenden Arzneimittels gegenüber anderen in Deutschland bereits zugelassenen Arzneimitteln. Vor dem Hintergrund, dass Modul 2 bisher in der Nutzenbewertung nur eine untergeordnete Rolle zukommt, erscheint diese Änderung nicht weiter von Belang.

Andererseits ist die Unterscheidung im Wirkmechanismus häufig ursächlich dafür, dass das zu bewertende Arzneimittel sich von den anderen in Deutschland bereits zugelassenen Arzneimitteln in seiner Wirksamkeit in patientenrelevanten Endpunkten unterscheidet und einen Zusatznutzen aufweist. Für die Klarheit der Zusatznutzen-argumentation ist dieser Abschnitt also sehr wichtig, da er begründet, wieso ein gezeigter Vorteil nicht zufällig auftritt, sondern seine Ursache in pharmakologischen Unter-schieden hat.

5.4   Modul 3 der Anlage II

In Modul 3 (Abb. 5.10) geht es um

- die zweckmäßige Vergleichstherapie,
- die Anzahl der Patienten mit therapeutisch bedeutsamem Zusatznutzen,
- die Kosten der Therapie für die GKV,
- die Anforderungen an eine qualitätsgesicherte Anwendung sowie
- die Erforderlichkeit einer Anpassung des einheitlichen Bewertungsmaßstabes für ärzt-liche Leistungen (EBM).

Jeder der ersten vier Abschnitte in Modul 3 korrespondiert mit einem Abschnitt aus dem Beschluss des G-BA (Abb. 5.11). Der Abschn. 3.5 mit der Anpassung des EBM-Katalogs geht über die Darstellung der Jahrestherapiekosten in Abschn. 3.3 nur indirekt in den Beschluss ein, da über die Anpassung des EBM-Katalogs nicht der G-BA entscheidet, sondern der Bewertungsausschuss.

Modul 3 ist, genauso wie Modul 4, getrennt nach Teilanwendungsgebieten zu erstellen (Modul 3A, 3B etc.).

Wie schon bei Modul 2 folgt auch Modul 3 der Dossierkonzeption (siehe Abschn. 5.1) und den darin für jeden Abschnitt zusammengefassten wesentlichen Aus-sagen. Daher besteht die Aufgabe jetzt darin, diese wesentlichen Aussagen auszu-formulieren und herzuleiten.

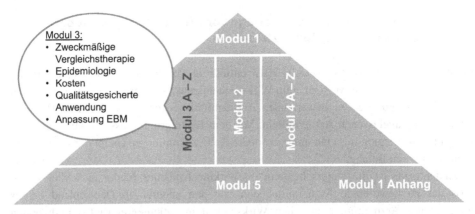

Abb. 5.10 Inhalte von Modul 3 des Dossiers zur Nutzenbewertung nach § 35a SGB V

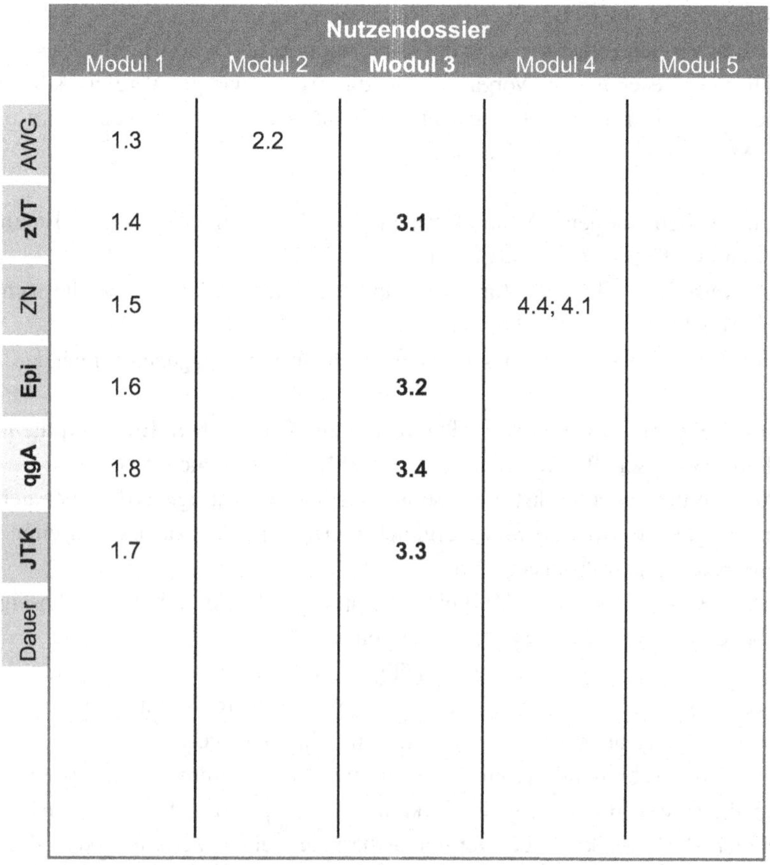

| | Nutzendossier | | | | |
	Modul 1	Modul 2	**Modul 3**	Modul 4	Modul 5
AWG	1.3	2.2			
zVT	1.4		**3.1**		
ZN	1.5			4.4; 4.1	
Epi	1.6		**3.2**		
qgA	1.8		**3.4**		
JTK	1.7		**3.3**		
Dauer					

Abb. 5.11 Relevanz von Modul 3 für den Beschluss des G-BA

5.4.1 Bestimmung der zweckmäßigen Vergleichstherapie (Abschn. 3.1 der Vorlage aus Anlage II)

Der erste Abschnitt von Modul 3 handelt von der zweckmäßigen Vergleichstherapie, die eine Doppelrolle spielt: Sie ist Vergleichsmaßstab der Bestimmung des Zusatznutzens und wichtiger Maßstab für die Erstattungsbetragsverhandlung. Deshalb ist die Festsetzung der zweckmäßigen Vergleichstherapie eine der wichtigsten Bestandteile des G-BA Beschlusses. Und deshalb kommt der Bestimmung der zweckmäßigen Vergleichstherapie im Dossier so große strategische Bedeutung zu.

Zur Bestimmung der zweckmäßigen Vergleichstherapie kann der pharmazeutische Unternehmer ein Beratungsgespräch mit dem G-BA führen (siehe Abschn. 4.5). Etwaige Aussagen des G-BA im Beratungsgespräch haben aber nur vorläufigen Charakter, d. h. die endgültige Festlegung der zweckmäßigen Vergleichstherapie erfolgt erst mit dem Beschluss des G-BA über die Nutzenbewertung. Nicht zuletzt deshalb ist die zweckmäßige Vergleichstherapie eine der Dimensionen des G-BA-Beschlusses.

Gemäß den gesetzlichen Vorgaben ist die zweckmäßige Vergleichstherapie zu bestimmen nach Maßstäben, die sich aus den internationalen Standards der evidenzbasierten Medizin ergeben. So muss sie

- eine nach dem allgemein anerkannten Stand der medizinischen Erkenntnisse zweckmäßige Therapie im Anwendungsgebiet sein,
- vorzugsweise eine Therapie, für die Endpunktstudien vorliegen und die sich in der praktischen Anwendung bewährt hat,
- soweit nicht Richtlinien oder das Wirtschaftlichkeitsgebot dagegen sprechen.

Dabei ist es möglich, dass mehrere Alternativen zur Wahl stehen. Eine Verpflichtung, in diesem Fall die wirtschaftlichere Therapie zu wählen, besteht nicht (mehr).

Für Arzneimittel einer Wirkstoffklasse ist unter Berücksichtigung der oben genannten Kriterien die gleiche zweckmäßige Vergleichstherapie heranzuziehen, um eine einheitliche Bewertung zu gewährleisten.

Bei der Bestimmung der Vergleichstherapie sind die schon in Abschn. 4.5.3 beschriebenen vier Kriterien zu berücksichtigen.

Inwieweit ein Arzneimittel als zweckmäßige Vergleichstherapie auch erstattungsfähig sein muss, wird in der Verfahrensordnung nicht explizit festgelegt; aus der Formulierung von Kriterium 2 wird aber deutlich, dass dies implizit vorausgesetzt wird.

Aufgrund der sehr detaillierten Kriterien für die Bestimmung der zweckmäßigen Vergleichstherapie sollte es eigentlich keine Rolle spielen, ob der pharmazeutische Unternehmer die zweckmäßige Vergleichstherapie selber herleitet oder dafür eine Beratung durch den G-BA in Anspruch nimmt. Noch dazu ist ein Beratungsgespräch mit einem nicht unerheblichen Aufwand an Zeit und Kosten verbunden. Dennoch zeigt die Erfahrung: Es kann vorkommen, dass der G-BA der vom pharmazeutischen Unternehmer selbst bestimmten zweckmäßigen Vergleichstherapie nicht folgt. Daher ist es inzwischen Standard, die zweckmäßige Vergleichstherapie und ggf. weitere Fragen in einem Beratungsgespräch mit dem G-BA vorab zu klären (siehe Abschn. 4.5). Teilt der pharmazeutische Unternehmer nicht die Festlegung durch den G-BA, muß er nach Ansicht des BSG die abweichende Position immer im Dossier darlegen, da der G-BA keine Amtsermittlungspflicht hat (Abschn. 2.3).

Aber auch dann steht die Festsetzung der zweckmäßigen Vergleichstherapie aus Sicht des G-BA immer unter dem Vorbehalt des medizinischen Fortschritts (siehe hierzu Abschn. 4.5.1.1).

Im Abschn. 3.1 der Modulvorlage „Bestimmung der zweckmäßigen Vergleichstherapie" ist die zweckmäßige Vergleichstherapie als erstes einmal zu benennen. Sollte der G-BA mehrere gleichwertige Alternativen als zweckmäßige Vergleichstherapie bestimmt haben – etwa: *Wirkstoff A oder Wirkstoff B oder Wirkstoff C* – so ist dies der richtige Abschnitt im Dossier, den im Dossier gewählten Komparator – also beispielsweise *Wirkstoff B* – zu konkretisieren und zu begründen.

Für die Wahl der zweckmäßigen Vergleichstherapie interessiert insbesondere, ob ein Beratungsgespräch mit dem G-BA zu diesem Thema stattgefunden hat. In diesem Fall sind weitere Details zu dem Beratungsgespräch anzugeben sowie das Ergebnis der Beratung. Das Protokoll der Beratung ist dann auch unbedingt in der Referenzliste aufzuführen und in Modul 5 abzulegen.

Hat kein Beratungsgespräch stattgefunden oder folgt der pharmazeutische Unternehmer nicht der vom G-BA festgesetzten zweckmäßigen Vergleichstherapie (sic!), besteht anschließend die Möglichkeit, die gewählte zweckmäßige Vergleichstherapie herzuleiten. Hierzu werden erst die vorhandenen Therapieoptionen in der Indikation aufgeführt und dann die Kriterien 1 bis 4 für das Anwendungsgebiet durchgeprüft und so die gewählte zweckmäßige Vergleichstherapie begründet.

Schließlich ist noch die Informationsbeschaffung zu beschreiben und die Referenzliste anzufügen.

5.4.2 Anzahl der Patienten mit therapeutisch bedeutsamem Zusatznutzen (Abschn. 3.2 der Vorlage aus Anlage II)

Der nächste Abschnitt der Anlage II, die Angaben zur Epidemiologie der Zielpopulation, geht ebenfalls direkt in den Beschluss des G-BA ein.

Der G-BA macht in seiner Modulvorlage kaum konkrete Vorgaben zur Methodik der Herleitung. Das IQWiG schweigt in seinem Methodenpapier hierzu komplett aus. Hieraus ergibt sich ein methodischer Freiraum. Dieser macht es umso wichtiger, das eigene Vorgehen plausibel zu begründen und nachvollziehbar darzustellen. Die Erfahrung zeigt, dass das IQWiG und der G-BA in Ermangelung eigener Daten dem pharmazeutischen Unternehmer nicht selten folgen.

Die einzige Ausnahme sind Konstellationen, in denen der G-BA in einer Nutzenbewertung für dieselbe Indikation schon einen Beschluss über die Epidemiologie getroffen hat. In diesem Fall folgt er (fast) immer seinem früheren Beschluss, sodass sich eigentlich zukünftig eine detaillierte Herleitung der Epidemiologie erübrigt.

In dem Abschn. 3.2. der Modulvorlage sind mit Blick auf die Zielpopulation folgende Angaben erforderlich:

- Krankheitsbild (Zielpopulation)
- Therapeutischer Bedarf
- Prävalenz und Inzidenz in Deutschland
- Anzahl der Patienten für die GKV
- Anzahl der Patienten mit therapeutisch bedeutsamem Zusatznutzen
- Beschreibung der Informationsbeschaffung
- Referenzliste

Die einzelnen Angaben in Abschn. 3.2 der Modulvorlage stehen in einem engen inhaltlichen Zusammenhang zueinander: Ausgehend vom in Abschn. 2.1 der Anlage II
definierten Anwendungsgebiet der Erkrankung wird der therapeutische Bedarf in diesem
Anwendungsgebiet erläutert, der trotz der bestehenden Therapiemöglichkeiten noch
ungedeckt ist und durch das zu bewertende Arzneimittel nun zumindest teilweise gedeckt
werden kann – denn genau dies ist mit der Vorstellung eines Zusatznutzens verbunden.

Startpunkt des Abschn. 3.2 ist die Beschreibung der Erkrankung und der Zielpopulation, also der typischen Patienten im zugelassenen Anwendungsgebiet des zu
bewertenden Arzneimittels. Bei der Beschreibung der Erkrankung interessieren den
G-BA zum einen die Ursachen und der natürliche Verlauf der Erkrankung, zum anderen
anerkannte Klassifikationsschemata für die Erkrankung. Dabei ist der natürliche Verlauf
der Erkrankung wichtig für die Bewertung des Therapieeffekts, bieten Klassifikationsschemata doch Ansatzpunkte für Subgruppenbetrachtungen. Dabei ist keine epische
Breite der Darstellung gefordert, vielmehr eine Konzentration auf die Zielpopulation.

Auf der Beschreibung der Erkrankung baut der therapeutische Bedarf in der Zielpopulation auf. Hierbei handelt es sich um den Bedarf, der aus der Erkrankung resultiert
– unabhängig davon, ob schon Behandlungsmöglichkeiten bestehen. Konkret: Heilung
der Erkrankung, Linderung der Symptome, etc. Von besonderem Interesse ist natürlich
der noch ungedeckte Bedarf, der trotz der bisher schon vorhandenen medikamentösen
und auch nichtmedikamentösen Behandlungsmöglichkeiten verbleibt. Wichtig: Der
Bedarf beschränkt sich nicht auf die vier Endpunktkategorien der frühen Nutzenbewertung – Mortalität, Morbidität, Lebensqualität und unerwünschte Ereignisse,
sondern kann beispielsweise auch in geringer Patientenzufriedenheit/unzureichende
Compliance, Mangel an zugelassenen Arzneimitteln, patientengerechte Darreichungsformen etc. bestehen. Zugleich ist an dieser Stelle auch zu zeigen, inwieweit das zu
bewertende Arzneimittel den therapeutischen Bedarf decken kann. Hierbei werden nicht
die erst in Modul 4 darzustellenden endpunktbezogenen Ergebnisse vorweggenommen,
sondern der spezifische therapeutische Ansatz beschrieben und erklärt, wie dieser den
gerade beschriebenen, noch ungedeckten therapeutischen Bedarf zukünftig deckt. Es
geht also um eine genaue klinische Argumentation.

In einem weiteren Schritt fragt der G-BA nach Angaben zur Epidemiologie der
Erkrankung in Deutschland, und zwar genau für die Personen, für die das zu bewertende
Arzneimittel zugelassen ist (bzw. für die Teilpopulation, die in diesem Modul 3 dar-
gestellt wird, falls mehrere Module 3 für unterschiedliche Teilpopulationen vorgelegt
werden). Letztlich interessiert den G-BA, wie viele Patienten für eine Behandlung
mit dem zu bewertenden Arzneimittel infrage kommen. Da sich Inzidenz (also die
Zahl der in einem Jahr neu Erkrankten) und Prävalenz (also die Zahl der zu einem
Zeitpunkt schon neu bzw. noch immer Erkrankten) häufig unterscheiden, sollte der
pharmazeutische Unternehmer im Dossier auch begründen, welche Zahl (Inzidenz oder
Prävalenz) die Zahl der zu Behandelnden besser beschreiben kann. Dies hängt sehr
stark von der Art der Therapie ab: bei einer akuten Infektion stellt die Inzidenz eine gute
Annäherung dar, bei einer lebenslangen Dauertherapie vermutlich eher die Prävalenz.

Ebenfalls von Interesse sind in diesem Zusammenhang auch Angaben zur Häufigkeit von Krankheitsstadien, Subgruppen oder Krankheitsformen mit einem besonders hohen therapeutischen Bedarf. Zudem wünscht der G-BA auch eine Prognose über Änderungen, die hinsichtlich der Epidemiologie in den nächsten fünf Jahren zu erwarten sind.

Häufig gibt es in der Epidemiologie für die Zielpopulation keine verlässlichen, eindeutigen Zahlen in der gewünschten Genauigkeit und mit Bezug auf Deutschland. Es gibt auch kein „Schema F". Die Modulvorlage ist an dieser Stelle flexibel. Daher ist man in diesem Abschnitt darauf angewiesen, seinen eigenen Ansatz zu entwickeln und zu begründen, z. B. mittels Annahmen die gewünschten Zahlen zu ermitteln, also beispielsweise hochzurechnen, Angaben aus anderen Ländern auf Deutschland umzurechnen, etc. In der Regel gibt es dabei nicht „den" richtigen Ansatz. Und die Verfügbarkeit epidemiologischer Daten steht nicht selten in inversem Zusammenhang mit der Anzahl bestehender Therapiemöglichkeiten: Je weniger Therapiemöglichkeiten, desto ungenauer die Epidemiologie und je mehr Therapiemöglichkeiten schon vorhanden und damit je geringer der verbleibende therapeutische Bedarf, desto besser nicht selten die Datenlage. Andererseits: Die hier beschriebene Herausforderung haben pharmazeutische Unternehmer und damit auch der G-BA ganz häufig im Rahmen der frühen Nutzenbewertung, gerade wenn es um ganz neue Therapieansätze geht. Wichtig sind daher im Dossier drei Punkte:

- Annahmen transparent und damit nachvollziehbar machen; Unsicherheiten ggf. mit Spannen quantifizieren
- möglichst offizielle Statistiken verwenden, z. B. vom Statistischen Bundesamt, dem Bundesversicherungsamt (Daten zum Morbi-RSA) oder auch aus alten Beschlüssen des G-BA
- unterschiedliche Wege der Herleitung bzw. der Plausibilisierung verwenden

Weiterhin will der G-BA noch wissen, für wie viele Patienten in der GKV das zu bewertende Arzneimittel gemäß Zulassung infrage kommt, denn diese Zahl steht später im Beschluss. Diese Patientenzahl wird im Dossier auch als „Zielpopulation" bezeichnet. Sie wird häufig aus der zuvor geschilderten Epidemiologie abgeleitet, indem die errechnete Patientenzahl mit dem Anteil der GKV-Versicherten in der Bevölkerung multipliziert wird. Dabei wird unterstellt, dass der Anteil der GKV-Versicherten in der konkreten Erkrankung dem der allgemeinen Bevölkerung entspricht. Aber auch hier gilt: Begründete Abweichungen sind erlaubt und Unsicherheiten lassen sich über Spannen quantifizieren.

Schließlich werden noch die Ergebnisse zum Zusatznutzen mit den Zahlen zur Zielpopulation verknüpft. Das Resultat wird als Anzahl der (GKV-)Patienten mit therapeutisch bedeutsamem Zusatznutzen ebenso in diesem Abschnitt vermerkt.

Wie immer in Modul 3 endet auch der Abschn. 3.2. mit einer Beschreibung der Informationsbeschaffung und einer Referenzliste. Bei der Informationsbeschaffung erwartet der G-BA insbesondere eine Begründung, welche Quellen herangezogen wurden und wie diese identifiziert wurden. Die Recherche sollte mit den üblichen Angaben nachvollziehbar gemacht werden (Suchbegriffe, Datenbanken/Suchober-flächen, Datum der Recherche, Aus- und Einschlusskriterien sowie aus- und ein-geschlossene Quellen). Wurde eine systematische bibliografische Literaturrecherche durchgeführt, ist sie vollständig zu dokumentieren, also sowohl die Recherchewege als auch die Ergebnisse zu nennen. Eine systematische Recherche ist aber keine Pflicht!

Zusätzlich fordert der G-BA auch, die Qualität und Repräsentativität der verwendeten Quellen zu diskutieren.

5.4.3 Kosten der Therapie für die gesetzliche Krankenversicherung (Abschn. 3.3 der Vorlage aus Anlage II)

Auch die Kosten der Therapie für die GKV gehen direkt in den Beschluss des G-BA ein. Das Besondere an den Kosten ist, dass die vom G-BA festgestellten Kosten der zweckmäßigen Vergleichstherapie in einer Situation ohne festgestellten Zusatznutzen auch die gesetzliche Preisobergrenze für die Preisverhandlung bilden sollen. Damit hat dieser Abschnitt im Dossier eine sehr große Bedeutung!

Und auch zu diesem Thema macht das Methodenpapier des IQWiG – wie schon bei der Epidemiologie – keine Vorgaben. Der G-BA beschreibt dagegen in seiner Vor-lage detailliert, in welchen Schritten die Kosten herzuleiten sind. Die Beschreibung in der Dossiervorlage ist aber nicht erschöpfend; dennoch hat sich hierzu nach acht Jahren eine deutliche Praxis zu vielen Aspekten etabliert, die formal gesehen nicht detailliert geregelt sind. Und auch hier gilt die schon zitierte BSG-Feststellung der fehlenden Amtsermittlungspflicht des G-BA.

Das Grundprinzip der Kostendarstellung in der Dossiervorlage besteht darin, die Kosten erst pro (Behandlungs-)Tag darzustellen und sie dann auf die Behandlungsdauer hochzurechnen, und zwar aus der Perspektive der GKV unter der Annahme einer mög-lichst wirtschaftlichen Verordnung.

Die wichtigsten Prinzipien hierbei sind:

- Kostenebene sind die Kosten der GKV, d. h. Apothekenverkaufspreis abzüglich gesetzlicher Zwangsrabatte; steht der Wirkstoff unter Festbetrag so wird dieser angesetzt – unabhängig vom tatsächlichen Verkaufspreis, jedoch bei Generika abzüg-lich des Generikazwangsrabatts. Individuelle Rabattverträge sind nicht relevant, genauso wenig wie die Zuzahlung des Patienten.
- Grundsätzlich wird immer eine Dauertherapie unterstellt, sofern die Fachinformation keine konkrete zeitliche Begrenzung der Therapie vorgibt.
- Es wird immer die wirtschaftlichste Packung bzw. die wirtschaftlichste Packungs-kombination verwendet; Reimporte sind nicht relevant.

- Bei einer Dosierung nach Körpergewicht oder Körperoberfläche wird der der zugelassenen Population entsprechende Wert aus dem (aktuellen) Mikrozensus angesetzt.

Im Grundsatz fordert die Dossiervorlage, die Herleitung der Jahrestherapiekosten nach dem Prinzip „Dreisatz" transparent darzustellen – und zwar für das zu bewertende Arzneimittel und für alle Alternativen der zweckmäßigen Vergleichstherapie. Die Dossiervorlage geht dabei von einem Arzneimittel als zweckmäßige Vergleichstherapie aus. Bei nichtmedikamentösen Verfahren ist analog vorzugehen, ohne dass die Vorlage dies weiter spezifiziert.

Für die grundsätzliche Darstellung macht die Dossiervorlage folgende Vorgaben zur Kostendarstellung:

In einem ersten Schritt ist die Behandlungsdauer gefragt. Dazu ist anzugeben, in welchem Modus die Behandlung anfällt, z. B. kontinuierlich, in Zyklen, je Episode oder bei Bedarf. Zudem sind die Anzahl der Behandlungen pro Patient pro Jahr sowie die Behandlungsdauer je Behandlung in Tagen zu nennen. Das Produkt aus beidem (Anzahl Behandlungen und Behandlungstage je Behandlung) ergibt die Anzahl der Behandlungstage pro Jahr. Unterscheiden sich die Behandlungstage je Jahr (z. B. weniger Behandlungstage in Jahr 2), so sollte dies an dieser Stelle im Dossier erläutert werden, damit der G-BA dies in seinem Beschluss auch berücksichtigen kann.

Ist die Gesamttherapiedauer zeitlich begrenzt (also keine Dauertherapie), so ist dies entsprechend anzugeben und gut zu begründen. Der G-BA geht grundsätzlich von einer zeitlich unbegrenzten Dauertherapie aus und weist in seinem Beschluss die Kosten für ein Jahr aus. Ist die Gesamttherapiedauer aber zeitlich begrenzt (beispielsweise auf 15 Monate), sollte die Darstellung ebenfalls die jahresbezogenen Unterschiede aufzeigen.

Der Verbrauch für das zu bewertende Arzneimittel und die zweckmäßige(n) Vergleichstherapie(n) ermittelt sich ebenfalls nach dem Prinzip „Dreisatz": Also Anzahl der oben ermittelten Behandlungstage mal durchschnittlichem Verbrauch pro Behandlungstag ergibt den durchschnittlichen Verbrauch pro Patient über die Behandlungsdauer.

Im nächsten Schritt geht es darum, die verbrauchte Menge Arzneimittelwirkstoff in Packungen umzurechnen, und zwar mit der wirtschaftlichsten Packungsgröße (bzw. der optimalen Packungskombination). Sofern Packungen nicht ganz aufgebraucht werden können, muss auf die entsprechend nächste Packung aufgerundet werden, es wird also unterstellt, dass eine einmal angebrochene Packung nach Behandlungsende vernichtet wird. Und die Packungen sind mit den tatsächlichen Kosten der GKV zu bepreisen, d. h. die den Krankenkassen tatsächlich entstehenden Kosten unter Abzug der gesetzlich vorgeschriebenen Rabatte nach § 130 und § 130a SGB V, jedoch ohne kassenindividuelle Rabattregelungen (Rabatte nach § 130a Absatz 8 SGB V). Preis pro Packung mal Anzahl der Packungen pro Patient und Jahr ergibt schließlich die Kosten pro Patient und Jahr.

Ergänzt werden diese Kosten um die Kosten für zusätzlich notwendige GKV-Leistungen. Das sind solche Leistungen, die notwendig regelhaft mit dem Einsatz des zu bewertenden Arzneimittels bzw. der zweckmäßigen Vergleichstherapie einhergehen. Basis hierfür sind nach der Dossiervorlage die Vorgaben in der Fach- oder Gebrauchsinformation. Dabei sind nur die notwendigen GKV-Leistungen relevant, bei denen regelhaft Unterschiede bei der notwendigen Inanspruchnahme zwischen dem zu bewertenden Arzneimittel und der zweckmäßigen Vergleichstherapie bestehen.

Die Summe aus Kosten des Arzneimittels und Kosten für zusätzlich notwendige GKV-Leistungen ergibt dann die eigentlichen Jahrestherapiekosten. Diese sind pro Patient anzugeben; Gesamtkosten für alle Versicherten in der GKV (im Sinne eines Budget Impact) sind nicht gefordert.

Wichtig sind hierbei zwei Punkte: Erstens weicht das in der Dossiervorlage verwendete Kostenkonzept deutlich vom Kostenbegriff ab, wie es in der Gesundheitsökonomie etabliert ist. So werden keineswegs alle (direkten) Kosten der GKV berücksichtigt, die mit dem Einsatz eines Arzneimittels einhergehen, sondern nur die notwendig regelhaft nach Fach- oder Gebrauchsinformation anfallenden.

Zweitens hat das Landessozialgericht Berlin-Brandenburg in seinem inzwischen vom BSG aufgehobenen Urteil zu Linaclotid (siehe Abschn. 2.3) genau diesen Punkt mit Verweis auf das Wirtschaftlichkeitsprinzip als nicht korrekt verworfen und darauf hingewiesen, dass sehr wohl auch alle weiteren der GKV entstehenden Kosten zu berücksichtigen seien. Das Urteil des LSG BB hat sich aber bislang noch nicht in den Beschlüssen des G-BA niedergeschlagen.

Der letzte inhaltliche Abschnitt gilt den Versorgungsanteilen. Sachlich gehört er eigentlich zu Abschn. 3.2 der Modulvorlage, da dies ein epidemiologisches Thema behandelt und kein ökonomisches. Unabhängig davon interessiert den G-BA, welche Kosten durch das zu bewertende Arzneimittel insgesamt erwartet werden. Zur Ermittlung der erwarteten Versorgungsanteile sind die aktuelle Epidemiologie, die derzeit gegebene Versorgungssituation, Kontraindikationen mit dem zu bewertenden Arzneimittel, erwartete Raten an Therapieabbrüchen, Patientenpräferenzen, etc. anzugeben. Naturgemäß fällt eine solche Angabe schwer, gerade da es sich bei der frühen Nutzenbewertung ja um eine Frühbewertung handelt und das zu bewertende Arzneimittel i. d. R. gerade erst in den Markt eingeführt werden soll. Aber Achtung: Zu Beginn der Erstattungsbetragsverhandlung muss der pharmazeutische Unternehmer seine erwarteten Absatzmengen dem GKV-SV mitteilen (siehe Abschn. 7.1.3.2). Diese Angaben müssen natürlich konsistent zu den Angaben im Dossier zu den Versorgungsanteilen sein.

Im Abschn. 3.3 der Modulvorlage wird an mehreren Stellen gefordert, Spannen anzugeben, wenn dies an den entsprechenden Stellen zutrifft. Mit diesen Spannen ist in den nachfolgenden Tabellen konsequent weiterzurechnen, sodass daraus Angaben für Jahrestherapiekosten pro Patient und für die GKV insgesamt mit einer Unter- und Obergrenze resultieren.

Noch zwei Anmerkungen zum Abschluss:

Zum ersten fällt auf, dass sich Dossierbewertung des IQWiG und Beschluss des G-BA hinsichtlich der Jahrestherapiekosten nicht selten unterscheiden. Und das liegt nicht nur daran, dass der G-BA den aktuellen Preisstand der Produkte zum Zeitpunkt des Beschlusses verwendet, den das IQWiG noch nicht kennen kann. Auch unterscheiden sich die Ansichten beider Institutionen nicht unwesentlich hinsichtlich der Relevanz von zusätzlichen GKV-Leistungen, aber auch sonst in der Kostenberechnung. Ähnliches gilt für die Epidemiologie. Das hat zur Konsequenz, dass der pharmazeutische Unternehmer in seinem Stellungnahmeverfahren zwar das Vorgehen des IQWiG kommentieren kann, diese Stellungnahme aber ins Leere läuft, da schon die entsprechenden Bewertungsergebnisse für den G-BA weitgehend irrelevant scheinen.

Diese Konsequenz ist eng mit der zweiten Anmerkung verknüpft. Immer wieder lassen sich Jahrestherapiekostenbeschlüsse des G-BA nicht plausibel nachvollziehen, da hier offensichtlich Fehler unterlaufen sind. Erkennbar ist das an entsprechenden Änderungsbeschlüssen des G-BA, mit denen eine fehlerhafte Kostendarstellung korrigiert wird. Daher ist es sinnvoll, den Beschluss nicht zuletzt hinsichtlich der Kostendarstellung zu überprüfen und den G-BA ggf. auf festgestellte Unstimmigkeiten hinzuweisen.

5.4.4 Anforderungen an eine qualitätsgesicherte Anwendung (Abschn. 3.4 der Vorlage aus Anlage II)

Die Anforderungen an eine qualitätsgesicherte Anwendung gehen ebenfalls in den Beschluss des G-BA ein. Auch hierzu schweigt sich das Methodenpapier des IQWiG aus.

In diesem Abschnitt der Modulvorlage sind folgende Angaben gefragt:

- Anforderungen aus der Fach- und Gebrauchsinformation
- Bedingungen für das Inverkehrbringen und den sicheren und wirksamen Einsatz des Arzneimittels, Informationen zum Risk-Management-Plan sowie weitere Anforderungen an eine qualitätsgesicherte Anwendung

Hierzu werden Angaben aus entsprechenden Dokumenten der Zulassungsbehörde zusammengefasst, d. h. aus der Fach- und Gebrauchsinformation sowie aus dem EPAR (Annex IIb, Annex IV, Risk-Management-Plan).

Die Anforderungen an eine qualitätsgesicherte Anwendung lassen sich in Anlehnung an den Qualitätsbegriff von Donabedian in Struktur-, Prozess- und Ergebnisqualität unterscheiden.

Konkret ist bei den Anforderungen aus der Fach- und Gebrauchsinformation Folgendes darzustellen: Qualifikation des medizinischen Personals sowie erforderliche Infrastruktur als Teile der Strukturqualität. Hinsichtlich der Prozessqualität sind Angaben zu Anforderungen an die Diagnostik, Behandlungsdauer und Überwachungsmaßnahmen zu wiederholen. Zudem wird nach zu beachtenden Interaktionen mit anderen Arzneimitteln oder Lebensmitteln gefragt. Bestehen hinsichtlich dieser Aspekte abweichende Anforderungen an bestimmte Patientengruppen mit therapeutisch bedeutsamem Zusatznutzen, sind diese ebenfalls darzustellen – sowie die verwendeten Quellen.

Die Bedingungen für das Inverkehrbringen beziehen sich auf den Annex IIb des European Assessment Reports (EPAR) mit dem Titel: *Bedingungen der Genehmigung für das Inverkehrbringen.* Diese Bedingungen werden an dieser Stelle in Modul 3.4 wiederholt und abweichende Anforderungen für Patientengruppen mit therapeutisch bedeutsamem Zusatznutzen ergänzt, sowie die verwendeten Quellen.

Analog beziehen sich die Angaben zu Bedingungen oder Einschränkungen für den sicheren und wirksamen Einsatz des Arzneimittels ebenfalls auf den EPAR, nur dass es sich hier um den Annex IV handelt, also *Bedingungen oder Einschränkungen für den sicheren und wirksamen Einsatz des Arzneimittels, die von den Mitgliedsstaaten umzusetzen sind.* Bestehen abweichende Anforderungen für Patientengruppen mit therapeutisch bedeutsamem Zusatznutzen, so sind diese wiederum zu erläutern – ebenso die verwendeten Quellen.

In dem Abschnitt Informationen zum Risk-Management-Plan geht es schließlich um die in der Zusammenfassung des *EU-Risk-Management-Plan* vorgeschlagenen Maßnahmen zur Risikominimierung („proposed risk minimization activities"). Der Risk-Management-Plan ist ebenfalls Teil des EPAR. Auch hier sind, soweit vorhanden, abweichende Anforderungen für Patientengruppen mit therapeutisch bedeutsamem Zusatznutzen sowie die verwendeten Quellen zu nennen.

Schließlich noch der Punkt der „weiteren Anforderungen an eine qualitätsgesicherte Anwendung": In diesem Abschnitt sind weitergehende Angaben zur Anwendung zu machen, z. B. zur Dauer eines Therapieversuchs, zu den Kriterien und dem Vorgehen beim Absetzen der Therapie und ggf. notwendige Verlaufskontrollen. Bestehen abweichende Anforderungen für Patientengruppen mit therapeutisch bedeutsamem Zusatznutzen, so sind diese auch hier zu erläutern.

Insgesamt bleibt der Nutzen dieser Darstellung zur qualitätsgesicherten Anwendung insoweit offen, als nur bekannte und behördlich abgestimmte Informationen wiederholt werden. Und diese Informationen sind für alle Beteiligten (insbesondere Behörden, Ärzte und Patienten) sowieso verbindlich – unabhängig davon, was von diesen Angaben im Dossier und im Beschluss des G-BA aufgegriffen wird. Insofern bleibt die tiefere Absicht hinter der in diesem Abschnitt geforderten Darstellung unklar – sieht man von der gesetzlichen Vorgabe in §35 Abs. 1 Satz 4 SGB V ab, dass der Beschluss des G-BA Anforderungen zur qualitätsgesicherten Anwendung umfassen soll. Nur: Diese Anforderungen bestehen unabhängig von der Feststellung des G-BA, da schon die Vorgaben der Zulassung für den Anwender bindend sind.

Und: Im Dossier sind nur Angaben zur qualitätsgesicherten Anwendung des zu bewertenden Arzneimittels zu machen, nicht aber zu denen der zweckmäßigen Vergleichstherapie!

5.4.5 Angaben zur Prüfung der Erforderlichkeit einer Anpassung des einheitlichen Bewertungsmaßstabes für ärztliche Leistungen (EBM) gemäß §87 Absatz 5b Satz 5 SGB V (Abschn. 3.5 der Vorlage aus Anlage II)

Der Abschn. 3.5 wurde erst mit der aktuellen Version der Modulvorlage eingeführt. Bis dahin bestand das Problem, dass bei einzelnen neuen Arzneimitteln aufgrund der Fachinformation zusätzliche ärztliche Leistungen erforderlich waren, die bislang nicht im EBM-Katalog enthalten waren.

Für die verordnenden Ärzte ergab sich dadurch die Herausforderung, zur zulassungsgerechten Anwendung eines Arzneimittels Leistungen erbringen zu müssen, deren Vergütung unklar war. Gleichzeitig war der G-BA-Beschluss hinsichtlich der Jahrestherapiekosten unvollständig, da die Kosten für solche Leistungen nicht quantifiziert werden konnten. Vor diesem Hintergrund ist eine Änderung des § 87 Absatz 5b SGB V durch das Gesetz zur Stärkung der Arzneimittelversorgung in der GKV (GKV-Arzneimittelversorgungsstärkungsgesetz – AMVSG) vom 13.05.2017 zu sehen. Diese Gesetzesänderung sieht vor, dass der einheitliche Bewertungsmaßstab für ärztliche Leistungen (EBM) zeitgleich mit dem Beschluss des G-BA über die frühe Nutzenbewertung anzupassen ist, sofern die Fachinformation des Arzneimittels zu seiner Anwendung eine zwingend erforderliche Leistung vorsieht, die eine Anpassung des EBM für ärztliche Leistungen erforderlich macht. Und als Folge sind diese zusätzlichen Kosten im Beschluss des G-BA zu berücksichtigen.

Erste wichtige Angabe in Abschn. 3.5 ist eine Tabelle, in der alle ärztlichen Leistungen aufzulisten sind, die in der Fachinformation in Zusammenhang mit der Anwendung des Arzneimittels genannt werden. Dies umfasst folgende Angaben:

- eine Bezeichnung der ärztlichen Leistung,
- das entsprechende Zitat aus der Fachinformation
- und eine Einstufung, ob es sich um eine zwingend erforderliche Leistung handelt.

Achtung: Die Liste der zwingend erforderlichen Leistungen sollte den Angaben in Abschn. 3.3 der Modulvorlage entsprechen.

Als Nächstes ist zu begründen, welche dieser Leistungen bislang nicht oder nicht vollständig im aktuell gültigen EBM abgebildet sind. Für diese Leistungen bittet der G-BA nun um detaillierte Informationen zu Art und Umfang der Leistung, z. B.

- Indikation für die ärztlichen Leistung
- Häufigkeit der Durchführung
- Relevante Patientenpopulationen
- Arbeits- und Prozessschritte
- Informationsquellen zur Beschreibung der Arbeits- und Prozessschritte

Der Abschn. 3.5 endet mit der obligaten Referenzliste.

Mit Einführung des Abschn. 3.5 überträgt der G-BA dem pharmazeutischen Unternehmer die Aufgabe, den Bewertungsausschuss mit den erforderlichen Informationen zu versorgen, damit dieser parallel zur Nutzenbewertung eine Entscheidung über die Anpassung des EBM trifft. Diese Aufgabe erfordert eine enge Zusammenarbeit zwischen pharmazeutischem Unternehmer und der entsprechenden medizinischen Fachgesellschaften.

5.4.6 Änderungen mit der Vorlage vom 18.04.2013 gegenüber der Vorlage vom 20.01.2011

Bezogen auf Modul 3 gliedern sich die Änderungen mit der Vorlage vom 18. April 2013 wie folgt:

- In Abschn. 3.1. (zweckmäßige Vergleichstherapie) und 3.4. (qualitätsgesicherte Anwendung) gibt es keine relevanten Änderungen.
- In Abschn. 3.2. (Epidemiologie) wird klargestellt, dass sich die Angaben auf Patienten pro Jahr beziehen sollen. Zudem ist bei der Ermittlung der Anteil der GKV-Versicherten die vom BMG herausgegebene Quelle *Gesetzliche Krankenversicherung – Kennzahlen und Faustformeln* heranzuziehen. Weiterhin wird darauf hingewiesen, dass alle Annahmen und Kalkulationsschritte darzustellen und zu begründen sind; bei Unsicherheiten sollten geeignete Spannen verwendet werden. Schließlich wird die Literaturrecherche für diesen Abschnitt näher erläutert. Danach kann eine systematische Literaturrecherche optional durchgeführt werden, muss dann aber entsprechende formale Anforderungen erfüllen. Weiterhin sind möglichst offizielle Quellen zu benutzen sowie Quellen, deren Aussagen möglichst repräsentativ für Deutschland sind.
- In Abschn. 3.3 (Kosten) beziehen sich die Änderungen auf sowieso schon praktizierte Vorgehensweisen: Rechnen mit Spannen, Beibehalten der Spannen über die weiteren Rechenschritte, Darstellung für ein Jahr sofern keine Behandlungshöchstdauer angegeben ist, und Verwendung möglichst wirtschaftlicher Packungen und Packungsgrößen.

5.4.7 Änderungen durch die Vorlage vom 18.08.2018 gegenüber der Vorlage vom 18.04.2013

Die 2018 beschlossenen Änderungen zu Modul 3 beziehen sich wiederum auf die Abschnitte Epidemiologie und Kosten sowie dem neuen Abschn. 3.5.

Hinsichtlich der Epidemiologie soll sich die Herleitung der Patientenzahl über Sekundärdatenanalysen möglichst nach den aktuellen Fassungen der Leitlinien *Gute*

Praxis Sekundärdatenanalyse, Gute Epidemiologische Praxis und STROSA, dem Berichtsformat für Sekundärdatenanalyse richten. Und eine Einschränkung auf ambulant zu behandelnde Patienten entfällt zukünftig.

Hinsichtlich der Kostendarstellung sind nun auch dann Angaben zu den Kosten des Arzneimittels zu machen, wenn dieses nicht über die Apotheke vertrieben wird, sondern beispielsweise ausschließlich im Krankenhaus. Die Angabe der (ohnehin wenig aussagefähigen) Jahrestherapiekosten auf Populationsebene entfällt zukünftig. Und zur besseren Nachvollziehbarkeit der Berechnungen von Kosten und Epidemiologie sollen möglichst Excel-Dateien beigelegt werden.

5.5 Modul 4 der Anlage II

Modul 4 handelt über den medizinischen Nutzen, den medizinischen Zusatznutzen und Patientengruppen mit therapeutisch bedeutsamem Zusatznutzen. Letztlich geht aber nur Abschn. 4.4., *Abschließende Bewertung der Unterlagen zum Nachweis des Zusatznutzens,* in den Beschluss des G-BA ein (Abb. 5.12).

Alle anderen Abschnitte und damit der Hauptteil von Modul 4 dienen „lediglich" dazu, die Aussagen von Abschn. 4.4 herzuleiten und zu belegen (Abb. 5.13). Zudem verfügt Modul 4 über eine eigene Zusammenfassung, Abschn. 4.1.

Insgesamt gliedert sich Modul 4 in die Abschnitte (Abb. 5.14):

- Zusammenfassung
- Methodik
- Ergebnisse zum Zusatznutzen
- Abschließende Bewertung des Zusatznutzens
- Begründung für weiterer Unterlagen
- Liste der eingeschlossenen Studien

Hinzu kommen neben der Referenzliste die Anhänge zu Modul 4, konkret:

- Suchstrategien – bibliografische Literaturrecherche (Anhang 4-A) bzw. Suche in Studienregistern (Anhang 4-B)
- ausgeschlossene Volltexte (bibliografische Literaturrecherche; Anhang 4-C bzw. Suche in Studienregistern; Anhang 4-D)
- Methodik der eingeschlossenen RCT (Anhang 4-E)
- Verzerrungspotenzial der eingeschlossenen Studien (Anhang 4-F)

Ziel des ganzen Moduls 4 ist es, die Wirksamkeit des zu bewertenden Arzneimittels gegenüber der zweckmäßigen Vergleichstherapie darzustellen und so die Grundlage für den wichtigsten Abschnitt im Beschluss des G-BA zu legen: Die Entscheidung über den Zusatznutzen (Abb. 5.12).

| | Nutzendossier | | | | |
	Modul 1	Modul 2	Modul 3	Modul 4	Modul 5
AWG	1.3	2.2			
zVT	1.4		3.1		
ZN	1.5			4.4; 4.1	
Epi	1.6		3.2		
qgA	1.8		3.4		
JTK	1.7		3.3		
Dauer					

Abb. 5.12 Relevanz von Modul 4 für den Beschluss des G-BA

Modul 4 ist, genauso wie Modul 3, getrennt nach Anwendungsgebieten zu erstellen, also Modul 4A, 4B etc.

Die in Modul 4 geforderten Darlegungen sind sachlich und formal von einiger Komplexität. Als Unterstützung für die Systematisierung und Gliederung der Argumentation wird im Folgenden daher Abschnitt für Abschnitt erläutert, welche Aspekte in welcher Reihenfolge zur Darstellung kommen sollten.

5.5.1 Zusammenfassung der Inhalte von Modul 4

Im ersten Abschnitt von Modul 4 (Abschn. 4.1 der Modulvorlage) soll eine strukturierte Zusammenfassung der Inhalte des Moduls geliefert werden. Sie sollte gegliedert sein in die Aspekte:

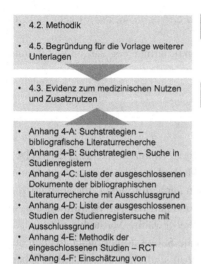

Abb. 5.13 Aufbau von Modul 4

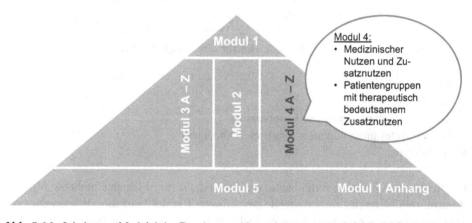

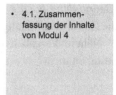

Abb. 5.14 Inhalte von Modul 4 des Dossiers zur Nutzenbewertung nach § 35a SGB V

- Fragestellung
- Datenquellen
- Ein-/Ausschlusskriterien
- methodisches Vorgehen
- (Einzel-)Ergebnisse zum Zusatznutzen
- Schlussfolgerungen zum Zusatznutzen

Dabei beziehen sich die ersten vier Aspekte auf Abschn. 4.2., der 5. Aspekt auf Abschn. 4.3. und der 6. Aspekt auf Abschn. 4.4. Umgekehrt gesagt: Abschn. 4.5.

(Begründung für die Vorlage weiterer Unterlagen und Surrogatendpunkte) geht nicht in die Zusammenfassung ein.

Nähere Vorgaben oder Einschränkungen zur Strukturierung der Zusammenfassung bestehen nicht.

5.5.2 Methodik

Die frühe Nutzenbewertung ist eine Form des *Health Technology Assessments* (HTA), also der systematischen Bewertung medizinischer Methoden. Die Systematik bedingt, vorab die Vorgehensweise festzulegen und dieser dann auch zu folgen – unabhängig von den Ergebnissen. Dies impliziert ein zweistufiges Vorgehen bei der Bewertung der so präsentierten Evidenz: Erstens eine Bewertung, ob die gewählte Methodik adäquat für das zugrundeliegende Problem ist und zweitens, welche Schlussfolgerungen aus den auf Basis dieser Methodik ermittelten Ergebnissen zu ziehen sind. Eine eigenständige Überprüfung der Ergebnisse entfällt damit bzw. beschränkt sich darauf, ob sie unter korrekter Anwendung der definierten Methodik zustande kamen. Andererseits: Ist die Methodik schon falsch gewählt, können die Ergebnisse auf keinen Fall relevant sein. Niemals! Deshalb ist der Abschnitt zur Methodik so wichtig.

Ausgangspunkt für die Methodik ist die Definition der Fragestellung, die mit dem Nutzendossier beantwortet werden soll. Hierfür gibt es das sog. PICOS-Schema, also:

- **P**atientenpopulation
- **I**ntervention
- Vergleichstherapie (englisch: **C**omparator)
- Patientenrelevante Endpunkte (englisch: **O**utcomes)
- **S**tudientypen

Es gilt also eine Frage zu formulieren, die genau diese fünf Elemente umfasst: Welchen Zusatznutzen bietet das zu bewertende Arzneimittel **I** in der Indikation **P** gegenüber der Therapie **C** bei den patientenrelevanten Endpunkten **O** in geeigneten Studien (**S**)?

Noch eine Bemerkung zu den Studientypen: Das PICOS-Schema macht hierzu keine Einschränkung; die zulässigen Studientypen sind vom pharmazeutischen Unternehmer an dieser Stelle selber festzulegen. Die Dossiervorlage geht aber von randomisierten, kontrollierten Studien (RCTs) als dem Standardfall aus – und präferiert diesen Studientyp zweifellos, da er die zuverlässigsten Aussagen ermöglicht.

Um nun Studien darauf hin zu überprüfen, ob sie für diese Fragestellung geeignet sind, werden sogenannte Ein- und Ausschlusskriterien definiert. Eine Studie gilt nur dann als geeignet, wenn sie mindestens ein Einschlusskriterium erfüllt und kein Ausschlusskriterium vorliegt. Die Kriterien korrespondieren mit den einzelnen Aspekten der Fragestellung, können sich aber noch auf weitere Aspekte erstrecken, z. B. die Art der Veröffentlichung der verwendeten Sprache, etc. (Abb. 5.15).

	Einschlusskriterium	Ausschlusskriterium
Kriterium 1 (P)	• Die Patienten sind von der Indikation P umfasst	• Mehr als 20% der Patienten der Studie bzw. einer stratifizierten Subgruppe sind <u>nicht</u> von der Indikation P umfasst
Kriterium 2 (I)	• Die Patienten im Interventionsarm werden mit dem zu bewertenden Arzneimittel I entsprechend der Zulassung behandelt	• Mehr als 20% der Patienten im Interventionsarm werden <u>nicht</u> mit dem zu bewertenden Arzneimittel I entsprechend der Zulassung behandelt
Kriterium 3 (C)	• Die Patienten im Kontrollarm werden mit dem Komparator C entsprechend der Zulassung behandelt	• Mehr als 20% der Patienten im Kontrollarm werden <u>nicht</u> mit dem Komparator C entsprechend der Zulassung behandelt
Kriterium 4 (O)	• Es wird mindestens ein patientenrelevanter Endpunkt berichtet	• Es wird <u>kein</u> patientenrelevanter Endpunkt berichtet
Kriterium 5 (S)	• Die randomisierte, kontrollierte Phase der Studie dauert mindestens 6 Monate	• Die randomisierte, kontrollierte Phase der Studie dauert <u>nicht</u> mindestens 6 Monate
Kriterium 6		• Studie ausschließlich als Abstract publiziert
...		

Abb. 5.15 Beispielhafte Ein- und Ausschlusskriterien

Die Ein- und Ausschlusskriterien dienen dazu, recherchierte Studien auf ihre Relevanz hin zu überprüfen. Die Recherche selber ist redundant angelegt und erfolgt in vier Richtungen: Studienberichte des pharmazeutischen Unternehmers, publizierte Studien, Studienergebnisse in Studienregistereinträgen und Suche auf der Internetseite des G-BA. Hintergrund für die letzte „Suchrichtung": Es ist möglich, im Rahmen der frühen Nutzenbewertung noch nicht publizierte Daten einzubringen. Mit dieser Suchrichtung soll sichergestellt werden, dass nicht schon in anderen, früheren Nutzenbewertungsverfahren Daten eingebracht wurden, die für das nun anstehende Verfahren auch relevant sein könnten, aber mit keiner anderen Suchrichtung gefunden werden können.

Wichtig: Es geht an dieser Stelle im Dossier nicht darum, die Ergebnisse der Suche zu beschreiben – das ist Aufgabe von Abschn. 4.3. Im Methodenteil in Abschn. 4.2 geht es „nur" darum zu beschreiben, wie der pharmazeutische Unternehmer vorgegangen ist.

Für Studien des pharmazeutischen Unternehmers im Anwendungsgebiet macht der G-BA keine Vorgabe zum Vorgehen bei der Suche – festgelegt ist nur, dass alle Zulassungsstudien sowie alle Studien, an denen der pharmazeutische Unternehmer Sponsor ist oder anderweitig finanziell beteiligt ist, aufgeführt werden sollen.

Für die bibliografische Literaturrecherche gibt der G-BA hingegen vor,

- wann die Literatursuche frühestens durchgeführt werden soll (frühestens drei Monate vor Einreichung des Dossiers),
- welche Datenbanken mindestens zu durchsuchen sind (Medline, Embase, Cochrane Clinical Trials)
- wie die Suchstrategie aufgebaut und beschrieben werden soll (in Blöcken, getrennt nach den fünf Elementen des PICOS-Schemas),
- welche Filter dabei zu verwenden sind (aktuelle, validierte) und
- wie die Suchergebnisse zu dokumentieren sind (entsprechend Anhang 4-A).

Ähnliche Vorgaben macht der G-BA für die Suche in Studienregistern:

- wann die Suche in Studienregistern frühestens durchgeführt werden soll (frühestens drei Monate vor Einreichung des Dossiers),
- welche Register mindestens zu durchsuchen sind (clincialtrials.gov, EU Clinical Trials, Klinische Prüfungen PharmNet.Bund, International Clinical Trials Registry Platform Search Portal),
- wie die Suchstrategie aufgebaut und beschrieben werden soll (adaptiert für das jeweilige Studienregister) und
- wie die Suchergebnisse zu dokumentieren sind (entsprechend Anhang 4-B).

Und für die Suche auf der Internetseite des G-BA gilt:

- Die Suche ist immer nach dem zu bewertenden Arzneimittel durchzuführen; sofern indirekte Vergleiche vorgesehen sind, auch nach dem Komparator.
- Auch hier soll die Recherche nicht älter als drei Monate sein; eine Dokumentation der Recherche ist aber nicht erforderlich.

Daran schließt sich die Selektion der Suchergebnisse an, konkret das Verfahren des Ausschlusses aller Quellen, die nicht relevant sind. Also: Überprüfung der Suchergebnisse auf die Erfüllung von Ausschlusskriterien, Abgleich mit den Ergebnissen einer zweiten Person, die diese Überprüfung unabhängig von der ersten durchführt, und Klärung von Abweichungen zwischen den beiden Personen.

Ein weiterer wichtiger methodischer Aspekt bezieht sich auf die Bewertung der Aussagekraft der gefundenen Evidenz. Hierzu müssen mögliche Einflussfaktoren identifiziert werden, die die Ergebnisse auf Studien- oder auch auf Endpunktebene verzerren. Bei der Verzerrung auf Studienebene geht es darum, inwieweit die Studien dem Ideal einer doppelblinden, randomisierten und kontrollierten Studie entsprechen und ob es weitere Anhaltspunkte für eine verzerrte Berichterstattung gibt. In seiner Dossiervorlage macht der G-BA schon detaillierte Vorgaben für die Prüfung der Verzerrung, sodass diese im Regelfall einfach übernommen werden können; falls nicht, ist dies genau zu begründen. Insgesamt sollte die Methodik auf jeden Fall darauf ausgerichtet sein, das Verzerrungspotenzial als entweder hoch oder niedrig zu klassifizieren – denn darauf ist auch die Methodik u. a. des IQWiG ausgerichtet.

Der letzte Abschnitt in dem Methodenkapitel beschreibt schließlich die Informationssynthese und -analyse, also die Darstellung der Evidenz aus den Studien. Hierbei sind verschiedene Aspekte zu berücksichtigen:

- Zur Beschreibung des Designs und der Methodik der eingeschlossenen Studien empfielt der G-BA, das CONSORT-Statement zu verwenden, bzw. analoge Berichtsstandards für nicht-randomisierte Studien.
- Es sind grundsätzlich für jede eingeschlosse Studie alle patientenrelevanten Endpunkte und deren jeweilige Operationalisierung zu berichten. Welche Endpunkte als patientenrelevant angesehen werden, ist an dieser Stelle im Dossier anzugeben. Das gilt auch für Endpunkte, die als validierte Surrogate als patientenrelevante Endpunkte angesehen werden.
- Weist mehr als eine Studie relevante Ergebnisse auf, so sind die Ergebnisse wenn möglich metaanalytisch zusammenzufassen. Auch hierfür macht der G-BA entsprechend detaillierte methodische Vorschläge, die im Regelfall übernommen werden können.
- Gleiches gilt für Sensitivitätsanalysen, Subgruppenanalysen und indirekte Vergleiche. Für jeden dieser Aspekte ist das Vorgehen zu erläutern, wobei der G-BA in der Dossiervorlage schon einen Vorschlag macht und das Abweichen hiervon entsprechend begründet werden muss.

So weit zur Methodik – nun zur Anwendung!

5.5.3 Ergebnisse zum medizinischen Nutzen und zum medizinischen Zusatznutzen

In der frühen Nutzenbewertung geht es im Kern um das Ausmaß des Zusatznutzens. Dieser wird in Abschn. 4.3 der Modulvorlage hergeleitet. Die Darstellung folgt den methodischen Vorgaben aus dem Abschn. 4.2 der Modulvorlage. Gleichzeitig finden sich in Abschn. 4.3 noch eine Reihe weiterer Ausfüllhinweise des G-BA, die die Hinweise aus Abschn. 4.2 ergänzen.

Wie schon weiter oben erwähnt, bevorzugt der G-BA RCTs. Daher werden im ersten Teil von Abschn. 4.3, also 4.3.1, die Ergebnisse aus RCTs dargestellt und nur dann, wenn der pharmazeutische Unternehmer noch weitere Evidenz hinzuziehen möchte, kann er diese im Abschn. 4.3.2 analog darstellen. Im Fokus stehen aber auf jeden Fall RCTs.

Abschn. 4.3.1 der Modulvorlage folgt in seinem Aufbau der Abfolge der methodischen Aspekte. Als erstes sind daher die Ergebnisse der Informationsbeschaffung gefragt, um den Pool der relevanten RCTs zu bestimmen. Hierzu sind zum ersten die RCTs des pharmazeutischen Unternehmers mit dem zu bewertenden Arzneimittel aufzulisten. Die Auflistung umfasst folgende Angaben:

- Bezeichnung der Studie
- Zulassungsstudie
- pharmazeutischer Unternehmer als Sponsor der Studie
- Status der Studie
- Studiendauer
- Studienarme

Die Auflistung der Studien darf nicht älter als drei Monate sein.

In einer weiteren Tabelle ist für alle vorgenannten Studien des pharmazeutischen Unternehmers anzugeben, wenn sie nicht (!) für die frühe Nutzenbewertung berücksichtigt werden. Hierbei werden die oben festgelegten Ausschlusskriterien verwendet (Abb. 5.15).

Zum zweiten gehen in den Studienpool die Studien aus der bibliografischen Literaturrecherche ein. Das Vorgehen der bibliografischen Literaturrecherche wird im Abschnitt 4-A der Modulvorlage detailliert dokumentiert, die Studienselektion im Abschnitt 4-C. In Abschn. 4.3. der Modulvorlage genügt daher ein Flussdiagramm, aus dem folgende Angaben hervorgehen:

- Datum der Suche
- Anzahl der Treffer
- Anzahl der Duplikate
- Anzahl der in Titel/Abstract geprüften Treffer und der auf dieser Grundlage ausgeschlossenen Treffer
- Anzahl der im Volltext geprüft Treffer und der auf dieser Grundlage ausgeschlossenen Treffer
- Anzahl der verbleibenden, relevanten Publikationen und Studien

Zudem ist das Datum der bibliografischen Literatursuche anzugeben; die letzte Recherche soll nicht mehr als drei Monate vor Frist zur Dossiereinreichung liegen, damit sie noch aktuell ist.

Dritter Bestandteil des Studienpools ist die Suche in Studienregistern. Zur Dokumentation der Suche dient Abschnitt 4-B der Modulvorlage, zur Dokumentation der Selektion Abschnitt 4-D.

Die Ergebnisse der Suche in Studienregistern ist wiederum als Tabelle der relevanten Studien darzustellen. Hierzu werden für jede Studie folgende Angaben benötigt:

- Bezeichnung der Studie
- Fundstelle
- Studie schon in Liste der Studien des pharmazeutischen Unternehmers enthalten
- Studie schon in der bibliografischen Recherche enthalten
- Status der Studie

Das Datum der Recherche in Studienregistern ist ebenfalls anzugeben; die letzte Recherche soll ebenso nicht mehr als drei Monate vor Frist zur Dossiereinreichung liegen, damit sie noch aktuell ist.

Schließlich noch die Suche auf den Internetseiten des G-BA. Hier geht es um folgende Angaben:

- Bezeichnung der Studie
- Fundstelle
- Studie schon in Liste der Studien des pharmazeutischen Unternehmers enthalten
- Studie schon in der bibliografischen Recherche enthalten
- Studie schon in der Studienregistersuche enthalten

Achtung: Das IQWiG prüft diese Suchen (bibliografisch, Studienregister, G-BA). Kommt es zu abweichenden Ergebnissen, wirft dies Zweifel an der Qualität des Dossiers auf; fehlen sogar relevante Studien, kann das Dossier unvollständig sein!

Der anschließende Abschnitt der Modulvorlage dient als Synopse des resultierenden Studienpools. „Studienpool" meint eine vollständige Liste aller Studien, die der Nutzenbewertung zugrundeliegen, also relevant im Sinne der Ein- und Ausschlusskriterien sind. Sie besteht wiederum aus einer Tabelle mit folgenden Angaben:

- Bezeichnung der Studie
- Zulassungsstudie
- pharmazeutischer Unternehmer als Sponsor der Studie
- Studie Dritter
- Studienbericht vorhanden
- Registereintrag der Studie
- Publikation bzw. Studie auf der Internetseite des G-BA

Für die Nutzenbewertung werden nun alle Studien hinsichtlich Studiendesign und Studienpopulation dargestellt. Hierzu dienen insgesamt drei Tabellen.

In der ersten Tabelle sind die Studien des Studienpools mittels folgender Angaben zu charakterisieren:

- Bezeichnung der Studie
- Studiendesign
- relevante Charakteristika der Studienpopulation
- Anzahl der randomisierten Patienten
- Studiendauer
- Ort und Zeitraum der Studiendurchführung
- primärer Endpunkt und patientenrelevante sekundäre Endpunkte

Die zweite Tabelle beschreibt die Studienarme detaillierter mit folgenden Angaben:

- Bezeichnung der Studie
- Behandlung je Studienarm
- weitere Behandlungscharakteristika (z. B. Vorbehandlung, Behandlung in der Run-in-Phase, etc.)

Mit der dritten Tabelle wird dann schon die tatsächliche Studienpopulation erläutert. Hierzu werden für jeden Studienarm (!) folgende Angaben gemacht:

- Bezeichnung der Studie und des Behandlungsarms
- Anzahl der in diesen Studienarm randomisierten Patienten
- Alter der Patienten
- Geschlechtsverteilung
- weitere relevante Charakteristika der Studienpopulation

Diese drei Tabellen sind eine Kurzfassung der ausführlicheren Darstellung der Studienmethodik in Abschnitt 4-E.

Über diese tabellarischen Angaben hinaus benötigt der G-BA an dieser Stelle noch drei weitere Informationen:

- A priori geplante oder von Zulassungsbehörden geforderte Datenschnitte
- Unterschiede hinsichtlich Design und Population zwischen den Studien des Studienpools
- Übertragbarkeit der Ergebnisse der Studie(n) auf den Versorgungsalltag in Deutschland

Faktoren für die Übertragbarkeit können beispielsweise sein:

- Ist die Studienpopulation mit der typischen Patientenpopulation in Deutschland vergleichbar?

- Entspricht die Intervention (z. B. hinsichtlich Dosierung, Begleitmedikation, Behandlungssetting) dem Alltag in Deutschland? Wie ist es bei der Kontrollgruppe (zweckmäßige Vergleichstherapie!)?
- Sind die Endpunkte so erfasst wie in der Versorgung in Deutschland üblich? – Sind also beispielsweise beim Endpunkt Hospitalisierung die Regeln für eine Krankenhauseinweisung in der Studie mit dem Vorgehen in Deutschland vergleichbar?

Bestehen Unterschiede zwischen Studienprotokoll und Versorgungsrealität in Deutschland, dann ist es wichtig herauszuarbeiten, wieso diese möglichst nicht die Übertragbarkeit der Ergebnisse beeinflussen.

Nächstes Thema der Studiendarstellung ist die Verzerrung auf Studienebene. Hierzu dient im Detail die Anlage 4-F, eine zusammenfassende Einschätzung ist aber schon in Abschn. 4.3 anzugeben. Die entsprechende Tabelle fordert für jede Studie folgende Angaben:

- Bezeichnung der Studie
- adäquate Randomisierung
- Verdeckung der Gruppenzuteilung
- Verblindung der Patienten
- Verblindung der Behandelnden
- Berichterstattung ergebnisunabhängige
- andere potenziell verzerrende Aspekte
- Gesamtergebnis des Verzerrungspotenzials der Studie

Eine Begründung für die jeweilige Einschätzung ist ausschließlich für das Gesamtergebnis des Verzerrungspotenzials anzugeben; zu den weiteren Angaben genügt die Begründung in Anlage 4-F.

Damit sind die Vorarbeiten so weit abgeschlossen, um nun die Ergebnisse aus den Studien des Studienpools darzustellen. Als erstes ist hierzu eine Tabelle mit den patientenrelevanten Endpunkten entsprechend der in Abschn. 4.2. gemachten Angaben zu erstellen und dann in der Tabelle je Studie anzugeben, welche patientenrelevanten Endpunkte in der jeweiligen Studie berichtet werden, und zwar differenziert in die unterschiedlichen Endpunktkategorien Mortalität, Morbidität, Lebensqualität, Verträglichkeit.

Im Anschluss daran sind dann die Ergebnisse je Endpunkt nach einem festen Schema zu beschreiben:

- Operationalisierung des Endpunktes je Studie
- Bewertung des Verzerrungspotenzials je Endpunkt und je Studie
- Ergebnisdaten je Studie
- (sofern möglich) Metaanalyse der Ergebnisdaten

Operationalisierung des Endpunktes je Studie meint, mittels welcher Verfahren der Endpunkt in der Studie tatsächlich erhoben wurde, wie das Verfahren validiert wurde und ob Schwellenwerte für klinisch relevante Unterschiede definiert sind.

Das Vorgehen zur Bewertung des Verzerrungspotenzials auf Endpunktebene gleicht dem auf Studieebene: Die eigentliche Bewertung ist in Abschnitt 4-F vorzunehmen und zu begründen, und die Ergebnisse in Abschn. 4.3. der Modulvorlage in folgender Tabelle zusammenzufassen:

- Bezeichnung der Studie
- Verzerrungspotenzial auf Studienebene (s. o.)
- Verblindung der Endpunkterheber
- adäquate Umsetzung des ITT-Prinzips
- ergebnisunabhängige Berichterstattung
- keine sonstigen Aspekte
- Gesamtergebnis: Verzerrungspotenzial des Endpunktes

Das Gesamtergebnis zum Verzerrungspotenzial dieses Endpunktes ist für jede Studie zusätzlich auch im Text zu begründen.

Achtung: Das Verzerrungspotenzial eines Endpunktes kann nicht geringer sein als das der Studie insgesamt. Hat die Studie schon ein hohes Verzerrungspotenzial, dann ist der Endpunkt ebenfalls potenziell hoch verzerrt. Hat die Studie dagegen ein geringes Verzerrungspotenzial, kann der Endpunkt dennoch hoch verzerrt sein, je nachdem, wie er erhoben und berichtet wird.

Zur Darstellung der Ergebnisdaten je Studie ist ebenfalls eine Tabelle zu verwenden, nur gibt der G-BA hier kein festes Tabellenformat vor. Das Format der Darstellung hängt vielmehr von den Besonderheiten der Studie und des Endpunktes ab. Es gibt aber einige Grundsätze, die der G-BA festgelegt hat:

- Die Ergebnisse sind getrennt für jede Studie zu berichten.
- Relevant sind grundsätzlich die Ergebnisse der ITT-Analyse, also der Patienten, die in die Studie eingeschlossen und für die Behandlung vorgesehen waren, unabhängig davon, ob sie die Behandlung am Ende auch erhalten haben; basiert die Auswertung auf einer anderen Population (z. B. Safety-Population), so muss das entsprechend kenntlich gemacht werden.
- Die Zahl der Patienten, die in die Analyse eingegangen sind, sind ebenfalls anzugeben; die Ergebnisse sind pro Behandlungsgruppe (Behandlungsarm) getrennt zu berichten, und zwar als Effektschätzer mit zugehörigem Standardfehler.
- Handelt es sich bei dem Endpunkt um eine Verlaufsbeobachtung, werden Werte zu Studienbeginn und Studienende inklusive Standardabweichung benötigt.
- Bei dichotomen Endpunkten sind die Anzahlen und Anteile pro Gruppe sowie das relative Risiko, der Odds-Ratio und die absolute Risikoreduktion anzugeben.

- Bei Überlebenszeitanalysen soll die Kaplan–Meier-Kurve einschließlich Angaben zu den Patienten unter Risiko im Zeitverlauf (zu mehreren Zeitpunkten) abgebildet werden.
- Für andere Endpunkte sind entsprechende andere Maße gefordert.
- Schließlich sind Angaben darüber zu machen, welche statistischen Methoden verwendet wurden, inklusive der Angabe der Faktoren, nach denen ggf. adjustiert wurde.
- Bei unterschiedlichen Bebachtungszeiten je Behandlungsgruppe sind geeineten Analysen, z. B. Überlebenszeitanalysen, zu verwenden.
- Für patientenberichtete Endpunkte sind auch die Werte im Studienverlauf für den G-BA relevant.
- Zu den unerwünschten Ereignisse ist die Gesamtrate der UE zu berichten, die Gesamtrate an schwerwiegenden UE (SUE), die Gesamtrate an Abbrüchen wegen UE, Gesamtraten an UE differenziert nach Schweregrad, als unerwünschte Ereignisse von besonderem Interesse a priori definierte Ereignisse. Die jeweiligen Gesamtraten sind zusätzlich nach Organsystem und Einzelereignis zu differenzieren, wobei der G-BA hier gewisse Relevanzschwellen definiert hat.

Zur Vereinfachung ist es dabei möglich, die Ergebnisse zu den unerwünschten Ereignissen auch als Anhang zu Modul 4 (nicht zu Modul 5) anzufügen, d. h. die Daten zwar im Dossier zu veröffentlichen, aber dabei Originalformat der Auswertung durch das Statistikprogramm.

Viele dieser Angaben sind aber schon im Studienbericht vorhanden, müssen also daraus „nur" übertragen werden. Ggf. fehlen auch noch Werte, die nicht standardmäßig im Studienbericht enthalten sind. Genauso ist es möglich, dass in der Studie auch Patienten enthalten sind, die nicht durch das zugelassene Anwendungsgebiet abgedeckt sind. In diesem Fall ist die Analyse um die entsprechenden Patienten zu bereinigen, da den G-BA nur die Ergebnisse für das Anwendungsgebiet interessieren.

Anschließend sollen die Ergebnisse der einzelnen Studien im Studienpool, soweit möglich und sinnvoll, in einer Metaanalyse zusammengefasst und beschrieben werden, da der G-BA am Ende den Zusatznutzen des zu bewertenden Anwendungsgebietes anhand des jeweiligen Endpunktes beurteilt. Und hierfür kommt es darauf an, wie hoch der Effekt über alle Studien ist.

Voraussetzung für eine Metaanalyse ist sowohl die medizinische (z. B. Patientengruppen) als auch die methodische (z. B. Studiendesign) Vergleichbarkeit der Studien. Daher ist jeweils zu begründen, warum eine Metaanalyse durchgeführt wurde oder warum eine Metaanalyse nicht durchgeführt wurde bzw. warum einzelne Studien ggf. nicht in die Metaanalyse einbezogen wurden. Sofern die vorliegenden Studien für eine Metaanalyse geeignet sind, sollen die Metaanalysen als Forest-Plot dargestellt werden. Die Darstellung soll ausreichende Informationen zur Einschätzung der Heterogenität der Ergebnisse zwischen den Studien in Form von geeigneten statistischen Maßzahlen enthalten. Die Übertragbarkeit der Metaanalyse auf den deutschen Versorgungskontext ist ebenfalls zu diskutieren.

Soweit zu den Ergebnissen der Studie und ihrer Darstellung auf Ebene der Studien-population. Häufig ist es so, dass sich in Krankheitsbildern bestimmte Subgruppen unterscheiden lassen. Die indikationsbezogenen Subgruppenmerkmale sind auch schon in Abschn. 3.2.1. der Dossiervorlage beschrieben. Da es sein kann, dass sich die Studienergebnisse – und damit möglicherweise auch der Zusatznutzen – je nach Sub-gruppe unterscheiden, fordert der G-BA die Ergebnisse je Endpunkt einschließlich der jeweiligen Effektmodifikatoren auch für die jeweiligen Subgruppen darzustellen, und zwar konkret für die Subgruppen nach:

- Alter
- Geschlecht
- Krankheitsschwere bzw. -stadium
- Region
- sowie für alle im Studienbericht präspezifizierten Subgruppen

Die Subgruppen sind für alle Endpunkte darzustellen, jedoch nur, wenn die Subgruppen bzw. die berichteten Ergebnisse eine gewisse Mindestanzahl erreichen.

Die Darstellung entspricht dem Vorgehen auf Studienebene – einschließlich mög-licher Metaanalysen der Subgruppen.

Dieses Vorgehen ist nun für jeden einzelnen in der Matrix genannten Endpunkt zu wiederholen und, wenn das erfolgt ist, die Ergebnisse aller RCTs des Studienpools zu allen präsentierten Endpunkten und Subgruppenanalysen zusammenzufassen.

Neben den bis hierher beschriebenen Ergebnissen aus RCTs ist es auch möglich und zulässig, weitere Unterlagen zum Nachweis des Nutzens und des Zusatznutzens heranzu-ziehen. Konkret geht es hierbei um

- indirekte Vergleiche,
- nicht randomisierte vergleichende Studien und
- weitere Untersuchungen (z. B. Fallserien)

Das Vorgehen bei der Darstellung gleicht in der Struktur dem Vorgehen bei RCTs, d. h.

- Studien des pharmazeutischen Unternehmers
- bibliografische Literaturrecherche
- Suche in Studienregistern
- Recherche auf der Internetseite des G-BA
- resultierender Studienpool
- Verzerrungspotenzial auf Studienebene
- Überblick über die patientenrelevanten Endpunkte je Studie
- Operationalisierung der Endpunkte
- Verzerrungspotenzial je Endpunkt
- Präsentation der Ergebnisse auf Studienebene

- Metaanalyse bzw. indirekter Vergleich (sofern möglich)
- Subgruppenenanalysen
- Zusammenfassung der Ergebnisse aus weiteren Unterlagen

Natürlich sind je nach Art der weiteren Unterlagen entsprechende Anpassungen vorzunehmen.

5.5.4 Abschließende Bewertung der Unterlagen zum Nachweis des Zusatznutzens

Letztendlich trifft der G-BA in seinem Beschluss eine Aussage zur Sicherheit und Ausmaß des Zusatznutzens. In Abschn. 4.4 der Modulvorlage stellt der pharmazeutische Unternehmer seine Position hierzu dar.

Während das IQWiG zur Aussagekraft von Nachweisen in seinen Methoden zwischen Beleg, Hinweis und Anhaltspunkt differenziert, legt sich der G-BA weder in der Verfahrensordnung noch in der Modulvorlage auf eine Klassifikation fest. Faktisch greift er in seinen Beschlüssen jedoch auf die Klassifikation des IQWiG zurück, sodass es sinnvoll ist, diese gleich zu verwenden, um so dieselbe Sprache zu sprechen.

Die Aussagekraft der Nachweise ergibt sich aus Sicht des G-BA aus den Faktoren:

- Ausmaß des Effektes (Effektunterschiedes)
- Validität der herangezogenen Studien
- Validität der herangezogenen Endpunkte
- Evidenzstufe der Studie

Alle vier Faktoren werden ausführlich in Abschn. 4.3 der Modulvorlage durch den pharmazeutischen Unternehmer beschrieben. Die Herausforderung besteht somit darin zu zeigen, wie sich in der Gesamtsicht dieser Faktoren und den in Abschn. 4.3 geschriebenen Inhalten eine möglichst hohe Aussagesicherheit begründet.

Ähnliches gilt für das Ausmaß des Zusatznutzens, nur mit dem feinen Unterschied, dass schon die AM-NutzenV sechs Kategorien für das Ausmaß des Zusatznutzens unterscheidet:

- *nicht quantifizierbarer Zusatznutzen*
- *erheblicher Zusatznutzen*
- *beträchtlicher Zusatznutzen*
- *geringer Zusatznutzen*
- *kein Zusatznutzen belegbar*
- *geringerer Nutzen, d. h. negativer Zusatznutzen* (der Nutzen des zu bewertenden Arzneimittels ist geringer als der Nutzen der zweckmäßigen Vergleichstherapie),

Ausmaß Zusatznutzen \ Zielgrößenkategorien	erheblicher Zusatznutzen	beträchtlicher Zusatznutzen	geringer Zusatznutzen	Zusatznutzen nicht quantifizierbar	kein Zusatznutzen belegt	Nutzen geringer
Therapierelevanter Nutzen	große Verbesserung	deutliche Verbesserung	moderate, nicht nur geringfügige Verbesserung	Wissenschaftliche Datenlage lässt eine Quantifizierung nicht zu	k.A.	k.A
Verbesserung Gesundheitszustand	Heilung der Erkrankung; Freiheit von schwerwiegenden Symptomen	Spürbare Linderung der Erkrankung; Abschwächung schwerwiegender Symptome	Verringerung nicht schwerwiegender Symptome		k.A.	k.A
Verkürzung Krankheitsdauer	k.A.	k.A.	k.A.		k.A.	k.A
Verlängerung Überleben	erhebliche Verlängerung	moderate Verlängerung	k.A.		k.A.	k.A
Verringerung Nebenwirkungen	weitgehende Vermeidung schwerwiegender NW	relevante Vermeidung schwerwiegender NW, bedeutsame Vermeidung anderer NW	Relevante Vermeidung von NW		k.A.	k.A
Verbesserung Lebensqualität	k.A.	k.A.	k.A.		k.A.	k.A.

Abb. 5.16 Kriterien nach AM-NutzenV für die Ableitung des Zusatznutzens

und für die ersten vier Kategorien auch (qualitative) Kriterien festlegt (Abb. 5.16).

Der G-BA fordert an dieser Stelle im Dossier zweierlei: Zum einen die Ergebnisse zu jedem Endpunkt zusammenzufassen und das Ausmaß des Effektunterschiedes in ein Ausmaß an Zusatznutzen zu übersetzen. Und zum zweiten aus der Zusammenschau der Ergebnisse zu den einzelnen Endpunkten abzuleiten, welcher Zusatznutzen insgesamt sich für das zu bewertende Arzneimittel im Vergleich zur zweckmäßigen Vergleichstherapie ergibt.

Die Kriterien der AM-NutzenV sind praktisch – sie dienen sowohl dazu, beobachtete Effektunterschiede auf Ebene einzelner Endpunkte zu bewerten, also in ihrem Ausmaß zu beurteilen, als auch aufgrund eines klinischen Gesamteindrucks Ergebnisse zu einzelnen Endpunkten miteinander abzuwägen und zu einem Gesamtergebnis zu verdichten.

Das IQWiG folgt interessanterweise diesen Kategorien, nicht aber den in der AM-NutzenV festgelegten qualitativen Kriterien, sondern verwendet statistische Schwellenwerte bezogen auf das relative Risiko. Hieraus ergibt sich möglicherweise ein Gestaltungsspielraum.

Unterscheiden sich Art, Ausmaß oder Sicherheit des Zusatznutzens bei verschiedenen Patientengruppen, so muss das natürlich dargestellt werden.

Das Gesamtergebnis der Beurteilung wird schließlich auch in einer Tabelle notiert.

Damit wäre es eigentlich geschafft.

5.5.5 Begründung für die Vorlage weiterer Unterlagen und Surrogatendpunkte

Was jetzt noch folgt, sind unvermeidliche Anlagen sowie Angaben darüber, wieso (falls tatsächlich so geschehen) vom Grundsatz randomisierter kontrollierter Studien gegen die zweckmäßige Vergleichstherapie und patientenrelevanter Endpunkte abgewichen wird, also bei

- Vorlage indirekter Vergleiche,
- Vorlage nichtrandomisierter vergleichender Studien und weiterer Untersuchungen,
- Unmöglichkeit, valide Daten zu patientenrelevanten Endpunkten vorzulegen sowie bei
- Verwendung von Surrogatendpunkten

5.5.6   Liste der eingeschlossenen Studien

In Abschn. 4.6 der Modulvorlage bittet der G-BA darum, alle für die Nutzenbewertung berücksichtigten Studien und Untersuchungen unter Angabe der offiziellen und der im Dossier verwendeten Studienbezeichnung und der zugehörigen Quellen (z. B. Publikationen, Studienberichte, Studienregistereinträge) aufzulisten. Inhaltlich entspricht diese Auflistung den Angaben aus Abschn. 4.3.1.1.4 für RCTs und den analogen Angaben in Abschn. 4.3.2 für nicht-RCTs.

5.5.7   Referenzliste

Modul 4 endet – wie die anderen Module auch – mit einer Referenzliste, d. h. alle in Modul 4 zitierten Quellen (z. B. Publikationen, Studienberichte, Studienregistereinträge) sind als fortlaufend nummerierte Liste unter Verwendung eines allgemein gebräuchlichen Zitierstils (z. B. Vancouver oder Harvard) aufzuführen.

5.5.8   Anhänge in Modul 4

Besonders an Modul 4 sind auch die Anhänge. Sie dienen dazu bestimmte Schritte in der Erstellung von Modul 4 detailliert zu dokumentieren und so besser für G-BA und IQWiG nachvollziehbar zu machen. Die Anhänge 4-A bis 4-D dienen der Literaturrecherche, Anhänge 4-E und 4-F der Studiendarstellung.

Den Anfang macht Anhang 4-A. In diesem Anhang wird die bibliografische Literaturrecherche dokumentiert, getrennt nach:

- Suche nach RCT mit dem zu bewertenden Arzneimittel
- Suche nach RCT für indirekte Vergleiche (sofern erforderlich)
- Suche nach nicht randomisierten vergleichenden Studien (sofern erforderlich)
- Suche nach weiteren Unterlagen (sofern erforderlich)

Für jede durchsuchte Datenbank ist die verwendete Suchstrategie separat darzustellen und folgende Informationen bereitzustellen:

- Name der durchsuchten Datenbank
- verwendete Suchoberfläche
- Datum der Suche
- ausgewähltes Zeitsegment der Publikationen
- verwendete Suchfilter
- Suchstrategie einschließlich der resultierenden Trefferzahlen für jeden einzelnen Suchschritt

Im Sinne der Effizienz bei der Erarbeitung des Dossiers empfiehlt es sich, bei der Literaturrecherche von Anfang an nicht nur die Ergebnisse, sondern auch die Suchwege selbst zu protokollieren, denn auch der Rechercheweg ist im Dossier zu dokumentieren und die Suche muss ggf. aktualisiert werden, da sie nicht älter als drei Monate sein darf.

In Anhang 4-B ist dann korrespondierend auch nach den Suchstrategien für die Suche in Studienregistern gefragt. Diese ist ebenfalls getrennt für die einzelnen Recherchen anzugeben:

- Suche nach RCT mit dem zu bewertenden Arzneimittel
- Suche nach RCT für indirekte Vergleiche (sofern erforderlich)
- Suche nach nicht randomisierten vergleichenden Studien (sofern erforderlich)
- Suche nach weiteren Unterlagen (sofern erforderlich)

Für jedes durchsuchte Studienregister ist eine separate Suchstrategie darzustellen mit folgenden Informationen:

- Name des durchsuchten Studienregisters
- Internetadresse des Studienregisters
- Datum der Suche
- verwendete Suchstrategie einschließlich der resultierenden Treffer

Auch hier empfiehlt es sich im Sinne von Übersichtlichkeit und Effizienz, von Anfang an die Suchwege mitsamt den Ergebnissen systematisch zu protokollieren.

In Anhang 4-C sind die im Volltext gesichteten und ausgeschlossenen Dokumente aus den bibliografischen Literaturrecherchen aufzulisten. Für die auf der Basis von Titel und Abstract schon vorher ausgeschlossenen Dokumente sind keine detaillierten Angaben erforderlich. Aufgeführt werden sollen also nur diejenigen Dokumente, die erst nach Prüfung des Volltextes von der Darstellung ausgeschlossen wurden. Die Angaben hierzu sind getrennt für die einzelnen Recherchen vorzunehmen, also:

- Suche nach RCT mit dem zu bewertenden Arzneimittel
- Suche nach RCT für indirekte Vergleiche (sofern erforderlich)
- Suche nach nicht randomisierten vergleichenden Studien (sofern erforderlich)
- Suche nach weiteren Unterlagen (sofern erforderlich)

Für jede ausgeschlossene Publikation ist entsprechend den vorher definierten Ein- und Ausschlusskriterien mindestens ein Ausschlussgrund anzugeben.

Analog sind in Anhang 4-D die im Volltext gesichteten und ausgeschlossenen Studien aus der Suche in Studienregistern aufzulisten. Die Angaben sind getrennt für die einzelnen Recherchen vorzunehmen, also:

- Suche nach RCT mit dem zu bewertenden Arzneimittel
- Suche nach RCT für indirekte Vergleiche (sofern erforderlich)
- Suche nach nicht randomisierten vergleichenden Studien (sofern erforderlich)
- Suche nach weiteren Unterlagen (sofern erforderlich).

Anhang 4-E ist eine strukturierte Zusammenfassung der verwendeten Studien, basierend auf dem CONSORT Statement, Items 2b bis 14b. Für jede Studie aus dem Studienpool ist jeweils eine eigene Anlage 4-E auszufüllen.

Zur Einschätzung von Verzerrungsaspekten von RCT dient schließlich der schon erwähnte Anhang 4-F der Modulvorlage. Dieser Anhang ist ebenfalls für jede Studie auszufüllen, die zum Nachweis des Nutzens und des Zusatznutzens verwendet wird. Für jede Studie soll aus diesem Bogen nachvollziehbar hervorgehen, inwieweit die Ergebnisse für die einzelnen Endpunkte als möglicherweise verzerrt bewertet wurden, was die Gründe für die Bewertung waren und welche Informationen aus den Quellen dafür Berücksichtigung fanden.

Der Bogen gliedert sich in zwei Teile:

- Verzerrungsaspekte auf Studienebene: In diesem Teil sind die endpunktübergreifenden Kriterien aufgelistet.
- Verzerrungsaspekte auf Endpunktebene: In diesem Teil sind die Kriterien aufgelistet, die für jeden Endpunkt separat zu prüfen sind.

5.5.9 Änderungen gegenüber der Vorlage vom 20.01.2011

Am 18.04.2013 hat der G-BA folgende wesentliche Änderung der Modulvorlage gegenüber der ersten Fassung vom 20.01.2011 beschlossen:

- Die Übertragbarkeit aller Ergebnisse auf den deutschen Versorgungskontext ist zu diskutieren.
- Alle relevanten Endpunkte im Anwendungsgebiet sind als Teil der Fragestellung aufzunehmen, nicht nur solche, die in bestimmten Studien berücksichtigt wurden.

- Bei der Ergebnisdarstellung sind noch weitere Angaben erforderlich:
  - Relatives Risiko (RR) – zusätzlich zum Odds Ratio (OR)
  - Subgruppenanalysen nach Zentrums- und Ländereffekten
  - Diskussion der Brückenkomparatoren im indirekten Vergleich
  - Sensitivitätsanalysen auch innerhalb einer Studie und nicht nur zwischen unterschiedlichen Studien
- Die Darstellung des Verzerrungspotenzials der Studien und der Endpunkte wurde neu gestaltet.
- Eine bibliografische Literaturrecherche ist immer zwingend erforderlich.
- Die Dokumentation der Informationsbeschaffung wurde erweitert: So ist eine RIS-Datei nun für jede einzelne Literatur- und Studienregister-Datenbank anzulegen.

5.5.10 Änderungen gegenüber der Vorlage vom 18.04.2013

Mit Beschluss vom 16.03.2018 und den Anpassungen 21.02.2019 sowie am 20.06.2019 hat der G-BA folgende weitere Änderungen vorgesehen:

- Die Informationsbeschaffung wird verpflichtend um die Datenbanken des AMIS und der EMA sowie die Website des G BA ergänzt.
- Bei Studien mit mehreren Studienabschnitten ist der Datenschnitt genau zu spezifizieren.
- Bei Studien mit unterschiedlicher Behandlungsdauer sind für alle Endpunkte (einschließlich spezifischer UE) adäquate Methoden, z. B. Ereigniszeitanalysen, zum Ausgleich zu verwenden.
- Die Vorgaben zur Darstellung der UE wurden spezifiziert und erweitert: Es sind verpflichtend alle UE nach SOC und PT darzustellen; die Darstellung der spezifischen UE kann in Modul 5 erfolgen.
- Sofern Endpunkte als Skalen (z. B. Lebensqualität, Symptome) erhoben wurden, sind Auswertungen über den gesamten Studienverlauf vorzunehmen (z. B. Area under the curve).
- Die Darstellung der Subgruppenanalysen im Dossier beschränkt sich auf Subgruppen mit positivem Interaktionstest; Subgruppen mit negativem Interaktionstest können in Modul 5 abgelegt werden.
- Wird zur Berechnung von Ergebnissen von Standardverfahren und -software abgewichen, sind die Berechnungsschritte und ggf. verwendete Software explizit abzubilden.

5.6   Modul 1 der Anlage II

Modul 1 der Modulvorlage enthält eine Zusammenfassung der wichtigsten Aussagen im Dossier – in einem genau vorgegebenen Format (Abb. 5.17). Es umfasst folgende Abschnitte:

- administrative Informationen
- allgemeine Angaben zum Arzneimittel
- zugelassene Anwendungsgebiete des zu bewertenden Arzneimittels
- zweckmäßige Vergleichstherapie
- medizinischer Nutzen, medizinischer Zusatznutzen
- Anzahl der Patienten und Patientengruppen, für die ein therapeutisch bedeutsamer Zusatznutzen besteht
- Kosten der Therapie für die gesetzliche Krankenversicherung
- Anforderungen an eine qualitätsgesicherte Anwendung

Modul 1 fasst alle beschlussrelevanten Angaben nochmals aus Sicht des pharmazeutischen Unternehmers zusammen (Abb. 5.18). Gleichzeitig dient Modul 1 als Einstieg in das Dossier. Somit kommt es in diesem Modul neben der korrekten (widerspruchsfreien) Zusammenfassung auch besonders auf die gute Lesbarkeit an.

Achtung: für bestimmte Abschnitte hat der G-BA eine Zeichenbegrenzung vorgesehen.

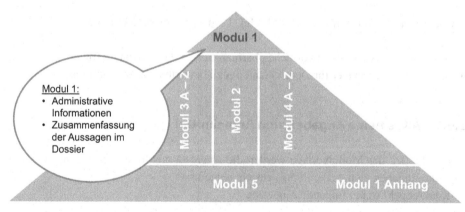

Abb. 5.17 Inhalte von Modul 1 des Dossiers zur Nutzenbewertung nach § 35a SGB V

	Modul 1	Nutzendossier			
AWG	1.3	2.2			
zVT	1.4		3.1		
ZN	1.5			4.4; 4.1	
Epi	1.6		3.2		
qgA	1.8		3.4		
JTK	1.7		3.3		
Dauer					

Abb. 5.18 Relevanz von Modul 1 für den Beschluss des G-BA

5.6.1 Administrative Informationen

Die administrativen Informationen (Abschn. 1.1 der Modulvorlage) umfassen

- das für das Dossier verantwortliche pharmazeutische Unternehmen sowie
- den Zulassungsinhaber für Deutschland des zu bewertenden Arzneimittels.

5.6.2 Allgemeine Angaben zum Arzneimittel

In Abschn. 1.2 der Modulvorlage werden die Angaben aus Modul 2, Abschn. 2.1 (Allgemeine Angaben zum Arzneimittel) zusammengefasst.
Konkret geht es um folgende Angaben:

- Allgemeine Angaben zum zu bewertenden Arzneimittel (Wirkstoff, Handelsname, ATC-Code)
- Wirkmechanismus des zu bewertenden Arzneimittels (Achtung: Zeichenbegrenzung)
- mögliche Unterschiede zum Wirkmechanismus anderer bereits in Deutschland zugelassener Arzneimittel (Achtung: Zeichenbegrenzung)

Interessanterweise fordert der G-BA in Abschn. 1.2 dazu auf, auch auf Unterschiede zum Wirkmechanismus anderer bereits in Deutschland zugelassener Arzneimittel darzustellen, während dies in Abschn. 2.1 mit der Dossiervorlage vom 16.03.2018 gerade gestrichen wurde.

5.6.3 Zugelassene Anwendungsgebiete des zu bewertenden Arzneimittels

In Abschn. 1.3 der Modulvorlage werden die Angaben aus Modul 2, Abschn. 2.2 (Zugelassene Anwendungsgebiete) zusammengefasst. Dabei geht es um folgende Angaben je Anwendungsgebiet (!):

- die Anwendungsgebiete, auf die sich das vorliegende Dossier bezieht, einschließlich Zulassungsdatum und Kodierung im Dossier
- die weiteren in Deutschland zugelassenen Anwendungsgebiete des zu bewertenden Arzneimittels und deren Zulassungsdaten (falls es sich um ein Dossier zu einem neuen Anwendungsgebiet eines bereits zugelassenen Arzneimittels bzw. Wirkstoffs handelt)

Für beide Angaben ist jeweils eine kurze Tabelle auszufüllen. Und die Bezeichnung der (Teil-)Anwendungsgebiete und deren Kodierung sind in den folgenden Abschnitten unbedingt einzuhalten.

Noch zwei Hinweise: Erstens ist in der Dossiervorlage nicht immer eindeutig, ob der G-BA sich in den jeweiligen Abschnitten der Dossiervorlage Wirkstoff bzw. Arzneimittel meint, wenn er den einen oder den anderen Begriff verwendet. So beispielsweise an dieser Stelle, an der er von anderen Anwendungsgebieten des zugelassenen Arzneimittels spricht, obwohl die Nutzenbewertung den Erstattungsbetrag für alle Arzneimittel desselben Wirkstoffs bestimmen soll und daher an dieser Stelle auch von Interesse wäre, welche anderen Arzneimittel mit demselben Wirkstoff schon zugelassen sind, und für welche Anwendungsgebiete eine Zulassung besteht.

Zweitens spricht der G-BA von dem *zugelassenen Anwendungsgebiet* als der Bewertungsebene, obwohl die Zulassungsbehörde den Abschn. 4.1 der Fachinformation mit dem Plural, also *zugelassene Anwendungsgebiete,* betitelt und nicht differenziert, wo das eine Anwendungsgebiet anfängt und das andere endet. Wenn der G-BA also Angaben zu *einem* Anwendungsgebiet fordert, besteht vermutlich Interpretationsspielraum. Zudem ist es möglich, dass der G-BA ein Anwendungsgebiet (im Sinne eines von der Zulassungsbehörde vorgegebenen Textes) durch unterschiedliche zweckmäßige Vergleichstherapien weiter unterteilt, also *Teil*anwendungsgebiete bildet.

Dieses Beispiel macht deutlich, dass die Begrifflichkeit an dieser Stelle nicht ganz einfach ist, bzw. man sich umgekehrt hiervon auch nicht verwirren lassen sollte. Auch nicht, wenn der G-BA eine Zeichenbegrenzung je *Anwendungsgebiet* fordert.

5.6.4 Zweckmäßige Vergleichstherapie

In Abschn. 1.4 der Modulvorlage werden die Angaben aus Modul 3, Abschn. 3.1 (Bestimmung der zweckmäßigen Vergleichstherapie) zusammengefasst, und zwar wieder für jedes Anwendungsgebiet (!), auf das sich das vorliegende Dossier bezieht.

Hierzu werden in einer Tabelle für jedes (Teil-)Anwendungsgebiet die vom G-BA festgesetze zweckmäßige Vergleichstherapie aufgelistet. Zudem ist eigene die Wahl der zweckmäßigen Vergleichstherapie inhaltlich zu begründen – mit maximal 1500 Zeichen je Anwendungsgebiet.

5.6.5 Medizinischer Nutzen, medizinischer Zusatznutzen

In Abschn. 1.5 der Modulvorlage geht es um die Angaben aus Modul 4, Abschn. 4.3 (Ergebnisse zum medizinischen Nutzen und zum medizinischen Zusatznutzen) und Abschn. 4.4.2 (Beschreibung des Zusatznutzens einschließlich dessen Wahrscheinlichkeit und Ausmaß) – ebenfalls für alle Anwendungsgebiete, auf die sich das vorliegende Dossier bezieht.

Dieser Abschnitt gliedert sich in drei Teile. Im ersten werden die Aussagen zum medizinischen Nutzen und zum medizinischen Zusatznutzen in Form von Effektmaßen (einschließlich zugehöriger Konfidenzintervalle) für alle Endpunkte wiederholt. Dabei beträgt die Begrenzung 3000 Zeichen je Anwendungsgebiet. Im zweiten Teil wird in einer Tabelle zusammengefasst, ob für das jeweilige (Teil-)Anwendungsgebiet ein Zusatznutzen beansprucht wird. Und schließlich ist im dritten Teil der gerade beanspruchte Zusatznutzen in Ausmaß und Wahrscheinlichkeit zu begründen, d. h. aus den Ergebnissen des ersten Teils herzuleiten. Für diesen dritten Teil gewährt der G-BA nochmals maximal 5000 Zeichen je (Teil-)Anwendungsgebiet.

5.6.6 Anzahl der Patienten und Patientengruppen, für die ein therapeutisch bedeutsamer Zusatznutzen besteht

In Abschn. 1.6 der Modulvorlage geht es um die Epidemiologie und damit die Angaben aus Modul 3, Abschn. 3.2 (Anzahl der Patienten mit therapeutisch bedeutsamem Zusatznutzen) sowie aus Modul 4, Abschn. 4.4.3 (Angabe der Patientengruppen, für die ein therapeutisch bedeutsamer Zusatznutzen besteht) – wiederum für alle Anwendungsgebiete, auf die sich das vorliegende Dossier bezieht. Das betrifft folgende Aussagen:

- zusammenfassende Charakterisierung der Zielpopulation (maximal 1500 Zeichen je Anwendungsgebiet)
- zusammenfassende Beschreibung des therapeutischen Bedarfs, und wieso und wie dieser Bedarf durch das zu bewertende Arzneimittel gedeckt wird (maximal 1500 Zeichen je Anwendungsgebiet)
- Anzahl der GKV-Patienten in der Zielpopulation, je Anwendungsgebiet, und Anzahl der Patienten, für die ein therapeutisch bedeutsamer Zusatznutzen besteht

5.6.7 Kosten der Therapie für die gesetzliche Krankenversicherung

In Abschn. 1.7 der Modulvorlage werden die Angaben aus Modul 3, Abschn. 3.3 (Kosten der Therapie für die GKV) zusammengefasst, und zwar wieder getrennt nach den jeweiligen Anwendungsgebieten, auf die sich das vorliegende Dossier bezieht:

- Jahrestherapiekosten für das zu bewertende Arzneimittel in der Zielpopulation pro Patienten für die GKV
- Jahrestherapiekosten für die zweckmäßige Vergleichstherapie in der Zielpopulation pro Patienten für die GKV

Eine textliche Erläuterung ist in Abschn. 1.7 nicht vorgesehen.

5.6.8 Anforderungen an eine qualitätsgesicherte Anwendung

Abschn. 1.8 der Modulvorlage fasst schließlich noch die Angaben aus Modul 3, Abschn. 3.4 (Anforderungen an eine qualitätsgesicherte Anwendung) zusammen, auch wieder für alle Anwendungsgebiete, auf die sich das vorliegende Dossier bezieht. Die Ausführungen sind auf maximal 3000 Zeichen je (Teil-)Anwendungsgebiet beschränkt.

5.6.9 Änderungen gegenüber der Vorlage vom 20.01.2011

Gegenüber der ursprünglichen Modulvorlage vom 20.01.2011 entfällt ab dem 18.04.2013 der Hinweis auf Abschn. 4.4.4. der Modulvorlage zu den Besonderheiten bei Seltenen Arzneimitteln. Hierbei handelt es sich aber nur um eine Folgeänderung, da dieser Abschn. 4.4.4. ja auch entfällt. Relevante inhaltliche Änderungen gibt es keine.

5.6.10 Änderungen gegenüber der Vorlage vom 18.04.2013

Mit der am 16.03.2018 vom G-BA beschlossenen Modulvorlage ergeben sich zwei Änderungen:

- Die Angabe des Ansprechpartners entfällt in der Tabelle mit den Administrativen Informationen. Diese sind zukünftig in einem separaten Schreiben dem G-BA mitzuteilen. Dieses Schreiben wird, im Unterschied zum Modul 1, nicht veröffentlicht.
- Die Darstellung der Jahrestherapiekosten differenziert nicht mehr zwischen Kosten des Arzneimittels und zusätzlichen GKV-Leistungen.

Interessanterweise werden die Inhalte aus Abschn. 3.5 der Modulvorlage (Anpassung des Einheitlichen Bewertungsmaßstabes für ärztliche Leistungen) nicht in Modul 1 zusammengefasst.

5.7 Modul 5 der Anlage II

Modul 5 enthält Dokumente, die für die Aussagen in den Modulen 2 bis 4 herangezogen werden, sowie eine Checkliste für die Prüfung der formalen Vollständigkeit des Dossiers als Anlage zu Modul 1 (*Modul 1 Anhang;* siehe hierzu Abschn. 5.8). Eine Modulvorlage gibt es für Modul 5 nicht, sondern vielmehr eine Anleitung, welche Dokumente in Modul 5 enthalten sein sollen (Abb. 5.19).

Modul 5 selbst geht nicht in den Beschluss des G-BA über die Nutzenbewertung ein (Abb. 5.20), sondern umfasst die Belege der in den anderen Modulen zitierten Quellen sowie weitere Dokumente, die dem G-BA die Nutzenbewertung erleichtern.

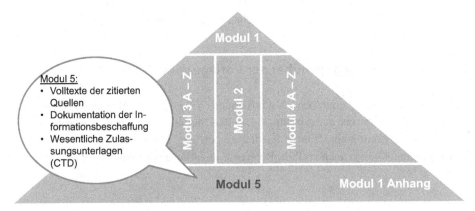

Abb. 5.19 Inhalte von Modul 5 des Dossiers zur Nutzenbewertung nach § 35a SGB V

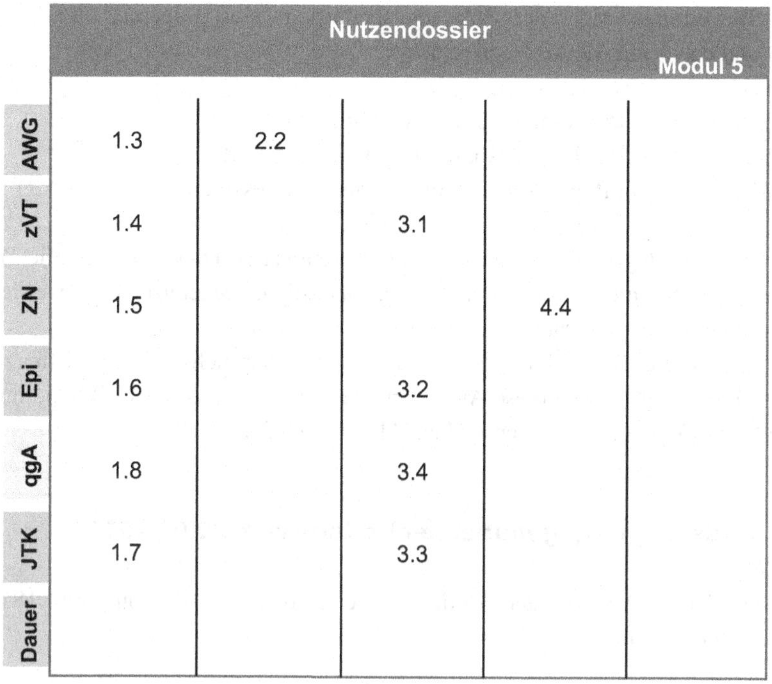

Abb. 5.20   Relevanz von Modul 5 für den Beschluss des G-BA

Hierzu zählen folgende Dateien:

- Volltexte der zitierten und in den jeweiligen Referenzlisten aufgeführten Quellen
- Referenzlisten der in den einzelnen Modulen zitierten Quellen
- Dokumentation der Ergebnisse der Informationsbeschaffung zu Modul 4
- Programmcode zur Durchführung indirekter Vergleiche
- vollständige Studienberichte und Studienprotokolle
- Abschn. 2.5, 2.7.3 und 2.7.4 des Zulassungsdossiers nach CTD
- Bewertungsberichte der Zulassungsbehörden

Für alle in Modul 4 genannten Studien des pharmazeutischen Unternehmers sind die vollständigen Studienberichte einschließlich aller zugehörigen Appendizes beizulegen. Ausgenommen sind Appendizes mit individuellen Patienteninformationen bzw. anderen individuellen personenbezogenen Angaben enthalten. Ist das Studienprotokoll zu einer Studie nicht im Studienbericht enthalten, muss es gesondert beigelegt werden. Liegt der Studienbericht nicht in deutscher oder englischer Sprache vor, sind wesentliche Teile entsprechend zu übersetzen. Denn gemäß Verfahrensordnung des G-BA müssen alle Dokumente, die in Modul 5 enthalten sind, in deutscher oder englischer Sprache vorgelegt werden.

Mit „Bewertungsbericht der Zulassungsbehörden" sind folgende drei Dokumente gemeint und daher mit Modul 5 einzureichen:

- Rapporteurs' Day 150 Joint Response Assessment Report
- Rapporteurs' Day 180 Joint Response Assessment Report
- CHMP Assessment Report oder European Public Assessment Report (EPAR)

In Modul 5 hinterlegte Dokumente des pharmazeutischen Unternehmers, die Betriebs- und Geschäftsgeheimnisse enthalten können als solche gekennzeichnet werden. Dies erfolgt in einer seperaten Datei.

Die Anforderungen an Modul 5 sind also relativ anspruchsvoll. Um sicherzugehen, dass das Dossier tatsächlich diese Anforderungen erfüllt, bietet der G-BA die optionale, formale Vorprüfung an (siehe hierzu oben, Abschn. 5.9.2.1).

5.7.1   Änderungen gegenüber der Vorlage vom 20.01.2011

Gegenüber der 1. Version der Modulvorlage enthält die Version vom 18.04.2013 folgende Änderungen:

- Konkretisierung, dass für Orphan-Drug-Dossiers dieselben Anforderungen hinsichtlich Modul 5 gelten
- Verpflichtung, Studienberichte der abgebrochenen Studien beizufügen
- Verpflichtung, die Bewertungsberichte der Zulassungsbehörden beizufügen
- Verpflichtung Tab. 2.7.3.1 aus dem Common Technical Document (CTD): *(Description of Clinical and Safety Studies)* beizufügen
- Verpflichtung, seperate RIS-Dateien für jede einzelne Literatur- und Studienregister-Datenbank beizufügen

5.7.2   Änderungen gegenüber der Vorlage vom 18.04.2013

Mit der Änderung der Modulvorlage im Jahr 2018 ergaben sich keine wesentlichen Änderungen.

5.8   Modul 1 Anhang der Anlage II

Zusäzlich zu den inhaltlichen Modulen 1 bis 4 sowie den beigefügten Dokumenten in Modul 5 ist noch eine Checkliste zur Prüfung der formalen Vollständigkeit des Dossiers vorzulegen, die als Modul 1 Anhang bezeichnet wird. Modul 1 Anhang ist zwar in Modul 5 abzulegen (Abb. 5.21), ist aber technisch ein eigenständiges Modul, für das der G-BA auch wieder eine Vorlage erstellt hat.

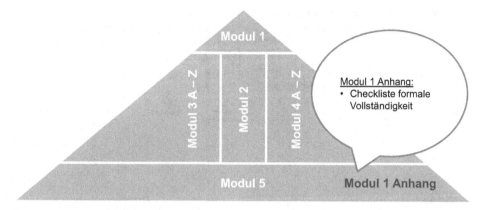

Abb. 5.21 Inhalte von Modul 1 Anhang des Dossiers zur Nutzenbewertung nach § 35a SGB V

Mit dem Modul 1 Anhang weist der pharmazeutische Unternehmer nach, dass er das Nutzendossier vollständig ausgefüllt hat. Eine Prüfung von Modul 1 Anhang im Rahmen der Dossierbewertung erfolgt nicht. Dennoch ist Modul 1 Anhang ein wichtiges Instrument zur Qualitätssicherung (siehe Abschn. 5.9.1.3).

5.8.1 Änderungen gegenüber der Vorlage vom 20.01.2011

Gegenüber der Modulvorlage vom 20.01.2011 weist die am 18.04.2013 beschlossene Version keine eingenständigen Änderungen auf; die Checkliste wird nur entsprechend der in den anderen Modulen beschriebenen Änderung angepasst.

5.8.2 Änderungen gegenüber der Vorlage vom 18.04.2013

Gleiches gilt für die 2018 beschlossene Vorlage. Ein Prüfvermerk zu Abschn. 3.5 der Modulvorlage (Anpassung des Einheitlichen Bewertungsmaßstabes für ärztliche Leistungen) ist nicht vorgesehen.

5.9 Qualitätssicherung

Das Nutzendossier des pharmazeutischen Unternehmers ist die Grundlage für die Nutzenbewertung. Zentrales Prinzip ist die Nachweispflicht des pharmazeutischen Unternehmers, d. h. es wird bewertet, was dieser in das Dossier schreibt. Und ist das Dossier unvollständig, dann muss der G-BA zum Ergebnis kommen, dass das Produkt keinen Zusatznutzen hat. Zudem ist das Dossier laut Rahmenvereinbarung über die

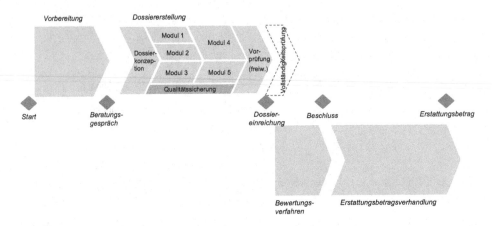

Abb. 5.22 Qualitätssicherung im Prozess der frühen Nutzenbewertung

Erstattungsbetragsverhandlung eines der Kriterien zur Vereinbarung des Erstattungsbetrags.

Das Dossier ist also sehr wichtig, und seine Qualität ist sehr wichtig. Daher gibt es
unterschiedliche Instrumente der Qualitätssicherung (Abb. 5.22):

- dossierbedingte Qualitätssicherung
- verfahrensbedingte Qualitätssicherung
- interne Qualitätssicherung

5.9.1 Dossierbedingte Qualitätssicherung

Schon die Modulvorlage in Anlage II bietet einige Möglichkeiten zur Qualitätssicherung.
Hierzu dienen:

- die Bearbeitungsvorgaben und -hinweise in der Dossiervorlage
- die im Text angelegten Redundanzen
- die Checkliste in Modul 1 Anhang

5.9.1.1 Bearbeitungsvorgane und -hinweise in der Dossiervorlage

Die nicht ausgefüllte Dossiervorlage umfasst schon alleine 135 Seiten. Sie ist also sehr
ausführlich. Ihre Struktur, Detaillierung und die genauen Bearbeitungshinweise machen
ziemlich genaue Vorgaben, welche Informationen gefordert werden. Abschnitte, in denen
Angaben des pharmazeutischen Unternehmens erwartet werden, sind mit

< <Angaben des pharmazeutischen Unternehmers> >

gekennzeichnet. Also kaum zu übersehen – und auch leicht automatisch zu suchen. Ist das Dossier fertig, sollten diese *Angaben* durch entsprechende Inhalte ersetzt sein.

Und: Hat man das Dossier entsprechend der Vorgaben ausgefüllt, kann man zumindest davon ausgehen, soweit formal vollständig zu sein.

5.9.1.2 Im Text angelegte Redundanzen

Die Dossiervorlage ist redundant aufgebaut. Wichtige Aussagen stehen an verschiedenen Teilen im Dossier, werden wiederholt und zusammengefasst. Man denke nur an die Evidenzdarstellung: In Abschn. 4.3.1.3 wird die Evidenz auf Endpunktebene berichtet, in 4.4.2 zur Beschreibung von Ausmaß und Wahrscheinlichkeit des Zusatznutzens zusammengefasst, und die Zusammenfassung in den Abschn. 4.1 und 1.5 inhaltlich wiederholt.

Positiv gewendet bietet dieser Zwang zur Wiederholung desselben Sachverhalts die Chance, die verschiedenen Abschnitte nebeneinanderzulegen und auf Konsistenz hin zu vergleichen. Fehler, Inkonsistenzen, Widersprüche bei den eigenen Aussagen fallen so leichter auf.

5.9.1.3 Modul 1 Anhang

Schließlich gibt es mit Modul 1 Anhang in der Dossiervorlage eine Checkliste, die vom pharmazeutischen Unternehmer mit Einreichen des Dossiers ebenfalls auszufüllen vorzulegen ist. Sie hilft bei der eigenen Prüfung der formalen Vollständigkeit des Nutzendossiers, d. h. ob alle Teile des Dossiers bearbeitet wurden. Zur inhaltlichen Qualität macht Modul 1 Anhang aber keine Aussagen.

Modul 1 Anhang führt den Bearbeiter nochmals durch die einzelnen Abschnitte des Dossiers. Für jeden einzelnen Abschnitt des Dossiers (ausgenommen Abschn. 3.5) ist in der Checkliste anzugeben, ob dieser Abschnitt bearbeitet wurde. Aber es ist halt nur eine Checkliste. Man kann damit seine Arbeit hinterfragen und überprüfen, man kann aber auch einfach nur die geforderten Kreuze setzen.

5.9.2 Verfahrensbedingte Qualitätssicherung

Inhaltlich spannender als die dossierbedingte Qualitätssicherung ist daher die verfahrensbedingte Qualitätssicherung. Sie setzt auf direkten Austausch mit dem G-BA.

Mit der Vorprüfung sowie der Prüfung auf formale Vollständigkeit nach Einreichung des Dossiers existieren zwei Verfahren zur Überprüfung der formalen Vollständigkeit und damit die Möglichkeit, eine festgestellte Unvollständigkeit zu beheben: die *freiwillige Vorprüfung* und die automatische *Vollständigkeitsprüfung* (Abb. 5.23).

5.9.2.1 Freiwillige Vorprüfung

Die freiwillige Vorprüfung ist – wie der Name schon sagt – freiwillig.

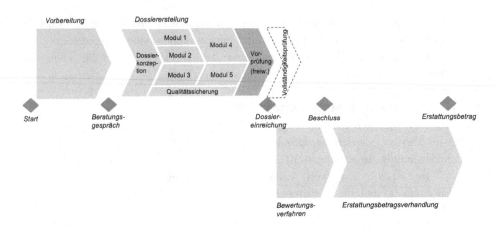

Abb. 5.23 Vorprüfung und Vollständigkeitsprüfung im Prozess der frühen Nutzenbewertung

Auf Antrag führt die Geschäftsstelle des G-BA eine formale Vorprüfung auf Vollständigkeit des Dossiers gemäß § 11 Absatz 2 vom 5. Kapitel VerfO durch. Für die Vorprüfung muss der pharmazeutische Unternehmer das Dossier dem G-BA mindestens drei Wochen vor dem maßgeblichen Zeitpunkt der finalen Dossiereinreichung übermitteln. Früher ist natürlich auch möglich.

Ist das Dossier unvollständig, teilt die Geschäftsstelle des G-BA dem pharmazeutischen Unternemer dies innerhalb von zwei Wochen mit, zusammen mit dem Hinweis, welche zusätzlichen Angaben konkret fehlen. Hierzu listet der G-BA unvollständige Angaben und Unterlagen auf und erläutert in einem Prüfvermerk, worin die Unvollständigkeit besteht.

Aber es handelt sich um eine formale Prüfung. Das bedeutet, dass der G-BA nicht prüft, inwieweit beispielsweise Angaben im Dossier inhaltlich korrekt sind, die zweckmäßige Vergleichstherapie eingehalten wurde o. ä. Diese Prüfung erfolgt erst nach endgültiger Einreichung des Dossiers.

Nach der Vorprüfung bleibt dem pharmazeutischen Unternehmer (mindestens) eine Woche Zeit, das Dossier entsprechend der Rückmeldung des G-BA zu überarbeiten. Dabei sollten dem G-BA in einem getrennten Schreiben zwei Angaben zusätzlich gemacht werden: Erstens sollte in einem entsprechenden Bearbeitungsvermerk erläutert werden, wie der pharmazeutische Unternehmer die Anmerkungen des G-BA umgesetzt hat und zweitens, welche weiteren Änderungen der pharmazeutische Unternehmer in der finalen Version des Dossiers gegenüber der zur Vorprüfung eingereichten Version vorgenommen hat.

Auf die Frist zur eigentlichen Einreichung des Dossiers hat die formale Vorprüfung aber keine Auswirkungen. Und das Ergebnis der formalen Vorprüfung wird nicht veröffentlicht.

5.9.2.2 Formale Vollständigkeitsprüfung nach Einreichung

Nach finaler Einreichung des Nutzendossiers prüft der G-BA die formale Vollständigkeit des Dossiers einschließlich der Anlagen. Fehlen Unterlagen oder Angaben, kann er diese jederzeit unter Verweis auf die Verfahrensordnung nachfordern.

Nur in diesem Fall übermittelt der G-BA eine Information über Prüfung der formalen Vollständigkeit des Dossiers und beschreibt die nachzuliefernden Informationen mit folgenden Angaben:

- betroffener Abschnitt im Dossier
- Thema
- inhaltliche Anmerkung des G-BA

In der Rückantwort an den G-BA ist anzugeben, welche Unterlagen/Angaben nachgereicht werden bzw. aus welchem Grund nachgeforderte Unterlagen nicht nachgereicht werden (können). Die fehlenden Angaben sind innerhalb einer sehr engen Frist von nur fünf Werktagen an den G-BA zu übermitteln. Die Frist ist deshalb so kurz, da das IQWiG selber nur 3 Monate Zeit hat, seine Bewertung zu erstellen.

Erhält der pharmazeutische Unternehmer eine solche Nachforderung, ist somit keine Zeit, mit dem G-BA über die Sinnhaftigkeit der Nachforderung zu diskutieren. Legt der pharmazeutische Unternehmer vom G-BA als erforderlich bezeichnete Angaben nicht innerhalb der Frist vor, so gilt: Zusatznutzen nicht belegt!

Sofern zusätzliche Angaben zu den Modulen 1 bis 4 des Dossiers erforderlich sind, müssen diese in einem separaten Dokument zusammengefasst werden. Ein Austausch von einzelnen Seiten oder auch Teilen oder gar von ganzen Modulen ist nicht möglich.

Eine Rückmeldung an den pharmazeutischen Unternehmer erfolgt aber *nur* dann, wenn der G-BA eine formale Unvollständigkeit festgestellt hat. Es ist auch zu beachten, dass es keine Fristen für Nachforderungen seitens des G-BA gibt. Zudem kann er auch wiederholt Unterlagen nachfordern.

Die Nachforderung fehlender Unterlagen/Angaben wird nicht veröffentlicht, sehr wohl aber die nachgelieferten Unterlagen. Diese zeigen, dass eine Nachforderung ziemlich häufig ist.

5.9.3 Interne Qualitätssicherung

Die bisher beschriebenen Maßnahmen zur Qualitätssicherung sind durch den G-BA mehr oder weniger vorgegeben, beschränken sich aber ausschließlich auf die formale Vollständigkeit. Eine Prüfung der Inhalte ist damit nicht verbunden. Hierzu sind weitere Maßnahmen selbst zu planen, und zwar möglichst für alle Phasen des Dossierprozesses, also der Dossiervorbereitung, der Dossiererstellung sowie der Dossiereinreichung.

Die Strukturierung der Qualitätssicherung der Dossiervorbereitung sowie die Durchführung der Qualitätssicherung liegen somit alleine in der Verantwortung des pharmazeutischen Unternehmens.

5.9.3.1 Qualitätssicherung der Dossiervorbereitung

Die Dossiervorbereitung gliedert sich in die Schritte:

- Prüfung der Dossierpflicht
- Gap-Analyse
- Erstattungsbetragssimulation
- Strategieentwicklung
- Beratungsantrag

Jeder dieser Schritte, die in Kap. 4 detailliert dargestellt wurden, besteht aus einer Reihe von Einzelmaßnahmen. Da diese Schritte aufeinander aufbauen, entsteht eine erste Qualitätssicherung dadurch, nach jedem Schritt die damit verbundenen Einzelmaßnahmen mit den vorgelagerten Schritten abzugleichen, ob jeweils das umgesetzt wurde, was in den vorgelagerten Schritten festgelegt war und damit die Voraussetzungen für den nachfolgenden Schritt gegeben sind.

5.9.3.2 Qualitätssicherung der Dossiererstellung

Analoges gilt für die Dossierkonzeption und die eigentliche Dossiererstellung.

Zudem hat es sich bewährt, auf vom IQWiG veröffentlichte Nutzenbewertungen sowie G-BA-Beschlüsse zurückzugreifen und dabei das eigene Vorgehen mit diesen Dokumenten abzugleichen und zu hinterfragen.

Schließlich bleibt noch das Vier-Augen-Prinzip, d. h. dass die wesentlichen Aussagen und wichtige Zahlen von mindestens einer weiteren Person geprüft und nachvollzogen werden.

Die Umsetzung der Qualitätssicherung in der Dossiererstellung ist erfahrungsgemäß sehr individuell. Wichtig ist aber, sich schon frühzeitig hierüber Gedanken zu machen und die notwendigen Maßnahmen (und die hierfür benötigten Ressourcen!) einzuplanen.

5.9.3.3 Qualitätssicherung der Dossiereinreichung

Die Dossiereinreichung ist kein eigenständiger Schritt im Rahmen der Frühen Nutzenbewertung, sie ist „lediglich" der Abschluss der Dossiererstellung. Formal ist die Dossiereinreichung im Verfahren der frühen Nutzenbewertung jedoch von zentraler Bedeutung. Daher sollten für die Dossiereinreichung ebenfalls spezifische Qualitätssicherungsmaßnahmen definiert werden. Mögliche Maßnahmen könnten (und sollten) sein:

- Freigabe der finalen Version
- Finalisierung des Dossiers (finale Version)
  - Dokumentation G-BA Vorprüfungsergebnis
  - Prüfung CD Check/Funktionalität
- Dossierabgabe (finale Version):
  - Sicherungskopie der Module auf Datenträger
  - Kopien der Dokumente auf Datenträger
  - Empfangsbestätigung für Datenträgerabgabe durch den G-BA
- Dokumentation der *lessons learned*
- Dokumentation der durchgeführten Qualitätssicherung

Zusätzliches ist aber immer auch möglich.

Bewertungsverfahren

Im Prozess der frühen Nutzenbewertung steht das Bewertungsverfahren zwischen der Dossiererstellung und der Erstattungsbetragsverhandlung. Mit der finalen Dossiereinreichung ist der G-BA am Zug und für den pharmazeutischen Unternehmer sind die verpflichtenden Arbeiten (es besteht immerhin eine gesetzliche Dossierpflicht) erst einmal getan. Jetzt gilt es, auf die Veröffentlichung der Dossierbewertung zu warten und das Stellungnahmeverfahren vorzubereiten. Grundlage hierfür ist die Stellungnahmestrategie, also die Überlegungen, welche Informationen wann und wir in das Bewertungsverfahren eingebracht werden sollen (Abb. 6.1). Und dann, darauf aufbauend, im Rahmen der Stellungnahme die aufgeworfenen Fragen und Kritikpunkte schriftlich bzw. mündlich kompetent zu beantworten. Zeitlich parallel laufen weitere Kommunikationsmaßnahmen, um die Fragen der verschiedenen Stakeholder im Zusammenhang mit dem Bewertungsverfahren zu beantworten. Endpunkt des Bewertungsverfahrens ist der Beschluss des G-BA.

6.1 Stellungnahmestrategie

Die Stellungnahmestrategie ist Teil der gesamten Dossierstrategie. Und über die Dossierstrategie wurden schon viel früher entschieden. Und es wurde im Rahmen der Dossierstrategie festgelegt, was die mit Blick auf die Dossierstrategie wesentlichen Punkte für das Bewertungsverfahren und damit die Stellungnahmestrategie sein werden (Abb. 6.2). Es geht also nicht darum, jetzt nach Einreichung des Dossiers eine neue Stellungnahmestrategie zu entwickeln oder die bestehende über den Haufen zu werfen.

Dennoch lohnt ein kritischer Blick, ob die wesentlichen Annahmen der Dossierstrategie (vorhandene Gaps, angestrebter Erstattungsbetrag) weiterhin gültig sind und ob die ursprünglich geplanten Maßnahmen auf Ebene der Dossiervorbereitung und der

© Der/die Herausgeber bzw. der/die Autor(en), exklusiv lizenziert durch Springer Fachmedien Wiesbaden GmbH, ein Teil von Springer Nature 2020
T. Ecker, *Arzneimittelpreise in Deutschland unter AMNOG*,
https://doi.org/10.1007/978-3-658-30508-6_6

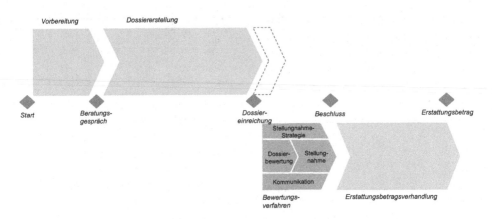

Abb. 6.1 Stellung der Phase des Bewertungsverfahrens im Prozess der frühen Nutzenbewertung

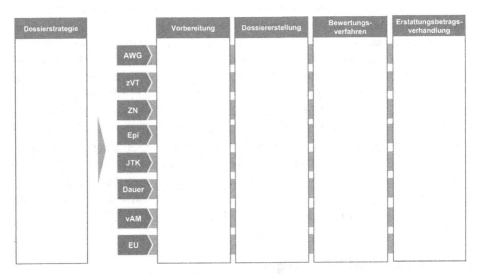

Abb. 6.2 Strategie im Bewertungsverfahren (Stellungnahmestrategie) als Teil der Gesamtstrategie

Dossierstellerung auch so umgesetzt werden konnten. Falls uneingeschränkt ja, gibt es vermutlich keinen Grund die Strategie im Bewertungsverfahren zu ändern.

Viel häufiger ist aber, dass Anpassungen erforderlich sind. Zudem ergeben sich bei der Dossiererstellung und der damit verbundenen Datenaufbereitung immer wieder Fragen und Hinweise auf kritische Punkte, die vermutlich vom IQWiG in der Dossierbewertung angesprochen werden. Und auch hierfür sollten frühzeitig entsprechende Maßnahmen eingeplant werden. Alles mit dem Ziel, in dem relativ engen Zeitraum des Stellungnahmeverfahrens optimal vorbereitet zu sein.

6.2   Dossierbewertung

Die Dossierbewertung erfolgt auf der Grundlage des Dossiers des pharmazeutischen Unternehmers, denn es besteht ja keine Amtsermittlungspflicht. Mit der Dossierbewertung werden die Angaben im Dossier geprüft. Maßstab für die Bewertung ist der allgemein anerkannte Stand der medizinischen Erkenntnisse, die nach den internationalen Standards der evidenzbasierten Medizin und der Gesundheitsökonomie festgestellt werden.

Der G-BA entscheidet, ob er die Dossierbewertung selbst durchführt oder hiermit das IQWiG oder Dritte beauftragt. Bislang hat der G-BA das IQWiG immer mit der Dossierbewertung beauftragt, ausgenommen Dossiers für Arzneimittel für seltene Leiden (sog. Orphan Drugs). Letztere bewertet der G-BA selber.

Grundlage ist ein Globalauftrag an das IQWiG durch einen Beschluss des G-BA vom 01.08.2011 über die Bewertung des Nutzens von Arzneimitteln mit neuen Wirkstoffen gemäß § 35a SGB V.

Eine weitere Ausnahme von der Regel der Prüfung des Zusatznutzens durch das IQWiG gibt es für den Fall, wenn überhaupt kein Dossier eingereicht wurde. Dann wird die Bewertung ebenfalls durch den G-BA erstellt. Aber das sind inzwischen seltene Ausnahmen.

Für das pharmazeutische Unternehmen kommt es darauf nicht so sehr an: Auch wenn andere mit der Bewertung des Nutzens eines Arzneimittels beauftragt werden, sind diese ebenso wie der G-BA selbst an die in der Verfahrensordnung, der AM-NutzenV und dem Gesetz festgelegten Grundsätze gebunden.

Die Dossierbewertung wird spätestens innerhalb von drei Monaten ab dem maßgeblichen Zeitpunkt für die Dossiereinreichung abgeschlossen und im Internet veröffentlicht.

Im Falle einer normalen Dossierbewertung (vollständiges Dossier, kein Orphan Drug) folgt die Dossierbewertung des IQWiG einer einheitlichen Struktur mit folgenden Aspekten:

- Beteiligte Mitarbeiter des IQWiG
- Kap. 1: Hintergrund
- Kap. 2: Dossierbewertung:
  - Abschn. 2.1: Kurzfassung
  - Abschn. 2.2: Fragestellung
  - Abschn. 2.3: Informationsbeschaffung und Studienpool
  - Abschn. 2.4: Ergebnisse zum Zusatznutzen
  - Abschn. 2.5: Ausmaß und Wahrscheinlichkeit des Zusatznutzens
  - Abschn. 2.6: Liste der eingeschlossenen Studien
  - Abschn. 2.7: Kommentar zur zweckmäßigen Vergleichstherapie, zur Darstellung von Nutzen und Zusatznutzen

- Kap. 3: Kosten der Therapie:
  - Abschn. 3.1: Kommentar zur Epidemiologie
  - Abschn. 3.2: Kommentar zur Kostendarstellung
  - Abschn. 3.3: Konsequenzen für die Bewertung
- Kap. 4: Zusammenfassung der Dossierbewertung:
  - Abschn. 4.1: Zugelassene Anwendungsgebiete
  - Abschn. 4.2: Medizinischer Nutzen und Zusatznutzen
  - Abschn. 4.3: Anzahl der Patienten
  - Abschn. 4.4: Kosten der Therapie
  - Abschn. 4.5: Anforderungen an eine qualitätsgesicherte Anwendung
- Kap. 5: Literatur
- (optional) Anhang – Darstellung von nicht im Dossier enthaltenen Angaben aus dem Studienbericht
- Anhang – Darlegung potenzieller Interessenkonflikte (externe Sachverständige sowie Patientinnen und Patienten bzw. Patientenorganisationen)

Bis Ende November 2015 hat das IQWiG zusätzlich noch *sonstige Angaben im Dossier des pharmazeutischen Unternehmers* kommentiert, konkret:

- *Kommentar zur Zusammenfassung der Aussagen im Dossier (Modul 1)*
- *Kommentar zu allgemeinen Angaben zum Arzneimittel und zu den zugelassenen Anwendungsgebieten (Modul 2)*
- *Kommentar zur qualitätsgesicherten Anwendung (Modul 3,* Abschn. 3.4)
- Diese Kommentierungen sind inzwischen ersatzlos entfallen; lediglich die Aussagen zur qualitätsgesicherten Anwendung finden sich noch in der Zusammenfassung, nicht aber in der eigentlichen Bewertung. Aber am Ende sind sowieso nur wenige Abschnitte der Dossierbewertung überhaupt nur direkt beschlussrelevant (Abb. 6.3).

Die Dossierbewertung deckt somit alle beschlussrelevanten Teile des Nutzendossiers ab und liefert mit der Zusammenfassung in Kap. 4 schon eine vorformulierte Beschlussempfehlung für den G-BA. Ausgenommen ist der Abschnitt zur zeitlichen Gültigkeit des Beschlusses, zu der das IQWiG keine Aussage trifft.

Für die Interpretation und Bewertung der Dossierbewertung durch das IQWiG ist zu beachten, dass das IQWiG in seinem Methodenpapier nur Aussagen zur Bewertung des Zusatznutzens geregelt hat, nicht aber alle anderen Aspekte des G-BA-Beschlusses (Abb. 6.4).

Im Falle eines unvollständigen oder fehlenden Dossiers führt der G-BA die Dossierbewertung durch. Die Dossierbewertung ist dann wie folgt gegliedert:

1. *zugelassenes Anwendungsgebiet*
2. *Zusatznutzen des Arzneimittels im Verhältnis zur zweckmäßigen Vergleichstherapie*

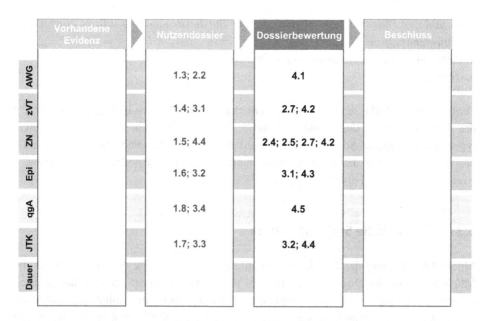

Abb. 6.3 Zusammenhang zwischen Nutzendossier des pharmazeutischen Unternehmers und Dossierbewertung des IQWiG (Die Abschnittsverweise des Nutzendossiers beziehen sich auf die Anlage II, die der Nutzenbewertung auf die Nutzenbewertung des IQWiG)

AWG — In welchem Anwendungsgebiet wird das vorliegende Produkt nutzenbewertet?

zVT* — Welche zweckmäßige Vergleichstherapie hat der G-BA festgesetzt (ggf. je Teilanwendungsgebiet)?

ZN — Was sind die Ergebnisse je patientenrelevantem Endpunkt?
Wie hoch ist der Zusatznutzen (ggf. je Teilanwendungsgebiet)?

Epi — Wie groß ist die Zielpopulation im Anwendungsgebiet (ggf. je Teilanwendungsgebiet)?

qgA — Was sind die Anforderungen an die qualitätsgesicherte Anwendung?

JTK — Wie hoch sind die Jahrestherapiekosten für das zu bewertende Arzneimittel und für die zweckmäßige Vergleichstherapie (ggf. je Teilwandungsgebiet)?

Dauer — Ist der Beschluss befristet und gibt es ggf. Anforderungen an die weitere Evidenzgenerierung?

*) Nicht für Orphan Drugs

Abb. 6.4 Abdeckung der Dossierbewertung im Methodenpapier des IQWiG

3. *Anzahl der Patienten bzw. Abgrenzung der für die Behandlung infrage kommenden Patientengruppen*
4. *Anforderungen an eine qualitätsgesicherte Anwendung*
5. *Therapiekosten*

Diese Struktur deckt sich weitgehend mit der Struktur des endgültigen Beschlusses; die Ausführungen zu den Punkten 3 und 5 sind deutlich umfangreicher als in einem typischen Beschluss. So wird die Erkrankung beschrieben und die Zielpopulation charakterisiert sowie die Epidemiologie hergeleitet. Die Darstellung des Verbrauchs sowie der Kosten wird ebenfalls begründet.

6.3   Schriftliche Stellungnahme

Mit Veröffentlichung der Dossierbewertung auf der Internetseite des G-BA besteht die Möglichkeit, zu der Dossierbewertung des Arzneimittels schriftlich und danach auch mündlich Stellung zu nehmen. Schriftliche Stellungnahme und mündliche Anhörung bilden dabei eine gedankliche Einheit, da Inhalte beider Stellungnahmeformate in den endgültigen Beschluss des G-BA eingehen.

Die Frist für die schriftliche Stellungnahme beträgt drei Wochen. Stellung nehmen können folgende Personen und Organisationen:

- *Sachverständige der medizinischen und pharmazeutischen Wissenschaft und Praxis*
- *Spitzenorganisationen der pharmazeutischen Unternehmer*
- *betroffene pharmazeutische Unternehmer*
- *Berufsvertretungen der Apotheker*
- *Dachverbände der Ärztegesellschaften der besonderen Therapierichtungen auf Bundesebene*

Patientenvertreter gehören nicht zum Kreis der in diesem Verfahren Stellungnahmeberechtigten, sondern sind Teil des G-BA, wenn auch ohne Stimmrecht (siehe Abschn. 3.1).

Der G-BA fordert niemanden zur Stellungnahme auf, sondern informiert auf seiner Homepage über das Bewertungsergebnis und die Möglichkeit der Stellungnahme. Und dann liegt es an jedem Betroffenen selber, dies zu erkennen, sich betroffen zu fühlen und Stellung zu nehmen.

Die Stellungnahme ist innerhalb von drei Wochen nach Veröffentlichung der Nutzenbewertung an den G-BA per E-mail zu richten. Für die Stellungnahme selbst ist ausschließlich Anlage III zu verwenden und dem G-BA als Worddokument (!) zu übermitteln. Hintergrund für diese Vorgabe ist, dass der G-BA die einzelnen Anmerkungen der schriftlichen Stellungnahme prüft und das Ergebnis der Prüfung als Kommentar im

Dokument ergänzt. Das Ergebnis der Prüfung wird als Teil der Zusammenfassenden Dokumentation veröffentlicht.

Jede Stellungnahme ist durch Literatur (z. B. relevante Studien) zu begründen. Die zitierte Literatur ist im Volltext inklusive eines standardisierten und vollständigen Literaturverzeichnisses der Stellungnahme beizufügen und die zitierten Literaturstellen in einer zusätzlichen Datei im RIS-Format zu übermitteln.

Die Stellungnahme ist dazu gedacht, Aussagen zu dem Dossier oder der Bewertung zu machen. Der eigentliche Nutzennachweis ist entsprechend den rechtlichen Vorgaben allein durch den pharmazeutischen Unternehmer und allein im eingereichten Dossier zu führen. Andererseits ist zum Zeitpunkt der Dossiererstellung noch unklar, welche Anmerkungen in der Nutzenbewertung gemacht werden. Sofern sich diese Evidenz (z. B. weitere Subgruppenauswertungen) auf Anmerkungen in der Dossierbewertung bezieht, sollte einer Berücksichtigung aber nichts im Wege stehen. Ähnliches gilt für zusätzliche Daten (z. B. neue Datenschnitte), die erst nach Einreichung des Dossiers verfügbar werden. Und: der G-BA erwartet auch über weitere relevante Ereignisse insbesondere zur Sicherheit des Arzneimittels informiert zu werden.

Grundsätzlich gliedert sich die Anlage III, also die Vorlage für die Erstellung einer schriftlichen Stellungnahme, in vier Teile:

Der erste Teil (Deckblatt) umfasst die administrativen Angaben: Datum der Stellungnahme, Nutzenbewertungsverfahren, Stellungnahmeverfahren. Ist der Stellungnehmer nicht der pharmazeutische Unternehmer des zu bewertenden Arzneimittels, ist es hilfreich die eigene Betroffenheit an dieser Stelle zu begründen.

Der zweite Teil umfasst die Stellungnahme zu allgemeinen Aspekten. Als allgemein gelten all diejenigen Aspekte, die sich nicht auf eine einzelne Aussage des Dossiers oder der Bewertung beziehen. Im Unterschied zu den im dritten Teil aufzuführenden Stellungnahmen zu spezifischen Aspekten werden bei diesen allgemeinen Aspekten keine weiteren Anforderungen an den Inhalt der Stellungnahme vorgegeben. In diesem Teil der Stellungnahme sind auf der linken Spalte die jeweiligen Anmerkungen anzuführen. Der G-BA ergänzt dann in der rechten Spalte das Ergebnis von deren Prüfung. Damit wird nachvollziehbar, wie sich diese Anmerkung auf den Beschluss der Nutzenbewertung auswirkt.

Der dritte Teil umfasst die Stellungnahme zu spezifischen Aspekten. Hierbei ist jeweils zu bezeichnen, auf welches Dokument und welche Stelle im Dokument sich die Anmerkung bezieht, welche Anmerkung der Stellungnehmer vorbringt, wie sich diese begründet und welche Änderung in der Bewertung aufgrund der Anmerkung vorgeschlagen wird. Auch in diesem Teil der Stellungnahme ergänzt der G-BA in der rechten Spalte das Ergebnis der Prüfung dieser Anmerkung.

Der vierte und letzte Teil der Stellungnahme ist das Literaturverzeichnis. Das Literaturverzeichnis dokumentiert die zitierten Literaturstellen.

Was sollte nun kommentiert werden? Eine Nutzenbewertung des IQWiG ist oft schnell 100 Seiten lang!

Die Antwort ergibt sich aus der Dossierstrategie: Am Anfang steht eine gründliche Lektüre – am besten von hinten (der Zusammenfassung der zentralen Ergebnisse) nach vorne (also der Begründung der in der Zusammenfassung genannten Ergebnisse). Denn die Zusammenfassung stellt den Vorschlag des IQWiG für den Beschluss des G-BA dar. Deshalb interessieren die Abweichungen zwischen den Feststellungen des IQWiG und dem der Dossierstrategie zugrundeliegenden, erwarteten Beschluss. Bei jeder Beschlussdimension, in der relevante Abweichungen zum Nachteil des zu bewertenden Arzneimittels bestehen, sollte Stellung genommen werden, sofern dies für das weitere Verfahren relevant scheint.

Das Vorgehen bei der konkreten Kommentierung liegt auf der Hand: Verständlich (Worum geht es?), klare Handlungsempfehlung (Was ist zu ändern?) und Begründung (Wieso die Änderung?).

Das ist besonders einfach bei offensichtlichen Fehlern. Auf diese kann man hinweisen, den Fehler erläutern und eine Korrektur vorschlagen.

Ist man hingegen mit der Vorgehensweise des IQWiG bei der Bewertung nicht einverstanden, geht es um die „richtige" Methodik – und hier ist die Argumentation aufwendiger, so weit IQWiG bzw. G-BA über keine entsprechenden methodischen Vorgaben verfügen. Konkret zeigt sich dies beispielsweise bei der Kostendarstellung: Welche Packung ist zu verwenden? Wie ist mit Packungsresten umzugehen? Etc.

Schließlich gibt es noch Wertentscheidungen, z. B.: Wie werden verschiedene Effekte gegeneinander abgewogen? Hier gibt es kein „richtig" oder „falsch". Aber: Es kann ein *inkonsistent* geben. In solchen Fällen muss also argumentiert werden, wieso eine Bewertung des IQWiG nicht mit der Bewertung von IQWiG oder G-BA in ähnlich gelagerten Fällen übereinstimmt.

Wie viele Punkte der Nutzenbewertung kommentiert werden, ist Ansichtssache:

- grundsätzlich sollten alle unzutreffenden Aussagen richtiggestellt werden,
- dabei sollte aber nicht vergessen werden, dass es am Ende auf die Relevanz für den Beschluss ankommt,
- und: in der Kürze liegt die Würze.

Schließlich noch die Frage, zu welchen Themen schriftlich Stellung genommen werden sollte und zu welchen mündlich. Beide Formen der Stellungnahme haben unterschiedliche Aufgaben:

- Die schriftliche Stellungnahme bereitet die mündliche Anhörung vor, sie ist vom Umfang prinzipiell nicht begrenzt, wird aber erst nach Abschluss der Preisverhandlung veröffentlicht und erfolgt in Unkenntnis der anderen Stellungnahmen. Sie bietet Raum für die logisch präzise Herleitung; und der G-BA muss sich in der Zusammenfassenden Dokumentation explizit mit den einzelnen Punkten der Stellungnahme auseinandersetzen.

- Die mündliche Anhörung bildet dagegen die letzte öffentliche Aussage des pharmazeutischen Unternehmers gegenüber dem G-BA, sie ist zeitlich stark beschränkt, wird dafür aber noch vor Beschlussfassung veröffentlicht und erlaubt die Interaktion zwischen den unterschiedlichen Stellungnehmern.

6.4 Mündliche Anhörung

Im Anschluss an das schriftliche Stellungnahmeverfahren und vor einer Beschlussfassung über die Nutzenbewertung gibt der G-BA den Stellungnahmeberechtigten eine letzte Gelegenheit, zu der Nutzenbewertung auch mündlich Stellung zu nehmen. Hierzu ist eine separate Anmeldung erforderlich.

Mit der Anmeldung sollten auch die Personen benannt werden, die an der Anhörung teilnehmen. Der pharmazeutische Unternehmer des zu bewertenden Arzneimittels kann mit vier Personen an der Anhörung teilnehmen, alle anderen Stellungnahmeberechtigten (siehe Abschn. 6.3) mit zwei Personen.

Die mündliche Stellungnahme ersetzt nicht die schriftliche Stellungnahme. Sie dient aus Sicht des G-BA dazu, insbesondere zu solchen Gesichtspunkten der Nutzenbewertung vorzutragen, die sich zeitlich nach Einreichen des Dossiers ergeben haben. Konkret sind dies in erster Linie Fragen der Mitglieder des Unterausschusses Arzneimittel. Erfahrungsgemäß werden dabei aber auch relevante Themen der schriftlichen Stellungnahme nochmals thematisiert.

Die mündliche Anhörung wird vom Unterausschuss Arzneimittel des G-BA ca. zwei Wochen nach Ende der Frist zur schriftlichen Stellungnahme durchgeführt. Sie dauert meist zwischen 25 und 90 min.

Die Agenda für die mündliche Anhörung umfasst standardmäßig folgende Themen:

1. *allgemeine Aspekte*
2. *zweckmäßige Vergleichstherapie*
3. *Ausmaß und Wahrscheinlichkeit des Zusatznutzens*
4. *Anzahl der Patienten bzw. Patientengruppen*
5. *Anforderungen an eine qualitätsgesicherte Anwendung*
6. *Therapiekosten, auch im Vergleich zur zweckmäßigen Vergleichstherapie*

Damit deckt die Agenda alle Themen ab, die auch später im Beschluss vorkommen, abgesehen von Fragen des Anwendungsgebietes und der Befristung. Natürlich konzentriert sich die Diskussion aber auf die Punkte 2 und 3.

Geleitet wird die Sitzung durch den Vorsitzenden des Unterausschusses Arzneimittel, der zumeist zu Anfang der Anhörung die aus Sicht des Unterausschusses zentralen Fragen zusammenfasst, die bislang offen geblieben sind und möglichst durch die Anhörung beantwortet werden sollen. Darauf hat das pharmazeutische Unternehmen des zu bewertenden Arzneimittels Gelegenheit für ein Eröffnungsstatement. Anschließend stellen die Mitglieder des Unterausschusses ihre Fragen an den pharmazeutischen Unternehmer, aber auch an andere Teilnehmer der Anhörung, z. B. Sachverständige der medizinischen und pharmazeutischen Wissenschaft und Praxis. Mitarbeiter anderer betroffener pharmazeutischer Unternehmer nehmen häufig auch an der Anhörung teil, melden sich aber selten zu Wort. Zum Abschluss der Anhörung gibt es nochmals die Gelegenheit für ein Schlussstatement seitens des pharmazeutischen Unternehmers des zu bewertenden Arzneimittels.

Wie schon erwähnt, bietet die mündliche Anhörung die Möglichkeit einer persönlichen Darstellung und auch der Interaktion mit G-BA und Sachverständigen der medizinischen und pharmazeutischen Wissenschaft und Praxis. Gleichzeitig ist unklar, welche Themen der Unterausschuss diskutieren möchte und welche Fragen konkret an den pharmazeutischen Unternehmer gestellt werden. Daher ist es wichtig, mit dem Team aus vier Teilnehmern alle Themen der Agenda abzudecken und sich vorher entsprechend gemeinsam vorzubereiten, z. B. mittels Simulation oder Mittels eines Einwandkatalogs.

Sofern dann im Rahmen der Anhörungen Fragen aufgeworfen werden, die sich trotz entsprechender Vorbereitung nicht direkt in der Situation klären lassen, z. B. bestimmte Auswertungen oder andere Nachweise, sollten dem G-BA im Nachgang zur Anhörung die entsprechenden Dokumente kurzfristig übermittelt werden.

Über die mündliche Anhörung wird ein stenografisches Wortprotokoll erstellt und ca. eine Woche nach Anhörung auf den Internetseiten des G-BA veröffentlicht. Damit liegt das Protokoll der Anhörung noch vor dem Beschluss über die Nutzenbewertung vor und kann auch in der Preisverhandlung zitiert werden.

6.5   Kommunikation

Beschlüsse des G-BA über eine Nutzenbewertung werden in der jeweiligen Arbeitsgruppe vorbereitet, im Unterausschuss Arzneimittel konsentiert und dann im Plenum mit den Stimmen der Bänke, der unabhängigen Mitglieder und unter Beteiligung der Patientenvertreter verabschiedet. Rechnet man das IQWiG und die unterstützenden Gremien der Bänke hinzu, so ergibt sich eine ziemlich große Anzahl an Beteiligten. Diese *Stakeholder* müssen sich innerhalb von weniger als 6 Monaten eine Meinung zu dem zu bewertenden Arzneimittel bilden und eine weitreichende Entscheidung treffen. Sie müssen die Kernpunkte der im Dossier dargestellten Evidenz verstehen und haben erfahrungsgemäß weitere Fragen. Hierzu sind begleitende Kommunikationsangebote hilfreich.

Welche Aktivitäten konkret sinnvoll sind, hängt von der spezifischen Situation ab. Die Aktivitäten reichen von unverbindlichen Gesprächsangeboten über Diskussionsrunden, weiterführende Analysen oder Publikationen bis hin zu kassenindividuellen Vertragsmodellen.

6.6 Beschluss

6.6.1 Entscheidung und Begründung

Bis auf die Nachreichung von in der Anhörung vereinbarter Unterlagen gibt es nach der Anhörung keine weitere Interaktion zwischen pharmazeutischem Unternehmer und G-BA. Insbesondere erhält der pharmazeutische Unternehmer des zu bewertenden Arzneimittels vorab keinen Beschlussentwurf – und die Dossierbewertung des IQWiG ist formal gesehen ja nur ein Vorschlag eines unabhängigen Institutes. Die Sichtweise des G-BA bleibt bis zum Beschluss unklar und der pharmazeutische Unternehmer kennt bis zur Veröffentlichung des getroffenen Beschlusses nicht dessen Inhalt.

Der G-BA beschließt über die Nutzenbewertung innerhalb von drei Monaten nach ihrer Veröffentlichung in einer öffentlichen Sitzung, also am Ende des sechsten Monats ab Verfahrensbeginn. Der Beschluss ist Teil der Arzneimittel-Richtlinie und wird auch im Bundesanzeiger bekannt gemacht. Und der Beschluss ist Grundlage für Vereinbarungen über Erstattungsbeträge.

Die Feststellungen des G-BA beziehen sich laut Verfahrensordnung insbesondere auf.

- *Ausmaß und Wahrscheinlichkeit des Zusatznutzens des Arzneimittels im Verhältnis zur zweckmäßigen Vergleichstherapie,*
- *die Anzahl der Patienten bzw. die Abgrenzung der für die Behandlung infrage kommenden Patientengruppen,*
- *Anforderungen an eine qualitätsgesicherte Anwendung und*
- *die Therapiekosten auch im Vergleich zur zweckmäßigen Vergleichstherapie.*

Zudem hat der G-BA die Möglichkeit, die Gültigkeit des Beschlusses zeitlich zu befristen. Dies ist immer dann möglich, wenn für den Beleg eines Zusatznutzens valide Daten zu patientenrelevanten Endpunkten erforderlich sind, aber derzeit noch nicht vorliegen. In seiner Beschlussfassung über die Nutzenbewertung kann der G-BA dann eine Frist bestimmen, bis wann diese Daten vorgelegt werden sollen und die geforderten Daten konkretisieren. Es kommt also darauf an, ob das vom pharmazeutischen Unternehmer vorgelegte Erkenntnismaterial als hinreichend angesehen wird, um mit der erforderlichen Sicherheit feststellen zu können, dass das zu bewertende Arzneimittel einen ausreichend wissenschaftlich belegten Zusatznutzen im Verhältnis zur zweckmäßigen Vergleichstherapie hat. Für das Einreichen weiterer Belege setzt der G-BA die Frist in Abhängigkeit des erforderlichen Zeitraums, um die mit der Befristungsauflage gewünschten Daten gewinnen zu können. Mit Fristablauf beginnt dann das Verfahren der Nutzenbewertung für dieses Arzneimittel erneut.

Konkret ist der Beschluss wie folgt strukturiert:

- *administrative Angaben*
- *Zusatznutzen des Arzneimittels im Verhältnis zur zweckmäßigen Vergleichstherapie*

- *Anzahl der Patienten bzw. Abgrenzung der für die Behandlung infrage kommenden Patientengruppen*
- *Anforderungen an eine qualitätsgesicherte Anwendung*
- *Therapiekosten*
- *Hinweis auf Inkrafttreten*
- *Hinweis auf Befristung*
- *Hinweis auf Tragende Gründe*

Mit jedem Beschluss werden zeitgleich auch die dafür ausschlaggebenden Gründe veröffentlicht. Mit diesen sogenannten Tragenden Gründen erläutert der G-BA, weshalb er sich so entschieden hat, insbesondere mit Blick auf die Abweichungen gegenüber dem Dossier des pharmazeutischen Unternehmers und den Feststellungen des IQWiG. Die Tragenden Gründe sind wie folgt gegliedert:

- *Rechtsgrundlage*
- *Eckpunkte der Entscheidung*
- *zweckmäßige Vergleichstherapie*
- *Wahrscheinlichkeit und Ausmaß des Zusatznutzens*
- *Anzahl der Patienten bzw. Abgrenzung der für die Behandlung infrage kommenden Patientengruppen*
- *Anforderungen an eine qualitätsgesicherte Anwendung*
- *Therapiekosten*
- *Kosten der Arzneimittel (pro Jahr)*
- *Bürokratiekosten*
- *Verfahrensablauf*

Gerade weil es keine Interaktion nach der Anhörung mehr gibt und der G-BA unter hohem Zeitdruck und häufig eine große Zahl paralleler Verfahren entscheiden muss, sind Fehler nicht ausgeschlossen. Daraus folgt, dass man den einmal gefassten Beschluss nochmals kritisch prüfen sollte. Die nicht ganz unerhebliche Zahl an Änderungsbeschlüssen legt nahe, dass Fehler tatsächlich auftreten und diese auch im Nachgang vom G-BA – zumindest nach Hinweis durch den pharmazeutischen Unternehmer – korrigiert werden können.

6.6.2 Zusammenfassende Dokumentation

Über die Durchführung der Nutzenbewertung erstellt der G-BA zusätzlich zu seinem Beschluss und der Erläuterung der Tragenden Gründe eine Zusammenfassende Dokumentation mit folgendem Inhalt:

A) *Tragende Gründe und Beschluss*
  Der Abschnitt A der zusammenfassenden Dokumentation wiederholt den Beschluss und die Tragenden Gründe wortwörtlich.

B) *Bewertungsverfahren*
  - *Bewertungsgrundlagen*
  - *Bewertungsentscheidung*
  Bestimmung der zweckmäßigen Vergleichstherapie
  Nutzenbewertung

C) *Dokumentation des gesetzlich vorgeschriebenen Stellungnahmeverfahrens*
  - *Unterlagen des Stellungnahmeverfahrens*
  - *Ablauf der mündlichen Anhörung*
  - *Übersicht der eingegangenen schriftlichen Stellungnahmen*
  - *Teilnehmer an der mündlichen Anhörung*
  - *Auswertung des schriftlichen Stellungnahmeverfahrens*

D) *Anlagen*
  - *Wortprotokoll der mündlichen Anhörung*
  - *Bewertungen und Evidenz zur zweckmäßigen Vergleichstherapie*

Nicht explizit in der Verfahrensordnung geregelt ist der Umgang mit fehlerhaften Beschlüssen. Dies betrifft insbesondere die Kostendarstellung. Hierzu hat sich inzwischen die Praxis eingebürgert, dass der G-BA in diesem Fall – meist nach Hinweis durch den betroffenen pharmazeutischen Unternehmer – einen Korrekturbeschluss fasst.

6.7 Ergebnisse

Per 31. Dezember 2019 listet der G-BA auf seiner Homepage 502 Nutzenbewertungsverfahren. Über die Jahre hat die Anzahl der laufenden Verfahren immer weiter zugenommen (Abb. 6.5).

Von diesen 502 Verfahren sind inzwischen 438 Verfahren abgeschlossen, zudem wurden 11 eingestellt und 20 freigestellt und ein Verfahren „kein Status", ist irrtümlich auf der Liste (Abb. 6.6). Aktuell offen sind damit 43 Verfahren, davon durchlaufen 22 derzeit die Dossierbewertung, bei einem Verfahren wurde die Dossierbewertung veröffentlicht und das Stellungnahmeverfahren eingeleitet und bei weiteren 20 liegen die schriftlichen Stellungnahmen vor und es läuft derzeit die Vorbereitung von Anhörung oder Beschlussfassung. Auch wenn es sich hierbei um eine Momentaufnahme handelt, so wird doch klar: Der G-BA hat also zu jedem Zeitpunkt eine größere Zahl an Nutzenbewertungsverfahren parallel in Arbeit!

Die meisten Nutzenbewertungsverfahren betreffen weiterhin neue Wirkstoffe, die das erste Mal das Verfahren durchlaufen (Abb. 6.7). Daneben gibt es aber auch eine reihe von Sonderformen, die in Kap. 9 dieses Buches detaillierter vorgestellt werden.

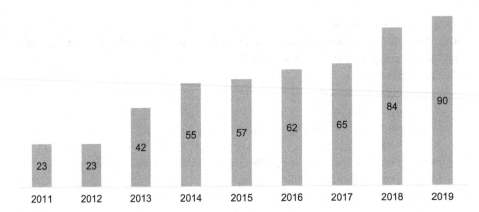

Abb. 6.5 Anzahl der bisher begonnenen Nutzenbewertungsverfahren pro Jahr (nach Jahr des Verfahrensbeginns)

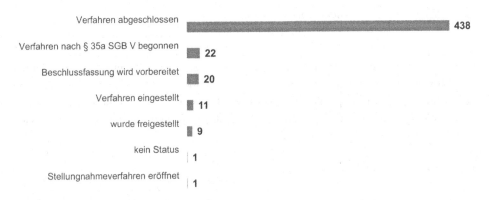

Abb. 6.6 Stand der bisher begonnenen Nutzenbewertungsverfahren

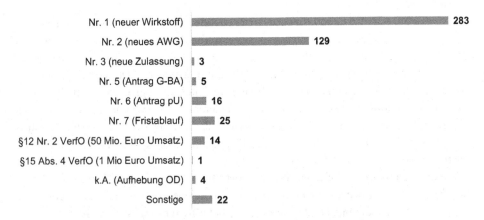

Abb. 6.7 Rechtsgrundlage der bisher begonnenen Nutzenbewertungsverfahren

Differenziert man die in Abb. 6.5 dargestellten Verfahren danach, ob es sich hierbei um eine erstmalige Bewertung handelt, eine Anwendungsgebietserweiterung oder eine sonstige Form handelt, dann wird klar, dass die starke Zunahme an Verfahren in den letzten Jahren den Anwendungsgebietserweiterung und sonstigen Form geschuldet ist, während die Anzahl der erstmaligen Bewertungen weitgehend konstant blieb (Abb. 6.8). Eine weitere Zunahme an Verfahren pro Jahr ist damit nicht ausgeschlossen.

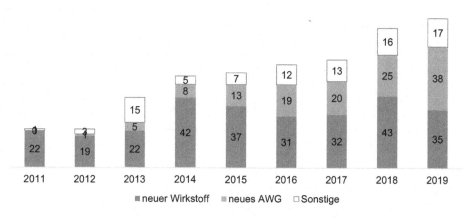

Abb. 6.8 Anzahl der bisher begonnenen Nutzenbewertungsverfahren pro Jahr

Verhandlung des Erstattungsbetrags

Die Erstattungsbetragsverhandlung ist die letzte Phase im AMNOG-Verfahren (siehe Abb. 7.1). Sie gliedert sich in die eigentliche Erstattungsbetragsverhandlung und – im Falle der Nichteinigung – einer Festsetzung der noch offenen Vertragsteile durch die Schiedsstelle sowie einer anschließenden Klagemöglichkeit. Ausgangspunkt ist dabei die Verhandlungsstrategie. Danach werden die einzureichenden Anlagen I–III vorbereitet sowie ggf. die Anforderung für eine Datenanalyse nach § 217f SGB V. Die eigentliche Verhandlung gliedert sich schließlich in 4 Runden.

7.1 Erstattungsbetragsverhandlung

Wichtigstes Ziel des Prozesses der frühen Nutzenbewertung ist es aus Sicht des betroffenen pharmazeutischen Unternehmens, einen möglichst vorteilhaften Preis für das eigene Produkt zu realisieren.

Der im Rahmen der Verhandlung vereinbarte Preis wird als Erstattungsbetrag bezeichnet. Hierbei handelt es sich um den neuen Abgabepreis des pharmazeutischen Unternehmers, also dem Preis für den das Arzneimittel ab sofort in Deutschland verkauft wird – und zwar unabhängig vom Vertriebsweg, d. h. egal ob an das Krankenhaus oder an die niedergelassene Apotheke.

Der Erstattungsbetrag wird im Rahmen einer Verhandlung zwischen dem pharmazeutischen Unternehmen und dem GKV-SV vereinbart. Die Verhandlung folgt gesetzlichen Vorgaben; aber es ist immer noch eine Verhandlung mit entsprechender Dynamik und hoffentlich auch Verhandlungsgeschick. Und verhandelt wird in jedem Fall, es sei denn das Arzneimittel wird mit dem Beschluss des G-BA einer Festbetragsgruppe zugeordnet (Abb. 7.2).

T. Ecker, *Arzneimittelpreise in Deutschland unter AMNOG*, https://doi.org/10.1007/978-3-658-30508-6_7

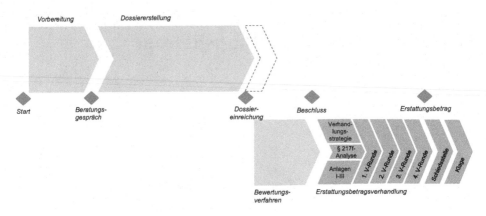

Abb. 7.1 Stellung der Phase der Erstattungsbetragsverhandlung im Prozess der Nutzenbewertung

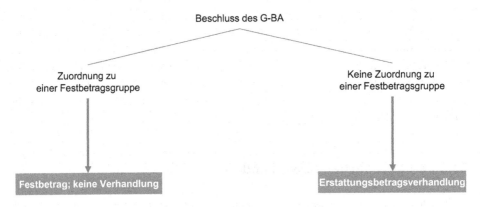

Abb. 7.2 Voraussetzung für die Erstattungsbetragsverhandlung

Ab in Kraft treten des Erstattungsbetrags endet die freie Preiswahl durch den pharmazeutischen Unternehmer. Andererseits ist am Erstattungsbetrag nicht alles schlecht: Immerhin ist er ein offiziell vom GKV-SV anerkannter Preis. Und das ist ein nicht zu unterschätzender Vorteil.

7.1.1 Zentrale Prämissen

Die Erstattungsbetragsverhandlung folgt drei zentralen Prämissen:

Erstens: Die Verhandlungsvorbereitung beginnt nicht erst mit dem Beschluss. So bestimmt der gewünschte Erstattungsbetrag die erforderliche Evidenz und prägt die Dossierstrategie (Abb. 7.3).

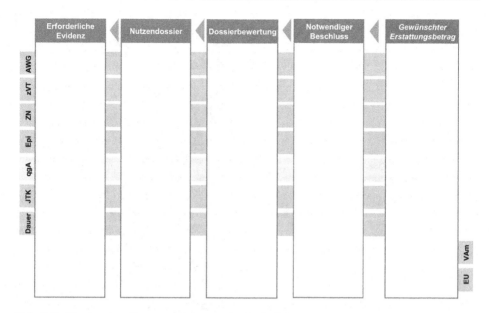

Abb. 7.3 Gewünschter Erstattungsbetrag und erforderliche Evidenz

Damit beginnt die Vorbereitung der Verhandlung schon mit der Entwicklung der Dossierstrategie. Und die strategischen Maßnahmen zielen darauf ab, der für den gewünschten Erstattungsbetrag notwendigen Evidenz möglichst nahe zu kommen (Abb. 7.4).

Denkt man dies konsequent zu Ende, dann geht es bei allen Aktivitäten des AMNOG-Verfahrens immer auch um die Vorbereitung der Erstattungsbetragsverhandlung (Abb. 7.5).

Und dasselbe gilt für den Verhandlungspartner. Der GKV-SV sitzt immer mit „am Tisch", auch wenn der pharmazeutische Unternehmer sich offiziell mit dem G-BA austauscht, denn der GKV-SV stellt eine der beiden stimmberechtigten Bänke im G-BA und beschließt so über die Nutzenbewertung, auf deren Grundlage dann der Erstattungsbetrag verhandelt wird.

Zweitens: Der „Rekord" aufseiten der pharmazeutischen Industrie liegt bislang bei 36 Nutzenbewertungsverfahren seit Einführung des AMNOG bis Ende 2019 (Novartis Pharma GmbH). Auf 9 Jahre gerechnet sind dies rund 4 Nutzenbewertungsverfahren und damit 4 Preisverhandlungen pro Jahr. Der Verhandlungspartner GKV-SV kommt in demselben Zeitraum auf 438 Verfahren in 9 Jahren bzw. knapp 50 pro Jahr. Beide Seiten unterscheiden sich also erheblich in der Verhandlungserfahrung!

Drittens: Scheitert eine Verhandlung, entscheidet die Schiedsstelle. Daher stellt sich bei jedem kontroversen Verhandlungspunkt die Frage, wie die Schiedsstelle in dieser Frage entscheiden würde und wo im Vergleich dazu ein möglicher Konsens beider

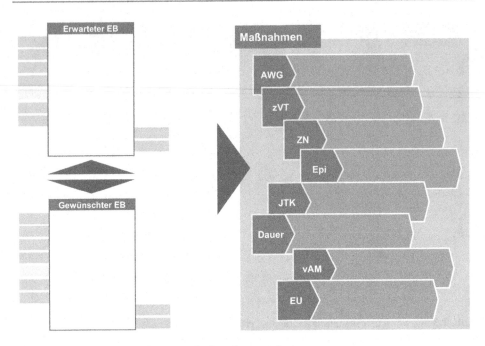

Abb. 7.4 Ableitung der Maßnahmen der Dossierstrategie

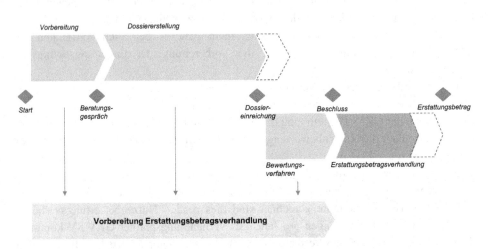

Abb. 7.5 Vorbereitung der Erstattungsbetragsverhandlung als Dauerprozess

Verhandlungspartner liegen könnte. Eine genaue Beobachtung der Spruchpraxis der Schiedsstelle (und möglicher Gerichtsentscheidungen) ist damit verpflichtend für jeden pharmazeutischen Unternehmer.

7.1.2 Exkurs zur Arzneimittelpreisbildung

Im Rahmen der Erstattungsbetragsverhandlung wird ein Vertrag verhandelt mit verschiedenen Komponenten. Am Ende geht es aber primär um den zukünftigen Preis des Arzneimittels, den Erstattungsbetrag. Und zwar um den Preis auf der Ebene des pharmazeutischen Unternehmers, auch wenn für die Krankenkassen noch die Kosten der Handelsstufen hinzukommen.

Deshalb folgt an dieser Stelle ein kurzer Exkurs zum Thema Arzneimittelpreisbildung – und die Implikationen für die Erstattungsbetragsverhandlung.

Der Erstattungsbetrag ist der neue Abgabepreis des pharmazeutischen Unternehmers. Er löst den bisherigen Abgabepreis des pharmazeutischen Unternehmers ab. Der gewährte Rabatt ist dann die Differenz aus ursprünglichem Abgabepreis des pharmazeutischen Unternehmers und vereinbartem Erstattungsbetrag (Abb. 7.6).

Eine Krankenkasse spart sich in diesem Fall aber nicht nur die 10 € als Rabatt des pharmazeutischen Unternehmers. Hinzu kommen weitere Einsparungen auf den Handelsstufen, denn der Apothekenverkaufspreis errechnet sich als Zuschlag auf den Erstattungsbetrag. Der durch den pharmazeutischen Unternehmer gewährte Rabatt vermindert so die Zuschläge von Großhandel und Apotheken. Der von den Krankenkassen dann an die Apotheke gezahlte Preis enthält damit den mit dem pharmazeutischen Unternehmer verhandelten Rabatt sowie die Einsparungen auf den Handelsstufen und die geringere Umsatzsteuer.

So werden aus 10 € Rabatt bezogen auf den Abgabepreis des pharmazeutischen Unternehmers Einsparungen in Höhe von 12,64 € auf Ebene des Apothekenverkaufspreises für die GKV, da die Belastung aus Sicht der GKV von 137,42 € auf 124,78 € sinkt (Abb. 7.7).[1]

Abb. 7.6 Beispiel für die Ermittlung des Erstattungsbetrags nach Rabattvereinbarung

	PZN 1234567
Alter Preis	100,00 €
Rabatt / Ersparnis GKV	10,00 €
Erstattungsbetrag	90,00 €

---

[1]Zuzahlungen der Versicherten sowie der Rabatt werden hier, so wie in der Kostendarstellung der frühen Nutzenbewertung üblich, nicht ausgewiesen, auch wenn sie noch zusätzlich anfallen.

	ApU = GEP netto	GVP = AEP netto	AVP netto	Umsatz- steuer	AVP brutto
Alter Preis	100,00 €	103,85 €	115,48 €	21,94 €	137,42 €
Rabatt / Ersparnis GKV	- 10,00 €	- 10,31 €	- 10,62 €	- 2,02 €	- 12,64 €
Erstattungsbetrag	90,00 €	93,54 €	104,86 €	19,92 €	124,78 €

Abb. 7.7 Beispiel für die Weitergabe des Rabatts durch Großhändler und Apotheken

Großhandel, Apotheken und Finanzamt „beteiligen" sich alle an den Einsparungen der GKV – wenn auch in unterschiedlichem Umfang (Abb. 7.8). Und dass, obwohl sie an der Verhandlung nicht beteiligt sind. Sinkt der Abgabepreis des pharmazeutischen Unternehmers von 100 € auf 90 € wie in diesem Beispiel – also um 10 % –, reduziert sich die Marge des Großhändlers um 8,1 % (31 Cent), die des Apothekers um 2,7 % (31 Cent) und das Finanzamt hat 9,2 % (2,02 €) weniger Einnahmen.

Verkompliziert wird das tatsächliche Verhandlungsgeschehen nun noch dadurch, dass zusätzlich zum Rabatt auf den bisherigen Abgabepreis des pharmazeutischen Unternehmers noch der gesetzliche Zwangsrabatt von derzeit 7 % bezogen auf den Abgabepreis des pharmazeutischen Unternehmers anfällt. Dieser wird aber immer erst im Nachgang ausgeglichen, sodass er die Aufschläge der Handelsstufen nicht berührt. Ausgenommen ist die Umsatzsteuerpflicht, da sich der pharmazeutische Unternehmer die im Zwangsrabatt von 7 % enthaltene Umsatzsteuer in Höhe von 1,12 % ($= 7\ \% * 19/119$) im Rahmen der Umsatzsteuererklärung geltend machen und damit zurückholen kann. Der Zwangsrabatt belastet den pharmazeutischen Unternehmer daher wirtschaftlich nur mit 5,88 %, auch wenn er die Kosten der GKV um 7 % bezogen auf den Abgabepreis des pharmazeutischen Unternehmers mindert.

Der Effekt des Zwangsrabatts ist in Abb. 7.9 dargestellt.

Das vorstehende Beispiel zeigt, dass bei einem Abgabepreis des pharmazeutischen Unternehmers von 100,00 € derzeit 7,00 € Zwangsrabatt anfallen. Hierdurch vermindert sich die Belastung aus einem Apothekenverkaufspreis von 137,42 € aus Sicht der GKV um 7,00 € auf 130,42 € und der pharmazeutische Unternehmer erhält nicht 100,00 €, sondern 94,12 €. Dieser Zwangsrabatt in Höhe von 7,00 € entspricht aus Sicht des

	Erlös pharmazeut. Unternehmer	Marge Groß- händler	Marge Apotheker	Steuerauf- kommen	Kosten GKV (AVP)
ursprünglicher Preis	100,00 €	3,85 €	11,63 €	21,94 €	137,42 €
Rabatt / Ersparnis GKV	- 10,00 €	- 0,31 €	- 0,31 €	- 2,02 €	- 12,64 €
Erstattungsbetrag	90,00 €	3,54 €	11,32 €	19,92 €	124,78 €

Abb. 7.8 Auswirkungen des Erstattungsbetrags auf die Handelsstufen – ohne Berücksichtigung von Zwangsrabatt

	Erlös pharmazeut. Unternehmer	Marge Groß- händler	Marge Apotheker	Steuerauf- kommen	Kosten GKV (AVP)
ursprünglicher Preis	100,00 €	3,85 €	11,63 €	21,94 €	137,42 €
Zwangsrabatt	- 5,88 €			- 1,12 €	- 7,00 €
Situation nach ZR	94,12 €	3,85 €	11,63 €	20,82 €	130,42 €

Abb. 7.9 Beispiel zum Effekt des Zwangsrabatts (ApU = 100,00 €)

pharmazeutischen Unternehmers wirtschaftlich einem Rabatt in Höhe von 5,88 €, und das Steueraufkommen sinkt um 1,12 €.

Wie ändert sich der Erstattungsbetrag durch den Zwangsrabatt? Die Effekte überlagern sich! Die wirtschaftliche Situation nach Berücksichtigung des Zwangsrabatts auf den verhandelten Erstattungsbetrag lässt sich an dem Beispiel in Abb. 7.10 erläutern. Ausgangspunkt ist der in Abb. 7.8 beschriebene Erstattungsbetrag von 90,00 €, der Kosten für die GKV in Höhe von 124,78 € entspricht.

Nun wird der Zwangsrabatt auf einen Abgabepreis des pharmazeutischen Unternehmers von 90,00 € berechnet (100,00 € bisheriger Abgabepreis des pharmazeutischen Unternehmers abzüglich eines Rabatts von 10,00 €). Bezogen auf einen Abgabepreis des pharmazeutischen Unternehmers von 90,00 € beträgt der Zwangsrabatt aus Sicht der GKV 6,30 € (= 90,00 € * 7 %). Den pharmazeutischen Unternehmer belastet dies jedoch aufgrund des Vorsteuerabzugs nur mit 5,29 € (= 90,00 € * 5,88 %) und das Steueraufkommen sinkt um 1,01 € (= 90,00 € * 1,12 %).

Vergleicht man die Situation unter Zwangsrabatt aber vor und nach Erstattungsbetrag (also Abb. 7.9 und 7.10), so verringert sich für den pharmazeutischen Unternehmer durch die Senkung des Erstattungsbetrags um 10,00 € der Erlös von 94,12 € auf 84,71 €, d. h. um 9,41 €, während die GKV nun Kosten in Höhe von 118,48 € statt 130,42 € hat, also eine Einsparung von 11,94 €.

	Erlös pharmazeut. Unternehmer	Marge Groß- händler	Marge Apotheker	Steuerauf- kommen	Kosten GKV (AVP)
Erstattungsbetrag (ohne Zwangsrabatt)	90,00 €	3,54 €	11,32 €	19,92 €	124,78 €
Zwangsrabatt	- 5,29 €			- 1,01 €	- 6,30 €
Wirtschaftliche Situation nach Zahlung ZR (keine Ablösung)	84,71 €	3,54 €	11,32 €	18,92 €	118,48 €

Abb. 7.10 Beispiel zum Effekt des Zwangsrabatts (EB = 90,00 €)

Es wird aber noch komplizierter: Denn es gibt die Möglichkeit, mit dem vereinbarten Erstattungsbetrag den gesetzlichen Zwangsrabatt abzulösen, also den Zwangsrabatt schon im Listenpreis so zu berücksichtigen, dass kein zusätzlicher Zwangsrabatt mehr anfällt.

Wozu das Ganze? Nun: Die Kosten auf den Handelsstufen (Großhandel, Apotheke) hängen vom Abgabepreis des pharmazeutischen Unternehmers ab. Wird der Zwangsrabatt wie bisher nachträglich abgezogen, ändert dies nichts an dem Abgabepreis des pharmazeutischen Unternehmers und die Kosten der Handelsstufen werden nicht beeinflusst. Mit der Ablösung sinkt dagegen der Abgabepreis des pharmazeutischen Unternehmers und damit sinken auch die Kosten der Handelsstufen.

Der Effekt einer für den pharmazeutischen Unternehmer aufkommensneutralen Ablösung des Zwangsrabattes wird anhand des folgenden Beispiels deutlich (Abb. 7.11):

Durch die Ablösung sinkt der Abgabepreis des pharmazeutischen Unternehmers um 5,29 € auf 84,71 €. Was aus Sicht des pharmazeutischen Unternehmers aufkommensneutral ist, wirkt sich für die GKV positiv aus. So reduzieren sich die Margen des Großhändlers und des Apothekers jeweils um 0,17 €. Zudem sinkt die Umsatzsteuerbemessungsgrundlage um 0,17 € + 0,17 € = 0,34 €. Dies entspricht bei 19 % Umsatzsteuer einer Reduktion um 0,34 € * 19 % = 0,06 €. Insgesamt ergibt sich alleine durch die hier beschriebene Ablösung eine Einsparung für die GKV von 118,48 € auf 118,08 €, also um 0,40 €.

Die Implikationen von Erstattungsbetrag und Zwangsrabatt unter Ablösung bzw. Nichtablösung sind in Abb. 7.12 zusammengefasst.

Natürlich lässt sich dieselbe Betrachtung auch aufkommensneutral für den GKV-SV durchführen. Die veränderte wirtschaftliche Belastung ist in Abb. 7.13 illustriert. Danach bleiben die Kosten nach aufkommensneutraler Ablösung für die GKV bei 118,48 €, während der Erlös für den pharmazeutischen Unternehmer nun 85,02 € beträgt. Das sind 0,31 € mehr als in einem Szenario ohne Ablösung. Sein Zwangsrabatt vermindert sich

	Erlös pharmazeut. Unternehmer	Marge Großhändler	Marge Apotheker	Steueraufkommen	Kosten GKV (AVP)
Erstattungsbetrag (ohne Zwangsrabatt)	90,00 €	3,54 €	11,32 €	19,92 €	124,78 €
Wirtschaftliche Situation nach Zahlung ZR (mit Ablösung)	84,71 €	3,37 €	11,15 €	18,85 €	118,08 €
Verteilung des Zwangsrabatts (abgelöst)	- 5,29 €	- 0,17 €	- 0,17 €	- 1,07 €	6,70 €

Abb. 7.11 Beispiel zum Effekt des Zwangsrabatts bei für den pharmazeutischen Unternehmer neutralen Ablösung (ApU = 90 €)

	Erlös pharmazeut. Unternehmer	Marge Groß- händler	Marge Apotheker	Steuerauf- kommen	Kosten GKV (AVP)
Erstattungsbetrag (ohne Zwangsrabatt)	90,00 €	3,54 €	11,32 €	19,92 €	124,78 €
Wirtschaftliche Situation nach Zahlung ZR (mit Ablösung)	84,71 €	3,37 €	11,15 €	18,85 €	118,08 €
Verteilung des Zwangsrabatts (abgelöst)	- 5,29 €	- 0,17 €	- 0,17 €	- 1,07 €	6,70 €

Zum Vergleich:

	Erlös pharmazeut. Unternehmer	Marge Groß- händler	Marge Apotheker	Steuerauf- kommen	Kosten GKV (AVP)
Wirtschaftliche Situation nach Zahlung ZR (keine Ablösung)	84,71 €	3,54 €	11,32 €	18,92 €	118,48 €
Auswirkung der Ablösung des ZR	**± 0,00 €**	**- 0,17 €**	**- 0,17 €**	**- 0,06 €**	**- 0,40 €**

Abb. 7.12 Erlösimplikationen einer für den pharmazeutischen Unternehmer aufkommensneutralen Ablösung des Zwangsrabatts

	Erlös pharmazeut. Unternehmer	Marge Groß- händler	Marge Apotheker	Steuerauf- kommen	Kosten GKV (AVP)
Erstattungsbetrag (ohne Zwangsrabatt)	90,00 €	3,54 €	11,32 €	19,92 €	124,78 €
Wirtschaftliche Situation nach Zahlung ZR (mit Ablösung)	85,02 €	3,38 €	11,16 €	18,92 €	118,48 €
Verteilung des Zwangsrabatts (abgelöst)	- 4,98 €	- 0,16 €	- 0,16 €	- 1,00 €	6,30 €

Zum Vergleich:

	Erlös pharmazeut. Unternehmer	Marge Groß- händler	Marge Apotheker	Steuerauf- kommen	Kosten GKV (AVP)
Wirtschaftliche Situation nach Zahlung ZR (keine Ablösung)	84,71 €	3,54 €	11,32 €	18,92 €	118,48 €
Auswirkung der Ablösung des ZR	**0,31 €**	**- 0,16 €**	**- 0,16 €**	**± 0,00 €**	**± 0,00 €**

Abb. 7.13 Erlösimplikationen einer für die GKV aufkommensneutralen Ablösung des Zwangsrabatts

EB vor Ablösung	Ersparnis GKV bei für pU neutraler Ablösung	Ersparnis pU bei für GKV neutraler Ablösung
9,00 €	0,04 €	0,03 €
90,00 €	0,40 €	0,31 €
900,00 €	3,94 €	3,11 €
9.000,00 €	18,91 €	15,42 €
90.000,00 €	189,01 €	154,20 €

Abb. 7.14 Höhe der Einsparung durch Ablösung in Abhängigkeit vom Erstattungsbetrag

von 5,29 € auf 4,98 €. Die Ersparnis von 0,31 € verteilen sich zu gleichen Teilen auf verminderte Zuschläge auf den beiden Handelsstufen, während das Steueraufkommen netto hiervon nicht betroffen ist (Abb. 7.13).

Differenz der beiden Formen der Ablösung sind 0,40 € weniger Kosten für die GKV bzw. 0,31 € mehr Erlös – und damit sind wir wieder beim Thema Verhandlung!

Noch ein Hinweis: Die absoluten und prozentualen Effekte einer Ablösung hängen von der Höhe des jeweiligen Abgabepreises des pharmazeutischen Unternehmers ab (Abb. 7.14).

7.1.3 Unterlagen

Der GKV-SV lädt den pharmazeutischen Unternehmer in der Regel umgehend nach Beschluss des G-BA über die Nutzenbewertung zur Erstattungsbetragsverhandlung nach § 130b SGB V ein, nennt die vier Verhandlungstermine und den Verhandlungsort und bittet um die in den Anlagen I bis III sowie IIIa bis IIIc geforderten Angaben. Zudem wird eine Datenanalyse nach § 217f SGB V angeboten. Im Falle eines Beschlusses ohne festgestellten Zusatznutzen erfragt der GKV-SV nur die Angaben zu Anlage II.

Bei den genannten Unterlagen handelt es sich um wichtige Dokumente, die eine wesentliche Rolle bei der Erstattungsbetragsverhandlung spielen. Wichtig: Bei den Anlagen handelt es sich nicht um in der Rahmenvereinbarung verbindlich definierte Dokumentenformate. Der GKV-SV hat diese Dokumente entwickelt, um die nach der Rahmenvereinbarung erforderlichen Angaben abzufragen. Daraus folgt, dass der pharmazeutische Unternehmer nicht an das Format der Angaben gebunden ist!

Zu den Unterlagen im Einzelnen:

7.1.3.1 Anlage I der Unterlagen für die Erstattungsbetragsverhandlung: Europäische Preise

Für die Preismitteilung sind die als Anlage 2 der Rahmenvereinbarung aufgezählten Länder maßgeblich. Also:

- Belgien
- Dänemark
- Finnland
- Frankreich
- Griechenland
- Großbritannien
- Irland
- Italien
- Niederlande
- Österreich
- Portugal
- Schweden
- Slowakei
- Spanien
- Tschechien

Die Anlage I der Unterlagen für die Erstattungsbetragsverhandlung dient dazu, den bzw. die Preise zu ermitteln, mit dem das zu bewertende Arzneimittel in anderen Europäischen Ländern vom pharmazeutischen Unternehmer abgegeben wird. Zum einen sind diese Preise laut Rahmenvereinbarung ein wichtiger Faktor zur Verhandlung des Erstattungsbetrags. Zum anderen geben diese Werte auch Hinweise darauf, welche Preise im Europäischen Ausland von ausländischen Kostenträgern als akzeptabel angesehen werden und zu welchen Preisen gleichzeitig der pharmazeutische Unternehmer offensichtlich bereit ist sein Arzneimittel abzugeben.

Der pharmazeutische Unternehmer hat die dort gültigen Abgabepreise mitzuteilen. Das Formular umfasst als Kerninformationen in etwa folgende Angaben:

- Länder
- Handelsname(n)
- PZN (oder vergleichbare Kennzeichnung)
- Packungsgröße
- Wirkstärke
- abgesetzte Mengen
- Datum der Markteinführung
- Höhe des tatsächlichen Abgabepreises des pharmazeutischen Unternehmers ohne MwSt.
- Datum, ab dem der tatsächliche Abgabepreis gilt

- Höhe des unrabattierten Abgabepreises des pharmazeutischen Unternehmers ohne MwSt.
- Datum, ab dem der unrabattierte Abgabepreis des pharmazeutischen Unternehmers ohne MwSt. gilt
- Quelle des unrabattierten Abgabepreises des pharmazeutischen Unternehmers ohne MwSt.
- Erstattungsfähigkeit durch den nationalen Sozialversicherungsträger

Dabei sind für alle 15 Länder für alle ausgebotenen Arzneimittelpackungen die Einzelpreise ohne Mehrwertsteuer zu übermitteln, die der pharmazeutische Unternehmer unter Berücksichtigung der von ihm gewährten bzw. zu gewährenden Rabatte erhält (= tatsächliche Abgabepreise). Die tatsächlichen Abgabepreise sind die Preise pro Packung ohne Mehrwertsteuer abzüglich der vom pharmazeutischen Unternehmer zu gewährenden Rabatte.

Laut Rahmenvereinbarung sind nur die tatsächlichen Abgabepreise des pharmazeutischen Unternehmers verpflichtend anzugeben. Die Angaben zu den unrabattierten Abgabepreisen des pharmazeutischen Unternehmers dienen dem GKV-SV vermutlich der Plausibilisierung. Sofern in einem Land nicht der Abgabepreis des pharmazeutischen Unternehmers sondern nur der Preis auf einer anderen Handelsstufe öffentlich zugänglich ist, sollte diese Handelsstufe bei der Quellenangabe vermerkt werden. Auf einem gesonderten Blatt kann dann die Ableitung der gelisteten Handelsstufe bis zum tatsächlichen Abgabepreis des pharmazeutischen Unternehmers vorgenommen werden. Zur Dokumentation von gewährten oder zu gewährenden Rabatten sind Belege in Form von Rechnungen über eine relevante Menge des Arzneimittels an die jeweilige folgende Handelsstufe (z. B. pharmazeutischer Großhandel, Apotheken, Krankenhausapotheken) oder Publikationen (in international anerkannten Fachzeitschriften) gewünscht, welche Angaben zu Art und Höhe der Rabatte in den einzelnen Ländern ausweisen.

Die Angabe der Mengen wird benötigt, um die Preise der einzelnen Europäischen Länder in Beziehung zueinander zu setzen und hieraus einen gewichteten Durchschnittspreis zu errechnen. Dabei ist aber zu beachten, dass diese Mengenangaben stark vom Zeitpunkt der jeweiligen nationalen Markteinführung abhängen und insofern Verzerrungen möglich sind, weshalb alternativ eine Bevölkerungsgewichtung vermutlich häufig die angemessenere Alternative ist.

Schwierigkeiten bereitet häufig die Angabe der tatsächlichen Abgabepreise und damit von den Listenpreisen noch abgehende Rabatte. Diese Rabatte unterliegen nicht selten vertraglichen Geheimhaltungspflichten, sodass diese Angaben entweder unternehmensintern nicht allgemein vorliegen oder zumindest nicht weitergegeben werden dürfen. Für diesen Fall sieht die Rahmenvereinbarung vor, dass sich die Parteien über geeignete Schätzverfahren verständigen.

Bei der Erstattungsfähigkeit durch den nationalen Sozialversicherungsträger interessieren besonders die Höhe der Erstattung und ggf. bestehende Erstattungs- bzw. Verordnungseinschränkungen. Gibt es noch keine abschließende Entscheidung zur Erstattungsfähigkeit, ist eine Auskunft über den Stand der Verhandlungen und des Evaluierungsverfahrens beim nationalen Sozialversicherungsträger hilfreich.

Die Richtigkeit der Angaben in Anlage I ist mit Datum und Unterschrift durch einen Vertreter des pharmazeutischen Unternehmers zu bestätigen.

Über Europäische Preise gibt es in der Verhandlung viele Diskussionen. Natürlich besteht keine Pflicht, die vom GKV-SV gewünschten Angaben in der geforderten Detail- tiefe und dem gewünschten Format bereitzustellen. Andererseits sind die Angaben der Sache nach natürlich wichtig für die Verhandlung.

7.1.3.2 Anlage II der Unterlagen für die Erstattungsbetragsverhandlungen: Erwartete Absatzmengen

Anlage II fordert Angaben durch den pharmazeutischen Unternehmer zur erwarteten Absatzmenge. Das von GKV-SV vorgegebene Formular wünscht folgende Angaben:

- Name der Patientengruppen nach Beschluss des G-BA
- Anzahl der Patienten für die Patientengruppen, die für die Behandlung infrage kommen
- Jahr, auf das sich die Absatzmenge bezieht
- jährliche Absatzmenge in Packungen
- jährliche Absatzmenge in Anzahl Tagesdosen

Üblicherweise sind diese Angaben für die ersten drei Kalenderjahre zu machen, für die eine Vereinbarung angestrebt wird – und zwar ausschließlich für ambulante Absätze zulasten der GKV.

Die Absatzmenge ist kein in der Rahmenvereinbarung normierter Parameter zur Erstattungsbetragsbestimmung, sondern sie ist ein eigenständiger Vertragsgegenstand – genauso wie mögliche Regelungen, die sich bei Abweichungen von der festgelegten Verordnungsmenge ergeben. Somit ist die Anlage II als Verhandlungsposition des pharmazeutischen Unternehmers zur Mengenregelung zu sehen.

Gleichzeitig sind die Mengenangaben je Teilpopulation aus dem Beschluss des G-BA zu differenzieren. Damit sind die Angaben in Anlage II auch ein Parameter für die Mischpreisbildung.

Wichtig ist, die Menge möglichst zutreffend zu schätzen und die Schätzung auch begründen zu können. Das ist auch Teil einer professionellen Verhandlung.

Die Richtigkeit der Angaben in Anlage II ist ebenfalls mit Datum und Unterschrift durch einen Vertreter des pharmazeutischen Unternehmers zu bestätigen. Eine gegen- gleiche Mengenschätzung des GKV-SV ist laut Rahmenvereinbarung übrigens nicht vor- gesehen.

7.1.3.3 Anlage III der Unterlagen für die Erstattungsbetragsverhandlungen: Europäische Preise

Anlage III enthält die Jahrestherapiekosten vergleichbarer Arzneimittel. Was das ist definiert die Rahmenvereinbarung in § 6 Abs 4:

Vergleichbare Arzneimittel sind für das Anwendungsgebiet zugelassene Arzneimittel, deren Zweckmäßigkeit sich aus den internationalen Standards der evidenzbasierten Medizin ergibt. Sie sind vorrangig zu bestimmen aufgrund einschlägiger Studien, die wissenschaftlich einwandfrei durchgeführt worden sind und vergleichbare Aussagen zum Erfolg der Behandlung machen. Sofern solche Studien nicht vorliegen, ist auf den Konsens der einschlägigen nationalen und internationalen Fachleute (z. B. Ärzte, Wissenschaftler) abzustellen.

In Anlage III sind die vergleichbaren Arzneimittel mit folgenden Angaben aufzulisten:

- Bezeichnung des Arzneimittels
- Zugelassenes Anwendungsgebiet
- Bezeichnung der Patientengruppe nach Beschluss des G-BA
- Anzahl der GKV-Patienten in der Patientengruppe
- Jahrestherapiekosten auf Basis des Abgabepreises des pharmazeutischen Unternehmers pro Patient
- Jahrestherapiekosten auf Basis des Apothekenverkaufspreises nach Abzug gesetzlicher Abschläge pro Patient
- weitergehende Informationen

Die Jahrestherapiekosten vergleichbarer Arzneimittel sind analog dem Vorgehen im Beschluss über die Nutzenbewertung zu bestimmen – also einschließlich Jahresperspektive, kostenminimale Packungskombination und zusätzliche GKV-Leistungen.

Wirkstoffe der zweckmäßigen Vergleichstherapie können übrigens nicht vergleichbares Arzneimittel sein, schon alleine deshalb, weil die zweckmäßige Vergleichstherapie an anderer Stelle – nämlich mit dem Beschluss – in die Verhandlung eingeht und sonst bei der Prüfung, ob der Wirkstoff vergleichbar im Sinne der Anlage III ist, eine von der Feststellung des G-BA abweichende Bewertung erforderlich wäre. Denn die Anlage III wird vom GKV-SV nur in den Fällen gefordert, in denen der G-BA einen Zusatznutzen gegenüber der zweckmäßigen Vergleichstherapie festgestellt hat. Und damit sind sie gerade nicht mehr vergleichbar.

Die Richtigkeit der Angaben in Anlage III ist ebenfalls mit Datum und Unterschrift durch einen Vertreter des pharmazeutischen Unternehmers zu bestätigen.

7.1.3.4 Anlage IIIa bis IIIc

Mit den Anlagen IIIa bis IIIc wird der Nachweis geführt, welche Arzneimittel als vergleichbare Arzneimittel im Sinne der Anlage III anzusehen sind.

Folgt man der Definition der Rahmenvereinbarung für vergleichbare Arzneimittel, dann müssten in den Anlagen IIIa bis IIIc Angaben zum zugelassenen Anwendungsgebiet, zu vergleichbaren Studien (=möglichst systematische Reviews) und zum Konsens der einschlägigen nationalen und internationalen Fachleute (=Leitlinien) abgestellt werden. Tatsächlich sind die Anlagen IIIa bis IIIc hierfür nur begrenzt geeignet:

- Anlage IIIa enthält einen Studienextraktionsbogen für Einzelstudien, angelehnt an das CONSORT-Statement.
- Anlage IIIb enthält einen Studienextraktionsbogen für systematische Übersichten, Metaanalysen und HTA Berichte; sie ist dem Quorum-Statement nachempfunden.
- Anlage IIIc ist die Literaturliste zu den in den Anlagen IIIa und IIIb zitierten Quellen.

Die zugelassenen Anwendungsgebiete und der Konsens der einschlägigen nationalen und internationalen Fachleute (=Leitlinien) werden mit diesen Anlagen nicht erfasst. Daher nochmal der Hinweis auf das oben gesagte: Bei diesen Dokumenten handelt es sich um Vorschläge des GKV-SV, wie der pharmazeutische Unternehmer Angaben zu den vergleichbaren Arzneimitteln machen kann. Es steht dem pharmazeutischen Unternehmer also frei, das Format zu ändern oder zusätzliche Dokumente zu erstellen. Auch das ist eine Form der Verhandlung!

7.1.4 Daten nach § 217f SGB V

Während die Anlagen I bis III und IIIa bis IIIc vom pharmazeutischen Unternehmer ausgefüllt werden sollen, bietet der GKV-SV dem pharmazeutischen Unternehmer bestimmte Analysen an, die auf den Daten nach § 217f SGB V basieren. Hierbei handelt es sich um eine anonymisierte und um den Krankenkassenbezug bereinigte Aufbereitung der Daten nach § 268 Abs. 3 SGB V („Morbi-RSA-Daten"). Mittels dieser Daten kann bis zu einem gewissen Grad die „Verordnungsrealität" indikationsbezogen abgebildet werden, wenn auch mit Zeitverzug.

Die Daten umfassen immer einen Zeitraum von zwei Jahren und beinhalten Informationen zu Stammdaten, dem stationären Leistungsgeschehen, dem ambulanten Leistungsgeschehen und zu verordneten Arzneimitteln. Weitere Sektoren wie beispielsweise Arbeitsunfähigkeit u. ä. sind hingegen nicht enthalten (Abb. 7.15).

Da die Daten immer mindestens ein Jahr alt sind, enthalten sie leider keine Angaben zum Einsatz des zu bewertenden Arzneimittels, zumindest soweit es sich um eine Erstattungsbetragsverhandlung nach einer Bewertung nach § 1 Abs. 2 Nr. 1 des 5. Kapitels der VerfO des G-BA handelt. Zur Konkretisierung der zweckmäßigen Vergleichstherapie oder auch der therapeutischen Relevanz von Produktklassen und ähnlicher Fragestellung liefern diese Daten aber auch dann möglicherweise relevante Informationen.

Die Auswertungen nach § 217f SGB V können von beiden Verhandlungspartnern gemeinsam beantragt werden oder auch nur von einer Partei; die Auswertung wird dann in jedem Fall durch den GKV-SV durchgeführt. Für die Durchführung einer solchen

Abb. 7.15 In den Daten nach § 217 f. SGB V enthaltene Angaben

Analyse spricht, dass man damit Daten zur Versorgungssituation basierend auf einer Vollerhebung bei allen GKV-Patienten erhält. Es gibt also keine besseren Daten; aber Achtung: Hat man die Zahl einmal angefordert, kann man die Ergebnisse nur schwer ablehnen.

7.1.5 Verhandlungsstrategie

Für die Verhandlung des Erstattungsbetrags bei Produkten mit Zusatznutzen lassen sich insgesamt sechs Einflussfaktoren unterscheiden (Abb. 7.16). Konkret: die Jahrestherapiekosten des zu bewertenden Arzneimittels, die Preiskomponenten Ausmaß des Zusatznutzens, vergleichbare Arzneimittel und Europäische Preise, sowie die Besonderheiten des Therapiegebietes und die Umstände des Einzelfalls.

Der erste Einflussfaktor liegt in den Jahrestherapiekosten des zu bewertenden Arzneimittels. Diese werden zwar im Beschluss aus Sicht des G-BA festgelegt. Der G-BA beschreibt dabei häufig nur einen bestimmten, regelhaften Fall der Anwendung des zu bewertenden Arzneimittels; tatsächlich können die Kosten teilweise erheblich davon abweichen (z. B. aufgrund einer Dosisreduktion bei unerwünschten Ereignissen).

Den Kosten des zu bewertenden Arzneimittels werden als Vergleichsmaßstäbe der Wert des Zusatznutzens, die Kosten für vergleichbare Arzneimittel und die Europäischen Preise gegenübergestellt.

Das Ausmaß des Zusatznutzens ergibt sich aus dem Beschluss des G-BA. Seine Monetarisierung erfordert eine Aussage darüber, wie viel der Zusatznutzen in Euro Wert sein soll. Hierbei handelt es sich natürlich um eine Wertentscheidung, für die

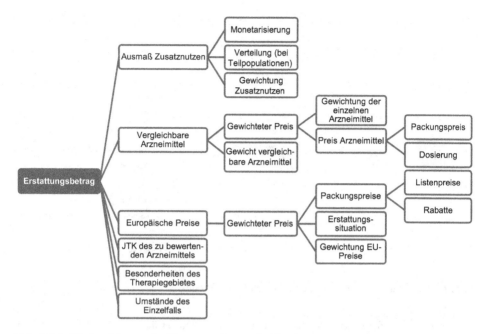

Abb. 7.16 Einflussfaktoren des Erstattungsbetrags bei Produkten mit Zusatznutzen

man aber ggf. andere Preisverhandlungen bzw. Schiedsstellenentscheidungen heranziehen kann. Gibt es unterschiedliche Teilpopulationen, dann sind zudem deren Verhältnisse zueinander relevant, also die Frage, wie sich Patienten auf die jeweiligen Teilpopulationen anteilsmäßig verteilen.

Für die Kosten vergleichbarer Arzneimittel wird ein gewichteter Preis aller vergleichbarer Arzneimittel gebildet. Dieser ergibt sich aus den Preisen der einzelnen Arzneimittel (also Dosis und Packungspreis) sowie dem relativen Gewicht der einzelnen Arzneimittel.

Und die Europäischen Preise werden aus den Preisen in den einzelnen Ländern errechnet, unter Berücksichtigung der Listenpreise und möglicher Rabatt sowie der Erstattungssituation, gewichtet nach der relativen Bedeutung der Länder.

Gewichtet man diese drei Einflussfaktoren (Wert des Zusatznutzens, die Kosten für vergleichbare Arzneimittel und die Europäischen Preise) zueinander, kann man daraus einen vorläufigen, angemessenen Preis ermitteln. Dieser ist dann anhand der Besonderheiten des Therapiegebietes sowie der Umstände des Einzelfalls nochmals anzupassen. Dies macht deutlich, dass sich Erstattungsbeträge nicht rein algorithmisch errechnen lassen, sondern immer auch individuellen Wertentscheidungen folgen.

Bei einem Arzneimittel ohne Zusatznutzen stellt sich die Verhandlungssituation komplett anders dar: Hier gibt es eigentlich nur zwei Einflussfaktoren und damit deutlich weniger Verhandlungsspielraum – Jahrestherapiekosten des zu bewertenden Arzneimittels und Jahrestherapiekosten der zweckmäßigen Vergleichstherapie (Abb. 7.17).

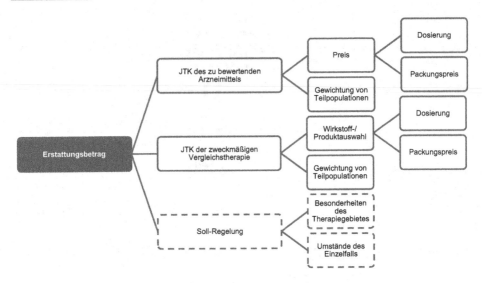

Abb. 7.17 Einflussfaktoren des Erstattungsbetrags bei Produkten ohne Zusatznutzen

Der erste Einflussfaktor wurde schon weiter oben erläutert. Die Jahrestherapie-kosten der zweckmäßigen Vergleichstherapie ergeben sich aus den ausgewählten Wirkstoffen bzw. Produkten, ihrer Dosierung und dem Packungspreis – entsprechend der Rechenlogik des G-BA. Die Jahrestherapiekosten der zweckmäßigen Vergleichs-therapie bilden damit grundsätzlich auch die Preisobergrenze der Jahrestherapiekosten für Produkte ohne Zusatznutzen. Inzwischen hat der Gesetzgeber diese Regelung jedoch insoweit geöffnet, als dass er aus der verpflichtenden Preisobergrenze (darf nicht) eine Empfehlung („soll" nicht) gemacht hat. Diese lässt sich so auffassen, dass hiermit – ana-log der Situation bei Arzneimitteln mit Zusatznutzen – die Besonderheiten des Therapie-gebietes und der Umstände des Einzelfalls prinzipiell auch berücksichtigt werden können.

7.1.6 Verhandlungsthemen

Die vier Verhandlungstermine folgen jeweils einer genau definierten Choreographie – wieder vorgegeben vom GKV-SV. Und zwar mit der Agenda, die im Vorfeld der jeweiligen Verhandlungsrunde versendet wird. Der GKV-SV erstellt diese Agenda und er führt als Hausherr auch durch die Verhandlung.

Die Agenda gliedert jeden Verhandlungstermin in drei Teile:

- Organisatorisches
- Vereinbarung zum Erstattungsbetrag
- Protokoll

Den Schwerpunkt bildet natürlich der zweite Teil, die Verhandlung über die Vereinbarung zum Erstattungsbetrag. Beginnen wir aber mit dem Organisatorischen. Dahinter verbergen sich Formalia, die in ziemlich jeder formalisierten Verhandlung behandelt werden, also:

- Wer nimmt an der Verhandlung teil?
- Wer ist der Verhandlungsführer aufseiten des GKV-SV und aufseiten des pharmazeutischen Unternehmers?
- Nimmt ein Vertreter der PKV an der Verhandlung teil und welche Rechte und Pflichten hat er?
- Wer führt das Protokoll?
- Gibt es Änderungen zur (vom GKV-SV) vorgeschlagenen Tagesordnung?

Den Abschluss bilden dann die Abstimmung und Unterzeichnung des Protokolls. Es handelt sich übrigens um ein Ergebnisprotokoll, die Parteien halten also jeweils fest, was sie als wichtige Ergebnisse ansehen.

Zur Abstimmung wird das Protokoll nochmals genau gegengelesen, die dort gemachten Aussagen geprüft und dann das Protokoll unterschrieben. Beide Verhandlungsparteien erhalten jeweils ein Original des Protokolls.

Nun zum Hauptteil, der eigentlichen Verhandlung. Diese dreht sich um drei Themenblöcke:

- Grundlagen der Verhandlung, d. h. Ausgangssituation, Anlagen
- vertragliche Regelungen
- Erstattungsbetrag

Beginnen wir mit den „Grundlagen", und hier mit der Ausgangssituation. Die Ausgangssituation wird gebildet vom Beschluss des G-BA, dem Dossier und der Nutzenbewertung. Die Ausgangssituation lässt sich meist in der ersten Verhandlungsrunde klären. Hierfür eignet sich insbesondere eine Präsentation durch den pharmazeutischen Unternehmer, in der dieser den Sachverhalt und seine Sichtweise hierzu zusammenfasst – einschließlich der Besonderheiten des Therapiegebietes und der Umstände des Einzelfalls. In der anschließenden Diskussion können bestehende Unklarheiten diskutiert, unterschiedliche Vorstellungen ausgetauscht und mögliche Konsensfelder bestimmt werden. Da sich die Ausgangssituation auf publizierte Dokumente bezieht, sollte auch insoweit leicht Einigkeit zu erzielen sein. Konflikte sind jedoch dort möglich, wo sich die Vorstellungen widersprechen und die benannten Dokumente Inkonsistenzen zueinander aufweisen.

Kern der Ausgangssituation ist sicherlich die Frage, inwieweit der G-BA dem zu bewertenden Arzneimittel einen Zusatznutzen zugesprochen hat oder nicht. Im zweiten Fall *soll der Erstattungsbetrag nicht zu höheren Jahrestherapiekosten führen als die wirtschaftlichste Alternative der zweckmäßigen Vergleichstherapie* (§ 130b SGB V,

Abb. 7.18 Vorgaben aus dem Beschluss für die Erstattungsbetragsverhandlung

Absatz 3), im ersten Fall gibt es keine gesetzliche Preisobergrenze für die Verhandlung (§ 130b SGB V, Absatz 1), (Abb. 7.18).

Bei Produkten ohne festgestellten Zusatznutzen stellen sich dann nur folgende weiterführende Fragen:

- Ist die Feststellung des G-BA korrekt, dass der Wirkstoff „keinen Zusatznutzen" hat?
- Kann das zu bewertende Arzneimittel keiner Festbetragsgruppe zugeordnet werden?
- Hat der G-BA Alternativen der zweckmäßigen Vergleichstherapie definiert?
- Was ist die wirtschaftlichste Alternative?
- Wie hoch sind die Jahrestherapiekosten?
- Gilt das „soll" oder gibt es einen Grund, hiervon abzuweichen? Und wieso?

Und diese Fragen sind keineswegs eindeutig zu beantworten, und schon gar nicht von Verhandlungspartnern mit gegenläufigen Interessen.

Deutlich aufwendiger gestalten sich die Anlagen I–III. Beginnen wir mit der Anlage I, den Europäischen Preisen.

Nach § 130b Absatz 1 SGB V soll der pharmazeutische Unternehmer dem GKV-SV Angaben zum tatsächlichen Abgabepreis in (nicht näher bezeichneten) anderen Europäischen Ländern übermitteln. Diese Länder werden in Anlage 2 der Rahmenvereinbarung genau benannt. Und in § 3 der Rahmenvereinbarung wird auch geklärt, dass es sich hierbei um eine Mitteilungspflicht des pharmazeutischen Unternehmers handelt. Und dass sich die Mitteilungspflicht auf die tatsächlichen Abgabepreise des pharmazeutischen Unternehmers bezieht, ohne Umsatzsteuer und unter Berücksichtigung gewährter Rabatte.

In der Realität gibt es verschiedene Probleme: Erstens kennen nur die wenigsten Länder das Konzept einer der Arzneimittelpreisverordnung vergleichbaren festen Umrechnung von einem Abgabepreis des pharmazeutischen Unternehmers zum Apothekenverkaufspreis. In manchen Ländern gibt es nur Großhandelspreise, in anderen keine Abgabe über Offizinapotheken. Und in den meisten Ländern sind mögliche

Rabatte vertraulich. Zudem gibt es nicht unbedingt eine gesetzliche, uneingeschränkte Erstattungsregelung, sondern die Erstattung wird auf bestimmte Teilpopulationen bzw. bestimmte Verordner beschränkt oder ist nur auf Nachfrage beim Kostenträger möglich. Alles in allem sind die Systeme jeweils ziemlich unterschiedlich, was eine Vergleichbarkeit sowohl der Preise als auch der Erstattungsregeln deutlich erschwert. Und in der Folge sind längere Diskussionen zwischen pharmazeutischen Umternehmer und GKV-SV nicht unüblich. Praktisch führt dies dazu, dass sich die Verhandlungsparteien zu diesem Punkt wiederholt in mehreren Runden austauschen, denn die Europäischen Preise haben großen Einfluss auf den Erstattungsbetrag! Und manchmal einigt man sich zu diesem Punkt überhaupt nicht, sondern findet auch so einen Konsens über den Erstattungsbetrag.

Zu Anlage II: Sie gibt die geplanten Absatzmengen für das zu bewertende Arzneimittel im ambulanten GKV-Markt an, differenziert nach Jahren und verschiedenen Handelsformen sowie den im Beschluss genannten Teilanwendungsgebieten. Die Mengen sind üblicherweise als Anzahl Packungen und als DDD anzugeben. Die Herausforderung bei dieser Anlage liegt in der Mengenplanung: Zum Zeitpunkt der Einreichung von Anlage II ist das zu bewertende Arzneimittel seit sechs Monaten in Verkehr; Erfahrungen zum praktischen Einsatz (Verschreibungsfrequenz, Titration, Dosierungen, Abbruchraten) sind also noch gering, und mithin Absatzplanungen unsicher. Und das Verhandlungsergebnis (und mögliche Implikationen hieraus für die Absatzmenge) sind auch noch unbekannt.

Wieso sind die Mengen überhaupt zu melden? Nach § 4 Absatz 6 der Rahmenvereinbarungen *legen die Vertragsparteien die erwartete Verordnungsmenge fest und vereinbaren Regelungen zum Umgang mit Abweichungen von der erwarteten Verordnungsmenge.* Die Menge geht also in den Vertrag ein! Und mit Regelungen zur Abweichung sind insbesondere Preisanpassungen gemeint, aber auch das ist Gegenstand der Verhandlung. Also es geht hierbei um den zukünftigen Umsatz!

Daneben gibt es in einzelnen Verhandlungen noch einen weiteren, sehr wichtigen Aspekt: Unterscheidet der G-BA in seinem Beschluss unterschiedliche Teilpopulationen und unterscheiden sich die Teilpopulationen hinsichtlich der Kosten der zweckmäßigen Vergleichstherapie oder auch im Ausmaß des Zusatznutzens, dann muss ein Mischpreis aus den (fiktiven) Preisen der einzelnen Teilpopulationen gebildet werden. Die Gewichtung der Preise der einzelnen Teilpopulationen folgt dann den erwarteten Verordnungsmengen je Teilpopulation. Es kann also durchaus Sinn machen, die eigenen Vermarktungsaktivitäten auf Teilpopulationen mit einem (vermutlich) hohen Preis zu fokussieren, um so eine hohe geplante Menge in diesen Teilpopulationen zu begründen.

Anlage II ist, genauso wie die anderen Anlagen, durch den pharmazeutischen Unternehmer auszufüllen. Er muss also seine Planung offenlegen. In der Verhandlung werden dann diese Mengen den Mengenerwartungen des GKV-SV gegenübergestellt, der seinerseits eine Vorstellung über die zukünftige Versorgung seiner Versicherten hat (bzw. haben muss).

Im praktischen Verhandlungsgeschehen stehen aber beide Vertragsparteien vor der Herausforderung, die Absatzmengen zu bestimmen und die beschriebenen Unsicherheiten zu überwinden. Hierbei hilft, dass sich die Verhandlungen über einen Zeitraum von sechs Monaten erstrecken und beide Parteien über diesen Zeitraum zusätzliche Erfahrungen sammeln können.

Angesichts der beschriebenen und auch verbleibenden Unsicherheiten empfiehlt es sich aber, hinsichtlich der Regelungen zum Umgang mit Abweichungen von der erwarteten Verordnungsmenge pragmatisch umzugehen.

Nun noch zur dritten Anlage, den vergleichbaren Arzneimitteln. Die Jahrestherapiekosten vergleichbarer Arzneimittel sind für die Preisverhandlung relevant. Eigentlich sind die in der Rahmenvereinbarung genannten Kriterien klar formuliert; dennoch bestehen in der Praxis Schwierigkeiten in der Interpretation. Konkret geht es um Fragen wie:

- Ist das vermeintlich vergleichbare Arzneimittel tatsächlich im Anwendungsgebiet des zu bewertenden Arzneimittels zugelassen? Greifen ggf. mögliche Ausnahmen, die eine fehlende Zulassung ausgleichen (Anlage Off-Label-Use, etc.)?
- Sind die angeführten Studien tatsächlich geeignet, vergleichbare Aussagen zum Erfolg der Behandlung zu machen?
- Und wenn solche Studien nicht vorliegen: Was ist der Konsens der einschlägigen nationalen und internationalen Fachleute? Und was tun, wenn es einen solchen Konsens nicht gibt, sondern die Fachleute widersprechen?

Zur Begründung der Vergleichbarkeit sollen die Anlagen IIIa–c dienen; praktisch sind diese aber nur begrenzt geeignet, da in diesen Anlagen beispielsweise der Zulassungsstatus nicht abgefragt wird und auch zur Dokumentation der einschlägigen nationalen und internationalen Fachleute nichts vorgesehen ist.

Wichtig: Häufig verläuft die Diskussion zu den vergleichbaren Arzneimitteln sehr emotional. Um zu einem Verhandlungsergebnis zu kommen ist es sinnvoll, die Diskussion möglichst eng an den Kriterien der Rahmenvereinbarung zu führen. Die Anlage III sowie die supportiven Anlagen IIIa–c sind vom pharmazeutischen Unternehmer 5 Werktage vor der ersten Verhandlungsrunde dem GKV-SV zu übermitteln. Mit diesen Anlagen begründet der pharmazeutische Unternehmer seine Verhandlungsposition. Äußert der GKV-SV nun Zweifel an den vom pharmazeutischen Unternehmer genannten vergleichbaren Arzneimitteln, steht es ihm frei, auf vergleichbare Weise und entsprechend der Regeln der evidenzbasierten Medizin Wunsch von Wirklichkeit zu unterscheiden.

Zudem kann die vom G-BA durchgeführte Evidenzrecherche helfen, Hinweise zu den vergleichbaren Arzneimitteln zu erhalten. In seiner Evidenzrecherche prüft der G-BA immerhin auch die Zulassung (Kriterium 1) und den Stand des medizinischen Wissens (Kriterium 4).

Noch ein Hinweis zur Verhandlungspsychologie: Am Ende geht es in der Verhandlung primär um den Preis. Die hier beschriebenen Grundlagen der Verhandlung gehen dem voraus. Je nachdem, wie schnell man sich einigen möchte, kann man den Grundlagen weiteren, zusätzlichen Raum einräumen oder dieses Thema abkürzen. Aber: Eile geht nicht selten zulasten des Preises.

Auch wenn es primär um den Preis geht, muss ein Vertrag geschlossen werden. Üblicherweise unterbreitet der GKV-SV dem pharmazeutischen Unternehmer vor der zweiten Verhandlungsrunde einen Vertragsvorschlag basierend auf einem Vertragsmuster; natürlich noch ohne Festlegungen zu Preis und Menge. Der Vertrag zwischen GKV-SV und pharmazeutischem Unternehmen regelt typischerweise folgende Sachverhalte:

- Gegenstand der Vereinbarung sind alle Fertigarzneimittel mit dem Wirkstoff, die der pharmazeutische Unternehmer in Deutschland in Verkehr gebracht hat bzw. nach Abschluss dieser Vereinbarung in Deutschland erstmalig in Verkehr bringen wird.
- Der Erstattungsbetrag wird in Bezug auf eine von den Vertragsparteien gemeinsam definierte Bezugsgröße festgelegt. Der Erstattungsbetrag pro Einheit einer Bezugsgröße gilt dann für alle zukünftig in Verkehr gebrachten Fertigarzneimittel. Zudem wird festgelegt, ab wann der Erstattungsbetrag gilt und ob der gesetzliche Zwangsrabatt abgelöst wird.
- In der Mengenregelung wird festgelegt, welche Verordnungsmenge in Einheiten der definierten Bezugsgröße im Rahmen dieses Vertrages abgerechnet werden sollen. Dabei kann die Menge über mehrere Jahre gestaffelt werden. Zudem wird festgelegt, was bei Mengenabweichungen (Über- oder Unterschreitungen) passiert.
- Die Vereinbarung soll auch Anforderungen an die Zweckmäßigkeit, Qualität und Wirtschaftlichkeit einer Verordnung beinhalten.
- Die Regelung zur Praxisbesonderheit bestimmt, dass Verordnungen des Produktes von der gemeinsamen Prüfungsstelle und dem gemeinsamen Beschwerdeausschuss als Praxisbesonderheit anzuerkennen sind, wenn der Arzt die vereinbarten Anforderungen an die Verordnung des Produktes eingehalten hat. Diese konkreten Anforderungen für den Vertragsarzt können dann in einem Anhang geregelt werden. Wichtig an der Regelung zur Praxisbesonderheit ist, dass die Rahmenvereinbarung sie regelhaft vorgibt, die Parteien hierauf aber verzichten können.
- Der pharmazeutische Unternehmer wird zur Meldung des vereinbarten Erstattungsbetrags an die IFA GmbH und damit in die Lauer-Taxe verpflichtet. Hierzu werden entsprechende Fristen definiert. Zudem wird geregelt, wie mit Neueinführungen zu verfahren ist und wie diese dem Vertragspartner GKV-SV mitzuteilen sind.
- Die Folgen einer verspäteten oder falschen Meldung werden ebenfalls geregelt. Eine derartige Nacherstattung kann auftreten, wenn der in der Lauer-Taxe gemeldete Abgabepreis des pharmazeutischen Unternehmers zu hoch (= Schaden für eine Krankenkasse) oder zu niedrig (= Schaden für den pharmazeutischen Unternehmer) ist. Schwierig an dieser Regelung ist, dass die entstandenen Schäden direkt zwischen

den einzelnen Krankenkassen und dem pharmazeutischen Unternehmer ausgeglichen werden müssen. Damit verpflichtet die hier getroffene Regelung zwischen
pharmazeutischem Unternehmer und GKV-SV die einzelnen Krankenkassen.

- Weiterhin werden die Vertragsparteien zur Vertraulichkeit verpflichtet. Von der Vertraulichkeit werden nur diejenigen Vertragsbestandteile ausgenommen, die zur Durchführung und Umsetzung der Vereinbarung sowie zur Erfüllung der (gesetzlichen)
Aufgaben der GKV an Dritte weitergeleitet werden müssen. Diese Einschränkung
der Vertraulichkeit ist notwendig, da der Rabatt schon bei Abgabe des Arzneimittels
an den Großhandel gewährt wird, und damit alle Beteiligten (Großhandel, Apotheke,
Krankenkasse) hierüber informiert werden müssen.

- Schließlich werden noch die ordentlichen Kündigungsfristen sowie die Möglichkeit der außerordentlichen Kündigung geregelt. Eine Mindestvertragslaufzeit wird
dadurch realisiert, dass der Vertrag frühestens mit Ablauf der Mindestvertraglaufzeit
ordentlich gekündigt werden kann. Mindestvertragslaufzeit ist laut Gesetz ein Jahr.
Achtung: Sofern kein Vertragsende definiert ist, läuft der Vertrag unbegrenzt (!)
weiter. Zumindest für den Zeitunkt des Ablaufes des Unterlagenschutzes scheint ein
automatisches Vertragsende sinnvoll.

- In den Schlussbestimmungen finden sich die üblichen Klauseln, nach denen es keine
mündlichen Nebenabreden gibt, Änderungen im Vertrag der Schriftform bedürfen
und ungültige Bestimmungen des Vertrages durch geeignete und angemessene
Regelungen ersetzt werden sollen.

Üblicherweise wird der Vertragstext in mehreren Runden verhandelt. Dazu wird jeweils
geklärt, welche Vertragsklauseln sich konsentieren lassen und bei welchen Punkten
unterschiedliche Ansichten bestehen. Über die einzelnen Verhandlungsrunden hinweg
nähert man sich erfahrungsgemäß vertraglich an; abgesehen von zentralen Punkten, die
erst nach Klärung von Erstattungsbetrag und Mengen geregelt werden.

Damit zum inhaltlichen Höhepunkt: dem Austausch zum Erstattungsbetrag.

Die Rahmenvereinbarung gibt zur Verhandlung vor, dass sich die Höhe des
Erstattungsbetrags aus der freien Würdigung aller Umstände des Einzelfalles und
unter Berücksichtigung der Besonderheiten des jeweiligen Therapiegebietes nach dem
im Beschluss des G-BA festgestellten Ausmaß des Zusatznutzens und einer Berücksichtigung der sonstigen Kriterien nach § 6 der Rahmenvereinbarung ergibt, also tatsächliche Abgabepreise des zu bewertenden Arzneimittels in anderen Europäischen Ländern
sowie den Jahrestherapiekosten vergleichbarer Arzneimittel.

Idealerweise hat man über die Klärung der Grundlagen Einigkeit über die einzelnen
Europäischen Preise sowie über die relevanten vergleichbaren Arzneimittel und deren
Jahrestherapiekosten erzielt. Und das Ausmaß des Zusatznutzens ergibt sich direkt
aus dem Beschluss. Aus diesen Einzelinformationen lässt sich ein Erstattungsbetrag
konkretisieren. Das erfolgt in zwei Stufen. In einer ersten Stufe werden für die drei
Komponenten jeweils einzelne Preise bestimmt:

- Die Europäischen Preise werden hierzu entsprechend ihrer Kaufkraftparität auf die deutsche Kaufkraft umgerechnet und dann nach den jeweiligen Absatzmengen bzw. der Bevölkerungszahl in den einzelnen Ländern, für die Preisangaben vorliegen, gewichtet.
- Während bei den Europäischen Preisen ein Gewichtungsverfahren in der Rahmenvereinbarung vorgegeben ist, bleibt dies für die vergleichbaren Arzneimittel offen. Man kann also entsprechend der freien Würdigung ein plausibles Vorgehen vorschlagen.
- Die Bewertung (Monetarisierung) des Zusatznutzens ist schwieriger: Das Landessozialgericht hat in dem durch das BSG inzwischen aufgehobene Urteil zu Albiglutid im Fall eines geringen Zusatznutzens einen 100 %igen Aufschlag auf die Kosten der zweckmäßigen Vergleichstherapie vorgeschlagen. Ob dies angemessen ist, hängt aber wohl stark vom jeweiligen Einzelfall ab.

Zusätzlich ist zu klären, welche Umstände des Einzelfalls zu berücksichtigen sind und welche Besonderheiten des Therapiegebietes relevant sind, die ggf. ein anderes Vorgehen erfordern.

Sind auf diese Weise die Preise der einzelnen Komponenten ermittelt, gilt es, eine angemessene Gewichtung von Europäischen Preisen, vergleichbaren Arzneimitteln und monetarisiertem Zusatznutzen zu finden.

Über all diese Schritte kann man miteinander verhandeln, ohne schon über einen konkreten Erstattungsbetrag zu sprechen. Hat man aber eine Einigung zu all diesen Punkten erzielt, ergibt sich der rechnerische Erstattungsbetrag hieraus mathematisch, ohne dass es weiterer Diskussionen bedarf. Diese sind erst danach wieder gefragt, wenn es um die Berücksichtigung der Umstände des Einzelfalls und die Besonderheiten des Therapiegebietes geht.

Es geht aber auch anders: Man kann auch gleich im *Basarmodus* Angebote miteinander austauschen und sich dabei Schritt für Schritt aufeinander zubewegen. *Basarmodus* deshalb, weil die ausgetauschten Angebote nicht rational begründet werden, sondern gleich als freie Würdigung aller Umstände erfolgen – wie auf einem Basar.

Was besser ist, hängt häufig vom jeweiligen Einzelfall ab. Aber: die Schiedsstelle geht weitgehend rechnerisch vor und plausibilisiert am Ende das rechnerische Ergebnis hinsichtlich einer Angemessenheit bezogen auf die schon erwähnten Umstände und Besonderheiten. Und: Die Verhandlungsparteien haben es in der Hand, den Verhandlungsverlauf und damit auch das Verhandlungsergebnis zu beeinflussen.

7.1.7 Ablauf der Verhandlung

Der GKV-SV hat deutlich mehr Erfahrung an Preisverhandlungen als ein einzelner pharmazeutischer Unternehmer. Zudem hat er Heimspiel, denn die Verhandlungen finden in seinen Räumen statt – und nicht auf neutralem Boden.

Verhandlungen haben eine sachliche Ebene, auf der Sachargumente ausgetauscht werden und entsprechend der geltenden Vorgaben (hoffentlich) Konsens gesucht wird. In den seltensten Fällen sind die Situationen aber so, dass es eine eindeutige Lösung gibt, die sich zwingend für alle Beteiligten gleichermaßen aus den vorab definierten Regeln ableiten und die auch jeder gegen sich gelten lässt. In einem solchen Fall bräuchte es nämlich keine Verhandlung, sondern man könnte ein solches Ergebnis auch gleich errechnen und festsetzen.

Tatsächlich gibt es immer auch eine zweite, psychologische Ebene und hier kommt das Verhandlungsgeschick ins Spiel. Und diese Verhandlung auf der psychologischen Ebene beginnt weit vor dem ersten Verhandlungstermin. Ein Beispiel hierfür sind die Anlagen I bis III und IIIa bis IIIc. Die eine Verhandlungspartei (GKV-SV) gibt das Formular vor, die andere (pharmazeutischer Unternehmer) macht darin ihre Angaben und damit kommt der erstgenannten scheinbar das Recht zu, diese Angaben in Zweifel zu ziehen, ohne sich selbst um eine Aufklärung des Sachverhalts zu bemühen. Die Rollenverteilung – *Wer hinterfragt? Wer rechtfertigt sich?* – ist damit vorgegeben. Anderes Beispiel: Bei Arzneimittel ohne Zusatznutzen wird nur Anlage II an den pharmazeutischen Unternehmer übermittelt, ganz so, als ob Angaben zu Europäischen Preisen und vergleichbaren Arzneimitteln nicht relevant wären – obwohl dies rechtlich keinesfalls den Vorgaben entspricht.

Aber: Wer fragt, der führt!

Zum Führen braucht es immer zwei – einen, der führt, und einen, der sich führen lässt. Wie kann man das als pharmazeutischer Unternehmer beeinflussen, wenn man mit dem GKV-SV verhandelt, der deutlich mehr Erfahrung besitzt? Hier einige Ideen:

- Es fängt schon mit den Anlagen an: Hier gilt es zu entscheiden, welche Informationen in welchem Format zur Verfügung gestellt werden. Ähnliches gilt zum Vertragstext. Wieso nicht selber einen Vertragstext vorschlagen?
- Zur jeweiligen Verhandlung versendet der GKV-SV eine Agenda, die dann zu Beginn des jeweiligen Verhandlungstermins abgestimmt wird. Und der, der die Agenda vorschlägt, führt naturgemäß durch die Agenda. Also: Selber eine Agenda entwerfen, eigene Agendapunkte einbringen, etc.
- Die Verhandlungstermine haben einen relativ genau planbaren Verlauf. Mit einem internen Fahrplan kann man sich entsprechend vorbereiten, die eigenen Argumente zurechtlegen, eigene Fragen formulieren und entsprechende Protokollnotizen vorbereiten.
- Selber das Tempo bestimmen: Wann ist ein Thema ausdiskutiert? Wann ist eine Pause sinnvoll? Welche Diskussionen lässt man zu? Wann sollte man besser etwas einmal unter vier Augen besprechen? Welche Themen kann man parken und in der nächsten Runde darauf zurückkommen?
- Und: Keiner mag Protokolle. Aber in der Erstattungsbetragsverhandlung sind sie wichtig. Im Protokoll kann man wichtige Zwischenergebnisse festhalten, Konsens feststellen, dem Verhandlungspartner „Aufgaben" mitgeben, etc.

Schließlich: Es gibt keinen Verhandlungszwang für den pharmazeutischen Unternehmer. Ist er der Ansicht, dass es besser ist, die Verhandlung abzubrechen oder gar nicht erst aufzunehmen, dann teilt er dies dem GKV-SV spätestens innerhalb einer Frist von vierzehn Tagen nach dem ersten Verhandlungstermin mit, dass er das Verhandlungsverfahren nicht durchführen wird, und erklärt, das Arzneimittel aus dem Verkehr zu nehmen („Opt out").

Infolge eines solchen Verhandlungsabbruchs wird kein Erstattungsbetrag vereinbart oder von der Schiedsstelle festgesetzt, das Arzneimittel aber auch nicht weiter vermarktet. Wird ein Arzneimittel mit diesem Wirkstoff zu einem späteren Zeitpunkt erneut in Verkehr gebracht, ist dann ein Erstattungsbetrag auf der Basis des zum Zeitpunkt des erneuten Inverkehrbringens gültigen G-BA-Beschlusses zu vereinbaren, der ab dem dreizehnten Monat nach erstmaligem Inverkehrbringen gilt. Die 12 Monate freie Preisbildung sind dann aber ersatzlos verwirkt.

7.2   Veröffentlichung

In der Erstattungsbetragsvereinbarung ist geregelt, dass der pharmazeutische Unternehmer den vereinbarten Erstattungsbetrag an die Lauer-Taxe als verbindlichen Verzeichnisdienst für Deutschland melden muss. Die Verantwortung für die Meldung liegt beim pharmazeutischen Unternehmer; für alle Fehler haftet er gegenüber den Einzelkassen entsprechend der Regelung in der Erstattungsbetragsvereinbarung.

Mit der Meldung wird nicht nur der eigentliche Erstattungsbetrag als neuer Abgabepreis des pharmazeutischen Unternehmers geändert, sondern auch alle Preise der Handelskette.

7.3   Ergebnisse

Die Ergebnisse der Erstattungsbetragsverhandlung sind zwar vertraulich, die vereinbarten Erstattungsbeträge müssen aber in der Lauer-Taxe gemeldet werden. Die Daten laden zu einer vertieften Analyse von Preisen und Rabatten ein.

Wie hoch ist der Nutzenbewertungsrabatt tatsächlich?

Diese eigentlich einfache Frage lässt sich keineswegs so eindeutig klären. Das hängt von der Berechnungsbasis ab. Schon ohne Ablösung der Zwangsrabatte lassen sich mindestens vier Preiskonzepte und damit Berechnungsbasen unterscheiden (Abb. 7.19):

- Abgabepreis des pharmazeutischen Unternehmers
- Einnahmen des pharmazeutischen Unternehmers abzüglich gesetzlicher Rabatte
- Apothekenverkaufspreis
- Kosten der GKV abzüglich gesetzlicher Rabatte

	ApU	Einnahmen pU ./. ZR	AVP	Tats. Kosten GKV
Bisheriger Preis	100,00 €	94,12 €	137,42 €	130,42 €
Erstattungsbetrag	90,00 €	84,17 €	124,78 €	118,48 €
Rabatt (absolut)	10,00 €	9,95 €	12,64 €	11,94 €
Rabatt (in %)	10,00 %	10,57 %	9,20 %	9,16 %

Abb. 7.19 Darstellung unterschiedlicher Rabattebenen (ohne Ablösung des Zwangsrabatts)

Die Unterschiede lassen sich am Beispiel in Abb. 7.19 verdeutlichen:
Je nach Berechnungsbasis liegt der absolute Rabatt zwischen 9,95 €–12,64 € bzw. 9,16 %–10,57 %.

Weiter erschwert wird die Analyse der vereinbarten Rabatte dadurch, dass die Vertragsparteien eine Ablösung des gesetzlichen Zwangsrabatts vereinbaren können. Dieser Zwangsrabatt betrug bis Ende 2013 16 %, ab Januar 2014 6 % und ab April 2014 7 %. Damit kommt es auch darauf an, wann ein Zwangsrabatt abgelöst wurde und wie hoch er damit war – andernfalls ist ein Vergleich wenig aussagekräftig.

Ein weiteres Problem besteht darin, dass auch außerhalb des gemeldeten Erstattungsbetrags zusätzliche Kompensationszahlungen, Staffelrabatte etc. bestehen können, die nicht offiziell in der Lauer-Taxe gemeldet werden (müssen), sondern auch mittels Nacherstattung direkt zwischen pharmazeutischem Unternehmer und den einzelnen Krankenkassen abgerechnet werden können. Dies gilt insbesondere bei den inzwischen immer stärker diskutierten, erfolgsorientierten Vergütungsmodellen.

Die Komplexität lässt sich an folgendem Beispiel (Abb. 7.20) illustrieren:
Der Wirkstoff Abirateronacetat wurde am 29.03.2012 durch den G-BA bewertet. Während der G-BA in einem Teilanwendungsgebiet einen Hinweis auf einen beträchtlichen Zusatznutzen gegenüber Best Supportive Care (Prednisolon) festgestellt hat, war der Zusatznutzen in einem anderen Teilanwendungsgebiet gegenüber Docetaxel nicht belegt. Der Abgabepreis des pharmazeutischen Unternehmers für die N2-Packung mit 120 Stück betrug zum Zeitpunkt der Markteinführung 4.400,00 €. Zudem hat der pharmazeutische Unternehmer einen Zwangsrabatt in Höhe von 16 % gezahlt, also 704,00 €. Im Rahmen der Erstattungsbetragsverhandlung hat der pharmazeutische Unternehmer einem zusätzlichen Nutzenbewertungsrabatt in Höhe von 439,56 € zugestimmt, also weiteren 10 % auf den ursprünglichen Abgabepreis. Folglich erlöst der pharmazeutische Unternehmer nunmehr 3.256,44 € pro Packung. Das entspricht aus Sicht des pharmazeutischen Unternehmers – einschließlich Zwangsrabatt – einem Gesamtrabatt von 26 %.

Aus Sicht der GKV vermindern sich die Jahrestherapiekosten mit Abirateronacetat gegenüber dem G-BA Beschluss um 11 % auf rund 50.000 €. Das entspricht dem rund 1120-fachen derjenigen zweckmäßigen Vergleichstherapie, gegenüber der ein beträchtlicher Zusatznutzen nachgewiesen wurde.

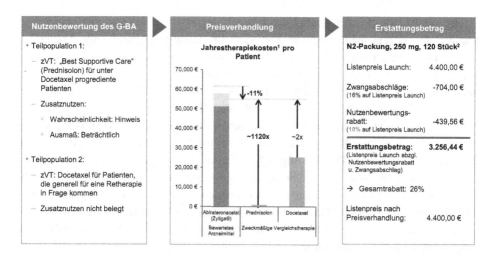

Abb. 7.20 Beispiel für ein Verhandlungsergebnis (Abirateronacetat Erstbewertung). (Die Berechnung erfolgt zum Zeitpunkt der Meldung des Nutzenbewertungsrabattes (Stand: 01.02.2013))

7.4 Schiedsstelle

Einigen sich GKV-SV und pharmazeutischer Unternehmer nicht auf einen Vertrag oder bleiben Teile des Vertrages strittig, übernimmt die Schiedsstelle nach § 130b SGB V diese Aufgabe und setzt die noch strittigen Vertragsteile im Auftrag beider Vertragsparteien verbindlich fest.

Das Gesetz verpflichtet die Schiedsstelle dazu, den strittigen Vertragsinhalt innerhalb von drei Monaten festzusetzen, wenn innerhalb von sechs Monaten nach Veröffentlichung des Beschlusses des G-BA keine Erstattungsbetragsvereinbarung zustande kommt. Dabei entscheidet die Schiedsstelle unter freier Würdigung aller Umstände des Einzelfalls und berücksichtigt dabei die Besonderheiten des jeweiligen Therapiegebietes.

Der im Schiedsspruch festgelegte Erstattungsbetrag gilt rückwirkend ab dem 13. Monat nach Produkteinführung. Die Preisdifferenz zwischen dem von der Schiedsstelle festgelegten Erstattungsbetrag und dem bis dahin tatsächlich gezahlten Abgabepreis ist bei der Festsetzung auszugleichen.

Kommt eine Erstattungsbetragsvereinbarung ganz oder teilweise nicht zustande, stellt mindestens eine der Vertragsparteien schriftlich den Antrag, eine Einigung über den Inhalt des Vertrages herbeizuführen.

Das Schiedsverfahren beginnt mit dem Eingang des Antrages nach Absatz 1 beim Vorsitzenden der Schiedsstelle, spätestens jedoch mit Ablauf der gesetzlichen Sechsmonatsfrist zum Abschluss der Erstattungsbetragsvereinbarung. Die Schiedsstelle hat den Vertragsinhalt innerhalb von drei Monaten nach Beginn des Schiedsverfahrens festzusetzen.

Der Vorsitzende teilt den Antrag der anderen Vertragspartei mit und gibt beiden Vertragsparteien Gelegenheit, innerhalb von vierzehn Tagen konkretisierende Anträge zu stellen und diese zu begründen. Diese Anträge und ihre Begründungen werden beiden Vertragsparteien nach Ablauf der Vierzehntagefrist zeitgleich mitgeteilt. Bei Bedarf kann man zum Antrag und der Begründung der Gegenseite nochmals Stellung nehmen.

Die mündlichen Verhandlungen der Schiedsstelle werden vom Vorsitzenden einberufen. Der Vorsitzende eröffnet, leitet und schließt die mündlichen Verhandlungen der Schiedsstelle. Typischer Weise werden in der Verhandlung erst die beiden Anträge von den Parteien präsentiert. Danach folgen Nachfragen der Schiedsstelle zu den Anträgen und Präsentationen. Sehen die unabhängigen Mitglieder der Schiedsstelle die Möglichkeit für eine Vermittlung, werden sie dies versuchen. Wenn nicht, werden sie einen Beschlussvorschlag entwickeln und hierfür die Zustimmung von den benannten Mitgliedern zumindest einer der beiden Parteien suchen. Zeichnet sich eine Mehrheit ab, kann die Schiedsstelle entscheiden.

Insgesamt hat die Schiedsstelle 7 stimmberechtigte Mitglieder (Abb. 7.21) – die drei unparteiischen Mitglieder sowie zwei Vertreter von GKV-SV und zwei Vertreter des pharmazeutischen Unternehmers. Die unparteiischen Mitglieder haben keine Mehrheit (nur drei von sieben Stimmen); die Vertreter von GKV-SV und pharmazeutischem Unternehmer zusammen schon (vier von sieben Stimmen).

Die Entscheidung der Schiedsstelle erfolgt also aufgrund mündlicher Verhandlung. Zu der Verhandlung sind die Vertragsparteien, die Patientenvertreter und das BMG zu laden. Dem BMG kommt dabei besonderes Gewicht zu, da es die Rechtsaufsicht über die Geschäftsführung der Schiedsstelle führt.

Insgesamt umfasst die Gemeinsame Schiedsstelle einschließlich der Parteienvertreter damit schnell 20 Personen.

Der Vorsitzende der Schiedsstelle fertigt über den Inhalt der Verhandlung eine Niederschrift an. Sie enthält Ort, Tag, Beginn und Ende der Sitzung, die Feststellung der Beschlussfähigkeit sowie die Namen der Anwesenden unter Angabe der Eigenschaft, in der sie mitwirken. Sie hat weiterhin das wesentliche Ergebnis der Beratungen wiederzugeben. Beschlüsse sind im Wortlaut aufzuführen.

Die Entscheidungen der Schiedsstelle können in der Geschäftsstelle der Schiedsstelle eingesehen werden.

7.5   Klage

Eine Klage ist nach § 35a Abs 8 SGB V weder für die Aufforderung zur Einreichung eines Nutzendossiers, die Nutzenbewertung noch den Beschluss über die Nutzenbewertung zulässig. Damit verbleibt einzig die Möglichkeit, gegen den Schiedsspruch Klage zu erheben. Hierfür ist das Landessozialgericht Berlin-Brandenburg zuständig.

Diese gesetzliche Regelung – Klage gegen Schiedsstelle als einzige Klagemöglichkeit in dem Verfahren der frühen Nutzenbewertung – führt dazu, dass ein pharmazeutischer

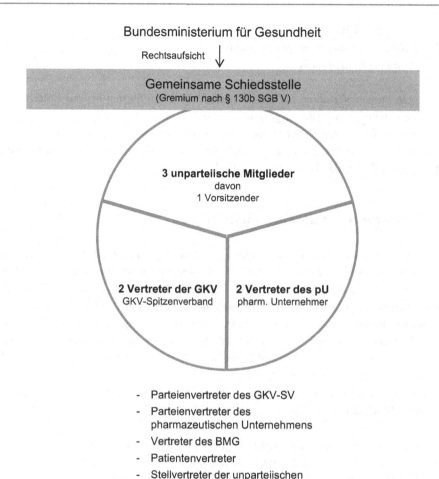

Abb. 7.21   Struktur der Gemeinsamen Schiedsstelle nach § 130b SGB V

Unternehmer das Verfahren der Nutzenbewertung bis zur Schiedsstelle durchlaufen muss, auch wenn er beispielsweise mit dem G-BA hinsichtlich der Dossierpflicht unterschiedlicher Ansicht ist!

Formal gesehen richtet sich eine Klage dann immer gegen die Schiedsstelle. Das Gericht überprüft dabei aber das gesamte Verfahren, also auch die Schritte, die eine Schiedsstellenentscheidung vorbereiten. Das können u. a. sein:

• Dossierpflicht
• Beratung durch den G-BA
• Nutzenbewertung
• Stellungnahme

- Beschluss des G-BA
- Verlauf der Erstattungsbetragsverhandlung
- Beschluss der Schiedsstelle

Kritisch an diesem Verfahren ist, dass von der Produkteinführung bis zur Entscheidung der Schiedsstelle 15 Monate vergehen. Bis zur Entscheidung des Landessozialgerichts sind mehrere Jahre anzusetzen. Sollte dann noch eine Revision beim Bundessozialgericht beantragt werden, erscheinen Verfahrensdauern von fünf bis sechs Jahren ab dem maßgeblichen Zeitpunkt als nicht unrealistisch.

7.6   Überprüfung der Gesamtstrategie

Die frühe Nutzenbewertung ist kein einmaliger Vorgang, sondern ein Dauerzustand, mit dem die Erstattungssituation eines Arzneimittels gesteuert wird. Und dieser Zustand hält mindestens so lange an, wie der Unterlagenschutz besteht. Damit ist nach dem Verfahren immer auch vor dem Verfahren – sowohl was die Nutzenbewertung betrifft als auch hinsichtlich der Erstattungsbetragsverhandlung. Zudem zeigt sich, dass der GKV-SV immer wieder Erstattungsbetragsvereinbarungen kündigt, wenn sich die Marktsituation dahin gehend geändert hat, dass der Preis der zweckmäßigen Vergleichstherapie oder auch der vergleichbaren Arzneimittel gesunken ist.

Vor diesem Hintergrund ist es sinnvoll nach Abschluss des AMNOG-Verfahrens ein Fazit hinsichtlich der Learnings zu ziehen, also zu überprüfen,

- inwieweit die der Strategie zugrunde liegenden Analysen zutreffend waren,
- inwieweit die Strategie umgesetzt werden konnte,
- ob die strategischen Ziele (insbesondere Preis!) erreicht werden konnten,

und zu überlegen, welche Änderungen an der Strategie bei einem neuen Verfahren sinnvoll sein können.

Sonderfälle

Soweit zu den grundsätzlichen Vorgaben für die Dossiererstellung. Von jedem Grundsatz gibt es Ausnahmen und Sonderfälle; davon handelt der vorliegende Abschnitt. Gesetz bzw. AM-NutzenV nennen drei Sonderfälle, in denen spezielle Vorgaben hinsichtlich der Dossiererstellung gelten:

- Für *Orphan Drugs* gilt die gesetzliche Besonderheit, dass der Zusatznutzen qua Gesetz nach § 35a Abs. 1 Satz 11 Halbsatz 1 SGB V automatisch vorliegt und daher in der Nutzenbewertung nur das Ausmaß des Zusatznutzens beurteilt wird.
- Bei Arzneimitteln, die pharmakologisch-therapeutisch vergleichbar mit Festbetragsarzneimitteln sind, ist der medizinische Zusatznutzen nach § 35a Abs. 1 Satz 4 und 5 SGB V als therapeutische Verbesserung entsprechend § 35 Abs. 1b Satz 1 bis 5 SGB V nachzuweisen, also nach den Regeln für Festbetragsarzneimittel.
- Für Kinderarzneimittel bzw. pädiatrische Indikationen muss der G-BA nach §5 Abs. 5a der AM-NutzenV prüfen, ob für Patientengruppen oder Teilindikationen, die von der Zulassung umfasst sind aber für die es nur eine eingeschränkte Evidenz gibt, ein Zusatznutzen anerkannt werden kann – sofern diese Übertragung der Evidenz auch der Zulassung zugrunde lag.

Während die Einordnung als *pharmakologisch-therapeutisch vergleichbar mit Festbetragsarzneimitteln* dem G-BA obliegt, legt die EMA den Status als Arzneimittel für die Behandlung seltener Erkrankungen fest. Es gibt aber noch weitere Sonderfälle der Zulassung: Bedingte Zulassung, Zulassung unter außergewöhnlichen Umständen und Zulassung für Arzneimittel für neuartige Therapien. Alle diese Fälle werfen interessante Fragen für die frühe Nutzenbewertung auf, die im Folgenden beleuchtet werden.

© Der/die Herausgeber bzw. der/die Autor(en), exklusiv lizenziert durch Springer Fachmedien Wiesbaden GmbH, ein Teil von Springer Nature 2020
T. Ecker, *Arzneimittelpreise in Deutschland unter AMNOG*,
https://doi.org/10.1007/978-3-658-30508-6_8

8.1   Orphan Drugs

8.1.1   Verfahren

Orphan Drugs sind Arzneimittel für Seltene Erkrankungen, die von der Europäischen Arzneimittelbehörde als solche anerkannt wurden, d. h. den sog. *Orphan Drug Status* haben. Ein Arzneimittel kann dann von der EMA als Orphan Drug anerkannt werden, wenn der pharmazeutische Unternehmer nachweist, dass das Arzneimittel 1) für die Diagnose, Verhütung oder Behandlung einer Erkrankung bestimmt ist, die 2) lebensbedrohlich ist oder eine chronische Invalidität nach sich zieht und 3) von dem zum Zeitpunkt der Antragstellung in der EU nicht mehr als fünf von 10.000 Personen betroffen sind und 4) in der EU noch keine zufriedenstellende Methode für die Diagnose, Verhütung oder Behandlung der Erkrankung zugelassen wurde oder dass das betreffende Arzneimittel – sofern schon eine solche zufriedenstellende Methode besteht – für diejenigen, die von diesem Leiden betroffen sind, von erheblichem Nutzen sein wird.

Der Status als Orphan Drug muss schon vor Beantragung der Zulassung durch die EMA festgestellt worden sein. Im Rahmen des Zulassungsverfahrens wird dann nochmals geprüft, ob diese vier Kriterien weiterhin erfüllt sind. Inwieweit das Arzneimittel von anderen Zulassungsbehörden (USA, Japan) ebenfalls einen Status als Arzneimittel für seltene Erkrankungen hat, ist hierbei nicht relevant; es zählt ausschließlich der Status bei der EMA.

Für Arzneimittel mit neuen Wirkstoffen gelten bei der Nutzenbewertung von Orphan Drugs folgende Sonderregeln (Orphan-Privileg):

- Der medizinische Zusatznutzen gilt bereits durch die Zulassung als belegt; Nachweise zum medizinischen Nutzen und zum medizinischen Zusatznutzen im Verhältnis zur zweckmäßigen Vergleichstherapie müssen nicht vorgelegt werden. Lediglich das Ausmaß des Zusatznutzens ist nachzuweisen.
- Die Nutzenbewertung erfolgt auf der Grundlage der Zulassung und der die Zulassung begründenden Studien; eine zweckmäßige Vergleichstherapie wird nicht definiert.

Wie wirken sich diese Besonderheiten nun konkret auf das AMNOG-Verfahren aus?

8.1.2   Dossiervorbereitung

Den Anfang bildet die Phase der Dossiervorbereitung, also Prüfung Dossierpflicht, Gap-Analyse, Erstattungsbetragssimulation, Strategieentwicklung, Beratungsantrag.

Die Erstbewertung eines Orphan Drug erfolgt immer unter dem Orphan-Privileg, da der tatsächliche Umsatz zum Zeitpunkt der Dossiereinreichung definitionsgemäß 0 € beträgt. Der G-BA bewertet ein Orphan Drug erst dann ohne Orphan-Privileg, wenn der tatsächliche Umsatz die Umsatzschwelle von 50 Mio. Euro innerhalb von 12 Monaten überschritten hat (siehe Abschn. 9.10).

Bei der Dossierpflicht wird nicht nach dem Orphan Drugs Status unterschieden; die Dossierpflicht ergibt sich daraus, ob es sich um einen erstattungsfähigen, neu zugelassenen Wirkstoff mit neuem Unterlagenschutz handelt. Orphan Drugs ohne neuen Unterlagenschutz sind damit nicht dossierpflichtig.

Bei der Gap-Analyse ist das Privileg des belegten Zusatznutzens zu beachten. Ein echtes „Gap" (also keine geeigneten Studien und daher kein Zusatznutzen) ist praktisch ausgeschlossen. Dennoch variiert auch bei Orphan Drugs das Ausmaß des Zusatznutzens, und dies wird im Rahmen der Gap-Analyse ja ebenso abgeschätzt, wie die anderen Beschlussdimensionen. Der G-BA setzt das Orphan-Privileg dadurch um, dass keine zweckmäßige Vergleichstherapie zugrundegelegt wird, sondern alle die Zulassung begründenden Studien bewertet werden. Folglich gibt es im Beschluss des G-BA auch keine Aussage zur zweckmäßigen Vergleichstherapie. Das wirkt sich auch aus auf die Darstellung der Jahrestherapiekosten, da diese dann ohne Vergleich ausgewiesen werden; zudem kann es keine zusätzlichen GKV-Leistungen geben, da diese durch regelhafte Unterschiede zur zweckmäßigen Vergleichstherapie definiert sind. Das Orphan-Privileg beeinflusst somit die Dimensionen „zweckmäßige Vergleichstherapie", „Zusatznutzen" und „Jahrestherapiekosten" des G-BA-Beschlusses. Die anderen Beschlussdimensionen (Anwendungsgebiet, Epidemiologie, qualitätsgesicherte Anwendung) sind hiervon formal unbeeinflusst. Hinsichtlich der Befristung gibt es seit dem GSAV die Möglichkeit für den G-BA, den pharmazeutischen Unternehmer zu einer anwendungsbegleitenden Datenerhebung und Datenauswertung bei Orphan Drugs zu verpflichten. Das geht mit einer Befristung einher, nach deren Ablauf ein neues Dossier mit den beauflagten Daten vorgelegt werden muss; und der G-BA ist im Gegenzug verpflichtet, die so gewonnenen Daten bei dieser Bewertung zu berücksichtigen.

Gerade bei seltenen Erkrankungen sind die vorhandenen epidemiologischen Daten bezogen auf Deutschland von geringer Qualität. Zudem ist es nicht ungewöhnlich, dass aufgrund fehlender therapeutischer Möglichkeiten Versicherte seltener zum Arzt gehen und daher auch in Routinedaten seltener enthalten sind. Folglich besteht die Gefahr einer Unterschätzung der tatsächlichen Krankheitshäufigkeit.

Ganz praktisch ergibt sich bei der Gap-Analyse noch folgendes Problem: In der Gap-Analyse wird versucht, u. a. aufgrund von Präzedenzfällen (früheren Beschlüssen des G-BA) abzuschätzen, wie der G-BA das neue Arzneimittel bewerten würde. Aufgrund der Zulassungsvoraussetzungen für Orphan Drugs – konkret: das Fehlen zufriedenstellender Behandlungsmethoden bzw. der erhebliche Nutzen gegenüber den bisher bestehenden Methoden – sind solche Präzedenzfälle deutlich seltener, sofern überhaupt vorhanden.

Und schließlich: Der Status als Orphan Drug muss im Rahmen des Zulassungsverfahrens nochmals abschließend durch die Europäische Zulassungsbehörde bestätigt werden. Es passiert immer wieder, dass die EMA diese Bestätigung verweigert und der

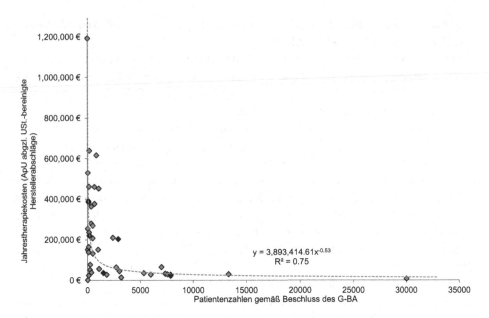

Abb. 8.1 Zusammenhang zwischen Erstattungsbetrag und Größe der Zielpopulation bei nicht-onkologischen Orphan Drugs

G-BA dann in seinem Verfahren das Orphan-Privileg nicht heranziehen kann, sondern die „normalen" Bewertungsmaßstäbe anwendet. Auch dieses Szenario sollte in der Gap-Analyse geprüft werden.

Für die Erstattungsbetragssimulation ergeben sich zwei weitere Herausforderungen bei Orphan Drugs: Erstens geht in die Erstattungsbetragsverhandlung u. a. der monetrisierte Zusatznutzen als Zuschlag zu den Kosten der zweckmäßigen Vergleichs-therapie ein. Da es bei der Nutzenbewertung von Orphan Drugs keine zweckmäßige Ver-gleichstherapie gibt, fehlt eine entsprechend Zuschlagsbasis und man muss versuchen, sich mit Analogien zu behelfen. Zweitens haben bestimmte Kosten der Arzneimittel-entwicklung, -herstellung und -vermarktung den Charakter von Fixkosten. Daher ist zu erwarten, dass die Jahrestherapiekosten gerade bei sehr seltenen Erkrankungen in einem inversen Zusammenhang mit der Größe der infrage kommenden Patientenpopulation stehen, d. h. der Erstattungsbetrag vermutlich um so höher ausfällt, je kleiner die Ziel-population ist (Abb. 8.1).

Unterstellt man nun eine erwartete Zielpopulation (siehe hierzu Abschn. 5.4.2), lässt sich auf einen plausiblen Wertebereich für den Erstattungsbetrag schließen – natürlich nur unter der Annahme, dass die Verhandlung analog zu den bisherigen Verhandlungen verläuft.

Die zuvor gemachten Aussagen zu zweckmäßiger Vergleichstherapie, Zusatznutzen und Jahrestherapiekosten tauchen bei der Strategieentwicklung wieder auf, aber die Dossierstrategie und die dazugehörigen Maßnahmen können auch weitere Dimensionen des AMNOG-Verfahrens betreffen. Und: Die Strategie beschränkt sich nicht notwendigerweise auf die erste Bewertung eines Orphan Drugs, sondern sollte auch mögliche weitere Bewertungen antizipieren, beispielsweise aufgrund einer Befristung (siehe Abschn. 9.7) oder aufgrund der Überschreitung der 50-Mio-Euro-Umsatzgrenze (siehe Abschn. 9.10). Denn es ist davon auszugehen, dass evidenzbasierte Aussagen des G-BA im Rahmen eines Nutzenbewertungsverfahrens für ein Orphan Drug auch bei weiteren Bewertungsverfahren grundsätzlich Gültigkeit behalten.

Hierzu einige Beispiele:

- Auch wenn es keine zweckmäßige Vergleichstherapie bei der Bewertung eines Orphan Drugs gibt, interessiert dennoch, inwieweit das zu bewertende Arzneimittel gegenüber einer möglichen zweckmäßigen Vergleichstherapie abschneidet. Deshalb kann es sinnvoll sein, sich zur zweckmäßigen Vergleichstherapie schon frühzeitig beraten zu lassen, auch wenn diese vorerst noch nicht relevant ist.
- Entsprechendes gilt auch für andere Gaps, die sich durch ein Beratungsgespräch adressieren lassen.
- Gibt es schon zufriedenstellende Methoden im geplanten Anwendungsgebiet, dann fordert die EMA den Nachweis des erheblichen Nutzens, ggf. über indirekte Vergleiche. Entsprechende Daten können auch in der frühen Nutzenbewertung interessant sein, da diese zweckmäßige Vergleichstherapie ja immer auch eine zufriedenstellende Methode im Sinne der EMA sein wird. Diese Argumentation und der entsprechene Evidenznachweis kann schon in einem Dossier unter Orphan-Privileg aufbereitet werden; die Gültigkeit der Argumente hängt nicht am Orphan-Privileg.
- Um Streitigkeiten hinsichtlich der Zulassung möglicher vergleichbarer Arzneimittel zu vermeiden, kann es hilfreich sein, dies vorab mit der Zulassungsbehörde zu klären, ggf. über die bestehenden zufriedenstellenden Methoden oder die Beantragung eines Arzneimittelhärtefallprogramms.

Wie schon erwähnt: Ein Beratungsgespräch kann durchaus sinnvoll sein, auch wenn erst einmal eine Bewertung unter dem Orphan-Privileg erfolgt. Denn das Ziel ist ein möglichst großer Zusatznutzen und auch hinsichtlich der anderen Beschlussdimensionen ein möglichst vorteilhaftes Ergebnis. Und das Beratungsgespräch bietet die Möglichkeit, viele methodische Fragen vorab schon einmal zu besprechen und entsprechende Weichen zu stellen. Daher überrascht es kaum, dass Beratungsgespräche mit dem G-BA auch für Orphan Drugs eher die Regel sind als die Ausnahme.

8.1.3 Dossiererstellung

Was ändert sich bei einem Orphan Drug hinsichtlich der Dossiererstellung, also Dossierkonzeption, Modul 1–5 und Vorprüfung?

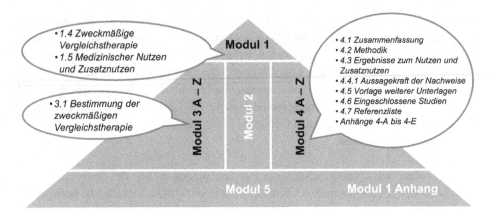

Abb. 8.2 Abschnitte aus der Dossiervorlage, die bei *Orphan Drugs* entfallen können

In der Umsetzung des Orphan-Privilegs bietet der G-BA in seiner Dossiervorlage eine Reihe von Erleichterungen. So sind nach den Hinweisen des G-BA abweichend von dem üblichen Nutzenbewertungsverfahren einige Angaben in den Dossierunterlagen nicht erforderlich; sie können aber dennoch ausgefüllt werden (Abb. 8.2).

Dabei fällt auf, dass diese nicht erforderlichen Abschnitte zentrale Aspekte der Nutzenbewertung betreffen, beispielsweise die Herleitung des Zusatznutzens. Es handelt sich aber nur um Angebote des G-BA im Zusammenhang mit der gesetzlichen Garantie eines Zusatznutzens. Faktisch sind die angebotenen Erleichterungen bei der Dossiererstellung eher symbolischer Natur. Zudem sind je nach konkreter Dossierstrategie sehr wohl weitere Angaben in den nicht verpflichtenden Abschnitten sinnvoll, z. B.

- in Abschn. 1.4:
  - Angaben zum Vergleichsarm in den die Zulassung begründenden Studien
  - Angaben zu einer zweckmäßigen Vergleichstherapie, sofern diese schon vom G-BA (z. B. für den Fall des Überschreitens der Umsatzgrenze) festgesetzt wurde
- in Abschn. 1.5:
  - Angaben zum Ausmaß des Zusatznutzens
- in Abschn. 3.1:
  - Angaben zum Vergleichsarm in den die Zulassung begründenden Studien
  - Angaben zu einer zweckmäßigen Vergleichstherapie, sofern diese schon vom G-BA (z. B. für den Fall des Überschreitens der Umsatzgrenze) festgesetzt wurde
- in Modul 4:
  - Eine Zusammenfassung (Abschn. 4.1) kann sinnvoll sein, um die Plausibilität der eigenen Argumentation zu verdeutlichen.
  - Eine Darstellung der Methodik (Abschn. 4.2) kann sinnvoll sein, um die Begründetheit der eigenen Argumentation zu belegen.

- Eine Darstellung der Ergebnisse zum Zusatznutzen (Abschn. 4.3) kann sinnvoll sein, um die eigene Verhandlungsposition zu stärken; gibt es im Anwendungsgebiet therapeutische Alternativen, die nicht in der die Zulassung begründenden Studie enthalten sind, ist auch ein indirekter Vergleich als zusätzliche Stärkung der eigenen Position vorstellbar (Abschn. 4.3.2).
- Eine Beurteilung der Aussagekraft der Nachweise (Abschn. 4.4.1) kann sinnvoll sein, um die Begründetheit der eigenen Argumentation zusätzlich zu belegen.
- Eine Begründung für die Vorlage weiterer Unterlagen und Surrogatendpunkte (Abschn. 4.5) kann sinnvoll sein, um deren Bedeutung für die eigene Argumentation zu erläutern.
- Die Liste der eingeschlossenen Studien (Abschn. 4.6) sowie die Referenzliste (Abschn. 4.7) erscheinen selbstverständlich.
- Die Anhänge (4-A bis 4-E) erscheinen ebenfalls sinnvoll, da sie die formale Richtigkeit des Vorgetragenen belegen.

Daher ist es eine wichtige Frage im Rahmen der Dossierkonzeption, wie man mit diesen möglichen Erleichterungen im Rahmen der Dossiererstellung umgehen möchte.

In zwei Dossierabschnitten gibt es bei Orphan Drugs noch ganz praktische Probleme:

In Abschn. 3.2 der Modulvorlage ist die Epidemiologie darzustellen. Gerade bei Krankheiten, für die bislang nur sehr wenige Therapiemöglichkeiten bestehen, ist häufig auch die Diagnose seltener und der Kontakt zwischen Patienten und Behandler nicht so starkt etabliert wie in anderen Indikationen mit vielen Therapiemöglichkeiten. Infolgedessen sind seltene Erkrankungen möglicherweise unterdiagnostiziert und es liegen nur wenig Daten vor, um daraus die „echte" Krankheitshäufigkeit abzuschätzen. Die Unsicherheit über die korrekte Epidemiologie ist daher häufig größer. Andererseits gibt es aber gerade für seltene Erkrankungen immer auch eine amtliche Zahl zur Epidemiologie für die Staaten der EMA, denn darüber muss die EMA bei der Beantragung des Status als Arzneimittel zur Behandlung einer seltenen Erkrankung (die Obergrenze liegt bei 5 bei 10.000) entscheiden.

Das zweite praktische Problem besteht darin, dass für Arzneimittel zur Behandlung seltener Erkrankungen im Regelfall keine aktiv-kontrollierten Studien vorliegen, sondern höchstens placebokontrollierte Studien, unkontrollierte Fallserien oder gar Fallberichte. Für derartige Evidenz ist die Methodik von G-BA und IQWiG nur bedingt ausgelegt, die sich auf die Bestimmung des Zusatznutzens möglichst mittels aktiv kontrollierter RCTs fokussiert. Wie hoch ist aber der Zusatznutzen in diesen Fällen?

Interessanterweise steht die EMA vor demselben Problem, zumindest wenn für die vorliegende Erkrankung schon eine andere „zufriedenstellende Methode" zugelassen ist. In diesem Fall prüft die EMA selbst, ob die neue Methode von erheblichem Nutzen ist, also entsprechende Vorteile gegenüber den bisherigen Therapiemöglichkeiten bietet – und nur dann, wenn sich die EMA davon überzeugt hat, bestätigt sie den Status als Arzneimittel zur Behandlung seltener Erkrankungen.

8.1.4   Bewertungsverfahren

Besonderheiten für Orphan Drugs bestehen in der Phase des Bewertungsverfahrens insbesondere während der eigentlichen Dossierbewertung. Diese erfolgt durch den G-BA;
nur die Aussagen zur Epidemiologie und den Jahrestherapiekosten werden durch das
IQWiG bewertet.

Im Falle eines Arzneimittels für seltene Erkrankungen umfasst die Dossierbewertung
des G-BA folgende Aspekte:

- Hintergrund
- Zusammenfassung der Bewertung
- Einführung
- Nutzenbewertung:
  - Fragestellung
  - Zulassungsbegründende Studien
  - Liste der verwendeten Quellen
  - Studiencharakteristika
  - Endpunkte und Erhebungsinstrumente
  - Ergebnisse zum Zusatznutzen
  - Einschätzung zum Ausmaß des Zusatznutzens durch den pharmazeutischen Unter-
    nehmer
- Methodische Anmerkungen und Bewertung der Unterlagen:
  - Design und Methodik der Studie(n)
  - Endpunkte zur Wirksamkeit
  - unerwünschte Ereignisse
- Anforderungen an eine qualitätsgesicherte Anwendung
- Referenzen
- Anhang

Hinzu kommt im Falle eines Arzneimittels für seltene Erkrankungen die Dossierbewertung des IQWiG zur Epidemiologie und der Kostendarstellung mit folgender
Berichtsstruktur:

- Beteiligte Mitarbeiter
- Hintergrund
- Nutzenbewertung,
- Kosten der Therapie:
  - Kommentar zur Epidemiologie in der Zielpopulation
  - Kommentar zu den Kosten der Therapie für die GKV
  - Konsequenzen für die Bewertung
- Kommentare zu sonstigen Angaben im Dossier des pharmazeutischen Unternehmers

- Zusammenfassung der Dossierbewertung:
  - Zugelassene Anwendungsgebiete
  - Anzahl der Patienten in den für die Behandlung infrage kommenden Patientengruppen
  - Kosten der Therapie für die GKV
- Literatur
- Anhang – Darlegung potenzieller Interessenkonflikte (externe Sachverständige bzw. Patientenorganisationen)

Weder G-BA noch IQWiG äußern sich in ihren Bewertungen bei Arzneimitteln für seltene Erkrankungen zum Ausmaß des Zusatznutzens. Im Vergleich zu einer „normalen" Dossierbewertung ist die Bewertung eines Arzneimittels zur Behandlung seltener Erkrankungen damit gewissermaßen unvollständig. Hieraus ergibt sich das praktische Problem, dass bis zum Beschluss unklar ist, wie IQWiG und G-BA den Zusatznutzen konkret einschätzen.

Wie schon für die Gap-Analyse (siehe Abschn. 4.2) ausgeführt, gibt es bei Orphan Drugs im jeweiligen Anwendungsgebiet definitionsgemäß noch wenige Präzedenzfälle. Für das Stellungnahmeverfahren folgt hieraus, dass aus Sicht des G-BA noch mehr Diskussionsbedarf besteht, wie bestimmte Studiendesigns (Studiendauer, Endpunkte, fehlende Kontrollgruppe bzw. Placebovergleich, etc.) in dieser spezifischen Indikation zu bewerten sind. Andererseits erübrigen sich andere Fragen, da aufgrund des Orphan-Privilegs die Grundsatzentscheidung Zusatznutzen ja/nein entfällt.

Bis Ende 2019 hat der G-BA 481 Nutzenbewertungsverfahren eingeleitet, davon 124 mit Orphan Drugs (Erst- und Folgebewertung), also etwa jedes 4. Verfahren. Dabei ist der Anteil der Verfahren mit Arzneimitteln für seltene Erkrankungen weitgehend konstant geblieben, auch wenn die Gesamtzahl der mit Orphan Drugs Nutzenbewertungsverfahren deutlich gestiegen ist (Abb. 8.3).

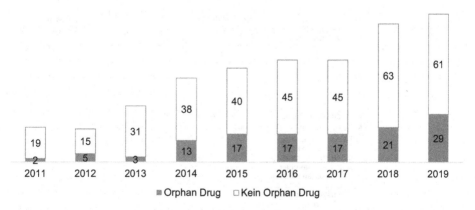

Abb. 8.3 Nutzenbewertungsverfahren mit Orphan Drugs nach Jahr des Beginns

8.1.5   Verhandlung des Erstattungsbetrags

Die Vorgaben zu Orphan Drugs in SGB V, AM-NutzenV und Verfahrensordnung beschränken sich auf die Phasen der Dossiererstellung und des Bewertungsverfahrens, wirken sich aber auch auf die Erstattungsbetragsverhandlung aus.

Aufgrund des Orphan-Privilegs ist ein Zusatznutzen gesetzlich garantiert. Für die Erstattungsbetragsverhandlung folgt hieraus, dass für solche Arzneimittel keine Vorgaben zu Preisobergrenzen für den Erstattungsbetrag bestehen.

Damit gibt es wie bei allen Beschlüssen mit Zusatznutzen sechs Grundlagen für die Erstattungsbetragsverhandlung (Abb. 8.4).

Bei Orphan Drugs gibt es aber während der Verhandlung des Erstattungsbetrages mehrere Besonderheiten:

Zum Ersten stellt der G-BA bei Orphan Drugs häufig fest, dass ein Zusatznutzen nicht quantifizierbar ist; teilweise stellt er auch fest, dass der Zusatznutzen ausschließlich auf einer gesetzlichen Fiktion beruht. Auch wenn die EMA dem Wirkstoff eine große Bedeutung für die Therapie zuschreibt – andernfalls hätte es den Status als Arzneimittel zur Behandlung einer seltenen Erkrankung nicht erhalten – erschwert die fehlende Quantifizierung eine Monetarisierung, zudem teilweise auch ein Kontrollarm als Vergleichsmaßstab in den Studien fehlt.

Während es bei der Monetarisierung schwer ist, das richtige Maß zu finden, fehlen vergleichbare Arzneimittel zu Orphan Drugs meist entweder komplett, oder das neue

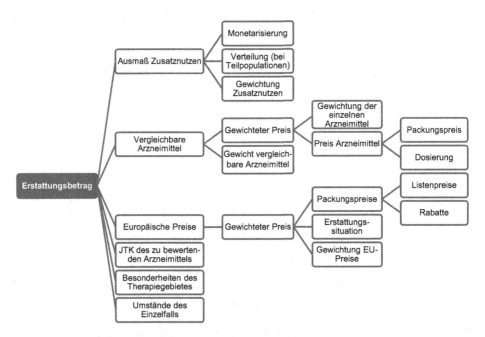

Abb. 8.4 Einflussfaktoren für die Bestimmung des Erstattungsbetrags bei Orphan Drugs

Arzneimittel weist nach Ansicht der EMA einen erheblichen Nutzen gegenüber den bisherigen Therapien auf – und damit sind diese eigentlich schon per Definition gerade nicht mehr vergleichbar.

Und schließlich dauert in anderen Europäischen Ländern die Erstattungsentscheidung bei Orphan Drugs in der Regel länger als bei „normalen" Arzneimitteln, wodurch weniger Europäische Preisinformationen zur Verfügung stehen.

Damit sind alle drei wesentlichen Kriterien für die Erstattungsbetragsverhandlung (Monetarisierung des Zusatznutzens, Jahrestherapiekosten vergleichbarer Arzneimittel, Europäische Preise) bei Orphan Drugs nur begrenzt anwendbar. Die Verhandlungsparteien müssen also auf anderen Wegen ihre Preisangebote substantiieren.

Infolgedessen können hier die Verhandlungspositionen zwischen pharmazeutischem Unternehmen und GKV-SV besonders weit auseinanderfallen.

8.1.6 Überblick über die Besonderheiten bei Orphan Drugs

Insgesamt zeigt sich, dass bei Nutzenbewertungsverfahren für Orphan Drugs insbesondere in der Phase der Dossiervorbereitung besonders viele Besonderheiten zu beachten sind (Abb. 8.5). In der praktischen Umsetzung hinsichtlich Dossiererstellung, Bewertungsverfahren und Erstattungsbetragsverhandlung gibt es zwar gewisse Sonderregelungen, die aber bei den einzelnen Aktivitäten nur bedingt auffallen.

8.2   Festbetragsfähige Arzneimittel

8.2.1 Verfahren

Für festbetragsfähige Arzneimittel gibt es im AMNOG ebenfalls Sonderregeln: Solche Arzneimittel, also neue Wirkstoffe, die pharmakologisch-therapeutisch mit unter Festbetrag der Stufe 2 oder 3 stehenden Arzneimitteln vergleichbar sind, werden in der frühen Nutzenbewertung daraufhin untersucht, ob sie eine therapeutische Verbesserung gegenüber den Arzneimitteln der Festbetragsgruppe aufweisen. Ist dies nicht der Fall, werden sie mit dem Beschluss des G-BA in die betreffende Festbetragsgruppe mit pharmakologisch-therapeutisch vergleichbaren Arzneimitteln eingeordnet (Abb. 8.6). Es gilt damit ab dem Beschluss des G-BA sofort ein Festbetrag. Die Phase der Erstattungsbetragsverhandlung entfällt.

Legt der pharmazeutische Unternehmer die erforderlichen Nachweise trotz Aufforderung durch den G-BA nicht rechtzeitig oder nicht vollständig vor, gilt ein Zusatznutzen als nicht belegt. Wurde für ein festbetragsfähiges Arzneimittel keine therapeutische Verbesserung festgestellt, ist es in dem Beschluss über die Nutzenbewertung in die Festbetragsgruppe mit pharmakologisch-therapeutisch vergleichbaren Arzneimitteln einzuordnen.

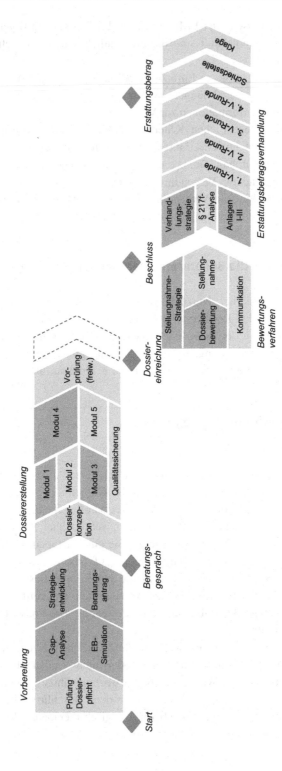

Abb. 8.5 Besonderheiten bei Orphan Drugs

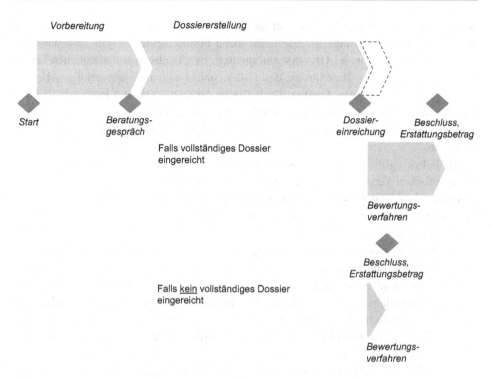

Abb. 8.6 Bewertungsverfahren bei festbetragsfähigen Arzneimitteln ohne therapeutische Verbesserung

Aus dieser zentralen gesetzlichen Vorgabe folgt eine Reihe wichtiger Konsequenzen für jede Phase des AMNOG-Verfahrens.

8.2.2 Dossiervorbereitung

Im Rahmen der Dossiervorbereitung ergeben sich Konsequenzen für die Gap-Analyse, die Erstattungsbetragssimulation, die Strategieentwicklung und den Beratungsantrag.

Die Beschlüsse über die Nutzenbewertung für festbetragsfähige Arzneimittel werden sich vermutlich in ihrem Format danach unterscheiden, ob für das Arzneimittel eine therapeutische Verbesserung feststellt wurde. Nur in diesem Fall kommt es zu einer Erstattungsbetragsverhandlung und nur in diesem Fall sind weitere Angaben wie Epidemiologie, Jahrestherapiekosten etc. erforderlich. Das genaue Format in dieser Situation ist bislang unklar, da es noch keine derartigen Fälle gibt. Findet der G-BA hingegen keine therapeutische Verbesserung, dann erfolgt direkt eine Aufnahme in die Festbetragsgruppe. In jenem Fall muss der G-BA neben dem Fehlen einer therapeutischen

Verbesserung nur noch die Vergleichsgröße bestimmen, die Voraussetzung für die Berechnung des Festbetrags ist. Die tatsächliche Festbetragshöhe ergibt sich dann bei bestehender Regression des GKV-SV automatisch. Es gibt also einen erheblichen Unterschied im Format des Beschlusses des G-BA, und damit auch notwendigerweise in den Dimensionen der Gap-Analyse. Und: Um in der Gap-Analyse diese abweichenden Dimensionen bedienen zu können, bedarf es vorab einer Einschätzung, ob die Voraussetzungen für eine Bewertung nach § 35 SGB V (vulgo: Festbetragsverfahren) überhaupt vorliegen.

Ähnliches gilt für die Erstattungsbetragssimulation: Im *best case* einer therapeutischen Verbesserung lassen sich die schon vorher beschriebenen Methoden bei Zusatznutzen (siehe Abschn. 4.3) übertragen; im *worst case,* also keine therapeutische Verbesserung und damit die Aufnahme in die Festbetragsgruppe, gelten dagegen die Regeln der Festbetragsberechnung.

Bei der Entwicklung der Dossierstrategie gibt es das Problem, dass bislang nur vier neue Wirkstoffe pharmakologisch-therapeutisch vergleichbar mit Festbetragsarzneimitteln waren und daher nach § 35 SGB V bewertet wurden. In ingesamt fünf Verfahren wurde bislang nur einmal (!) ein Nutzendossier vorgelegt, d. h. das Formular nach Anlage VI ausgefüllt. Die praktische Erfahrung in der Erstellung und im Umgang mit solchen Dossiers ist also bislang noch recht beschränkt. Und somit gibt es noch kaum Präzedenzfälle für diese Form der frühen Nutzenbewertung; und die Präzedenzfälle aus 30 Jahren Festbetragshistorie lassen sich nur teilweise übertragen, da in dem „normalen" Festbetragsverfahren die Rollen ja gerade vertauscht sind: Nicht der pharmazeutische Unternehmer legt ein Nutzendossier vor, mit dem er den therapeutischen Vorteil begründet und der G-BA überprüft dies, sondern der G-BA erstellt eine Beschlussvorlage, in der er darlegt, wieso er nach gründlicher Recherche der vorhandenen Evidenz keinen therapeutischen Vorteil sieht!

Und schließlich: Dreh- und Angelpunkt der Dossierstrategie ist die Frage des Bewertungsverfahrens („normale" Nutzenbewertung oder Bewertung nach den Regeln des Festbetragsverfahrens). Voraussetzung für die Beantwortung dieser Frage ist die therapeutische Vergleichbarkeit mit unter Festbetrag stehenden Arzneimitteln. Und dieses kann nur der G-BA entscheiden. Und das sollte unbedingt im Beratungsgespräch geklärt werden.

Zur Vermeidung von Missverständnissen: Es ist möglich, dass der G-BA im Rahmen eines Beratungsgesprächs zu einer normalen Nutzenbewertung eine zweckmäßige Vergleichstherapie bestehend aus Arzneimitteln festlegt, die alle einer Festbetragsgruppe der Stufe 2 oder 3 angehören. Hieraus folgt aber nicht automatisch, dass das zu bewertende Arzneimittel nach § 35 SGB V nutzenbewertet wird. Eine Bewertung nach § 35 SGB V setzt zusätzlich voraus, dass das zu bewertende Arzneimittel pharmakologisch-therapeutisch vergleichbar mit den Festbetragsarzneimitteln ist!

8.2.3 Dossiererstellung

Zeitgleich mit der aktualisierten Modulvorlage für die Nutzenbewertung nach § 35a SGB V (Anlage II) hat der G-BA am 18. April 2013 auch erstmals eine Dossiervorlage für die Nutzenbewertung von festbetragsfähigen Arzneimitteln beschlossen, das Nutzendossier nach Anlage VI. Eine Aktualisierung dieser Anlage gibt es bislang nicht; die Ursprungsversion ist weiterhin gültig.

Diese Vorlage wird immer dann benötigt, wenn das zu bewertende Arzneimittel mit dem neuen Wirkstoff mit Festbetragsarzneimitteln der Stufe 2 oder 3 nach Feststellung des G-BA pharmakologisch-therapeutisch vergleichbar ist. Sie unterscheidet sich strukturell deutlich von der „normalen" Dossiervorlage nach Anlage II.

Im Gegensatz zum „gewöhnlichen" Dossier gliedert sich die Dossiervorlage für festbetragsfähige Arzneimittel nicht in fünf *Module,* sondern in drei *Abschnitte* und einen Anhang sowie eine Checkliste zur Überprüfung auf formale Vollständigkeit des Dossiers (Abb. 8.7).

Unterliegt ein Arzneimittel mit einem neuen Wirkstoff der frühen Nutzenbewertung, dann fordert der G-BA den pharmazeutischen Unternehmer schriftlich zur Dossiereinreichung auf. Handelt es sich um ein festbetragsfähiges Arzneimittel, dann informiert der G-BA entsprechend über die gemeinsamen Anwendungsgebiete der Festbetragsgruppe sowie die gemeinsamen Anwendungsgebiete, für die eine therapeutische Verbesserung nachgewiesen werden soll. Damit ist klar, dass die Anlage VI auszufüllen ist.

8.2.3.1 Abschnitt 1
Kap. 1 enthält administrative Informationen zum für das Dossier verantwortlichen pharmazeutischen Unternehmer, zum Zulassungsinhaber, zu dem zu bewertenden Arzneimittel und zu der Festbetragsgruppe mit pharmakologisch-therapeutisch vergleichbaren Arzneimitteln (Abb. 8.8).

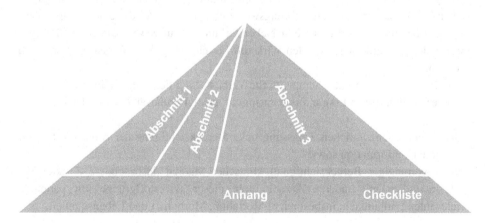

Abb. 8.7 Abschnittsweiser Aufbau des Dossiers zur Nutzenbewertung nach § 35 SGB V

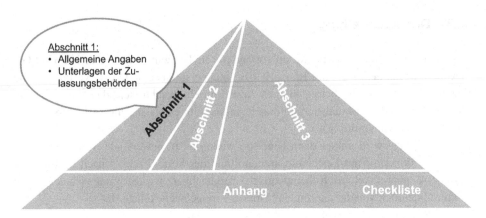

Abb. 8.8 Inhalte von Abschnitt 1 des Dossiers zur Nutzenbewertung nach § 35 SGB V

Die Angaben zum verantwortlichen pharmazeutischen Unternehmer, zur Kontaktperson sowie zum Zulassungsinhaber erfolgen analog zum „normalen" Nutzendossier. Dasselbe gilt für die allgemeinen Angaben zum zu bewertenden Arzneimittel.

Diese Angaben sind ebenfalls in Kap. 1 des Dossiers zu ergänzen:

- Bezeichnung der Festbetragsgruppe
- gemeinsames Anwendungsgebiet der Festbetragsgruppe laut Aufforderungsschreiben
- gemeinsames Anwendungsgebiet der Festbetragsgruppe für die eine therapeutische Verbesserung nachgewiesen werden soll

Auch wenn nicht explizit gefordert, sollte im Sinne der Nachvollziehbarkeit an dieser Stelle das erhaltene Aufforderungsschreiben näher erläutert und ggf. die relevanten Textpassagen zitiert werden.

Ausgenommen von der Festbetragsgruppenbildung sind Arzneimittel mit patentgeschützten Wirkstoffen, deren Wirkungsweise neuartig ist oder die eine therapeutische Verbesserung, auch wegen geringerer Nebenwirkungen, aufweisen. Daher ist für das zu bewertende Arzneimittel das für den Wirkstoff bestehende gültige Wirkstoffpatent nachzuweisen.

Die Feststellung, ob eine therapeutische Verbesserung dem allgemeinen anerkannten Stand der medizinischen Erkenntnisse entspricht, erfolgt grundsätzlich auf der Basis

- der arzneimittelrechtlichen Zulassung unter Berücksichtigung der Angaben der amtlichen Fachinformation sowie
- unter vorrangiger Berücksichtigung klinischer Studien, insbesondere direkter Vergleichsstudien mit anderen Arzneimitteln dieser Wirkstoffgruppe mit patientenrelevanten Endpunkten, insbesondere Mortalität, Morbidität und Lebensqualität.

Deshalb sind neben den in „Abschnitt 3 – Nachweise für eine therapeutische Verbesserung" vorzulegenden klinischen Studien die aktuellen Fachinformationen und die öffentlich zugänglichen Bewertungsberichte der Zulassungsbehörde für das zu bewertende Arzneimittel ebenfalls beizufügen.

Soweit zum Kap. 1. Der Nachweis, warum das zu bewertende Arzneimittel eine therapeutische Verbesserung aufweist, erfolgt in Kap. 2.

8.2.3.2 Begründung der therapeutischen Verbesserung (Abschnitt 2, Anlage VI)

Ein Arzneimittel mit einem patentgeschützten Wirkstoff zeigt genau dann nach Ansicht des G-BA im Vergleich zu anderen Arzneimitteln derselben Festbetragsgruppe eine therapeutische Verbesserung im Sinne der gesetzlichen Ausnahme, wenn es einen therapierelevanten höheren Nutzen als andere Arzneimittel dieser Wirkstoffgruppe hat und deshalb als zweckmäßige Therapie regelmäßig oder auch für relevante Patientengruppen oder Indikationsbereiche den anderen Arzneimitteln dieser Gruppe vorzuziehen ist. Entsprechende Bewertungen erfolgen für gemeinsame Anwendungsgebiete der Arzneimittel der Festbetragsgruppe.

Eine therapeutische Verbesserung kann sich somit insbesondere aus Folgendem ergeben:

1. Eine überlegene Wirksamkeit gegenüber Standardmitteln in der jeweiligen Vergleichsgruppe nach dem allgemein anerkannten Stand der medizinischen Erkenntnisse oder
2. Eine Verringerung der Häufigkeit oder des Schweregrades therapierelevanter Nebenwirkungen im Vergleich zu den anderen Wirkstoffen der Festbetragsgruppe.

Als nächstes erfolgt die inhaltliche Begründung, inwiefern der neue Wirkstoff eine relevante therapeutische Verbesserung im Sinne der Festbetragsgruppenbildung darstellt. Dabei macht der G-BA, im Unterschied zum „normalen" Nutzendossier, keinerlei Vorgaben hinsichtlich des Formates, in dem die Daten zu präsentieren sind (Abb. 8.9).

Auf jeden Fall muss aber aus der Darstellung unbedingt zweierlei hervorgehen:

1. Besteht eine therapeutische Verbesserung
   - aufgrund einer überlegenen Wirksamkeit gegenüber Standardmitteln in der jeweiligen Vergleichsgruppe nach dem allgemein anerkannten Stand der medizinischen Erkenntnisse oder
   - aufgrund der Verringerung der Häufigkeit oder des Schweregrades therapierelevanter Nebenwirkungen im Vergleich zu den anderen Wirkstoffen der Festbetragsgruppe?
2. Ist das zu bewertende Arzneimittel deshalb als zweckmäßige Therapie regelmäßig oder auch für relevante Patientengruppen oder Indikationsbereiche den anderen Arzneimitteln der Festbetragsgruppe vorzuziehen?

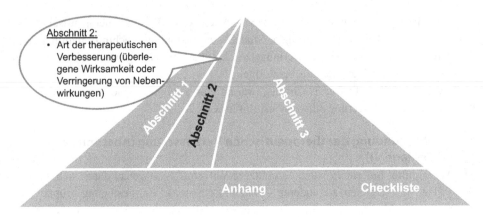

Abb. 8.9 Inhalte von Abschnitt 2 des Dossiers zur Nutzenbewertung nach § 35 SGB V

Die Darstellungen zu 1. und 2. müssen unter Nennung der im Kap. 3 recherchierten und verwendeten Quellen begründet werden. Hierbei können unveröffentlichte Studien nur berücksichtigt werden, wenn die unveröffentlichten Studien in einem Format zur Verfügung gestellt werden, die dem PRISMA-Statement[1] genügen. Zudem ist die schriftliche Zustimmung erforderlich, dass der G-BA diese Studien bzw. für die Nutzenbewertung relevante Aspekte auf seiner Internetseite zur Verfügung stellen kann. Die Evidenz zu den hier gemachten Aussagen folgt erst in Kap. 3.

Weitere Vorgaben zu Darstellung und Argumentation macht der G-BA in der Textvorlage nicht.

Kap. 2 endet mit einer Liste der Referenzen, die in diesem Abschnitt zitiert werden.

8.2.3.3 Nachweise für eine therapeutische Verbesserung (Abschnitt 3, Anlage VI)

Kap. 3 berichtet detailliert die Evidenz, aus der sich die in Kap. 2 beschriebene therapeutische Verbesserung ableitet (Abb. 8.10).

Die therapeutische Verbesserung soll mit RCTs nachgewiesen werden und ein therapeutisch bedeutsames Ausmaß aufweisen. Die Studien sollen gegenüber Standardmitteln der Vergleichsgruppe durchgeführt werden, um die mögliche Überlegenheit der therapeutischen Verbesserung mit ausreichender Sicherheit prüfen zu können.

Liegen direkte Vergleichsstudien nicht vor, ist zu prüfen, ob placebokontrollierte Studien verfügbar sind, die sich für einen indirekten Nachweis einer therapeutischen Verbesserung eignen und den oben beschriebenen Qualitätsanforderungen entsprechen.

---

[1]Hierbei handelt es sich um ein Berichtsformat der Cochrane Collaboration zur Darstellung von Systematischen Reviews und Metaanalysen von RCTs.

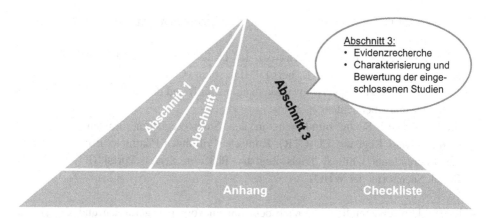

Abb. 8.10   Inhalte von Abschnitt 3 des Dossiers zur Nutzenbewertung nach § 35 SGB V

Die vorgelegten Studien sind hinsichtlich ihrer methodischen Qualität zu prüfen. Unter Berücksichtigung der aktuellen Fachinformation des zu bewertenden Arzneimittels ist ihre Aussagekraft zur Relevanz der therapeutischen Verbesserung zu bewerten.

Die Anforderungen zur Beschreibung von Studiendesign und Studienpopulation der in die Bewertung eingeschlossenen Studien sind gegenüber den Anforderungen im „normalen" Dossier weniger stark formalisiert. Mindestens folgende Angaben sind erforderlich:

- Name der Studie
- Studiendesign
- Population
- Interventionen und Zahl der randomisierten Patienten
- Studiendauer
- Ort und Zeitraum der Durchführung
- primärer Endpunkt
- Weitere patientenrelevante Endpunkte

Die Ergebnisse je Endpunkt, also Effektmaße, Subgruppenanalysen, Sensitivitätsanalysen, etc. sind jedoch nicht im Einzelnen darzustellen. Eine Datenextraktion (s. u.) genügt.

Auch wenn die Bewertung auf der Basis der arzneimittelrechtlichen Zulassung und möglichst direkt vergleichender Studien erfolgen soll, sind deutlich umfangreichere Datenbankrecherchen mittels vier unterschiedlicher Suchstrategien durchzuführen.

- Einzelstudien und systematische Übersichten: Mindestens eine systematische Suche in der Datenbank MEDLINE
- Leitlinien: Systematische Suche mindestens nach deutschen Versorgungsleitlinien auf der Website https://www.versorgungsleitlinien.de, bei der Arbeitsgemeinschaft der

Wissenschaftlichen Medizinischen Fachgesellschaften (AWMF) und Evidence based Guidelines
- HTA-Berichte: Suche mindestens bei der Deutschen Agentur für Health Technology Assessment (DAHTA), bei DIMDI, dem Centre for Reviews and Dissemination (CRD) (https://www.york.ac.uk/inst/crd) und der Cochrane Datenbank für systematische Übersichten
- Studienregister: Suche mindestens in den Studienregistern clinicaltrials.gov, EU Clinical Trials Register (EU-CTR), Klinische Prüfungen PharmNet.Bund sowie über das International Clinical Trials Registry Platform Search Portal (ICTRP Search Portal, Suchportal der WHO)

Relevante klinische Studien, die nach dem obigen Vorgehen gefunden und als relevant erachtet wurden, sind nach Anlage 3a zu extrahieren, systematische Übersichten nach Anlage 3c. Dabei entspricht die Anlage 3a weitgehend der Anlage 4-E der Dossiervorlage nach Anlage II, für Anlage 3c gibt es kein Analogon in Anlage II, da systematische Übersichten nicht in der normalen Nutzenbewertung vorgesehen sind.

Achtung: Die Extraktion bezieht sich daher auch auf die Endpunkte, d. h. eine weitergehende Darstellung der Ergebnisse in Kap. 3 erfolgt nicht!

Alle Treffer sind gemäß Verfahrensordnung des G-BA hinsichtlich der Verzerrungsaspekte zu beschreiben und zu bewerten (Anlage 3b – analog zu Anlage 4-F der Anlage II). Alle Suchstrategien für die Suche in Studienregistern sind in Anlage 3d zu dokumentieren. Letztere entspricht Anlage 4-B der Anlage II.

Auch in Kap. 3 sind alle Quellen als Referenzliste anzugeben.

Im Rahmen der Dossiervorlage ist es – im Gegensatz zu Modul 3 im normalen Dossier – nicht erforderlich, die Zielpopulation für das zu bewertende Arzneimittel sowie die Therapiekosten für die GKV zu ermitteln und Anforderungen an eine qualitätsgesicherte Anwendung zu benennen. Auch eine Angabe zum Wirkungsmechanismus des zu bewertenden Arzneimittels entfällt hier.

8.2.3.4 Anhang (Anlage VI)

Als Anhang sind die Dokumente, die für die Aussagen in den Abschnitten 2 und 3 herangezogen wurden, sowie eine Checkliste für die Prüfung der formalen Vollständigkeit des Dossiers beizufügen (Abb. 8.11). An dieser Stelle vom G-BA nicht explizit genannt aber dennoch vorzulegen sind auch die in Kap. 1 genannten Dokumente, also aktuelle Fachinformationen und der öffentliche Bewertungsbericht.

8.2.3.5 Checkliste (Anlage VI)

Wie auch in Modul 1 Anhang der Anlage II weist der pharmazeutische Unternehmer mit der Checkliste in Anlage VI nach, dass er das entsprechende Nutzendossier vollständig ausgefüllt hat (Abb. 8.12).

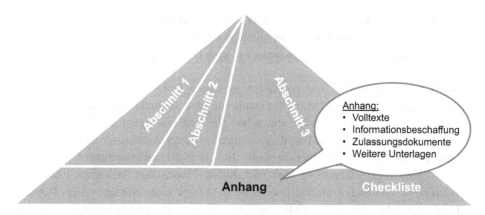

Abb. 8.11 Inhalte des Anhangs des Dossiers zur Nutzenbewertung nach § 35 SGB V

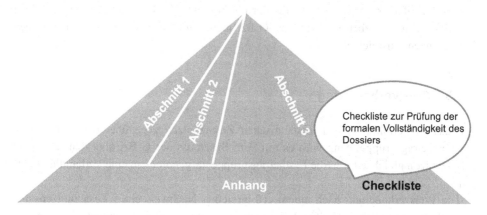

Abb. 8.12 Inhalte der Checkliste des Dossiers zur Nutzenbewertung nach § 35 SGB V

8.2.4 Bewertungsverfahren

Hinsichtlich des Bewertungsverfahrens gibt es drei verfahrenstechnische Besonderheiten: Der G-BA führt – wie auch bei Orphan Drugs – selber die Studienbewertung durch, in der er auch (!) eine Aussage zum medizinischen Zusatznutzen trifft. Zeitgleich mit Vorlage der Studienbewertung beschließt der G-BA, aufgrund der Studienbewertung ein Stellungnahmeverfahren durchzuführen – auch das ist eine Besonderheit bei einer Festbetragsbewertung.

Und: Hat der pharmazeutische Unternehmer kein Dossier eingereicht, dann gibt es weder eine Bewertung noch ein Stellungnahmeverfahren (Abb. 8.6). Der G-BA begründet dies damit, dass das Arzneimittel in diesem Fall in die Festbetragsgruppe aufgenommen werden *muss*. Interessanterweise entscheidet der G-BA die weiteren Details der Aufnahme auch ohne Stellungnahmeverfahren, konkret die Festlegung der Vergleichsgröße, ohne die kein Arzneimittel in eine Festbetragsgruppe der Stufen 2 oder 3 aufgenommen werden kann.

Bislang ist aber unklar, wie der G-BA in einem Fall vorgeht, bei dem er einen medizinischen Zusatznutzen feststellt. Denn für eine normale Erstattungsbetragsverhandlung muss der G-BA ja über die schon vielfach erwähnten Beschlussparameter (siehe Abschn. 6.6.1) befinden. Und diese werden im Festbetragsdossier nicht abgefragt.

Derzeit gibt es fünf Verfahrensbeispiele für frühe Nutzenbewertungen nach § 35 SGB V (Festbetragsverfahren) bei vier Wirkstoffen. Pitavastatin, Azilsartan, Fluticason/ Vilanterol und Olodaterol wurden jeweils ohne Vorlage eines Nutzendossiers bewertet und mussten daher durch den G-BA in die jeweilige Festbetragsgruppe eingruppiert werden. Das erste und bislang einzige Festbetragsdossier wurde für die durch den pharmazeutischen Unternehmer beantragte Neubewertung der Fixkombination Fluticason/Vilanterol vorgelegt, für die der pharmazeutische Unternehmer neue Evidenz vorgelegt hatte, die aber aus Sicht des G-BA nicht zum Nachweis eines medizinischen Zusatznutzens ausreichte.

8.2.5 Preisverhandlung

Hat das Arzneimittel keinen medizinischen Zusatznutzen gegenüber den Wirkstoffen der Festbetragsgruppe, dann wird es mit dem Beschluss des G-BA über den fehlenden Zusatznutzen gleichzeitig in die Festbetragsgruppe aufgenommen; eine Verhandlung entfällt.

Die Preisverhandlung nach einem erfolgreichen Nachweis eines Zusatznutzens bei einer Bewertung nach § 35 SGB V ist nicht eindeutig im Gesetz geregelt. Und es gibt hierfür auch noch keine Präzedenzfälle. Vermutlich muss in diesem Fall aber auch ein Erstattungsbetrag verhandelt werden.

8.2.6 Überblick über die Besonderheiten bei festbetragsfähigen Arzneimitteln

Nutzenbewertungsverfahren mit festbetragsfähigen Arzneimitteln weichen hinsichtlich der Vorbereitung, der Dossiererstellung und der fehlenden Preisverhandlung erheblich vom Vorgehen bei einem normalen Dossier ab (Abb. 8.13).

Soweit zu den gesetzlich geregelten Sonderfällen. Nun noch zu den weiteren Sonderfällen der Zulassung und der Frage, welche Besonderheiten im AMNOG-Verfahren für diese bestehen.

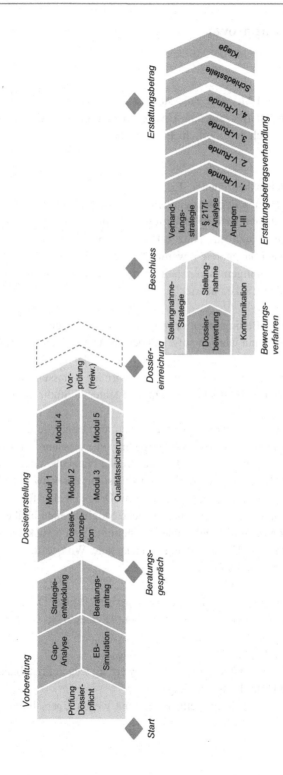

Abb. 8.13 Besonderheiten bei festbetragsfähigen Arzneimitteln

8.3   Conditional approval

8.3.1 Verfahren

In Einzelfällen erteilt die EMA eine Zulassung unter besonderen Auflagen („conditional approval"), obwohl der pharmazeutische Unternehmer weniger Daten für die Zulassung vorgelegt hat als eigentlich erforderlich. Eine solche Zulassung ist nur dann möglich, wenn

- es sich um eine lebensbedrohende Erkrankung handelt oder das Produkt für die Behandlung einer seltenen Erkrankung vorgesehen ist,
- mit dem Produkt bislang unerfüllte medizinische Bedürfnisse abgedeckt werden,
- trotz unvollständiger Daten das Nutzen-Risiko-Verhältnis positiv ist und die noch fehlenden Daten später nachgereicht werden können und
- der Nutzen einer vorzeitigen Bereitstellung des Produktes die mit unvollständigen Daten einhergehenden Risiken übersteigt.

Sind sämtliche genannte Bedingungen erfüllt, kann die EMA eine bedingte Zulassung für ein Jahr erteilen, die dann jährlich aufgrund der bis dahin jeweils (zusätzlich) verfügbaren Daten verlängert werden muss. Liegen die noch fehlenden Daten vollständig vor, wandelt die EMA die bedingte Zulassung in eine normale Zulassung um. Konkret geht es bei der Unvollständigkeit beispielsweise um eine fehlende Studie oder eine (noch) zu kurze Studiendauer.

Die Daten der Zulassung dienen regelmäßig auch als Grundlage der frühen Nutzenbewertung. Sind die Daten – wie im Falle der bedingten Zulassung – für die Zulassung unvollständig, werden sie vermutlich auch in der frühen Nutzenbewertung unvollständig sein. Mit der üblichen Bewertungsmethodik lässt sich somit nur schwer ein Zusatznutzen zeigen. Eine explizite Sonderregel analog zu Orphan Drugs ist aber für Arzneimittel mit einer bedingten Zulassung nicht vorgesehen. Welche Möglichkeiten bleiben also, um die besondere Situation von bedingt zugelassenen Arzneimitteln zu berücksichtigen?

Bislang haben folgende 22 nur bedingt zugelassene Wirkstoffe 35 Verfahren der frühen Nutzenbewertung durchlaufen:

- Allogene, genetisch modifizierte T-Zellen (Zalmoxis®; Orphan Drug; Erstbewertung)
- Autologe CD34+hämatopoetische Stammzellen (Zynteglo™; Orphan Drug; Erstbewertung)
- Andaxanet alfa (kein Orphan Drug; Erstbewertung)
- Ataluren (Orphan Drug; Erstbewertung, Neubewertung wegen Fristablauf)
- Avelumab (Orphan Drug; Erstbewertung)
- Bedaquilin (Orphan Drug; freigestellt, Bewertung wegen Überschreitung von 1 Mio Euro)

- Bosutinib (Orphan Drug; Erstbewertung, neues Anwendungsgebiet, Neubewertung wegen Wegfall OD-Status)
- Brentuximab Vedotin (Orphan Drug; Erstbewertung, neue Anwendungsgebiete)
- Burosumab (Orphan Drug; Erstbewertung, Neubewertung wegen Fristablauf)
- Cabozantinib (Cometriq®: Orphan Drug; Erstbewertung)
- Cemiplimab (kein Orphan Drug; Erstbewertung)
- Delamanid (Orphan Drug; freigestellt)
- Ixazomib (Orphan Drug; Erstbewertung)
- Larotrectinib (kein Orphan Drug; Erstbewertung)
- Lorlatinib (kein Orphan Drug; Erstbewertung)
- Obeticholsäure (Orphan Drug; Erstbewertung)
- Olaratumab (Orphan Drug; Erstbewertung)
- Pixantron (Orphan Drug; Erstbewertung)
- Rucaparib (kein Orphan Drug; Erstbewertung, neues Anwendungsgebiet)
- Vandetanib (kein Orphan Drug; Erstbewertung; Neubewertung auf Antrag des pharmazeutischen Unternehmers; Indikationserweiterung)
- Venetoclax (Orphan Drug; Erstbewertung, Indikationserweiterung; Wegfall des OD-Status)
- Volanesorsen (Orphan Drug; Erstbewertung)

8.3.2 Dossiervorbereitung

Im Kern geht es bei Nutzenbewertung von Arzneimitteln mit einer bedingten Zulassung um die Frage, ob sich der G-BA der Sichtweise der EMA anschließt, dass aufgrund der besonderen Situation des Therapiegebietes andere Kriterien für die Bemessung des Zusatznutzens anzulegen sind. Denn die EMA sieht ja einen besonderen Bedarf für das betreffende Produkt, der dazu führt, dieses ohne Vorlage der eigentlich erforderlichen Studiendaten zuzulassen. Und das setzt voraus, dass das vorliegende Arzneimittel einen besonderen therapeutischen Vorteil – vulgo: Zusatznutzen – aufweist, der diese frühzeitige Zulassung rechtfertigt. Würde der G-BA aber feststellen, dass ein Zusatznutzen aus seiner Sicht nicht nachgewiesen ist, dann würde dieser von der EMA bestätigte medizinische Vorteil nicht mit einem entsprechenden Erstattungsbetrag korrespondieren, es sei denn, die Verhandlungspartner machen von der Soll-Regelung Gebrauch.

Diese Grundproblematik lässt sich wie folgt in der Dossiervorbereitung umsetzen:

Bei der Gap-Analyse geht es besonders um die Frage, welche Lücken hinsichtlich der Evidenz bestehen, die eine bedingte Zulassung erforderlich machen, aber auch wieso die EMA trotz dieser Lücken eine bedingte Zulassung als angemessen ansieht. Möglicherweise lassen sich diese Argumente nämlich auf die frühe Nutzenbewertung übertragen. Und das ist dann Gegenstand der Strategieentwicklung. Hat die EMA beispielsweise den pharmazeutischen Unternehmer trotz unvollständiger Daten aufgefordert, schon jetzt eine Zulassung anzustreben? Oder fehlen derzeit harte Endpunkte, weil die Studie aus ethischen Gründen abgebrochen wurde? All dies sind möglicherweise wichtige Argumente.

Dabei ist es umso wichtiger, die Kommunikation hinsichtlich der Gründe für die bedingte Zulassung (Dateneinschränkungen, Entscheidungsrationale) klar zu definieren und während des gesamten AMNOG-Verfahrens durchzuhalten. Nichts ist unglaubwürdiger als wechselnde Begründungsstränge.

Drei Besonderheiten gibt es bei der Gap-Analyse: Voraussetzung für eine bedingte Zulassung ist, dass das Arzneimittel ein bislang unerfülltes medizinisches Bedürfnis abdeckt; folglich wird es vermutlich so sein, dass keine zweckmäßige Vergleichstherapie besteht, oder zumindest kein Arzneimittel im Sinne der Rahmenvereinbarung vergleichbar ist. Zweitens muss es sich um eine schwere Erkrankung handeln, weshalb vermutlich eher die Voraussetzungen für einen beträchtlichen Zusatznutzen erfüllt sind. Und drittens wird die Zulassung jährlich überprüft und der pharmazeutische Unternehmer muss noch weitere Daten vorlegen. Das legt eine Befristung im Beschluss nahe, da diese Daten neue Erkenntnisse darstellen.

Zudem gibt es hinsichtlich der Befristung seit dem GSAV die Möglichkeit für den G-BA, den pharmazeutischen Unternehmer zu einer anwendungsbegleitenden Datenerhebung und Datenauswertung bei Arzneimitteln mit bedingter Zulassung zu verpflichten. Das geht mit einer Befristung einher, nach deren Ablauf ein neues Dossier mit den beauflagten Daten vorgelegt werden muss; und der G-BA ist im Gegenzug verpflichtet, die so gewonnenen Daten bei dieser Bewertung zu berücksichtigen.

Diese Punkte können natürlich schon mit dem G-BA im Beratungsgespräch diskutiert werden. Unabhängig davon, dass es kein formales Privileg für Arzneimittel mit einer bedingten Zulassung gibt, lohnt sich hier der Austausch, um den G-BA auf die spezifischen Herausforderungen dieses Nutzenbewertungsverfahrens hinzuweisen. Wichtig ist hierbei aber die genaue Vorbereitung.

8.3.3 Dossiererstellung

Die Dossiervorlage sieht keine besonderen Angaben für Arzneimittel mit einer bedingten Zulassung vor. Als zentrales Kommunikationsinstrument gilt aber für die Dossiererstellung das vorab zur Kommunikation Gesagte.

Die Unvollständigkeit der Daten zeigt sich typischerweise in der Verwendung von Surrogatpunkten bzw. dem Fehlen von direkt vergleichenden RCTs. Dies ist entsprechend in Abschn. 4.5 der Modulvorlage zu begründen. Dabei kann die Vorgehensweise der Zulassungsbehörde (also die Akzeptanz unvollständiger Daten und damit der bedingten Zulassung) als wichtige Begründung dienen.

8.3.4 Bewertungsverfahren

Im Bewertungsverfahren wird die Diskussion vermutlich darum kreisen, inwieweit es dem pharmazeutischen Unternehmer möglich war, die gewünschten Daten beizubringen, bzw. wem die Datenlücken zuzuschreiben sind. Und hierbei sind nun neben dem pharmazeutischen Unternehmer insbesondere die medizinischen Meinungsbildner gefragt, die vorhandenen (und auch die fehlenden) klinischen Daten richtig einzuordnen. Zudem ist in diesem Fall die begleitende Kommunikation umso wichtiger.

Aufgrund der befristeten Gültigkeit der Zulassung wäre ein Beschluss mit Befristung zu erwarten, bzw. eine Neubewertung wegen neuer Erkenntnisse, sobald die bedingte Zulassung in eine normale Zulassung umgewandelt worden ist. Hierfür gibt es einige Beispiele, auch wenn die Befristung nicht immer mit der regulatorischen Sonderstellung begründet wurde.

Hinsichtlich des Nutzenbewertungsergebnisses zeigt sich übrigens folgendes Bild: Bei bedingt zugelassenene Wirkstoffen mit Orphan Drug Status ist die Sache aufgrund des für Orphans garantierten Zusatznutzens unspektakulär. Interessanter sind die bislang 6 bedingt zugelassene Wirkstoffe ohne Orphan Drug Status, die nutzenbewertet wurden (Bosutinib, Loratinib, Pixantron, Rucaparib, Vandetanib und Venetoclax): Danach ist für Bosutinib, Loratinib, Pixantron und Rucaparib ein Zusatznutzen nicht belegt, während für Vandetanib und Venetoclax ein Zusatznutzen anerkannt wurde.

8.3.5 Verhandlung des Erstattungsbetrages

Gibt es einen Zusatznutzen, dann wird es bei bedingt neu zugelassenen Arzneimitteln (ähnlich den Orphan Drugs) schwierig sein, vergleichbare Arzneimittel zu finden, da ja gerade das Fehlen an geeigneten Behandlungsalternativen die bedingte Zulassung rechtfertigt.

Zudem lassen sich in dieser Situation – gerade auch bei einem nicht festgestellten Zusatznutzen – Umstände des Einzelfalls anführen, weil die spezifische Situation eine bedingte Zulassung rechtfertigt und mit der Soll-Regelung bei der Erstattungsbetragsverhandlung diesen Umständen des Einzelfalls Rechnung getragen werden soll. Und mit der bedingten Zulassung hat die EMA die Besonderheiten dieses Einzelfalls zweifelsfrei bestätigt.

8.3.6 Überblick über die Besonderheiten bei Arzneimitteln mit bedingter Zulassung

Zusammenfassend stellt sich die Situation für Arzneimittel mit einer bedingtenzulassung wie folgt dar. Haben sie gleichzeitig eine Zulassung als Orphan Drug, gilt das zuvor schon für Orphans gesagte. Andernfalls besteht die Herausforderung darin, zu erläutern wieso die geringere Evidenz dennoch für die Ableitung eines Zusatznutzens geeignet ist und einen angemessenen Preis rechtfertigt. Das erfolgt primär auf einer konzeptionellen Ebene (also der Dossiervorbereitung), dem Stellungnahmeverfahren und der Erstattungsbetragsverhandlung (Abb. 8.14).

8.4   Exceptional approval

8.4.1   Verfahren

Neben der bedingten Zulassung unter besonderen Auflagen gibt es auch die Möglichkeit einer Zulassung unter „außergewöhnlichen Umständen". Dies bedeutet, dass es aus wissenschaftlichen Gründen nicht möglich war, auf normalem Weg vollständige Informationen über die Wirksamkeit und Sicherheit eines Produktes zu erlangen. Hierfür erkennt die EMA drei (alternative) Gründe an:

- Das untersuchte Anwendungsgebiet ist zu selten.
- Basierend auf dem derzeitigen Wissensstand sind umfassende Informationen nicht erhältlich.
- Aus ethischen Gründen ist es nicht möglich, die erforderlichen Informationen zu erlangen.

Der pharmazeutische Unternehmer hat nachzuweisen, dass einer der genannten Gründe für sein Produkt zutrifft.

Erteilt die EMA eine Zulassung unter „außergewöhnlichen Umständen", verpflichtet sich der pharmazeutische Unternehmer u. a., definierte Sicherheitsmaßnahmen zu ergreifen, und die EMA überprüft jedes Jahr sämtliche neue Informationen, die verfügbar werden, und aktualisiert die vorliegende Zusammenfassung gegebenenfalls.

Grundsätzlich ist eine Zulassung unter außergewöhnlichen Umständen nur dann zu erteilen, wenn eine bedingte Zulassung nicht geeignet ist. Wie oben erläutert, ist eine bedingte Zulassung dann angezeigt, wenn zu erwarten ist, dass der Zulassungsinhaber zukünftig die noch fehlenden Daten erbringen kann und so die bedingte in eine uneingeschränkte Zulassung umwandeln kann. Im Unterschied dazu ist bei einer Zulassung unter außergewöhnlichen Umständen nicht zu erwarten, dass die für eine uneingeschränkte Zulassung eigentlich erforderlichen Daten jemals vorgelegt werden können.

Bislang waren die folgenden dreizehn unter außergewöhnlichen Umständen zugelassenen Wirkstoffe dossierpflichtig:

- Afamelanotid (Orphan Drug; Erstbewertung)
- Alipogentiparvovec (Orphan Drug; Erstbewertung)
- Asfotase alfa (Orphan Drug; Erstbewertung, Folgebewertung wegen Überschreiten von 50 Mio. EUR)

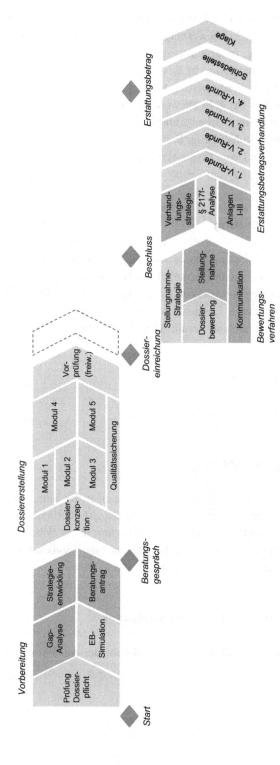

Abb. 8.14 Besonderheiten bei bedingt zugelassenen Arzneimitteln („conditional approval")

- Cerliponase alfa (Orphan Drug; Erstbewertung)
- Cholsäure (Orphan Drug; Erstbewertung)
- Defibrotid (Orphan Drug; freigestellt)
- Dinutuximab beta (Orphan Drug; freigestellt)
- Idebenon (Orphan Drug; Erstbewertung)
- Lomitapid (kein Orphan Drug; Erstbewertung, Folgebewertung wegen Befristung)
- Metreleptin (Orphan Drug; Erstbewertung)
- Tafamidis Meglumin (Orphan Drug; Erstbewertung)
- Velmanase alfa (Orphan Drug; Erstbewertung)
- Vestronidase alfa (Orphan Drug; Erstbewertung)

8.4.2 Dossiervorbereitung

Die Auswirkungen des Zulassungsstatus sind bei bedingter Zulassung und Zulassung unter außergewöhnlichen Umständen ähnlich. In beiden Fällen gibt es weniger klinische Daten, auch wenn bei einer Zulassung unter außergewöhnlichen Umständen diese Daten auch nicht zu einem späteren Zeitpunkt vorgelegt werden können. Die Aussagen zu Gap-Analyse, Dossierstrategie und Beratungsgespräch gelten analog.

8.4.3 Dossiererstellung

Entsprechendes gilt auch für die Dossiererstellung.

8.4.4 Bewertungsverfahren

Hinsichtlich des Bewertungsverfahrens gibt es gegenüber der Situation einer bedingten Zulassung die Besonderheit, dass die eigentlich erforderlichen Daten nie vorgelegt werden können, und somit auch eine Befristung nicht wirklich zielführend ist. Regelungssystematisch wäre daher eher bei Bedarf eine Neubewertung wegen neuer Erkenntnisse zu erwarten.

8.4.5 Verhandlung des Erstattungsbetrages

Hinsichtlich des Erstattungsbetrags gelten wiederum die Ausführungen zur bedingten Zulassung.

8.5   Arzneimittel für Kinder (PUMA und PiP)

8.5.1   Verfahren

Arzneimittel für Kinder stehen im besonderen Fokus der Europäischen Zulassungsbehörde und werden gezielt gefördert. So überprüft die EMA für jedes zuzu-
lassende Arzneimittel, ob ein Einsatz für Kinder denkbar ist und verpflichtet den
pharmazeutischen Unternehmer schon frühzeitig, entsprechende Studien durchzuführen.
Das Design dieser Studien wird im Rahmen sogenannter *paediatric investigation plan*
(PIP) durch die EMA detailliert vorgegeben. Dabei geht es der EMA insbesondere
darum nachzuweisen, ob der Wirkstoff bei Kindern ebenfalls wirkt und was die wirk-
same Dosis ist und dann unter bestimmten Bedingungen die Evidenz aus einer
Erwachsenenstudie auf die Kinderpopulation zu übertragen (Evidenztransfer).

Mit dem AMVSG hat der Gesetzgeber den G-BA dazu verpflichtet, bei der Nutzenbewertung von pädiatrischen Indikationserweiterungen zu prüfen, ob im Falle eines
Evidenztransfers in der Zulassung ein solcher Evidenztransfer in der Nutzenbewertung
auch möglich ist.

Im Unterschied dazu gibt es auch Arzneimittel mit bekannten Wirkstoffen, die
speziell für Kindern weiterentwickelt werden. Unter bestimmten Umständen werden
diese Arzneimittel nach der *paediatric-use marketing authorisation* (PUMA) zugelassen.
Grundlage hierfür ist ebenfalls ein von der Zulassungsbehörde vorgegebenes Studienprogramm (siehe auch Abschn. 4.1.4).

In beiden Fällen wird bei der Festlegung des Studienprogramms darauf geachtet, aus
ethischen Gründen die Belastung von Kindern durch klinische Studien zu minimieren;
die Möglichkeiten des pharmazeutischen Unternehmers bei der Gestaltung dieser
Studien sind eingeschränkt!

8.5.2   Dossiervorbereitung

Auch wenn Arzneimittel für Kinder durch die EMA gezielt gefördert werden, unter-
liegen sie der frühen Nutzenbewertung in Deutschland. Indikationserweiterungen auf-
grund eines PIP lösen eine Nutzenbewertung nach § 1 Absatz 2 Nr. 2 des 5. Kapitels der
VerfO als Indikationserweiterung aus; Zulassungen als PUMA werden nach § 2 Abs. 1
Nr. 2 des 5. Kapitels der VerfO wie neue Wirkstoffe behandelt, diesen also gleichgestellt.
In der Konsequenz sind die Arzneimittel in beiden Fällen dossierpflichtig.

Bei der Gap-Analyse zeigt sich aber, dass die von der EMA vorgegebenen Studien-
designs nicht unbedingt den Anforderungen des G-BA genügen. Das sollte dann zentrales
Thema der Beratung mit dem G-BA sein, da hier die Forderung nach einer weiteren
Evidenz ausschließlich für die frühe Nutzenbewertung nur schwer umsetzbar ist.

Darüber hinaus gilt auch hier, bei der Strategieentwicklung auf die Konsistenz in der Kommunikation zu achten.

8.5.3   Dossiererstellung

Dies zeigt sich auch in der Dossiererstellung.

8.5.4   Bewertungsverfahren

Im Rahmen der Nutzenbewertung geht es dann primär darum, ob ein Evidenztransfer möglich ist und welche Erkenntnisse hieraus gezogen werden können. Zudem stellt sich die Frage, inwieweit aus der Durchführung einer entsprechend behördlich beauflagten Studie für Kinder nicht per se ein Zusatznutzen abgeleitet werden kann oder ggf. sogar muss. Das sollte Thema der mündlichen Anhörung und der begleitenden Kommunikation sein.

8.5.5   Verhandlung des Erstattungsbetrages

Es erscheint als wenig zielführend, auf Europäischer Ebene den Zugang zu Arzneimitteln für Kinder zu fördern ohne entsprechende Erstattungsanreize auf nationaler Ebene. Sofern daher auf Ebene des G-BA ein Zusatznutzen nicht festgestellt werden konnte, stellt sich die Frage, inwieweit hier nicht ein besonderer Einzelfall im Sinne der Soll-Regelung vorliegt.

Bei PUMA-Arzneimitteln gibt es noch die Besonderheit, dass es sich um bekannte Wirkstoffe handelt, bei denen regelmäßig die wirkstoffbezogenen Schutzrechte abgelaufen sind. Ein (Preis-) Vergleich des PUMA mit einem generischen Produkt ist jedoch nicht möglich, da das generische Produkt nicht in der PUMA-Indikation zugelassen ist; eine Rezepturzubereitung verfügt über keinerlei Zulassung, erfüllt also ebenfalls nicht die Anforderungen an ein vergleichbares Arzneimittel.

8.5.6   Überblick über die Besonderheiten bei Arzneimitteln für Kinder

Zusammenfassend stellt sich die Situation für Arzneimittel mit einer bedingtenzulassung wie folgt dar. Haben sie gleichzeitig eine Zulassung als Orphan Drug, gilt das zuvor schon für Orphans gesagte. Andernfalls besteht die Herausforderung darin, zu erläutern wieso die geringere Evidenz dennoch für die Ableitung eines Zusatznutzens geeignet ist und einen angemessenen Preis rechtfertigt. Das erfolgt primär auf einer konzeptionellen Ebene (also der Dossiervorbereitung), dem Stellungnahmeverfahren und der Erstattungsbetragsverhandlung (Abb. 8.15).

8.6 ATMP

8.6.1 Verfahren

Unter dem Begriff Arzneimittel für neuartige Therapien (Advanced Therapy Medicinal Products – ATMP) werden Gentherapeutika (gene therapy medicinal products), somatische Zelltherapeutika (somatic cell therapy medicinal products) sowie biotechnologisch bearbeitete Gewebeprodukte (tissue engineered products) zusammengefasst. Sie müssen in einem zentralen Zulassungsverfahren bei der EMA zugelassen werden.

ATMPs weisen zwei Besonderheiten auf, die für die frühe Nutzenbewertung Konsequenzen haben: Zum ersten hängt der Behandlungserfolg unter Einsatz eines ATMP häufig nicht unwesentlich von der Qualität des ärztlichen Handelns ab, sodass das ATMP nicht für sich betrachtet werden kann, sondern in eine umfassendere ärztliche Behandlungsmethode eingebunden ist, ggf. sogar im Rahmen eines stationären Eingriffs. Zum zweiten haben gerade gentherapeutische Behandlungsansätze teilweise das Potenzial, eine bisher chronisch oder progredient verlaufende Erkrankung zu heilen.

Bislang gibt es neun Wirkstoffe mit ATMPs, die in insgesamt elf Verfahren nutzenbewertet wurden:

- Alipogentiparvovec (Glybera®; Orphan Drug, exceptional circumstances; Erstbewertung)[2]
- Sipuleucel-T (Provenge®; kein Orphan Drug; Erstbewertung)[3]
- Talimogen laherparepvec (Imlygic®; kein Orphan Drug; Erstbewertung)
- Allogene, genetisch modifizierte T-Zellen (Zalmoxis®; Orphan Drug, conditional approval; Erstbewertung)
- Darvadstrocel (Alofisel®; Orphan Drug; Erstbewertung)
- Tisagenlecleucel (Kymriah®; Orphan Drugs; Erstbewertung in zwei Indikationen)
- Axicabtagen-Ciloleucel (Yescarta®; Orphan Drugs; Erstbewertung in zwei Indikationen)
- Voretigen Neparvovec (Luxturna®; Orphan Drug; Erstbewertung)
- Autologe CD34+hämatopoetische Stammzellen (Zynteglo™; Orphan Drug; Erstbewertung)

---

[2]Die Zulassung für Glybera® in der EU ist 2017 ausgelaufen.
[3]Die Zulassung für Provenge® wurde 2015 zurückgezogen.

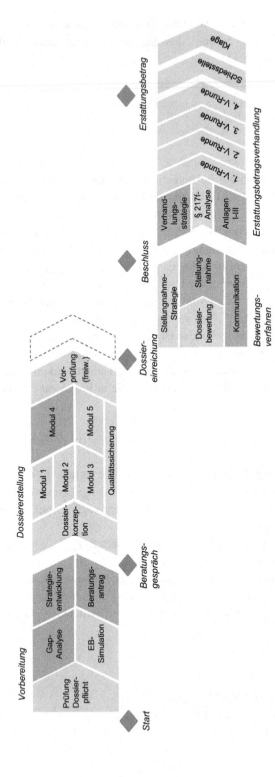

Abb. 8.15 Besonderheiten bei Arzneimitteln für Kinder

Daneben gibt es noch drei weitere als ATMP zugelassene Arzneimittel, die nicht durch den G-BA nutzenbewertet wurden:

- Ex vivo expandierte autologe menschliche Hornhautepithelzellen, die Stammzellen enthalten (Holoclar®)
- Matrixgekoppelte, kultivierte und charakterisierte, autologe Chondrozyten (Maci®)[4]
- Sphäroide aus humanen autologen Matrix-assoziierten Chondrozyten (Spherox®)

Alle drei Arzneimittel wurden vom G-BA als Methoden klassifiziert und daher als nicht dossierpflichtig eingestuft (siehe Abschn. 4.1).

Mit dem GSAV hat der G-BA seit 2019 zudem die Aufgabe, Mindestanforderungen an die Struktur-, Prozess- und Ergebnisqualität für ATMPs über sogenannte Qualitätssicherungsrichtlinien regeln. Geregelt werden können die notwendige Qualifikation der Leistungserbringer, strukturelle Anforderungen und Anforderungen an sonstige Maßnahmen der Qualitätssicherung.

Interessanterweise besteht diese Regelungsmöglichkeit unabhängig von der Frühen Nutzenbewertung, wirkt sich aber natürlich auf diese aus. Das hat zur Folge, dass der G-BA solche Richtlinien auch schon vor einem Beschluss über die Frühe Nutzenbewertung, z. B. auch schon vor Produkteinführung und Einreichung des Nutzendossiers festlegen kann.

8.6.2 Dossiervorbereitung

Das macht die Dossierpflicht zu einer zentralen Frage bei ATMPs. Wieso?

Der G-BA denkt in Erstattungskategorien und den damit verbundenen Regeln. So bewertet der G-BA nach § 35a Absatz 1 SGB V erstattungsfähige Arzneimittel mit neuen Wirkstoffen, die nach Inverkehrbringen kraft ihrer Zulassung unmittelbar vom Vertragsarzt zulasten der GKV verordnet werden können. Anders ist die Situation bei Arzneimitteln, deren Anwendung als integraler Bestandteil einer (neuen) Untersuchungs- oder Behandlungsmethode anzusehen ist. Der G-BA unterscheidet also zwischen Arzneimitteln als Teil einer Methode und anderen („normalen") Arzneimitteln.

Bei ATMPs kann es nun vorkommen, dass zur Herstellung des ATMPs körpereigene Substanzen entnommen, bearbeitet und dann wieder in denselben Patienten eingebracht werden. Und gerade das Entnehmen und Wiedereinbringen kann dann den Tatbestand einer Methode erfüllen. Beispiele hierfür sind Hornhautepithelzellen oder Knorpelzellen im Knie. Beides ist mit der normalen Verabreichung eines Medikaments in der Erwartung, dass es im Körper die erwünschte Wirkung entfaltet, qualitativ nicht vergleichbar.

---

[4]Für Maci® ist die Zulassung in der EU 2018 ausgelaufen.

Daher kann es bei ATMPs – je nach spezifischer Fallkonstellation – vorkommen, dass die Produkte nicht dossierpflichtig sind. Dies sollte unbedingt mit dem G-BA vorab, z. B. im Rahmen eines Beratungsgesprächs (oder auch einer einfachen Anfrage), geklärt werden.

Eine weitere Besonderheit von ATMPs hängt mit der mangelnden Vergleichbarkeit anderer Therapien zusammen, gerade mit einem potenziell kurativen Anspruch. In solchen Fällen ist es häufig schwierig, Patienten für randomisierte, kontrollierte Studien zu gewinnen. Und aus ethischen Gründen kann es notwendig sein, die Therapie schon mit einem unvollständigen Datenpaket zuzulassen, um sie so schneller Patienten zur Verfügung zu stellen, z. B. in Form einer bedingten Zulassung oder einer Zulassung unter außergewöhnlichen Umständen (siehe Abschn. 8.3 und 8.3.6). Beides führt, wie die Gap-Analyse aufdeckt, zu Lücken in der Evidenz.

Damit im Zusammenhang stellt sich die Frage nach dem angemessenen Erstattungsbetrag für eine (einmalige) Therapie, die möglicherweise eine lebenslange Dauertherapie ersetzt. Dieser ökonomische Sachverhalt lässt sich mit einer Jahrestherapiekostenbetrachtung nur unzureichend reflektieren. Zudem werden gerade ATMPs immer häufiger mit unkonventionellen Preismodellen vermarktet, z. B. Ratenzahlungen, erfolgsorientierten Vergütungen, Garantien, etc. Nicht zuletzt deshalb, weil diese neuen Therapien zwar ein mögliches Heilungsversprechen aufweisen können, belastbare Langzeitdaten aber fehlen. Alle diese Punkte machen es notwendig, den konventionellen ökonomischen Simulationsrahmen zu erweitern.

8.6.3 Dossiererstellung

Wie schon festgestellt, ist die Evidenz bei neuartigen Therapien häufig beschränkt und wird teilweise auch dauerhaft beschränkt bleiben. Folglich kommt es darauf an (1) überzeugend für den konkreten Einzelfall darzustellen, wieso Evidenz der höchsten Evidenzstufe (RCTs) nicht möglich ist und (2) alternative Evidenz zu generieren, mittels derer der G-BA einen Zusatznutzen ableiten kann. Denn das ist am Ende die Aufgabe des G-BA.

Ein wichtiges Argument kann dabei das Vorgehen der Zulassungsbehörden sein: Halten sie auch eine Studie der höchsten Evidenzstufe für undurchführbar? Was empfehlen sie alternativ? Und welche Schlussfolgerungen zu Sicherheit und Wirksamkeit leiten sie daraus ab?

8.6.4 Bewertungsverfahren

Je unkonventioneller die Evidenz, desto wichtiger die Diskussion im Stellungnahmeverfahren. Und desto mehr Fragen der Stakeholder. Daher steht die Kommunikation rund

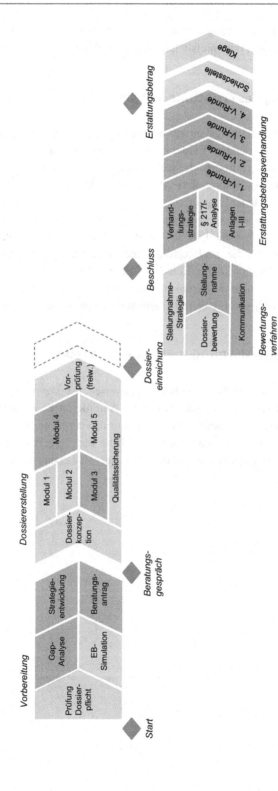

Abb. 8.16 Besonderheiten bei ATMPs

um das Dossier und das Bewertungsverfahren im Vordergrund, beispielsweise auch über
Verträge mit Krankenkassen oder preisliche Garantiemodelle.

8.6.5 Verhandlung des Erstattungsbetrages

Ähnliches gilt für die Erstattungsbetragsverhandlung. Hier liegt die Herausforderung
darin, aus einer eingeschränkten Evidenz und einem potenziell hohen Produktwert
einen angemessenen Preis zu finden, der trotzdem auch die bestehenden Unsicherheiten
berücksichtigt. Flexible, erfolgsorientierte Preismodelle helfen sicherlich weiter, stoßen
aber auf eine Reihe praktischer Fragen:

- Wer wickelt innovative Preismodelle ab – der GKV-SV oder die Einzelkasse?
- Was ist mit Patienten, die nach erfolgreicher Einmaltherapie die Krankenkasse
  wechseln? Was passiert mit Ratenzahlungsmodellen bei Kassenwechslern?
- Wie werden die Therapien im Krankenhaus erstattet? Und wie genehmigt? Denn
  praktisch werden ATMPs häufig erst in einem stationären Setting eingesetzt.

8.6.6 Überblick über die Besonderheiten bei ATMPs

Dass ATMPs eine Reihe von Besonderheiten aufweisen, ist inzwischen unumstritten.
Unklar ist bislang aber noch, wie sich die konkreten Anforderungen zukünftig entwickeln
werden. Klar scheint aber schon heute, dass spezielle Anforderungen hinsichtlich Evidenz
und Kotendarstellung bestehen, sowohl in der Phase der Vorbereitung, der Dossiererstellung, dem Bewertungsverfahren aber auch der Erstattzungsbetragsverhandlung
(Abb. 8.16).

Weitere Formen der Erstbewertung sowie der Folgebewertung

Die bisherige Darstellung in den Kapiteln 3 bis 7 fokussiert auf die Erstbewertung eines neuen Wirkstoffes, also für erstattungsfähige Arzneimittel mit neuen Wirkstoffen und neuen Wirkstoffkombinationen, die ab dem 01.01.2011 erstmals in den Verkehr gebracht werden, sofern damit erstmals ein Arzneimittel mit diesem Wirkstoff in den Verkehr gebracht wird. Diese Form der Bewertung wird auch als „Erstbewertung" bezeichnet, bzw. als Bewertung nach §1 Abs. 2 Nr. 1 des 5. Kapitels der VerfO.

Daneben gibt es noch verschiedene weitere Anlässe, zu denen der G-BA eine Bewertung durchführt. Hierzu zählen zum einen vier weitere Anlässe für eine Erstbewertung, also von bislang nicht bewerteten Wirkstoffen:

- Nutzenbewertung aufgrund eines Bestandsmarktaufrufs (§ 1 Absatz 2 Nr. 3 des 5. Kapitels der VerfO a.F.)
- Nutzenbewertung bekannter Wirkstoffe mit neuer Zulassung und neuem Anwendungsgebiet auf Veranlassung durch den G-BA (§ 1 Absatz 2 Nr. 3 des 5. Kapitels der VerfO)
- Erstmals erstattungsfähige Wirkstoffe (§ 1 Absatz 2 Nr. 4 des 5. Kapitels der VerfO)
- Wegfall der Freistellung

Zum anderen zählen hierzu Folgebewertungen, also die erneute Bewertung eines schon einmal bewerteten Wirkstoffs:

- Nutzenbewertung wegen Indikationserweiterung (§ 1 Absatz 2 Nr. 2 des 5. Kapitels der VerfO)
- Folgebewertung wegen Indikationserweiterung im Bestandsmarkt (§ 1 Absatz 2 Nr. 7 VerfO a.F.)
- Nutzenbewertung nach Fristablauf (§ 1 Absatz 2 Nr. 7 VerfO)

© Der/die Herausgeber bzw. der/die Autor(en), exklusiv lizenziert durch Springer Fachmedien Wiesbaden GmbH, ein Teil von Springer Nature 2020
T. Ecker, *Arzneimittelpreise in Deutschland unter AMNOG*,
https://doi.org/10.1007/978-3-658-30508-6_9

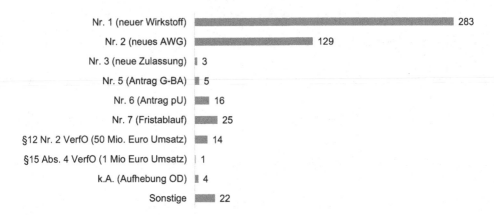

Abb. 9.1 Verteilung der Nutzenbewertungsverfahren nach Rechtsgrundlage

- Nutzenbewertung wegen neuer Erkenntnisse auf Veranlassung des G-BA (§ 1 Absatz 2 Nr. 5 des 5. Kapitels der VerfO)
- Nutzenbewertung wegen neuer Erkenntnisse auf Veranlassung des pharmazeutischen Unternehmers (§ 1 Absatz 2 Nr. 6 VerfO)
- Folgebewertung wegen Überschreitung 50 Mio. EUR
- Folgebewertung wegen Wegfalls des Orphan Drug Status

Auch nach neun Jahren AMNOG basieren immer noch die meisten Verfahren auf einem neuen Wirkstoff, der erstmals zugelassen wird; weitere Gründe – mit weitem Abstand – sind neue Anwendungsgebiete sowie der Fristablauf (Abb. 9.1).

Die als „sonstige" klassifizierten Verfahren sind überwiegend solche, die nicht zu einem Nutzenbewertungsbeschluss geführt haben, also wegen Geringfügigkeit freigestellten Arzneimittel, eingestellte Bestandsmarktaufrufe und Festbetragsverfahren (Abb. 9.2).

Die zeitliche Verteilung der Rechtsgrundlage der Nutzenbewertungsverfahren macht deutlich, dass Befristungen und neue Anwendungsgebiete einen immer größeren Anteil an allen Verfahren einnehmen (Abb. 9.3).

Insgesamt gibt es nach neun Jahren AMNOG schon zehn Wirkstoffe, die fünf oder mehr Nutzenbewertungsverfahren durchlaufen haben (Abb. 9.4).

Im Folgenden werden erst die weiteren Anlässe für eine Erstbewertung näher erläutert (siehe Abschn. 9.1–9.4), dann die Folgebewertungen eines schon einmal bewerteten Wirkstoffs (siehe Abschn. 9.5–9.11).

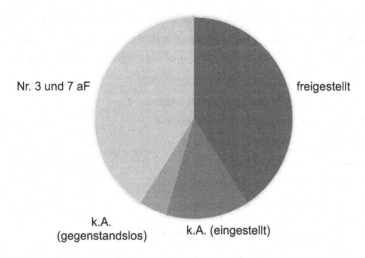

Abb. 9.2 Verteilung der sonstigen Nutzenbewertungsverfahren

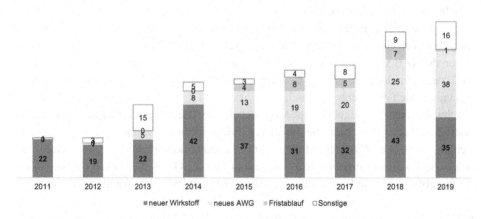

Abb. 9.3 Rechtsgrundlage der Nutzenbewertungsverfahren, nach Anteil und Jahr (per 31.12.2019)

9.1 Nutzenbewertung aufgrund eines Bestandsmarktaufrufs (§ 1 Absatz 2 Nr. 3 des 5. Kapitels der VerfO a.F.)

Erstattungsfähige Arzneimittel mit Wirkstoffen und Wirkstoffkombinationen, die vor dem 01.01.2011 erstmals in den Verkehr gebracht wurden, unterliegen nicht einer automatischen Nutzenbewertung. Sie konnten aber vom G-BA bis zum Inkrafttreten des 14. SGB V Änderungsgesetzes zum 01.04.2014 in einem speziellen Verfahren aufgerufen werden, dem sog. „Bestandsmarktaufruf". Vorrangig sollten dabei Arzneimittel bewertet

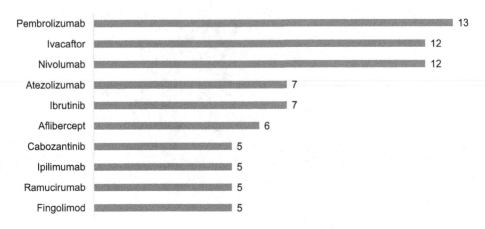

Abb. 9.4 Anzahl Bewertungsverfahren ausgewählter Wirkstoffe – Top 10

werden, die für die Versorgung von Bedeutung sind oder mit schon bewerteten Arzneimitteln im Wettbewerb stehen.

Das Dossier war im Fall des Bestandmarktaufrufs innerhalb von drei Monaten nach Zustellung des Beschlusses vom pharmazeutischen Unternehmer dem G-BA vorzulegen. Bevor der G-BA den pharmazeutischen Unternehmer zur Einreichung eines Dossiers auffordern konnte, hatte er eine Beratung anzubieten. Die Frist zur Dossiereinreichung verlängerte sich damit entsprechend.

Obwohl der Gesetzgeber die Möglichkeit des Bestandsmarktaufrufs inzwischen gestrichen hat, sollen hier die bis dahin durchgeführten Verfahren kurz vorgestellt werden, weil die Wiedereinführung der Bestandmarktbewertung immer wieder als politische Forderung erhoben wird. Insgesamt hat der G-BA 32 Wirkstoffe oder Wirkstoffkombinationen im Rahmen des Bestandsmarktaufrufs in drei Wellen aufgerufen:

- 07.06.2012: Sitagliptin, Vildagliptin und Saxagliptin sowie die Wirkstoffkombinationen Sitagliptin/Metformin und Vildagliptin/Metformin
- 18.04.2013: Tapentadol, Denosumab, Ranelicsäure Distrontiumsalz, Parathyroidhormon, Teriparatid, Rivaroxaban, Dabigatran, Liraglutid, Exenatid, Agomelatin, Duloxetin, Tocilizumab, Golimumab, Certolizumab pegol[1]
- 15.08.2013: Oxycodon-/Naloxonhydrochlorid[2]

---

[1]Im Nachgang wurden die Wirkstoffe Distrontiumsalz, Parathyroidhormon und Duloxetin vom Aufruf befreit.

[2]Der Aufruf der Wirkstoffkombination Oxycodon plus Naloxon ergänzt den Aufruf von Tapentadol vom 18.04.2013.

- 14.11.2013: Azacitidin, Histamin, Pazopanib, Sunitinib, Temsirolimus, Bevacizumab, Tasonermin, Trabectedin, Dutasterid plus Tamsulosin, Dronedaron, Lenalidomid, Bortezomib

Tatsächlich abgeschlossen hat der G-BA die Nutzenbewertungen aber nur für die fünf[3] Wirkstoffe bzw. Wirkstoffkombinationen der ersten Welle:

- Saxagliptin
- Sitagliptin
- Sitagliptin/Metformin
- Vildagliptin
- Vildagliptin/Metformin

Zusätzlich hat der G-BA die Verfahren zu Denosumab, Parathyroidhormon, Dabigatranetexilat und Rivaroxaban Ende 2013 ebenfalls gestartet, dann aber noch vor Veröffentlichung der Nutzenbewertung wieder eingestellt.

Interessanterweise sind alle neun Bewertungsverfahren in der Datenbank des G-BA als Bewertung nach „Nr. 3 und 7" gekennzeichnet, obwohl vom G-BA nicht erläutert wird, inwieweit nach Aufruf zur Bestandsmarktbewertung tatsächlich eine Zulassungserweiterung erteilt wurde und damit eine Bewertung nach Nr. 7 tatsächlich vorliegt.

Die Bewertung im Bestandsmarkt, insbesondere Fragen des Aufrufs, haben eine Reihe von methodischen und rechtlichen Problemen aufgeworfen. Vermutlch auch vor diesem Hintergrund hat der Gesetzgeber mit dem 14. SGB V-Änderungsgesetz die rechtliche Möglichkeit des Bestandsmarktaufrufs gestrichen. Die Erstattungsbeträge für die einmal bewerteten Wirkstoffe und Wirkstoffkombinationen sind interessanterweise weiterhin in Kraft. Und Befristungen führen zu erneuten Nutzenbewertungen auch nach in Kraft treten des 14. SGB V. Der G-BA scheint also die Auffassung zu vertreten: Einmal AMNOG, immer AMNOG.

9.2   Nutzenbewertung bekannter Wirkstoffe mit neuer Zulassung und neuem Anwendungsgebiet auf Veranlassung durch den G-BA (§ 1 Absatz 2 Nr. 3 des 5. Kapitels der VerfO)

Bekannte Wirkstoffe sind grundsätzlich nicht dossierpflichtig, ausgenommen von dem bis 01.04.2014 möglichen Bestandsmarktaufruf nach § 1 Absatz 2 Nr. 3 a.F. des 5. Kapitels der VerfO. Zeitgleich mit der Streichung des Bestandsmarktaufrufs hat der

---

[3]Das Nutzenbewertungsverfahren aus dem Bestandsmarktaufruf zu einem weiteren Wirkstoff (Parathyroidhormon) wird ebenfalls als „abgeschlossen" gekennzeichnet, obwohl der Wirkstoff tatsächlich mit Beschluss vom 14.11.2013 aus der Nutzenbewertung herausgenommen wurde, da der betroffene pharmazeutische Unternehmer den Wirkstoff außer Vertrieb genommen hat.

Gesetzgeber eine Möglichkeit geschaffen, bekannte Wirkstoffe mit neuer Zulassung und neuem Anwendungsgebiet auf Veranlassung durch den G-BA zu bewerten.

Was sind das für Fälle? Und was ist der Hintergrund für diese Regelung? Konkret gibt es bislang dafür drei Fälle: Nonacog beta pegol, Cladribin, Rurioctocog alfa pegol. Cladribin wurde als Litak 2004 für die Indikation Haarzell-Leukämie zugelassen und 2017 aufgrund eines kompletten Zulassungsdossiers nochmals für die Indikation Multiple Sklerose, und zwar für einen anderen pharmazeutischen Unternehmer. Nonacog beta pegol und Rurioctocog alfa pegol sind jeweils pegylierte Formen der Wirkstoffe Nonacog beta bzw. Rurioctocog alfa. Interessanterweise sieht die zuständige Zulassungsbehörde EMA Nonacog beta pegol und Rurioctocog alfa pegol als neue Wirkstoffe an. Wieso der G-BA (1) diese Wirkstoffe nicht als neue Wirkstoffe ansieht und (2) ein neues Anwendungsgebiet unterstellt, ist aus den Tragenden Gründen nicht nachvollziehbar.

Welche Besonderheiten ergeben sich bei bekannten Wirkstoffen mit neuer Zulassung und neuem Anwendungsgebiet?

Wichtige Besonderheiten zeigen sich schon bei der Dossiervorbereitung: Es gibt keine automatische Dossierpflicht, sondern nur die Möglichkeit, durch den G-BA aufgerufen zu werden. Daher gilt es im Rahmen der Prüfung der Dossierpflicht festzustellen, inwieweit die rechtlichen Voraussetzungen für einen Aufruf gegeben sind. Dabei gibt es immer wieder Zweifelsfälle, z. B. bei unterschiedlichen Formulierungen des Anwendungsgebietes. Immer dann, wenn die Möglichkeit für einen Aufruf nicht sicher ausgeschlossen (!) werden kann, ist eine frühzeitige Abklärung mit dem G-BA empfehlenswert. Denn: hat der G-BA einmal aufgerufen, muss der pharmazeutische Unternehmer innerhalb von drei Monaten ein Nutzendossier vorlegen – und das reicht kaum zur Vorbereitung aus. Handelt es sich (und das dürfte der Regelfall sein) um ein neues Arzneimittel, so beginnt die Nutzenbewertung frühestens mit dem Inverkehrbringen des Arzneimittels.

Eine weitere Besonderheit ist die Beratung: Dem pharmazeutischen Unternehmer ist vor Aufforderung zur Einreichung eines Dossiers eine Beratung anzubieten. Dies setzt der G-BA so um, dass er einen pharmazeutischen Unternehmer mit entsprechendem zeitlichem Vorlauf – z. B. fünf Monate – zur Einreichung auffordert. Dann bleiben zwei Monate für die Beratung, bevor die drei Monate als Frist für die Dossiereinreichung greifen.

Hinsichtlich der Dossiererstellung ist „lediglich" zu berücksichtigen, dass der in der Verfahrensordnung vorgesehene Zeitraum vom Aufruf bis zum maßgeblichen Zeitpunkt der Dossiereinreichung faktisch nicht ausreicht, die Dossiererstellung also deutlich früher begonnen werden muss, wenn mit einem Aufruf zu rechnen ist.

Während beim Bewertungsverfahren kaum Besonderheiten bestehen, stellt sich bei der Erstattungsbetragsverhandlung die Frage, wie die Einheitlichkeit des (wirkstoffbezogen definierten!) Erstattungsbetrags realisiert werden kann? Die Nutzenbewertung bekannter Wirkstoffe mit neuer Zulassung und neuem Anwendungsgebiet auf Veranlassung durch den G-BA bezieht sich ja gerade nicht auf den Wirkstoff, sondern nur auf das neue Anwendungsgebiet. Handelt es sich (s. o.) um ein neues Arzneimittel, müsste man die Härtefallregelung aus §130b Absatz 3a, Satz 4 SGB V analog anwenden, also den Erstattungsbetrag nur auf das neue Arzneimittel (mit bekanntem Wirkstoff aber neuem Anwendungsgebiet und neuer Zulassung) beziehen, nicht aber auf die alten Arzneimittel mit demselben Wirkstoff, altem Anwendungsgebiet und alter Zulassung. Und genau so wurde es offensichtlich im Fall von Cladribin auch umgesetzt.

Insgesamt zeigen sich damit die besonderheiten der Nutzenbewertung bekannter Wirkstoffe auf Veranlassung durch den G-BA in der Phase der Vorbereitung hinsichtlich der Prüfung der Dossierpflicht und dem Beratungsantrag, sowie bei der Erstattungsbetragsverhandlung bei der Begrenzung des Erstattungsbetrags nur auf das bewertet Arzneimittel, nicht auf andere Arzneimittel mit demselben Wirkstoff aber einer anderen Zulassung (Abb. 9.5).

9.3 Erstmals erstattungsfähige Wirkstoffe (§ 1 Absatz 2 Nr. 4 des 5. Kapitels der VerfO)

Die frühe Nutzenbewertung bezieht sich nur auf erstattungsfähige Arzneimittel mit neuen Wirkstoffen zur Krankenbehandlung. Insofern sind Fallkonstellationen denkbar, in denen ein Wirkstoff erst einmal nicht nutzenbewertet wird, da das Arzneimittel nur für ein nicht erstattungsfähiges Anwendungsgebiet zugelassen ist. Erweitert sich die Zulassung auf ein erstattungsfähiges Anwendungsgebiet, so ist nicht weiter überraschend, dass dieses neue Anwendungsgebiet der Nutzenbewertung unterzogen werden soll. Konkreter Anlass waren vermutlich orale Kontrazeptiva, die nicht der Krankenbehandlung dienen und damit auch bei einem neuen Wirkstoff nicht dossierpflichtig sind; zu einem späteren Zeitpunkt wurde der (neue) Wirkstoff dann auch für die Hormonersatztherapie zur Behandlung von Estrogenmangelsymptomen zugelassen, also einer nicht von der Erstattung ausgeschlossenen Krankenbehandlung.

Im Rahmen der Dossiervorbereitung liegt daher besonderes Augenmerk auf der Feststellung der Dossierpflicht für die Anwendungsgebietserweiterung. Und es steht die Frage im Raum, wie sich die Nutzenbewertung auf die Anwendungsgebietserweiterung beschränken lässt, da nur diese zur Krankenbehandlung dient und erstattungsfähig ist, nicht aber das zuerst zugelassene, nicht erstattungsfähige Anwendungsgebiet. Solche Fragen sollten im Beratungsgespräch ausdrücklich angesprochen werden, da es bislang hierfür noch keinen Präzedenzfall gibt.

Insoweit ist auch bei der Dossiererstellung und dem Bewertungsverfahren darauf zu achten, sich immer auf das erstattungsfähige und der Krankenbehandlung dienende Anwendungsgebiet zu beschränken.

Lassen sich die beiden Anwendungsgebiete denklogisch im Dossier und der Bewertung noch unterscheiden, ist das bei der Erstattungsbetragsverhandlung nur dann möglich, wenn den jeweiligen Anwendungsgebieten unterschiedliche Arzneimittel desselben Wirkstoffes zugeordnet sind, ohne dass sich die Anwendungsgebiete überschneiden. In diesem Fall wäre der Sachverhalt mit der Nutzenbewertung bekannter

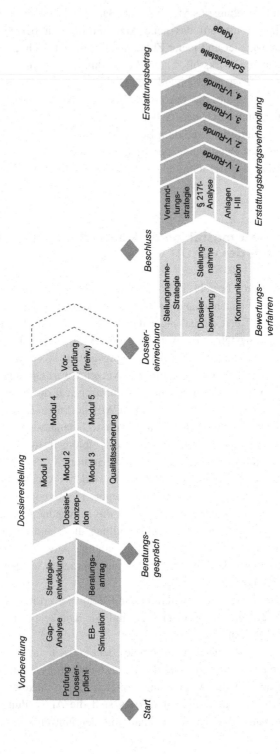

Abb. 9.5 Besonderheiten der Nutzenbewertung auf Veranlassung des G-BA

Wirkstoffe mit neuer Zulassung und neuem Anwendungsgebiet auf Veranlassung durch den G-BA (siehe Abschn. 9.2) vergleichbar.

Sind dieselben Arzneimittel aber für beide Anwendungsgebiete zugelassen, geht dies nicht, da es immer nur einen Abgabepreis des pharmazeutischen Unternehmers geben kann. Somit würde sich ein für die nutzenbewertete Anwendung verhandelter Erstattungsbetrag auch auf die nicht nutzenbewertete (und nicht zur Krankenbehandlung erstattungsfähige) Anwendung erstrecken. Lösungen für diesen Fall werden noch gesucht. Solange es hierfür keine praktischen Beispiele gibt, bleibt diese Frage aber vermutlich unbeantwortet.

Insgesamt fokussieren sich die Besonderheiten bei der Nutzenbewertung von erstmals erstattungsfähigen Wirkstoffen auf Dossierpflicht, Beratungsantrag sowie die Bestimmung des Erstattungsbetrags (Abb. 9.6).

9.4 Erstbewertung wegen Wegfall der Freistellung

Eine letzte Form der Folgebewertung ist wieder in der Verfahrensordnung geregelt: der Wegfall der Freistellung. Der pharmazeutische Unternehmer kann spätestens drei Monate vor der geplanten Listung in der Lauer-Taxe beim G-BA beantragen, ihn von der Verpflichtung zur Vorlage eines Nutzendossiers und das Arzneimittel von der Nutzenbewertung freizustellen, wenn zu erwarten ist, dass den gesetzlichen Krankenkassen nur geringfügige Ausgaben für das Arzneimittel entstehen werden (siehe Abschn. 4.2.1). Übersteigt der Umsatz eines so freigestellten Arzneimittels mit der GKV zu Apothekenverkaufspreisen einschließlich Umsatzsteuer innerhalb von zwölf Kalendermonaten einen Betrag von 1 Million Euro, hat der pharmazeutische Unternehmer innerhalb von drei Monaten nach Aufforderung durch den G-BA Nachweise gegenüber der zweckmäßigen Vergleichstherapie zu übermitteln. Gleiches gilt, wenn der pharmazeutische Unternehmer den Abgabepreis der freigestellten Arzneimittel erhöht oder er für das freigestellte Arzneimittel eine neue Darreichungsform, Wirkstärke, Dosierung oder Packungsgröße in Verkehr bringt. Inwieweit noch weitere Ausgaben (außerhalb der ambulanten Verordnung zulasten der GKV) relevant sind, lässt die Verfahrensordnung offen.

Wie viele neue Wirkstoffe tatsächlich bislang freigestellt wurden, lässt sich aus den Angaben des G-BA nicht ermitteln. Die Verfahrensübersicht des G-BA nennt insgesamt neun Wirkstoffe, von denen bislang einer (Bedaquilin) wegen einer Überschreitung der Umsatzgrenze vom G-BA zur Nutzenbewertung aufgerufen wurde.

Im Rahmen der Dossiervorbereitung kommt der Prüfung der Dossierpflicht (Überschreitung der Umsatzgrenze) wesentliche Bedeutung zu – sowohl vom Grundsatz als auch von der Höhe. Erschwert wird diese Aufgabe dadurch, dass hierbei schon relativ geringe Veränderungen in den Patientenzahlen oder Verordnungsmustern (z. B. aufgrund von Feiertagen) genügen können, die Umsatzgrenze zu überschreiten. Und das ist möglichst genau zu prognostizieren, damit das Dossier rechtzeitig fertiggestellt wird. Hierzu

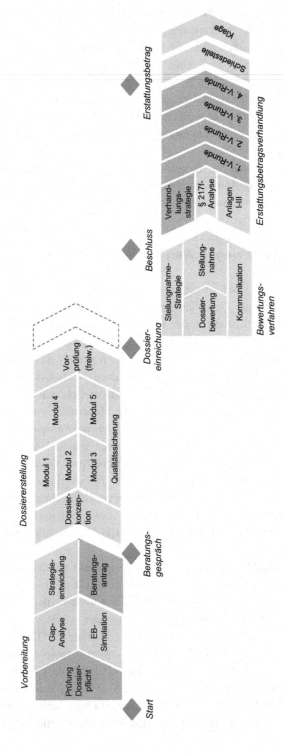

Abb. 9.6 Besonderheiten der Nutzenbewertung für erstmals erstattungsfähige Wirkstoffe

hilft eine Abstimmung mit dem G-BA: Denn Grundlage der Umsatzbemessung sind Arzneimittelverordnungsdaten der Krankenkassen.

Im Unterschied zur Nutzenbewertung bekannter Wirkstoffe mit neuer Zulassung und neuem Anwendungsgebiet auf Veranlassung durch den G-BA (siehe Abschn. 9.2) gewährt der G-BA auch keine Verlängerung der 3-Monats-Frist für ein Beratungsgespräch. Wenn der G-BA also zur Dossiereinreichung auffordert, ist es eigentlich schon für ein Beratungsgespräch zu spät. Andererseits ist es ein wenig unpassend, nach erfolgreicher Freistellung um ein Beratungsgespräch zu bitten. Deshalb ist es wohl am einfachsten, den G-BA schon frühzeitig, d. h. noch vor dem Freistellungsantrag, um eine Beratung zu bitten, um auf ein Szenario einer Nutzenbewertung vorbereitet zu sein.

Für Dossiererstellung, Nutzenbewertung und Erstattungsbetragsverhandlung gibt es bei einer Erstbewertung wegen Wegfall der Freistellung keine weiteren Besonderheiten, abgesehen davon, dass eine rechtzeitige Vorbereitung der Dossiererstellung unabdingbar ist, da die Frist von drei Monaten ab Aufruf durch den G-BA kaum ausreichen dürfte. Zudem stellt sich die Frage der Verfahrenseffizienz, denn die Durchführung des Nutzenbewertungsverfahrens macht auch knapp oberhalb der Wirtschaftlichkeitsgrenze vermutlich kaum Sinn ...

Die Besonderheiten der Nutzenbewertung wegen Wegfall der Freistellung beschränken sich also auf die Bestimmung des Zeitpunkts der Dossierpflicht (Abb. 9.7).

Soweit zu den weiteren Anlässen für eine Erstbewertung, also die erstmalige Bewertung eines bislang noch nicht bewerteten Wirkstoffs. Davon zu unterscheiden sind die verschiedenen Anlässe einer Folgebewertung, also einer nochmaligen Bewertung eines schon früher bewerteten Wirkstoffs.

9.5   Folgebewertung wegen Indikationserweiterung (§ 1 Absatz 2 Nr. 2 des 5. Kapitels der VerfO)

Arzneimittel, die schon eine Erstbewertung begonnen haben, unterliegen einer Folgebewertung, wenn sie ein neues Anwendungsgebiet erhalten. Hierbei handelt es sich um die zahlenmäßig wichtigste Form der Folgebewertung.

Was heißt in diesem Zusammenhang „neu": Ein neues Anwendungsgebiet ist im Vergleich zu dem bereits zugelassenen Anwendungsgebiet eines Arzneimittels insbesondere neu und damit dossierpflichtig, wenn

- sich der Indikationsanspruch des Anwendungsgebietes auf einen Patientenkreis bezieht, der von bereits zugelassenen Anwendungsgebieten abweicht (also erweitert oder begrenzt wird),
- eine Indikation hinzugefügt wird, die einem anderen therapeutischen Bereich (Behandlung, Diagnose oder Prophylaxe) zuzurechnen ist oder
- die Indikation in einen anderen therapeutischen Bereich (Behandlung, Diagnose oder Prophylaxe) verlagert wird.

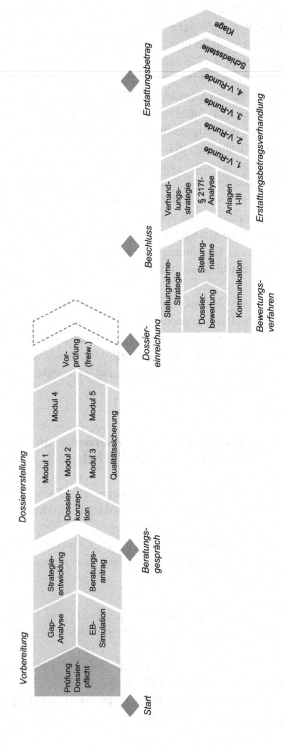

Abb. 9.7 Besonderheiten der Nutzenbewertung wegen Wegfall der Freistellung

Dabei beschränkt sich die Folgebewertung ausschließlich auf das neue Anwendungs-gebiet, nicht auf dasjenige, welches schon vorher (z. B. im Rahmen einer Erstbewertung) bewertet wurde. Ausgenommen sind neue Anwendungsgebiete, die ausschließlich für neue, noch nicht vermarketete Handelsformen zugelassen sind. In diesem Fall beginnt die Dossierpflicht offensichtlich erst mit Listung der neuen handelsformen in der Lauer-Taxe. Dies zeigt sich an den Beispielen Cabozantinib mit dem neuen Anwendungsgebiet fortgeschrittenes Nierenzellkarzinom und Nintedanib mit dem neuen Anwendungsgebiet ideopathische Lungenfibrose.

Das Bewertungsverfahren für ein neues Anwendungsgebiet beim G-BA beginnt inner-halb von vier Wochen nach der Zulassung des neuen Anwendungsgebietes, also auto-matisch und unabhängig von den Vermarktungsaktivitäten.

Hinsichtlich der Dossiervorbereitung sind Dossierpflicht und Gap-Analyse von besonderem Interesse. Im Bezug auf die Dossierpflicht wird geprüft, inwieweit das geplante, neue Anwendungsgebiet ein neues Anwendungsgebiet im Sinne der Ver-fahrensordnung darstellt, d. h. die oben beschriebenen Aufgreifkriterien erfüllt sind. Nicht jede textliche Ergänzung im Abschn. 4.1 der SmPC stellt gleich ein neues Anwendungsgebiet dar; und Einschränkungen im Anwendungsgebiet haben bislang immer nur Nutzenbewertungen wegen neuer Erkenntnisse auf Aufforderung des G-BA (siehe Abschn. 9.8) nach sich gezogen.

Für die Gap-Analyse ist interessant, dass durch die schon erfolgten vorhergehenden Bewertungen des Wirkstoffs Präzedenzfälle vorliegen, aus denen sich Rückschlüsse zu den Bewertungskriterien ergeben können. Ähnliches gilt für die Dossierstrategie.

Noch konkreter zeigt sich dieser Aspekt bei der Dossierkonzeption: Mit den vor-hergehenden Bewertungen des Arzneimittels wurden häufig schon methodische Vor-entscheidungen vorgenommen, die nun auch für die weiteren Bewertungen gelten, z. B. hinsichtlich der Relevanz von Endpunkten, klinischer Relevanzunterschiede, etc. Auf diese Vorentscheidungen gilt es hinzuweisen, zu erklären, wieso diese ggf. weiterhin Gültigkeit haben bzw. auch gerade nicht weiterhin gültig sind.

Bei der Dossiererstellung gibt es zudem ein zeitliches Problem: Der maßgebliche Zeitpunkt ergibt sich aus der Zulassung des neuen Anwendungsgebietes (Abb. 9.8).

Während eine Erstzulassung mindestens 277 Tage dauert, erfolgt eine Indikations-erweiterung im besten Fall in 165 Tagen (bzw., wenn der *Request of Supplementary Information* entfällt, sogar noch früher). Vier Wochen nach Zulassungserteilung ist dann der maßgebliche Zeitpunkt. Während bei einer Erstbewertung der Fristbeginn von einer aktiven Handlung des Unternehmens abhängt – der Listung des Arzneimittels in der Lauer-Taxe –, beginnt die Bewertung für ein neues Anwendungsgebiet automatisch vier Wochen nach Zulassungserteilung. Hier ist eine genaue Abstimmung mit der Zulassungs-abteilung erforderlich, um nicht von einer Indikationserweiterung „überrascht" zu werden.

Gleichzeitig können sich im Zulassungsprozess unerwartete Wendungen ergeben (z. B. eine Einschränkung gegenüber dem beantragten Anwendungsgebiet) und das

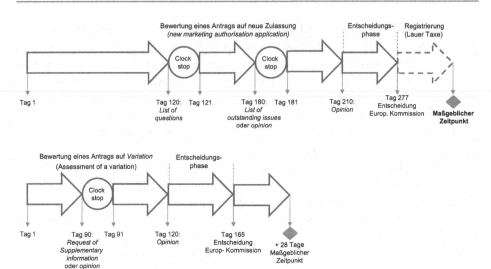

Abb. 9.8 Fristen im Zulassungsverfahren

Dossier darf auch nicht zu alt sein (drei Monate als Ausschlussfrist für die Literaturrecherchen). Daher müssen die Dossieraktivitäten sehr genau gesteuert werden.

Für die eigentliche Nutzenbewertung gilt dann dasselbe wie schon bei der Gap-Analyse: Der G-BA ist an die Präzedenzfälle gebunden, bzw. muss Abweichungen hinsichtlich seiner Beurteilung entsprechend begründen können.

Für die Erstattungsbetragsverhandlung gibt es die Besonderheit, dass zumeist aufgrund des Beschlusses über die Nutzenbewertung ein fiktiver Erstattungsbetrag für die neu bewertete Indikation verhandelt wird, der dann in einem zweiten Schritt gewichtet mit dem schon bestehenden Erstattungsbetrag verrechnet wird, sodass sich daraus ein neuer Erstattungsbetrag ergibt.

Bis Ende 2019 wurden 129 Verfahren zur frühen Nutzenbewertung aufgrund eines neuen Anwendungsgebietes begonnen. Dabei hat die Zahl der Folgebewertungen pro Jahr kontinuierlich zugenommen, während sich der Anteil der Folgebewertungen an allen Verfahren pro Jahr inzwischen mehr als 1/3 ausmacht (Abb. 9.9).

Betrachtet man die nach Indikationserweiterung vereinbarten Erstattungsbeträge, dann zeigt sich in den meisten Fällen eine weitere Preisreduktion. Ein systematischer Zusammenhang zwischen dem Nutzenbewertungsergebnis und dem vereinbarten Erstattungsbetrag ist nicht erkennbar.

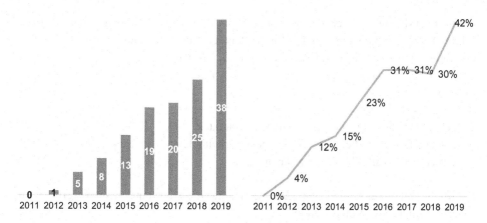

Abb. 9.9 Anzahl von Nutzenbewertungen wegen Indikationserweiterung und Anteil an allen Nutzenbewertungsverfahren. (Nach Jahr des Beginns)

9.6 Folgebewertung wegen Indikationserweiterung im Bestandmarkt (§ 1 Absatz 2 Nr. 7 VerfO aF)

Arzneimittel, die vor dem 01.01.2011 in den Verkehr gebracht worden sind und die nach diesem Datum ein neues Anwendungsgebiet erhalten, unterliegen der Nutzenbewertung wegen Indikationserweiterung, sofern der G-BA für das Arzneimittel bereits eine Nutzenbewertung aufgrund eines Bestandsmarktaufrufs veranlasst hat.

Diese Verpflichtung wurde aber mit dem 14. SGB V-Änderungsgesetz gestrichen, ohne dass es bislang zu einer solchen Neubewertung gekommen wäre. Ein einziges Verfahren wurde begonnen (Saxagliptin, Verfahrensbeginn am 01.09.2013), aber schon vor Beschluss wegen Gesetzesänderung wieder eingestellt. Praktische Relevanz hatte diese Regelung daher nicht.

9.7 Folgebewertung nach Fristablauf (§ 1 Absatz 2 Nr. 7 VerfO)

Arzneimittel, die schon eine Erstbewertung durchlaufen haben, können auch einer Neubewertung nach Fristablauf unterliegen. Dies ist dann der Fall, wenn der G-BA in seinem Beschluss die darin formulierte Nutzenbewertung auf einen bestimmten Zeitraum begrenzt hat.

Rechtsgrundlage für die Befristung ist die Vorgabe in der AM-NutzenV, nach der, wenn zum Zeitpunkt der Bewertung valide Daten zu patientenrelevanten Endpunkten noch nicht vorliegen, die Bewertung auf Grundlage der vorhandenen Daten vorgenommen werden soll und gleichzeitig eine Frist zur Vorlage der noch fehlenden Daten definiert wird. Sind – nach der Verfahrensordnung – zum Beleg eines Zusatznutzens valide Daten zu patientenrelevanten Endpunkten erforderlich, kann der G-BA eine Frist bestimmen, bis wann diese Daten vorgelegt werden sollen.

Damit ist eine Befristung bei gleichzeitigem Vorliegen der folgenden drei Kriterien möglich:

a. fehlende Daten zu patientenrelevanten Endpunkten
b. fehlende Daten für die höchste Aussagesicherheit (Beleg) zum Zusatznutzen
c. zeitlich begründetes Fehlen der Daten

Natürlich kann unabhängig von der Befristung jederzeit eine Folgebewertung aus anderen Gründen veranlasst werden.

Eine Befristung hat wichtige Auswirkungen auf die Dossierstrategie: Es gab schon Fälle, in denen der G-BA eine Befristung aufgehoben hat, sodass die Pflicht für eine Folgebewertung nach Fristablauf entfiel, entweder, weil kein inhaltlicher Bedarf für eine erneute Bewertung bestanden hat oder aber schon aus einem anderen Grund die Evidenz neu bewertet wurde. Hierzu zählen die Befristungen für folgende Wirkstoffe:

- Pertuzumab
- Bosutinib
- Dabrafenib
- Ipilimumab
- Sofosbuvir
- Olaparib
- Tiotropium/Olodaterol
- Asfotase alfa
- Mepilizumab
- Reslizumab
- Cabozantinib

Folglich ist im Rahmen der Dossierpflicht zu prüfen, inwieweit auch für das eigene Produkt eine entsprechende Entfristung wünschenswert und begründbar ist.

Für die Gap-Analyse ist zu beachten, dass der G-BA im Zuge der Befristung Anforderungen an die neu vorzulegenden Daten definiert – und diese Anforderungen sollten tunlichst befolgt werden (bzw. – falls nicht möglich – in einem Beratungsgespräch vorab mit dem G-BA besprochen werden). Ansonsten gilt hinsichtlich der Methodik ebenfalls das Primat der Verfahrenskonsistenz für G-BA wie auch für den pharmazeutischen Unternehmer.

Für den maßgeblichen Zeitpunkt der Dossiereinreichung gilt, dass dieser vom G-BA in dem vorhergenden (befristeten) Beschluss ohne vorherige Rücksprache mit dem pharmazeutischen Unternehmer festgelegt wurde. Insoweit die gesetzte Frist nicht praktikabel ist (weil beispielsweise die gewünschten Daten noch nicht vorliegen, da sich die gewünschte Studie verzögert), ist es möglich, beim G-BA rechtzeitig eine Fristverlängerung zu beantragen. Rechtzeitig heißt in diesem Zusammenhang zweierlei: Der G-BA braucht für einen Verlängerungsbeschluss mindestens acht Wochen. Und: scheitert das Verlängerungsersuchen, muss der pharmazeutische Unternehmer noch genug Zeit einplanen, dass Dossier dennoch fristgerecht einzureichen. Denn: es besteht kein Rechtsanspruch auf eine Verlängerung!

Schließlich die Erstattungsbetragsverhandlung: Jeder Nutzenbewertungsbeschluss führt zu einer neuen Erstattungsbetragsverhandlung. Haben sich zum Zeitpunkt des neuen Beschlusses relevante Verhandlungsparameter (Europäische Preise, vergleichbare Arzneimittel, erwartete Mengen, Preis der zweckmäßigen Vergleichstherapie, Ausmaß und Sicherheit des Zusatznutzens) geändert, wirkt sich das auf die neue Verhandlung aus. Insofern ist schon bei der ersten Erstattungsbetragsverhandlung darauf zu achten, welche Verabredungen hinsichtlich der Verhandlungsparameter gemacht werden: Denn es ist schwer, in der neuen Verhandlung davon abzuweichen, wenn es hierfür nicht äußere Gründe gibt. Zudem ist es bei Folgebewertungen infolge einer Befristung möglich, auch §217f-Daten zum Einsatz des zu bewertenden Arzneimittels heranzuziehen.

Befristet der G-BA einen Beschluss, dann teilt er im Rahmen seines Beschlusses mit, innerhalb welcher Frist eine Neubewertung beginnt. Hierzu hat der pharmazeutische Unternehmer spätestens am Tag des Fristablaufs beim G-BA ein Dossier zum Beleg eines Zusatznutzens im Verhältnis zur zweckmäßigen Vergleichstherapie einzureichen und es beginnt ein neues Nutzenbewertungsverfahren. Wird das Dossier nicht oder unvollständig eingereicht, kann der G-BA die Feststellung treffen, dass ein Zusatznutzen nicht belegt ist.

9.8 Folgebewertung wegen neuer Erkenntnisse auf Veranlassung des G-BA (§ 1 Absatz 2 Nr. 5 des 5. Kapitels der VerfO)

Arzneimittel, die schon eine Nutzenbewertung durchlaufen haben, unterliegen nicht nur dann einer erneuten Nutzenbewertung, wenn ein neues Anwendungsgebiet hinzugekommen ist, sondern auch wenn der G-BA die Neubewertung wegen neuer wissenschaftlicher Erkenntnisse veranlasst. Dies kann er frühestens ein Jahr nach dem vorherigen Beschluss über eine Nutzenbewertung dieses Arzneimittels machen. Nähere Kriterien für eine derartige Folgebewertung stellt die Verfahrensordnung nicht auf.

Was sind die Konsequenzen für das Verfahren der frühen Nutzenbewertung?

Bei der Dossiervorbereitung fällt primär die Dossierpflicht ins Auge: Ordnet der G-BA eine solche Folgebewertung an, dann muss das Dossier innerhalb der entsprechenden Fristen erstellt werden. Hierauf hat der pharmazeutische Unternehmer formal gesehen keinen Einfluss; andererseits kann man sich auch kaum auf ein Szenario einer Folgebewertung wegen neuer Erkenntnisse auf Veranlassung des G-BA beziehen: Die einzige Ausnahme ist die Einschränkung des zugelassenen Anwendungsgebietes.

Hier ergibt sich die Notwendigkeit einer Folgebewertung schon aus der veränderten Zulassungssituation. Der bisherige Beschluss ist Teil der Arzneimittelrichtlinie. Und durch die eingeschränkte Zulassung ist der Beschluss faktisch nicht mehr gültig, da er auf einer anderen Zulassungssituation beruht. Damit muss der G-BA den alten Beschluss für ungültig erklären, kann ihn aber auch nicht ersatzlos streichen. Insofern ist eine Folgebewertung durch den G-BA die logische Konsequenz.

Die strategischen Aktivitäten im Rahmen der Dossiervorbereitung (Gap-Analyse, Erstattungsbetragssimulation, Dossierstrategie) fallen bei einem Aufruf durch den G-BA eher knapp aus, da hierfür die Zeit fehlen dürfte. Ein Beratungsgespräch hingegen sollte möglich sein und ist laut Verfahrensordnung zeitlich eingeplant.

Der Prozess der Dossiererstellung ist davon geprägt, dass für eine Dossiererstellung anlässlich einer Folgebewertung wegen neuer Erkenntnisse auf Veranlassung des G-BA nur wenig Zeit vorhanden ist. Der maßgebliche Zeitraum beträgt fünf Monate ab Aufforderung durch den G-BA. Deshalb kann es auch sein, dass die Vorprüfung unterbleibt.

Bei der Nutzenbewertung stehen dann vermutlich die neuen Erkenntnisse im Vordergrund, die Anlass für den Aufruf durch den G-BA sind, insbesondere natürlich im Fall einer Einschränkung des Anwendungsgebietes. Hierauf sollte sich der pharmazeutische Unternehmer insbesondere im Rahmen der mündlichen Anhörung vorbereiten. Zudem gibt es die Möglichkeit, weitere Daten, die aus Zeitgründen im Nutzendossier nicht mehr aufgenommen werden konnten, im (schriftlichen) Stellungnahmeverfahren noch einzubringen.

Für die Erstattungsbetragsverhandlung schließlich gilt das schon bei der Folgebewertung wegen Befristung Gesagte.

Eine Nutzenbewertung nach § 1 Absatz 2 Nr. 4 des fünften Kapitels der Verfahrensordnung des G-BA wurde bislang in sechs Fällen vom G-BA angeordnet:

- Atezolizumab
- Insulin degludec
- Lixisenatid
- Pembrolizumab
- Radium-223-dichlorid
- Retigabin

Bei Retigabin, Pembrolizumab, Atezolizumab und Radium-223-dichloridwurde jeweils die Zulassung durch eine Entscheidung der EU-Kommission auf einen Teil der ursprünglich zugelassenen Population beschränkt. Im Unterschied dazu hat der G-BA Insulin degludec und Lixisenatid aufgerufen, da der pharmazeutische Unternehmer in beiden Fällen Studien mit Langzeitdaten zu kardiovaskulären Endpunkten abgeschlossen hatte, die der G-BA als für die Nutzenbewertung der jeweiligen Wirkstoffe als so relevant angesehen hat, dass er eine entsprechende Nutzenbewertung veranlasst hat. Die Nutzenbewertung zu Lixisenatid hat übrigens noch nicht begonnen, da Arzneimittel mit diesem Wirkstoff derzeit nicht in Deutschland angeboten werden.

9.9 Folgebewertung wegen neuer wissenschaftlicher Erkenntnisse auf Veranlassung des pharmazeutischen Unternehmers (§ 1 Absatz 2 Nr. 6 VerfO)

Aber auch der pharmazeutische Unternehmer kann von sich aus einen Antrag auf Neubewertung stellen. Dies ist ebenfalls frühestens ein Jahr nach Veröffentlichung des Beschlusses über die Nutzenbewertung möglich, wenn er deren Erfordernis wegen neuer wissenschaftlicher Erkenntnisse nachweist. Dabei kommt es auf das Erfordernis an, d. h. es ist zu zeigen, dass neue Daten vorliegen, die bei der vorhergehenden Bewertung noch nicht vorhanden waren und diese zu neuen Erkenntnissen führen können.

Der G-BA beschließt über den Antrag innerhalb von drei Monaten. Hält der G-BA den Antrag für begründet, fordert er den pharmazeutischen Unternehmer auf, innerhalb von drei Monaten nach Zustellung des Beschlusses das Dossier vorzulegen. Bevor der Beschluss zugestellt wird, erhält der pharmazeutische Unternehmer – wie auch bei der Folgebewertung wegen neuer Erkenntnisse auf Veranlassung des G-BA – Gelegenheit für ein Beratungsgespräch.

Das Motiv des pharmazeutischen Unternehmers für einen solchen Schritt der Neubewertung kann sein, dass er sich von der neuen Erkenntnis eine bessere Bewertung und damit ein besseres Ergebnis in der Erstattungsbetragsverhandlung erhofft.

Ausgangspunkt der Vorbereitung auf eine Folgebewertung auf Veranlassung des pharmazeutischen Unternehmers ist nicht die Dossierpflicht, denn diese entsteht ja erst durch aktives Handeln des pharmazeutischen Unternehmers. Vielmehr beginnt die Vorbereitung mit der Gap-Analyse und der Erstattungsbetragssimulation. Mit der Gap-Analyse wird geprüft, 1) inwieweit tatsächlich eine neue Evidenz (also „neue Erkenntnisse" im Sinne der Verfahrensordnung) vorliegt, die eine Bewertung durch den G-BA möglich macht und 2) ob durch die neue Evidenz ein besseres Bewertungsergebnis zu erwarten ist. Mit der Erstattungsbetragssimulation werden die Auswirkungen des verbesserten Bewertungsergebnisses in eine Preisänderung übersetzt. Nur wenn beide Prüfschritte zur Zufriedenheit ausfallen, macht es Sinn, eine Bewertung durch den G-BA anzustreben. Und in diesem Fall muss der pharmazeutische Unternehmer dann den Kontakt mit dem G-BA suchen und die Bewertung durch den G-BA beantragen.

Entsprechend der Verfahrensordnung muss der G-BA bei einem Antrag des pharmazeutischen Unternehmers prüfen, inwieweit die wissenschaftlichen Erkenntnisse tatsächlich neu sind und ob dies eine neue Bewertung erforderlich macht. Der G-BA hat hier also einen gewissen Ermessensspielraum, der bei der Antragstellung des pharmazeutischen Unternehmers zu beachten ist. Entsprechende informelle Kontakte im Vorfeld schaden dabei sicherlich nicht.

Natürlich gibt es auch bei der Folgebewertung wegen neuer wissenschaftlicher Erkenntnisse auf Veranlassung des pharmazeutischen Unternehmers die Möglichkeit einer Beratung durch den G-BA, insbesondere zur zweckmäßigen Vergleichstherapie, aber auch schon zum Design der Studie, die zu einer neuenerkenntnis führen soll.

Alle weiteren Schritte des AMNOG-Verfahrens, d. h. Dossiererstellung, Bewertungsverfahren und Erstattungsbetragsverhandlung, gleichen der Folgebewertung nach Fristablauf, weisen also keine weiteren Besonderheiten auf.

Eine Folgebewertung wegen neuer wissenschaftlicher Erkenntnisse auf Veranlassung des pharmazeutischen Unternehmers ist bislang in sechzehn Fällen beschlossen worden:

- Aclidiniumbromid
- Alirocumab
- Dapagliflozin
- Dapagliflozin/Metformin
- Elosulfase alfa
- Empagliflozin
- Evolocumab
- Fingolimod
- Fluticasonfuroat/Vilanterol-Trifenatat
- Ingenolmebutat
- Linagliptin
- Perampanel
- Secukinumab
- Vandetanib
- Vemurafenib
- Vildagliptin

9.10   Folgebewertung wegen Überschreitung 50 Mio. EUR

Bei Arzneimitteln für seltene Leiden, sog. Orphan Drugs, gilt im Rahmen der Nutzenbewertung der Zusatznutzen durch die Zulassung als belegt, und nur das Ausmaß des Zusatznutzens ist nachzuweisen. Erzielt das Orphan Drug allerdings einen Umsatz von mindestens 50 Mio. EUR mit der GKV innerhalb der letzten 12 Monate, ist der pharmazeutische Unternehmer verpflichtet, den Zusatznutzen gegenüber einer zweckmäßigen Vergleichstherapie (zVT) nachzuweisen. Der Aufruf erfolgt durch den G-BA; der pharmazeutische Unternehmer hat ab Aufruf drei Monate Zeit das Dossier einzureichen. Zusätzliche Zeit für eine Beratung wird nicht eingeräumt. Geregelt ist die Folgebewertung wegen Überschreitung 50 Mio. EUR in § 12 Nr. 2 des 5. Kapitels der VerfO des G-BA.

Auch die Folgebewertung wegen Überschreitung 50 Mio. EUR weist einige methodische Besonderheiten auf, die im Folgenden erläutert werden.

Die Feststellung der Dossierpflicht erfolgt durch den G-BA, der die Umsätze des Arzneimittels mit der GKV aufgrund der Angaben nach § 84 Absatz 5 Satz 4 SGB V ermittelt, d. h. die ambulanten Verordnungen zulasten der GKV sowie geeigneter Erhebungen für die Umsätze außerhalb der ambulanten Verordnungen, z. B. durch

Angaben des pharmazeutischen Unternehmers. Aufgrund der schon in Zusammenhang mit der Erstbewertung wegen Wegfall der Freistellung erläuterten Probleme bei der Umsatzermittlung ist es sinnvoll, diesen zum einen auch selber zu ermitteln, zum anderen aber auch die Ergebnisse mit denen des G-BA abzugleichen, um Überraschungen zu vermeiden. Da die Umsatzmonitorierung auf Basis der Bruttoumsätze erfolgt, kann es auch sinnvoll sein den Zwangsrabatt abzulösen oder auch das Erreichen der Umsatzschwelle über zusätzliche Preisreduktionen herauszuzögern.

In Bezug auf die Gap-Analyse ist interessant, dass durch die vorhergehende Bewertung unter Orphan-Privileg schon wichtige methodische Fragen geklärt sind und der pharmazeutische Unternehmer viele kritische Punkte schon der Nutzenbewertung des G-BA und dem bisherigen Beschluss entnehmen kann. Zudem ist es sinnvoll, schon frühzeitig ein Beratungsgespräch mit dem G-BA zu suchen, um die zweckmäßige Vergleichstherapie zu klären. Das ist nämlich der wesentliche Punkt, der in der Bewertung unter Orphan-Privileg offen bleibt.

Bei der Dossiererstellung gibt es, bis auf die schon mehrfach angesprochene Zeitknappheit bei einem Aufruf durch den G-BA und die methodische Vorfestlegung, keine weiteren Besonderheiten.

Ähnliches gilt eigentlich auch bei der eigentlichen Nutzenbewertung, wenn auch mit mehreren Besonderheiten: Erstens erstellt nun das IQWiG eine Nutzenbewertung, nicht der G-BA; gleichzeitig würde es überraschen, wenn sich das IQWiG in seiner Bewertung in Widerspruch zur ursprünglichen Bewertung oder dem Beschluss des G-BA stellen würde. Zweitens gibt es bei dieser Folgebewertung schon vielfältige Erfahrungen in der praktischen Anwendung in diesem Anwendungsgebiet für Patienten in Deutschland. Und drittens gibt es noch den Aspekt der Konsequenzen für die Versorgung, zumindest bei Dauertherapien für chronische Erkrankungen: Überschreiten Orphan Drugs diese Umsatzgrenze, so wird eine nicht geringe Zahl von Patienten mit diesem Produkt versorgt, und als Orphan Drug gibt es vermutlich nur wenige therapeutische Alternativen. Folglich könnte ein Beschluss mit dem Ergebnis „kein Zusatznutzen" verheerende Konsequenzen in der Versorgung haben.

Für die Erstattungsbetragsverhandlung gilt grundsätzlich das schon bei anderen Formen der Folgebewertung Gesagte, jedoch mit der Ergänzung, dass einem Zusatznutzen bei einer Folgebewertung wegen Überschreitung 50 Mio. EUR höheres Gewicht zukommt als einem Zusatznutzen unter Orphan-Privileg.

Welche Auswirkungen hat die erneute Nutzenbewertung auf den Zusatznutzen und auf den Erstattungsbetrag? Bislang gibt es zehn Orphan Drugs, deren Umsätze 50 Mio. EUR überschritten haben:

- Asfotase alfa
- Carfilzomib
- Daratumumab
- Ibrutinib

- Ivacaftor
- Macitentan
- Nintedanib
- Niraparib
- Pomalidomid
- Ruxolitinib

Das Ausmaß des Zusatznutzens hat sich bei drei Arzneimitteln verbessert bzw. konkretisiert (Ruxolitinib, Carfilzomib, Nintedanib). Bei zwei weiteren Arzneimitteln hat sich das Ausmaß über die Teilpopulationen zum Teil verbessert und zum Teil verschlechtert (Ibrutinib, Daratumumab). Zu einer anteiligen bzw. kompletten Verschlechterung führt die erneute Bewertung der beiden weiteren Arzneimittel (Pomalidomid, Macitentan). Bei drei weiteren Wirkstoffen (Ivacaftor, Niraparib, Asfotase alfa) ist das Verfahren zum 31.12.2019 noch nicht abgeschlossen.

9.11 Folgebewertung wegen Wegfall des Orphan Drug Status

Eine weitere Form der Folgebewertung sind solche aufgrund des Wegfalls des Orphan Drug Status. Dies kann dadurch entstehen, dass der pharmazeutische Unternehmer im Rahmen der Zulassung den Orphan Drug Status zurückgibt, weil mit einer angestrebten Indikationserweiterung dieser Status nicht aufrechterhalten werden kann. In diesen Fällen fordert der G-BA den pharmazeutischen Unternehmer zur Vorlage eines Nutzendossiers innerhalb von drei Monaten auf. Die darauffolgende Nutzenbewertung erfolgt dann ohne die Privilegien, die die Verfahrensordnung eigentlich für Orphan Drugs vorsieht. Konkret ist nun ein Vergleich gegen die zweckmäßige Vergleichstherapie erforderlich.

Nicht ganz eindeutig ist, auf welcher Rechtsgrundlage der G-BA eine solche Nutzenbewertung durchführt und den pharmazeutischen Unternehmer hierzu auffordert, denn eine Nutzenbewertung infolge des Wegfalls des Orphan Drug Status ist in der Verfahrensordnung nicht näher geregelt, höchstens eine Nutzenbewertung wegen neuer Erkenntnisse auf Veranlassung des G-BA (Nutzenbewertung nach §1 Abs. 2 Nr. 5 des 5. Kapitels der VerfO). Die Frage ist aber dann, worin in diesem Fall die neuen Erkenntnisse bestehen sollen, denn der Erkenntniskörper (= Evidenz) ist ja schon bewertet worden – wenn auch unter anderen Vorzeichen.

Dennoch: immerhin gibt es vier Fälle:

- Ramucirumab
- Bosutinib
- Venetoclax
- Lenvatinib

Dabei entspricht die Situation methodisch einer Bewertung nach Überschreiten der Umsatzschwelle von 50 Mio. EUR. Es überrascht wenig, dass der G-BA nur in einem Fall hat der G-BA weiterhin einen Zusatznutzen festgestellt – immerhin in einem Teilanwendungsgebiet (Ramucirumab).

Ausblick

Das AMNOG trat am 01.01.2011 in Kraft. Kern des Gesetzes war es, die Preise von Arzneimitteln an deren Zusatznutzen für Patienten zu orientieren. Derartige Preisregulierungen werden im Europäischen Vergleich an sich schon viele Jahre praktiziert. Dennoch ist der für Deutschland gewählte Weg in vielen Aspekten neuartig und somit für alle Beteiligten „Neuland".

481 Verfahren sind (zum Stichtag 31.12.2019) bislang begonnen oder schon abgeschlossen. An die Schritte

- Erstellung eines Nutzendossiers durch den pharmazeutischen Unternehmer,
- frühe Nutzenbewertung durch den G-BA und
- Erstattungsbetragsverhandlung mit dem GKV-SV haben sich alle Beteiligten inzwischen vermutlich gewöhnt.

Jedes Verfahren ist wieder − trotz aller Singularität und der Umstände des Einzelfalls − Präzedenz für die nachfolgenden. Doch bei der schieren Fülle an bisherigen Verfahren wird es immer herausfordernder, den Überblick zu behalten. Und das gilt für alle Beteiligten: pharmazeutischen Unternehmer, G-BA und GKV-SV.

Dennoch ist das Verfahren gerade mal acht Jahre alt. Das Ende der Fahnenstange ist noch lange nicht erreicht, da jedes Jahr die Anzahl der neuen Verfahren weiter ansteigt − insbesondere durch Befristungen und Indikationserweiterungen. Hinzu kommen neue medizinische Erkenntnisse.

Ebenso ist der Rechtsrahmen auch nach neun Jahren immer noch im Fluss. Doch schon jetzt wird deutlich, wie stark das AMNOG den Marktzugang von Arzneimitteln in Deutschland grundlegend verändert hat.

© Der/die Herausgeber bzw. der/die Autor(en), exklusiv lizenziert durch Springer
Fachmedien Wiesbaden GmbH, ein Teil von Springer Nature 2020
T. Ecker, *Arzneimittelpreise in Deutschland unter AMNOG*,
https://doi.org/10.1007/978-3-658-30508-6_10

Aber: Dieser Veränderungsprozess ist bei weitem noch nicht abgeschlossen. Das Wissen über Stärken, Schwächen, Chancen und Risiken wächst täglich. Jeden Tag tauchen neue Fragen auf, die noch keineswegs alle beantwortet sind. Daher wird das AMNOG nicht zu Unrecht als lernendes System bezeichnet.

Zugleich zeichnen sich weitere mögliche Änderungen am Horizont ab: Zurecht stellt sich die Frage, inwieweit nicht die Nutzenbewertung (und folglich auch die Dossiererstellung) Europäisch harmonisiert werden kann. Ähnliches wurde ja schon bei der Zulassung erfolgreich umgesetzt. Denkt man die bekannten Vorschläge für ein Europäisches HTA konsequent zu Ende, so zeigt sich, dass eine Europäische Nutzenbewertung nicht ohne eine Harmonisierung nationaler Erstattungsentscheidungen umgesetzt werden kann. Eine solche Harmonisierung ist aber nur schwer vorstellbar, da die gesundheitspolitischen Ziele, Strukturen und finanziellen Mittel innerhalb Europas zu unterschiedlich sind. Ist aber eine Europäische Erstattung (wohl zurecht) nicht gewollt, wird es bei nationalen Lösungen und damit in Deutschland bei der frühen Nutzenbewertung nach AMNOG bleiben.

Es bleibt also spannend!

Printed in the United States
By Bookmasters